实用对外汉语教学丛书

# 实用对外汉语教学法

## 第 3 版

徐子亮　吴仁甫　著

**图书在版编目(CIP)数据**

实用对外汉语教学法/徐子亮,吴仁甫著.—3 版.—北京:北京大学出版社,2013.6
(实用对外汉语教学丛书)
ISBN 978-7-301-22617-9

Ⅰ.实… Ⅱ.①徐…②吴… Ⅲ.对外汉语教学—教学法 Ⅳ.H195.3

中国版本图书馆 CIP 数据核字(2013)第 120543 号

| | |
|---|---|
| 书　　　　名: | 实用对外汉语教学法(第 3 版) |
| 著作责任者: | 徐子亮　吴仁甫　著 |
| 责 任 编 辑: | 沈　岚 |
| 标 准 书 号: | ISBN 978-7-301-22617-9/H·3317 |
| 出 版 发 行: | 北京大学出版社 |
| 地　　　　址: | 北京市海淀区成府路 205 号　100871 |
| 网　　　　址: | http://www.pup.cn　　新浪官方微博:@北京大学出版社 |
| 电 子 信 箱: | zpup@pup.edu.cn |
| 电　　　　话: | 邮购部 62752015　发行部 62750672　编辑部 62767349 |
| | 出版部 62754962 |
| 印 刷 者: | 河北滦县鑫华书刊印刷厂 |
| 经 销 者: | 新华书店 |
| | 787 毫米×1092 毫米　16 开本　19.75 印张　500 千字 |
| | 2005 年 7 月第 1 版　2006 年 5 月第 2 版 |
| | 2013 年 6 月第 3 版　2021 年 1 月第10次印刷 |
| 定　　　　价: | 45.00 元 |

未经许可,不得以任何方式复制或抄袭本书之部分或全部内容。
版权所有,侵权必究
举报电话:010-62752024　电子信箱:fd@pup.pku.edu.cn

# 序

发展对外汉语教学,根本问题是确保教学质量和学习效率的不断提高。要达此目的,根本条件有如下四条:

一、要有一支汉语、外语基础好,熟悉并掌握第二语言教学特点和教学规律,素质高的对外汉语教师队伍。

二、要有体现汉语和汉字特点,适应性强,灵活多样并行之有效的语言教学法。

三、要有依循汉语语言特点及文字特色,符合语言学习规律和教学规律,学习者喜闻乐学的满足各类学习者需求的对外汉语教材。

四、要有学习汉语愿望强烈,学习动力强大的学习者。

四者固然缺一不可。然而观察视角不同,客观情况各异,在特定的时期,特定的环境下,上述四条中的某条,有时会显得格外突出。

目前,创新对外汉语教材的呼声依然不绝于耳,渴望产生基于汉语语言特点的对外汉语教学法的心情仍然十分迫切,汉语热正在升温,颇不乏学习者,截至 2003 年的不完全统计,全球学习汉语的人数已逾三千万人,学习者的热情不可谓不高。那么,轮到对外汉语教师队伍又如何呢?回答是:供不应求。数量不足以满足需要,质量也有待于提高。对外汉语教学事业的急速发展,因缘际会,大量的各类教师汇入对外汉语师资队伍。现而今,兼职教师队伍庞大,人员复杂;专职教师队伍未经严格训练,仓促上阵,已成普遍存在的现象。面对如此现实,对外汉语教师的专业化发展与终生学习便显得十分重要。因为这是保证教学质量,提高学习效率,使对外汉语教学可持续发展的前提与保障。

恰逢此时。国家汉办抛出"实用对外汉语教学丛书"的研究课题。于是,三位对外汉语教学的资深教授,思考再三,在本已承担繁重教学任务的同时,接下了这项课题。毅然决定为对外汉语教师编写一套比较详细而实用的教学参考书。为的是,能在教学中给教师以指点;为的是,提高对外汉语教师的整体素质;为的是,尽快提高对外汉语教学质量。

燕子去了,又飞回,杨柳枯了,再返青,几个寒暑交替,三部书稿盈尺,现在厚重地摆在我的面前。令人无限感佩,令人惊叹不已。这之中,凝聚了作者多少汗水,浸透了作者多少心血。个中甘苦,唯过来人方解其中味。在众读者得见正式出版的这三本书之前,我已先见到了书稿。它们是:

《实用对外汉语教学语法》(陆庆和)

《实用对外汉语难点词语教学词典》(朱丽云)

《实用对外汉语教学法》(徐子亮、吴仁甫)

阅毕书稿,总体看来,虽说,桃花红,梨花白,却有共同的鲜艳之处:

一、三书选取汉语本体与汉语教学作为切入点。这是因为书是写给教师看的,故对学习者的学习研究,暂不论及。实际上论说的是"教什么"和"怎样教"。这正是对外汉语教师跨进教学门槛所面临的首要问题。

二、三书均冠以"实用"。实用者,有实际使用价值也。三书回避了理论探讨,把前贤时彦的研究成果,融会贯通,选取教学中可能遇到的问题,画龙点睛,指点迷津。目的无非是方便读者,在遇到难以解释的问题时,可得到急需的帮助。

三、三书作者从事对外汉语教学工作,几十年下来,像一个行医多年的老大夫、见多识广,经验丰富,对教学中的问题,了如指掌,蕴蓄于胸,一旦述之于文,则见从教学中来,又反馈于教学之中的特点。

倘分论之,三书又各具特色:

陆书定位于教师教学语法参考书。在对外汉语教学中,不管采用何种教学法路子,语法总占有相当重要的位置,这是大家公认的。语法部分已成为教学的重要内容,成为教学的不可或缺的组成部分。陆书既称教学语法,其特色则表现在:1)凡是教学过程中可能遇到的问题,特别是教学重点和难点就成为该书重点讨论的地方。因而一般语法书几句就讲完,甚至不讲的东西,该书往往却要花费较大的篇幅去说明。2)凡是对中国人来说"不言自明"而对外国人来说"不言就不明"的,书中都详尽加以说明。3)凡是外国学习者在学习中常遇到的问题,常出现的偏误,书中几乎搜罗殆尽,尽可能罗列于书中,予以诠释。在我看来,与其他语法书最大的不同之处在于一个"细"字。第一个"细",细在词汇用法教学,注重细节描写,在细微处下功夫仔细辨析。第二个"细",细在句法中的难点,书中结合学习者偏误,归纳语法细则,并提出教学建议。可谓"细微之处见精神"。老子云:"天下难事,必做于易;天下大事,必做于细。"这本语法参考书的作者力劬心细,正体现了细作的特点。

朱书旨在为对外汉语教师在词汇教学方面提供解决问题的思路。这是基于汉语特点而考虑的。汉语语法重在解决组词造句规则问题,而词语用法却不是几条规则所能管得住的。特别是初学者,是一个词语一个词语地学习。

对词语的用法,也是一个词语一个词语地理解、接受、掌握和使用的。即使如此,在使用过程中,依然是错句难免不当迭出。究其原因,是因为学习者没有掌握词语使用时的要求和条件,即不了解每个词语的语用选择和语境要求。

有鉴于此,朱书从 HSK 词语大纲中,选取七百多组,共 1500 多个词语,突出两个"较难"来选取词语:一是对外汉语教师在上课时较难讲述的词语,一是外国人在学习后较难应用的词语。

书中对这些词语从分析外国人偏误入手,讲明使用条件,并进行近义辨析,比如:"本来、原来""常常、非常、经常、往往""认为、以为""详细、详尽"等等。每条均有提示,尽可能为教师提供一个教学思路,提供一种解决办法。

在"提示"部分集中体现了作者对词语使用条件的理解与认识,内中多有创新之处,不仅对教学有参考价值,对汉语研究和语法研究也提供了一种新的思考,或许由此辟出一条新路,也未可知。

解决了"教什么"的问题以后,"怎么教"就摆在面前。

徐书是一本探讨对外汉语教学法的专著。书中简要地介绍了目前流行的各种教学法。就其理论基础及应用中的实际情况进行了演绎和阐述,并以讨论的方式表明了作者的评价。书中重在探讨课堂教学,对课堂教学的过程、原则、内容和对象以及课堂教学基本方法,都从汉语特点及汉语教学实际出发,予以阐明。在宏观认识下,对阅读、口语、听力和写作四种语言技能,就其理论基础、教学要点、操作方法和教学步骤,以精彩的实例加以阐释,令人如身临教学实境,颇多启迪。

关于对外汉语教学法的探讨,是随着对外汉语教学事业的发展而逐步深入的。任何一种语言教学法,在理论上必有其语言学基础、心理认知基础和教育学基础。世界上不存在一种最佳教学法,也不存在一种"放之四海而皆准"的万能教学法。任何一种教学法都有其针对性。教学方法应该根据教学对象、教学环境、教学阶段、教学内容等可变因素的改变而灵活变通。

当我们研究教学时,应该把教学原则、教学思想、教学方法和教学技巧区别开来,它们是不同层面的概念。教学方法是技法层面的东西,技法是可学的,关键在于创新。我们完全同意并赞赏该书作者在后记中的表述:"没有一种教学方法在任何时候都能适用于所有的学习者。因而我们恳切希望读到此书的教师和其他读者,在借鉴或参考的同时,不要机械地照搬书中的方法,而要根据自己以及学习者的特点,去创造性地使用本书所列的各种教学方法,以具有个性特色的教学策略,提高教学质量和教学效果……"

这正如学习绘画,绘画技法也许并不难学,难在形成个人风格,画出韵味来,所谓"在似与不似之间"见出高下。这就得仔细揣摩,不断创新,不能一味模仿。教学法更是如此。戏法人人会变,各有巧妙不同。正是"运用之妙,存乎一心"。教学法亦应作如是观。

　　三书已杀青,即将付梓。我深信"天道酬勤"之理,作者边教学,边积累,边研究,边写作,几年辛苦,终成巨制。三书不仅为对外汉语教师在教学中提供了开启难题之钥匙,也为对外汉语教学学科建设作出贡献。诚然,"探龙颔而遗骊珠",容或有之。相信读者会在使用中慧眼识之,匡其不逮。

　　是为序。

赵金铭

2004年7月22日

# 第3版前言

语言教学离不开教学法。本书自2005年出版以来,在海内外赢得了广大的读者,其中最为主要的是从事或即将从事汉语国际教育的教师和未来教师。不少高等院校将本书作为汉语国际教育专业/对外汉语专业的必修课教材。倏然八年已过,八年来国际汉语教育事业蓬勃发展,日新月异。为适应时代的变化,与时俱进,更好地反映事业的面貌和专业成果,在北京大学出版社王飙老师和沈岚老师的鼎力支持下,我们在原书基础上进行了修订。

首先,引入国际语言教学界的研究与实践成果。根据国际语言教学法的发展趋势,在"语言教学法流派介绍"章节,增加了现今国内外语言教学领域广为重视并普遍应用的"任务型教学法"的引介。介绍国际语言教学法的经典流派,意在了解各种语言教学法的来龙去脉,把握其理论和实践要素;通过探寻各种教学法的发展轨迹,吸取和借鉴其精华与长处,从而为国际汉语教学所用。

其次,体现国际汉语教育界的最新发展成果。我们对近年来出版的对外汉语教材作了比较全面的介绍和梳理,结合本书"课堂教学的内容与对象"章节,就教材部分进行了修改增补。特别介绍了如《博雅汉语》、《新概念汉语》等一系列近年来新出版的对外汉语教材,帮助读者比较全面地了解和把握对外汉语教材的全貌,此其一。其二,近年来,中国汉语水平考试(HSK)有较大的发展变化,我们特别对此进行了修订与增补,以使广大读者了解中国汉语水平考试(HSK)当下的概况。与汉语水平考试(HSK)同样属于标准化水平考试的商务汉语水平考试(BCT)近年来也有了长足的进展,这是原书所未呈现的。我们为此特别增加了相应的内容,以充分反映国际汉语教育界的最新成果。

再次,尽可能地体现材料的当代性。修订版不厌其烦地梳理了全书的语料和实例,并作了部分替换。例如,在"阅读课型的课堂教学实施"章节,篇章教学部分的举例,用近年来新出版的教材替换了原来引用的教材,然后重新进行了分析描述。

此次修订的最大亮点是增加了课件。一方面,全书的主要线索和各章节的要点经归纳提炼后以PPT形式予以充分展示,便于读者把握全书的纲目。同时,在每章最后一张PPT上展示思考题,以便读者回顾和消化该章的主要内容。另一方面,为"课堂教学的基本方法"章节制作了听力课、会话课和综合课三个主干课型的示范性教案。教案除文本以外,全部附上了PPT课件,以便更形象地演绎理论的内容,生动展示教案的全貌,进一步体现本书的实用性。

　　正如赵金铭先生为本书所作的序中所言:关于对外汉语教学法的探讨,是随着对外汉语教学事业的发展而逐步深入的……世界上不存在一种最佳教学法,也不存在一种"放之四海而皆准"的万能教学法。任何一种教学法都有其针对性。我们希望修订后的《实用对外汉语教学法》能得到广大读者的认可和欢迎,祈盼专家、同行不吝指正,更期待从事国际汉语教学的老师们通过教学实践不断总结、提炼出更为有效的教学方法,从而使汉语作为第二语言/外语的教学法更为丰富与成熟。

徐子亮

2013年4月26日

# 前 言

当前,随着我国的国际地位的提高、综合国力的增强,来华留学和在国外各类学校、教学机构学习汉语及自学汉语的学习者越来越多了。随之而来的是,国内外从事对外汉语教学的教师的人数也在成倍地增加,大批新手进入了这一教学领域。为了使这些教师能够迅速提高教学水平,对汉语的语音、文字、词汇和语法的特点与规则有较深的了解,使作为第二语言教学的汉语教学更加科学、有效,我们编写了这套丛书。

本丛书的读者对象主要为国内外现在正在从事或将来打算从事对外汉语教学或研究的教师、学习者和其他社会人士。这包括对外汉语专业的本科生、硕士生、博士生以及正在为获得对外汉语教师资格努力进修的人们。具有中等以上汉语水平的外国学习者也可以从中获益,对中外文专业的师生也有参考价值。

本丛书由《实用对外汉语教学语法》、《实用对外汉语难点词语教学词典》和《实用对外汉语教学法》等组成。"实用"是本丛书编写时的着眼点。凡是汉语语音、文字、词汇、语法教学过程中经常遇到的问题,特别是教学的重点和难点,在本丛书中都作了比较详细的分析与说明。凡是对外汉语教学可能涉及的各类课型,本丛书都介绍了很多教学方法与技巧。编者力求三册书中诸多方面的分析说明,都比较"实在"和"有用",既便于对外汉语教学的教师在教学或研究时进行参考,也可供汉语水平达到相当水平的外国学习者在自学汉语时解惑答疑,还可为其他从事汉语研究与教学者提供一些新的视角。

本丛书的编写者对对外汉语教学形成了一些共识,并在编写中加以贯彻。在此,我们将其提出,希望读者特别加以注意:

(一)作为一名合格的对外汉语教师,应该对整个对外汉语教学的语法、词汇和功能大纲做到胸中有数。只有胸中有大纲,教学中才能做到纲举目张,将所教的语法点、词汇,根据其在实际语言中的地位(使用频率高低、重要性)、学习者的水平、所处的学习阶段、学习的难易度等进行科学的定位。对那些并非一次讲授就能掌握的难点与重点,也能够注意在不同的学习层次中螺旋式地复现,温故知新,举一反三。胸中有了大纲,不管教何种课型,都能注意教学的阶段与层次,在对学习者进行具体的某项技能的训练时,做到因材施教,循序渐进。

正是出于这一指导原则,语法册的内容主要是外国学习者汉语水平达到HSK8级左右应该掌握的汉语的语音、文字、词汇及语法的基本要点。其中语法重点和难点是综合参考《汉语水平等级标准大纲与语法等级大纲》、《对外汉语教学语法大纲》、《高等学校外国留学生汉语教学大纲》(长期进修)中的初级语法点主要内容和部分中级语法点加以确定的。本丛书的第二册的内容是从《汉语水平等级标准大纲》的初、中级词汇大纲中,筛选出了其中使用频率高、有一定难度的1500多个词语,集中分析说明,并对其中一些容易混淆的词语进行了较为细致的辨析。

(二)汉语是一个语言系统。汉语的某个语法点或某个词语本身不是孤立地存在的,因此,教学讲解也不应该将其孤立起来。问题在于,外国学习者在最初学习汉语某一句型、某一短语或词语时,却往往是单独地、一个个地学习的,因而在使用过程中,往往会把它们看成一个个孤立的单位。于是就会出现各种各样的偏误。这些偏误除了一部分是受到母语的干扰之外(可参见丛书中相关的偏误分析),另一部分与汉语本体有关。主要表现为两方面的问题,一是对该句型或该词所表示的语义(显性或隐性的)不能比较准确地理解与把握,二是对使用该句型或该词语组合成句时所受到的句子内部与外部规则缺乏全面的认识,所谓内部规则,是指某一句型或词语成句时,句子内部各种成分间的相互制约(与哪类词语是相容的、可以搭配的,同时需要哪些相关的成分与之共现或呼应,对哪些成分或哪类词语是排斥的等等)。所谓句子的外部规则,是指在什么样的语境下应该或不能使用某个句型或某个词语等等。前者主要是语义和语法问题,后者更多的是语用问题。吕叔湘先生曾指出:"一个语法形式可以从两方面进行研究。可以研究它在语句结构里的地位……另一方面,也可以研究它出现的条件:什么情况之下能用或非用不可?什么情况之下不能用?必得用在某一别的成分之前或之后?等等。前者是理论研究,后者是用法研究……"。赵金铭先生指出,"当外国人要通过学习语法来掌握一种语言时,几条最一般的规律就不够用了。这时候的语法就要深化和细化,一般规则下还得有细则。"本丛书的编写者认为,比较实用的对外汉语教学语法与词汇的讲解,重点应该放在用法的说明与分析上。这类分析要做到深化与细化,就必须从语义、语法、语用三方面,结合学习者常出现的问题,全面地、有针对性地进行诠释。凡是对中国人来说"不言自明"而对外国人来说"不言就不明"的,就应该加以说明。本丛书对不少语法点或词语的说明比一般的对外汉语教学语法或教材更详细些,就是出于这一考虑。

(三)本丛书中在有关部分列出了学习者学习中常见的一些偏误。列出偏误的目的在于:

1. 学习者学习中出现的偏误，往往能反映出他们在学习汉语过程中的认知规律，对这类规律的归纳与分析，可以使我们的教学更加科学有效。清楚学习者会产生哪些偏误，教师在备课时可做到心中有数，为了减少或避免这类偏误，教学中可以预先做哪些必要的说明，教后可设计哪些练习加以巩固等等。丛书中有关教学建议或提示，往往是由此而来的，其中有不少是编写者与其他教师多年教学经验和教学研究的总结。所谓"建议""提示"，就是供教师们参考，当与不当，需要教师们在实践中进一步加以验证，期待有更多的发现与创新。

2. 针对学习者的偏误，可将某个语法点或词语的用法进一步规则化、细化。本丛书中关于某个语法点或词语增加了一些目前对外汉语教材未曾提到的规则或说明，有些就是由学习者的偏误归纳出来的。

3. 学习汉语的外国学习者经常会问的问题就是："某某形式或某词语与其他形式或词语有什么不同？"偏误中有相当一部分是形近或义近的混淆，即学习者将语义、语法形式或语用相近的一些句型、短语或词语的用法混淆起来了。因此，如何辨析异同，是摆在对外汉语教师面前的一个个难题。说同容易，说异难。本丛书的编写者在这方面作了较大的努力。编写者对形近、义近的语言单位的辨析重在用法的区别上，得出的一些结论可供教师与学习者参考。但肯定还有不尽如人意之处，这类偏误的列出，也为教师与学者提出了进一步研究的课题。

（四）本丛书的语法册、词语册都在介绍具体的语法内容或词语教学中谈到了一些教学方法。《实用对外汉语教学法》则是专门介绍对外汉语教学法的。书中搜集和罗列了一系列教学方法，供教师们选择应用，以期收到明显的教学成效。尤其是对于刚加入或转入对外汉语教学这支队伍的年轻教师和新教师，可凭借本书所提供的理论和方法，比较快地步入对外汉语教学之门，掌握教学的主动权，不断提高教学的水平和效率。

对外汉语教学不同于本国语文教学。对外汉语教学应属于第二语言教学的范畴。因而不仅国外外语教学流派的理论和方法值得借鉴和吸取；同时也必须充分考虑汉语的语音、文字、词汇、句法等的特点以及由这些特点所产生的学习和认知的规律。本丛书在这方面下了较大的功夫，作了较多的探索。

（五）教学方法的选择和使用，不仅仅是"形式"上的模仿，更为重要的是"实质"上的应用。所谓"实质"，是指任何方法的选用，都应根据学习者的实际和课文语料的实际来考虑和安排。作为某种教学方法，它是死的、呆板的，而作为具体的教学实施，它是活的、变化的。因而我们选择一种教学方法，首先要考虑的是：如何在最大程度上充分发挥这种教法的作用；怎样更好地贯彻"以学习者为中心，以教师为主导"的原则，以便更有利于学习者对所学语言知识的消化和吸收。本书所推荐和介绍的教学方法有的能提高语料的可懂度，易于学习者理解和掌握新的知识；有的可再现或复现语言点，易于学习者记忆和巩固所学的知识;有的重在技能训练,易于学习者掌握;有的营造多种情境,以便学习者把所学知识应用到不同的场合等。书中所罗列的方法只是对以往对外汉语教学界所积累的教学方法的总结。方法的研究和探索是无止境的。

教学方法的选择和使用必须贯彻执教者的教学意图,而明确的教学意图又是从哪里来的呢?这里就有个理论性和目的性问题。掌握教育学、心理学的基本理论和常识,了解教学对象的学习程度和学习情况,把握课型特点和课文语料,三者相互作用,才能形成正确而清晰的教学意图。教学法册前几章安排了有关教学法的基础理论、国外外语教育及其流派的理论与方法,以及课前的准备和如何备课等内容,其用意就在于此。因此建议教师们在选择和使用本书所推荐、介绍的种种实用的教学方法之前,耐心地读一读前面几个章节,相信会有所收益的。

教学法册后面几个章节,按课程类型集中推荐和介绍有关的教学方法,尽可能根据课型特点,对其教学理论和实施原则进行简明扼要的阐述,并详细说明各种教法的操作程序,附以具体事例,以便教师举一反三地应用。

(六)对外汉语教学是一门新兴学科,尚未形成自己的教学模式。目前课堂上运用得比较多的仍然是讲授法。这是一种传统的教法,有其一定的合理性和可行性。不过,一般只适用于精读课型,至于听力、会话、写作等课型,讲授法已明显地暴露出它的弱点和弊病。第三册在听力、会话、写作等课型中所罗列的教学方法,已经大大突破讲授法的框框,向着合作学习法、团体教学法等教学模式迈进了一大步,但总体来说还比较零散,这是我们今后尚须加倍努力去探索的课题。

本丛书是由三位教师负责编写的。第一册《实用对外汉语教学语法》由苏州大学的陆庆和负责,第二册《实用对外汉语难点词语教学词典》由浙江大学的朱丽云负责,第三册《实用对外汉语教学法》由华东师范大学的徐子亮负责。这套丛书在编写过程中,编者们既总结了自己多年的研究心得与教学构思,又参考了大量中外第二语言教学理论和教学方法、汉语教学与研究者的一些科研成果,力求将一些比较实用的,对教学有指导意义的结论、观点、方法收进本丛书,以供读者参考和使用。但由于时间和编者的水平有限,有些研究成果还未能收录其中,这也是本丛书的不足和缺憾。

本丛书在编写过程中得到国家对外汉语教学办公室领导的大力支持和经费资助,赵金铭教授为本丛书定序,出版过程得到北京大学出版社的有力支持,在此一并谨致谢意。

编者

2004 年 8 月

# 目　录

**第一章　总论** ·················································································· 1
　一、教学法的理论支柱 ································································· 3
　二、对外汉语教学法的基本特点 ··················································· 8
　小结 ··························································································· 14

**第二章　语言教学法流派介绍** ······················································· 16
　一、语法翻译法 ············································································ 17
　二、直接法 ··················································································· 19
　三、听说法 ··················································································· 24
　四、视听法 ··················································································· 29
　五、自觉对比法（附自觉实践法） ················································· 33
　六、认知法 ··················································································· 36
　七、功能法 ··················································································· 41
　八、任务型教学法 ········································································ 45
　小结 ··························································································· 52

**第三章　课堂教学的过程与原则** ··················································· 53
　一、课堂教学的基本要素 ····························································· 53
　二、教学的一般过程 ···································································· 57
　三、课堂教学的基本原则 ····························································· 62
　小结 ··························································································· 66

**第四章　课堂教学的内容与对象** ··················································· 67
　一、教材的选择与处理 ································································· 68
　二、教学对象 ··············································································· 78
　小结 ··························································································· 90

## 第五章　课堂教学的基本方法 …… 92
　　一、课堂教学的准备 …… 93
　　二、教案的撰写 …… 100
　　三、组织教学 …… 103
　　四、文化导入与跨文化意识的培养 …… 107
　　五、课堂教学与课外实践 …… 111
　　小结 …… 114

## 第六章　阅读课型的课堂教学实施 …… 115
　　一、精读课的理论基础 …… 116
　　二、精读课的教学要点 …… 118
　　三、精读课的操作方法 …… 140
　　四、泛读课的理论基础 …… 147
　　五、泛读课的教学要点 …… 149
　　六、泛读课的操作方法 …… 152
　　小结 …… 159

## 第七章　口语课型的课堂教学实施 …… 160
　　一、理论基础 …… 161
　　二、教学要点 …… 162
　　三、操作方法 …… 170
　　小结 …… 189

## 第八章　听力课型的课堂教学实施 …… 190
　　一、理论基础 …… 191
　　二、教学要点 …… 195
　　三、操作方法 …… 198
　　小结 …… 207

## 第九章　写作课型的课堂教学实施 …… 208
　　一、理论基础 …… 208
　　二、教学要点 …… 213
　　三、操作方法 …… 222
　　四、写作教学的步骤 …… 251

小结 ·················································································· 252

**第十章　测试** ················································································ 254
　　一、测试的基本原理 ·············································································· 254
　　二、测试与教学的关系 ············································································ 255
　　三、测试的一般分类及作用 ········································································ 257
　　四、对外汉语教学的主要测试项目 ·································································· 260
　　五、对外汉语教学测试的特点及步骤 ································································ 264
　　六、命题的要点及方法 ············································································ 267
　　小结 ·················································································· 271

**教案附录** ···················································································· 273

# 第一章 总 论

　　对外汉语教学法是实现对外汉语教学总目标和总任务、落实教学基本原则的方法。

　　对外汉语教学发展到今天,已分化或派生出诸如精读、泛读、听力、会话、视听说、报刊阅读、写作、中国概况、中国文化等众多课程,这些课程都有各自的具体的教学目标和要求,它们从不同方面、不同角度去落实汉语作为外语教学的总目标和总要求。为了协调和规范这些课程内在的语言和文化线索,完成整体的教学任务,于是就有教学大纲的拟订和颁布。各类教材,从词汇、语法知识到练习的编写,基本上都体现、贯穿了教学大纲。但是,大纲制订得再完善,教材编写得再精当,如果没有好的教学方法去发挥、去实现,也是难以收到理想效果的。所以担任对外汉语教学的教师必须具备一定的素质和条件,除了要有汉语语言文化知识和熟练的语言技能、技巧之外,还需讲究教学艺术和教学方法,只有这样,才会取得较佳的教学效果。教学实践告诉我们,同样程度的学习者学习汉语,在不同教师的教授、训练和指导下,一个时期下来,他们中间往往会产生差距,这说明除了学习者自身因素之外,教师的教学方法起着重要的作用。

　　对外汉语教学是汉语作为外语或作为第二语言的教学,国外的各种外语教学法对对外汉语教学都有一定的借鉴作用。国外的外语教学从十七八世纪发展下来,已成为一门独立的科学。它与哲学、教育学、语言学、心理学、社会学等学科的发展有着密切的关系。从国外各种外语教学法流派的发展历史,我们可以清楚地看到,任何一种外语教学法流派都具有相应的语言学、心理学、教育学和教育心理学的理论基础。也就是说,这些学科理论是外语教学法的理论支柱。但是外语教学学科又不是哪一门学科的直接体现,而是吸取并融合了各门学科的精华,并依据它们的理论原理对教学实践过程中出现的各种现象作出科学的解释,由此总结、概括、演绎、提炼出外语教学的原则和规律,凝聚、汇合成为教学法流派,从而形成了自身独立的科学体系,反过来指导外语教学再实践。一位对外汉语教师要能在课堂上自如地、得心应手地展开教学,他必须具备一定的教学法的理论知识,不了解这些理论,就不能甚至无法领会诸种外语教学法流派的精髓,也无法在自己的教学中自觉地、有意识地、恰当地引进和采纳各种外语教学的好方法。语言教师具备心理学的知识,特别是学习者认知语言的规律,就能顺应学习者的认知心理过程,让他们运用已知去同化、接受新知,促进记忆和应用;教师具备语言学的知识,就能利用一般的语言规律来分析、研究汉语,进行汉外两种语言的对比,有利于教学的开展。教师具备教育学的知识,就能运用教育的一般规律来组织和开展教学活动,因势利导,有的放矢。对外汉语教师有没有心理学、语言学和教育学的知识和理论,反映在教学上就有质量的高下之分,教授的深浅之别,效果的好坏之差。

汉语在语音、文字、词汇和语法等方面有着许多不同于其他语言的地方,这些汉语的特殊性决定着对外汉语教学的种种特点,例如汉语的声母可根据发音部位和发音方法成组、成对地对应排列,教学可充分利用这种对应规律来教授和辨析各组声母的实际发音;再如汉语的复音词、词组、句子的内部结构(如联合、修饰、陈述、支配、补充等)是一致的,教学可充分利用这种组合特点,让学习者较快地掌握汉语。另外,学习者的母语中有无汉字背景,也影响着他们学习汉语的重心和进程,例如欧美人习惯拼音文字,畏惧方块汉字,学习重心放在听说上,在阅读方面进展比较缓慢;而日、韩学习者母语书面语中有汉字,阅读比较方便,学习重心自然而然地放在书面阅读上,不太愿意或害怕开口。对外汉语教师掌握这些特点、循着这些规律去组织教学,开展活动,就能提高教学的效率。

外语教学法就广义而言是一种科学体系,而对体系中的每一种教学方法来说是一种具体的教学措施或教学活动。外语教学法作为一种体系,应该包括课程设计、教学大纲、教学原则、教学进程等教育和教学的诸种指导性纲领和要素,从整体上规定和规范教学活动的组织和展开。有关这类书籍已出版多种。外语教学法作为一种具体的教学措施,主要指教学的过程、活动和方法。这种教学过程、活动和方法可能是某一类外语教学法所特有的,也可能是几类外语教学法都曾采用过的。《实用对外汉语教学法》主要介绍和阐述的是后者,即具体的教学措施。这些具体的教学措施是在语言学、教育学、心理学和教育心理学等理论的指导下,对教学实践中所出现的或经常使用的各种教学过程、活动和方法进行整理、归纳而总结出来的。这些被实践证明行之有效的具体教学过程、活动和方法,可供对外汉语教师在实施教学方案时参考、采纳和选用。

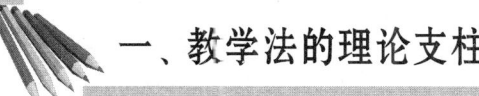
# 一、教学法的理论支柱

## （一）语言学原理

语言学原理是外语教学法的主要理论支柱。一切外语教学法所涉及的教学内容都跟语言（母语或目的语）有关。无论母语还是目的语，它们都受语言学的一般原理支配，都能归纳出语言的基本要素——语音、词汇、语法。当然，每一种语言也都有异于另一语言的不同之点。如何对待并处理这些语言学原理、语言要素和语言之间的不同点，就构成了不同教学法的原则和特点。

语言学随着社会的发展而发展，从机械语言学、结构主义语言学、转换生成语言学到社会语言学，每一种语言学派的兴起，都给外语教学带来巨大的影响，形成了以某种语言理论为基础的新外语教学法流派。十七八世纪的翻译法流派，就是植根于当时的机械语言学。机械语言学家认为一切语言起源于一种语言，各种语言有着共同的语法，各种语言的词汇所表达的概念、意义、乃至词的搭配也是相同的，差别只在于词的发音和书写形式而已①。受这种语言理论的支配，翻译法认为两种语言完全可以逐词直译和对译，可以"拿本国言语去译解外国言语"②。20 世纪 40 年代，以布龙菲尔德（L. Bloomfield）为首的结构主义学派亲自实践并创建了美国新的外语教学法——听说法。他们认为各种语言是不同的，每种语言都有自己的语言结构特征，不存在以拉丁语法为模式的普遍语法③。同时，他们还发现语言现象都是由不同层次的结构组成的，句型是其中的基本结构。因此，他们主张学习语言主要应学习口语，提倡听说领先，以句型为中心，在反复实践的基础上形成习惯。60 年代乔姆斯基的转换生成语言学理论问世，它是认知心理学的语言理论基础，对于认知法教学流派的形成有着直接的关系。乔氏认为语言是受规则支配的体系，是句子的无限集合；人生来就具有获得任何一种人类语言的能力，不一定要通过模仿去习得，而是掌握语法规则去推寻、转换、生成句子，从而能说出和理解该语言中的无限句子。因而认知法反对机械的、无意义的模仿和死记硬背，主张创造性活用，在学习句型理解句子结构的基础上进行有意义的操练④。70 年代，外语教学法受社会语言学理论的影响，形成了以交际功能为纲的功能法教学流派。社会语言学研究的是人类社会中使用语言进行交际的规律，侧重研究语言和

---

① 章兼中，《国外外语教学法主要流派》，华东师范大学出版社，1986。
② 章兼中，《国外外语教学法主要流派》第 8 页，华东师范大学出版社，1986。
③ 同上书，第 96 页。
④ 同上书，第 191 页。

社会的关系及语言在社会中的功能。功能法吸取了社会语言学的精髓,提出外语教学的根本目的就是要使学习者学会在社会中使用语言进行交际活动,运用所学的有限语言材料来表达自己的思想和提高理解能力,并主张按照情景、功能、意念、语体或语域等诸种交际活动的要素,建立单元—学分体系,力求教学过程的交际化。

不仅语言学学派对外语教学法的建立有着十分重要的意义,就是一般语言学原理和语言的基本要素,也都在外语教学法中有所体现,或者诸要素并重,或者侧重于某一要素,于是形成了该种教学法的特点和原则。例如,直接法以口语为基础的原则,就是从先有口语、后有文字这一语言学基本原理出发的[1];直接法反对翻译中介、直接联系的原则,就是从两种语言的词在语义、搭配、用法上不存在一对一的简单对应关系这一原理考虑的[2];直接法句本位原则,就是从句子是言语交际最小使用单位这一原理着眼的[3]。自觉对比法提出外语教学的程序应当是:语言—言语—语言,就是并重地看待语音、词汇、语法这语言的三要素,认为这三要素是听说读写这四种语言能力的教学基础[4],学习者学到了外语的三要素,就是完成了外语课的实用任务。

语言学理论同外语教学法的关系是如此密不可分。因而学习并掌握一些语言学的理论,对于把握和运用外语教学法有着很大的现实意义。

### (二) 心理学原理

心理学是外语教学法的理论支柱之一。心理学所研究的感觉、知觉、记忆、想像、思维等心理活动和情感、意志等心理过程,以及需要、动机、兴趣、理想、信念、脾气、内外向等个性倾向和个性特征等等[5],都在相当程度上影响外语教学方法。从外语教学的历史来看,从17世纪到现在,曾出现过许多种教学法流派,它们都有相关的心理学理论作为基础。例如19世纪后期,心理学从哲学中分离出来,诞生了科学心理学。被人称为实验心理学鼻祖的德国心理学家冯特(W. M. Wundt)倡导实验内省法,即自我观察法。通过内省实验,他认为:"语言心理中起主要作用的,不是思维,而是感觉。因此,引入意识中的概念和表象所伴随的刺激应当尽可能有感觉的成分。而最强有力的感觉又是由音响表象所引起的。"[6]在这种心理学理论的影响下,传统的翻译教学法受到很大的冲击,以口语为基础、以模仿为主的直接法应运而生。它的特点是

---

[1] 章兼中,《国外外语教学法主要流派》第30页,华东师范大学出版社,1986。
[2] 同上书,第28页。
[3] 同上书,第29页。
[4] 同上书,第76页。
[5] 叶奕乾、祝蓓里,《心理学》第3—5页,华东师范大学出版社,1999。
[6] 章兼中,《国外外语教学法主要流派》第26页,华东师范大学出版社,1986。

仿照儿童学习母语的过程来考虑和设计教学，强调语言直觉和语感的培养。直接法提出的"用外语教外语"的原则，就是以"音响感觉"即外语词语的声音形象跟它们所代表的语义直接相联的理论为基础的；直接法提出的加大复现率帮助记忆的原则，就是以反复感觉、加深大脑皮层痕迹及其在新语境中的联想的理论为指导的；直接法提出的运用直观手段的原则，就是以调动听觉、视觉、言语动觉等感觉器官来保持长时间记忆的理论为基础的。可见，心理科学对于形成和发展外语教学法有着较大的影响和作用。

不同的心理学派固然可促进某种外语教学法流派的形成和兴起，即使同一系统的心理学学派（如行为主义）内部的细小进展和变化，也能同样在外语教学法的一些流派中得到体现。例如，20世纪40年代，巴甫洛夫条件反射即两个信号系统的理论引起心理学领域的巨大反响，也对外语教学法的发展产生深远的影响。自觉对比法就是在这样的背景下提出来的。它根据两个信号系统的原理，主张外语学习要通过两种语言的对比，依靠并利用原有的第二信号系统（母语）对新的第二信号系统（目的语）产生正迁移，也就是说，新的第二信号系统是在旧的第二信号系统的基础上同第一信号系统相联系的[①]。当然，也要事先采取预防措施，控制和避免旧第二信号系统的保守性对新第二信号系统的建立产生干扰。因此，这种教学法要求学习者自觉地进行语言对比。40年代以后的心理学研究在巴甫洛夫学说的基础上产生了行为主义心理学。其代表人物华生（J. B. Watson）提出了行为主义公式：刺激（S）—反应（R），即反应或行为是受环境中的特定刺激影响的[②]；斯金纳（B. F. Skinner）加以改造，提出了新行为主义公式：刺激——反应——强化，即采取强化措施是可以使某种行为形成习惯的[③]。这些心理学研究成果反映在外语学习上，就有了听说法的产生和发展。这种教学法，受刺激——反应——强化的心理过程的启示，强调模仿和重复的机械性训练；受翻译行为对语言刺激反应迟缓的心理活动原理的影响，排斥或限制母语，要求直接用外语进行思维。50年代法国创始的视听法或情景法，也正是在行为主义心理学的基础上，并受格式塔心理学关于"知觉整体性"理论的影响而建立起来的[④]。这种教学法，从刺激——反应的原理出发，把学习过程归结为幻灯图像和录音的声音信息刺激反复作用于感官而建立起来的条件反射。因而视听法重在视（图像刺激）和听（声音刺激）的互相联系及互相结合上。同时，根据脑子对语言的感觉和外界的刺激总是作综合性反应这一心理学原理，主张通过声音的整体结构学习外语，整体地学习和

---

① 朱纯，《外语教学心理学》第3页，上海外语教育出版社，1997。
② 章兼中，《国外外语教学法主要流派》第97页，华东师范大学出版社，1986。
③ 同上书，第98页。
④ 朱纯，《外语教学心理学》第4页，上海外语教育出版社，1997。

记忆词语,整体地领会语句的意思。60年代由于受现代语言学和信息加工理论的影响而兴起了认知心理学。其代表人物皮亚杰(J. Piaget)把行为主义公式修正为:S——(AT)——R。即是说,一定的刺激(S)被个体同化(A)于认知结构(T)中,才能对刺激(S)作出反应(R),否则就没有反应的基础[①]。乔姆斯基(Noam Chomsky)认为语言是受规则支配的系统,学习并掌握语言不是靠模仿,而是应该掌握有限的规则以产生和理解无限的句子[②]。正是在这些认知理论的作用下,外语教学又产生了新的教学法——认知法,或称认知——符号学习理论。这种教学法主张以学习者为中心,进行有意义的学习和操练,强调对语言规则的理解和掌握,注重培养并提高全面运用语言的能力。

近代心理学研究把重点放到了第二语言的学习上,心理学和外语教学法的关系就更为直接和密切了。70年代,克拉欣(Stephen D. Krashen)提出了"习得理论"和"监控理论",并跟特雷尔(Tracy D. Terrel)一起倡导自然法。他们认为语言的习得是在自然的交际情景中经常使用语言而发生和发展的,不仅儿童如此,就是成人,这也同样是掌握语言技能的重要手段。

当前,由于认知心理学的发展,心理学走上了一条融合各派长处的新路,外语教学也因此出现了较多的交际法与传统教学法结合的教学模式。

综上所述,足见外语教学法的形成和兴起,无一不是直接地或间接地跟心理学理论的发展有关。心理学理论每发展一步,就会有相应的新的教学法或改进了的教学法出现。

外语教学法的产生和发展跟心理学的研究成果密切相关。对外汉语教师学习和懂得一点心理学知识,有利于制定和采用有效的教学方法,提高教学质量。

## (三) 教育学原理及教育心理学原理

教育学是外语教学法的理论支柱之一。它所研究的教育现象和问题,诸如教育的本质、目的、方针、制度,各项教育工作的任务、过程、内容、方法、组织形式,教师,学校领导与管理等等,普遍适用于各种各类教学。由于不同国家、不同社会制度有着不同的教育思想、教育政策和教育实施,在一定程度上影响着教学法的确立和教学法的具体内容。外语教学法之所以形成各种流派,除了语言学和心理学从中起着理论指导的作用之外,教育学的发展及其研究成果也是其中的因素之一。例如,17世纪形成的翻译法,受传统古典教育思想的束缚,基本上采用死记硬背的注入式教学。当时,以捷克的夸美纽斯为首的教育家们就尖锐地抨击了中世纪的学校教育,批判并动摇了古典语法翻译法赖以生存的教育上的繁琐哲学的基础。强调从事物本身获得知识,认为教育必

---

[①] 朱纯,《外语教学心理学》第7页,上海外语教育出版社,1997。
[②] 同上书。

须"遵循自然""适应自然",提出并论证了教学的"简易性""简明性和迅速性"等原则[1]。于是为满足新的社会需要而建立起来的新教学法——直接法,从夸氏等教育家的教育思想中吸取养料,形成了自己的特点。比如直接法仿照幼儿学母语的自然的过程和方法而提出的直接联系原则,以模仿为主和以口语为基础等,实际上就是以夸氏等教育家所主张的"教育适应自然"的观点为依据的;直接法的"归纳途径学语法"原则,也是从夸氏所提出的"由事实到结论""实例先于规则"的教育原理中得到启示的。再如,20世纪三四十年代,苏联的教育学强调传授"正确的系统的知识",认为"知识——技能——熟巧"这个统一的整体中,知识是起主导作用的环节,而且提出了"学习者通过两种语言的对比,能够明确认识自己的思维,并且加深母语课所学的知识"[2]的论点。这些教育学理论对自觉对比法的确立起着根本性的作用。自觉对比法的依靠母语、在理论指导下实践、在理解基础上模仿、在分析基础上综合等原则,就是苏联教育学理论在外语教学法中的具体体现。又如,20世纪60年代崛起的认知法,它所提出的以学习者为中心、听说读写并重、利用母语,在理解语言知识和规则的基础上操练外语等原则,在很大程度上直接来自美国教育家布鲁纳(J. S. Bruner)"以学习者为中心",以及让学习者自己去分析、归纳所学对象从而发现原理或规则(发现学习)的教育思想和教育主张[3]。

对外汉语教学是一门教育学科,它的总体设计、教学大纲、课程设置、课型性质、课时分配、考试种类和准则、课堂教学、教材及其编写、师资和管理,乃至词汇、语法、意念(功能)等级大纲等都在相当程度上受着教育学的启示和规范。而具体的课堂教学包括教学任务和目的要求的制定、教学内容和重点及难点的确立、教学环节和教学步骤的安排、课堂练习和课外作业的布置,都需有教育学的原理作依据和指导。对外汉语教学的科学研究,也需要教育学的原理作为基础和出发点。因此,从事对外汉语教学事业的教师,学习和懂得一点教育学的知识和原理,无论对教学还是科研都有较大的意义和作用。

教育心理学(包括认知心理学、语言心理学等),主要是对教育的心理方面进行科学的研究,为教育提供心理学的基础,提供有关儿童发展、学习以及顺应过程的知识。因此,它们也是外语教学法的理论支柱。各种外语教学法所确定的一些原则,都可在教育心理学中找到佐证和解释。例如,直接法、自觉对比法、听说法等外语教学法流派,都提出模仿的原则。这个"模仿",就是教育心理学所探讨和研究的问题。美国索里和特尔福的《教育心理学》认为,"模仿的基本特点是对行动的有效刺激可以引起同别人相似的一个反应",它是

---

[1] 章兼中,《国外外语教学法主要流派》第27页,华东师范大学出版社,1986。
[2] 同上书,第74—75页。
[3] 同上书,第190页。

"学习的结果,但也有助于进一步学习的一种手段",在学说话过程中起着非常重要的作用。通过模仿,"重新组织旧有因素之间的关系和把它们组合成为更适合当前情境需要的模式"①。从《教育心理学》对"模仿"的阐述中,我们更能深刻领会这些外语教学法流派要把"模仿"提到教学原则的高度上来的原因了。再如,视听法、功能法等外语教学法流派,十分重视情境和交际对学习外语的作用。其中的心理机制在教育心理学中也能找到答案。教育心理学家们认为知识信息在头脑中的保持,除了采用多次复述外,最重要的策略是对信息进行编码②。编码有利用情景、形象的表象编码,有利用语言、意义的语义编码。结合一定的情境学习外语,兼有语义和表象双重编码,则记忆效果最佳。而交际法之所以是学习外语(尤其是口语)的好方法,是因为它可把学到的外语知识从同原先学习情景相似的新情景中运用(水平迁移),推向同原先学习情景完全不同的新情景中运用(纵向迁移),达到创造性地运用。又如,反复实践、强调操练等几乎是每种外语教学法共有的原则。这些原则的提出是基于教育心理学中的记忆理论和熟巧理论。记忆分短时记忆和长时记忆,"如果没有复述和重复,短时记忆是以迅速的遗忘为特征的"③,只有通过反复实践和操练,才能把语言知识贮存进长时记忆永久保持。所谓的熟巧,是经过反复操练达到自动化的境界。也就是说,通过多次练习,把有关知识按正确次序排列为一种程序,并"储存起来供以后使用"④,一旦需要,用不着重新编写程序,就能自动化地加以运用。

教育心理学、认知心理学、语言心理学等,揭示了学习过程的心理活动和心理机制,有助于理解外语教学法中提出的原则和问题。对外汉语教学的教师如果学习这些理论,对外语教学法的一些主张和观点就不仅能知其然,还能知其所以然,更好地运用外语教学法。

## 二、对外汉语教学法的基本特点

### (一) 汉语语音、词语、语法的特点与教学

汉语作为外语的教学,与其他外语(如日语、英语)教学一样,可取国外外

---

① [美]J. M. 索里、C. W. 特尔福,《教育心理学》第237页,人民教育出版社,1983。
② 邵瑞珍,《学与教的心理学》第108页,华东师范大学出版社,1992。
③ 同上。
④ 桂诗春,《实验心理语言学纲要》第100页,湖南教育出版社,1997。

语教学法诸流派的长处,融合成适合自身特点的教学方法。所谓自身特点,指的是汉语在语音、词汇、语法上不同于其他语言的特点以及伴随而来的认知特点。对外汉语教学必须考虑到这些因素,才能收到较好的教学效果。

1. 汉语语音的特点与教学

(1) 汉语的音节由声韵调构成。一个音节中辅音和元音互相间隔,没有两个辅音连用的情况。这与其他语言(如英语、俄语等)有较大的差别。对于习惯于使用拼音文字的国家的人来说,汉语的声韵相拼,容易掌握;困难的是附在音节结构上的声调。即使是日本和韩国学习者在声调的掌握上也存在着自己的难点。因此,语音教学的重心应放在声调的操练上。

(2) 汉语声母可按发音部位(如双唇音、唇齿音、舌尖音、舌面音、舌根音等)和发音方法(如塞音、塞擦音、鼻音、边音、擦音等)来分类或分组。外国学习者学习汉语声母在发音部位方面的偏误主要是唇齿音与舌根音相混,舌尖音平翘相混;在发音方法方面的偏误主要是鼻音发成边音,清音浊化,送气音送气不足等。对此,教学要注意发音部位和发音方法的理论和实践,加强对比练习。

(3) 汉语韵母有单韵母、复韵母、鼻韵母。外国人学习汉语韵母在单韵母方面的问题是嘴唇圆展的控制,以及把单韵母复韵母化;在复韵母方面的问题是滑动过程的把握,有的把复韵母单韵母化,有的把一个复韵母发成了两个音节,还有对复韵母中的介音处理,有的发音时丢了介音,有的发音时加上了介音,有的发音时换了介音;在鼻韵母方面的问题是,发不准前鼻音,或者发不准后鼻音等。对此,教学要多示范,多练习,多对比,可以利用教具(如发音器官示意图)以及夸张的发音让学习者揣摩、体会,力求发音到位。

(4) 汉语拼音方案类似音标,只有注音作用。因而学习拼音方案只是准确读出字音的一种辅助手段。汉语字音与字形分离,这对学习汉语的外国学习者(尤其是欧美学习者)来说,确是个难题。西方拼音文字,音形同步,学习一个词语,知其音大致也能知其形,知其形就能读出其音,音、形可以同时跟义结合起来,一步到位。而汉字音、形分离,学习者学习一个字(词),要分"音—义相连""形—义相连""音—形相连"三步走。对此,只有充分利用听觉和视觉,将字(词)的音和形跟外界实物或头脑中的已有概念通过反复出现、反复刺激挂起钩来。

2. 汉语词语的特点与教学

(1) 汉语词语有趋向双音节的特点。汉语的单音词逐步趋向双音词。因为用双音词来表述(如"桃树、李树")比单音词(如"桃、李")所表示的含义明确得多。它延长了语音的时间,减少了同音词,增加了词义信息,这对于外国学习者识记、辨认汉语词语有着重大的作用。词语教学应抓住这个特点进行词的诠释和辨析,帮助学习者加深记忆印象,有效地积累词语。

(2) 汉语词语缺乏形态变化。汉语缺少构词形态(如英语的形容词 great 构成名词 greatness)、构形形态(如英语 he,his,him 分别表示主格、领格、宾格)和分析形态(如英语 will have gone 表示将来完成时)等,只能依仗词根组合、词序等手段来弥补本身形态的不足。掌握这方面的特点,对于外国学习者学习、认知汉语词语极有帮助。他们学到一个词语,就可直接使用,不必考虑性数格的形态变化,掌握和应用极为方便。因而词语教学可在词素的组合和词序的排列上多下工夫。

(3) 汉语词语的词义引申特点。汉字是表意文字,从不同角度去联想,会引申出一些相关的意义。或者由原来的意义转成新义,或者引申出别的意义,或者新义、旧义一起保留,于是就有了好几个义项。根词的这些义项可分别同其他词或词素组合成一些新词,而这些词之间也因此有了某种联系,串联起来就成为一个词族。汉语词语词义上的特点,给外国学习者学习、积累汉语词语提供了一些条件,对外汉语教学可充分利用词语意义上的联想和联系来帮助学习者记忆。

### 3. 汉语语法的特点与教学

(1) 汉语不同层级内部组合的一致性。汉语由词素组合为词,由词合成词组,由词或词组合为句子等几个不同的层级中,运用语序手段而构成的几种关系诸如联合、修饰、陈述、支配、补充等都是一致的。外国学习者只要记忆同一套组合规则,就能辨认或生成词、词组和句子,从而理解语义或表达思想。语法教学应着重进行汉语的组合和扩展训练,帮助外国学习者熟悉汉语词语搭配的习惯。

(2) 汉语语序的配对特点。汉语的组合主要靠语序和虚词,掌握了语序,实际上掌握了汉语语法的一大半。汉语语序主要有表示陈述关系的主—谓配对,表示修饰关系的定—心或状—心配对,表示支配关系的动—宾配对,表示补充关系的动—补配对。外国学习者凭借着汉语语序规则可理解句子语义并生成无限的句子。语法教学要多注意汉语的配对习惯和配对的语义关系。

(3) 汉语语序的变式。汉语语序有一般的常式,也有变式,那就是谓语提在主语前,定语或状语挪在中心语后,以及"把"字句的提宾和"被"字句把受事置于主语位置等等。它们和常式往往可表达同一个意思,但侧重点和感情色彩是不一样的。教学中可多做语序上的变换练习,丰富外国学习者的汉语句型和句式。

有过学习外语经历的外国学习者,学习汉语时比一般的学习者进步和提高都要快得多,原因就是可把学习其他外语的一些有效经验用到汉语的学习中来。当然汉语还有其特殊性,这集中反映在汉语语音、汉语词汇和汉语语法上面,外国学习者能够注意到汉语的这些特点,就能提高学习和认知汉语的效果。

### (二) 学习者有无汉字背景的教学特点

外国人学习汉语有两种情况,一种是有汉字背景的,如华裔子女和母语书面语中有汉字的(如日语、韩语)学习者;一种是无汉字背景的,主要是使用拼音文字(如英语、法语、德语等)国家的学习者。这两种学习者学习汉语各有自己的长处,也各有自己的短处。教学应针对他们的不同特点采取不同的学习方式和学习途径,才能激发他们的学习兴趣,进入良好的学习状态。因而,把有汉字背景和无汉字背景的学习者混合编班,犹如复式班教学,往往难以协调好。分析和了解一下这两种学习者认知汉语的特点,有助于提高教学的质量和效果。

1. 无汉字背景的学习者认知汉语的特点和教学

(1) 听说比读写容易。无汉字背景的学习者大都为欧美人,他们习惯于由若干字母组合的拼音文字,对由几个笔画横七竖八地构成的方块汉字,既看不出可以拼合的读音,又没有字母的线形序列可供读记,完全得依靠整个汉字的字形并外加上一个读音去死记硬认。认读一个汉字,往往要分三步走:"音—义"相联;"形—义"相系;"音—形"结合。不像拼音文字的词,看到词形,就能读出其音;听到词音,就能想象其形,音和形紧紧结合一起,学习一个词"音—形—义"一步到位。因而欧美人学汉语,把汉字视为畏途,倾向于走从音到义的道路,舍弃"从形到义"和"音、形结合"这两步。表现在具体的学习上,就是只求能听说,不愿学读写。对他们来说,听说比读写容易得多。虽然汉字本身不表音,但可以依靠汉语拼音字母作拐杖,而字母读音的拼合对欧美人来说乃是驾轻就熟之事,只要了解并记住汉语的语音系统,就能看着拼音读出生词的语音,同时把语音再跟客观世界的实物和意义联系起来。初学汉语时,他们常常从母语中寻找与所学的汉字(词)在某个意义上相对应的词。正由于欧美人学汉语常从单一方面求得发展,所以他们听说能力的提高较之于读写能力要快得多。不过,欧美人学汉语走"音—义"道路,结果会成为"汉字盲",不利于后续学习的进展,到一定阶段,也会妨碍听说水平的进一步提高。针对这个特点,教学在发挥欧美人听说领先的优势时,也应有计划、有步骤地、由简到繁、由易到难教学汉字,让欧美学习者的读写也能跟上,不至于拉下太远。

(2) 书写和识记汉字难。汉字对欧美人来说活像一幅幅图画,似乎无规律可言。要能书写、认读和识记,得下一番苦功。首先要建立汉字的笔画观,改变拉丁字母的观念和书写习惯,以适应汉字的笔画。这就是:改弧形为弯曲,改圆形为方形,改斜线为撇捺,化圆点为锋点。其次要了解和熟悉单一笔画及其走向。单一笔画的种类有横竖撇点挑钩折等,其走向不像拉丁字母那样有较多的向上的逆笔,除了钩笔逆向而上以外,大都是从上到下,从左到右。要让欧美学习者体会到:汉字字形无论多么复杂,都是由这些基本笔画有序地叠加、镶接、串联而成。

解决了欧美人的汉字笔画观,进而得培养他们汉字的字感。字感包括独体字、合体字和部件。认识和积累独体字,对欧美人学习汉字特别有意义。因为较多的独体字后来都成了合体字的偏旁:它们或者变化为形旁,表示某种意义范畴;或者保留为声旁,表示某种读音。欧美人懂得其中的造字规则,有助于他们认读、联想和记忆。

欧美人可能还会利用其他一些因素来认知汉字。例如笔形奇特的、笔形能意合的、笔形可联想的等等比较有特征的字,较易记住;笔画特别少的、笔画特别繁的,与众不同,也容易记住;出现频率高的字,或者在语境中出现的字,也容易识记。

另外,书写汉字,能够熟悉字的笔画、笔顺、部件、结构等,可加深字的整体形象和附加上去的读音的记忆印象。

(3)利用母语识记汉语词语。欧美人不习惯汉语词语的形体,甚至不想学习汉字。这样,教科书生词表上排列的词语,只起到音和义的作用。依靠拼音,他们能读出音;借助英译,他们能了解该词语同母语的基本对应意义。也就是说,欧美人初学汉语时,所学的词语都依附在母语的相应词语上,词语的提取和语音的识别都要通过母语的中介。由于发挥了母语词语跟汉语词语的一些对应作用,在一段时期里,欧美人记忆、积累汉语词语的速度也相当快。但两种语言体系的词语不可能完全一一对应。尤其是抽象词语,需要用母语的词组,甚至句子才能解释清楚。这就加大了记忆的难度。这时如果能够从词形方面去联想,记忆的线索起码增加一倍,识记汉语词语的效果就会好得多。

当然,词语的记忆只是掌握词语的第一步,更重要的是要学会使用词语。大多数的欧美学习者很少利用生词表去硬记汉语词语,一般喜欢在课文中或句子中学习词语。由于上下文和语境的作用,不仅容易理解所学词语的意义,同时也懂得了怎么使用。因而,教师要避免孤零零地教学词语。

为了在说话时,能够较快地把头脑中的意念正确而有效地选择汉语词语表达出来,欧美学习者常利用对母语词语的意义分类,给汉语词语也按照意义来归类,如颜色、季节、气象、时间、手的动作、脚的动作等以及同义词、反义词等等,以方便记忆。这叫群集再认。如何分类比较有效,在这方面教师应适当作些引导。

（4）句式的掌握和应用以简单句为主。欧美的学习者虽然在听说汉语的速度方面进展较快，不过一般只限于简单句。从表达的角度来说，简单的意念只要用简单句就已足够，即使复杂一些的意思，用两三个或多个简单句合起来，也能把意思说清楚。加上汉语的基本句型："主—谓—宾"是欧美人所熟悉的，跟他们母语中的语序相差无几；而且汉语缺乏性、数、格的形态变化，欧美人用不到考虑这些因素就可直接把相关词语安放于句子的某个成分位置上。因此，在初学汉语的阶段，欧美人掌握和应用汉语简单句的本领很高。但是，连用若干个简单句来表达复杂的意思显得相当烦琐，也不一定贴切。而要掌握复杂的语句，如果不依靠汉字来认读和记录，光凭头脑对声音的接收和记忆，毕竟是有限度的。所以很多欧美人开始不愿学汉字，到后来却很主动而积极地学起汉字来，这也是个重要的因素。针对欧美学习者的这个特点，教师在加强词句的声音刺激外，还应及时地加快汉字教学的速度，以便欧美学习者学习并掌握长句和关系较为复杂的语句。

2. 有汉字背景的学习者认知汉语的特点和教学

（1）阅读比听说进展快。有汉字背景的学习者，主要指日本和韩国人，他们的母语的书面语中有许多借用的汉字，虽然读音和汉语不同，但意义大致相近或有点联系，即使没有学过中文，看着教科书也能猜测一二。凭着这个得天独厚的有利条件，日、韩学习者在学习了基本的语法以及一些常用词语以后，不仅预习课文没有什么大问题，就是阅读一般的语言材料也不感到十分吃力。

相反，日、韩学习者在听说（特别是"说"）方面进展比较缓慢，原因较多：母语中所借用的汉字的读音干扰了汉语的读音；平时跟本国同学习惯用母语交谈，不喜欢用汉语交际；东方民族说话比较矜持、拘束，上课回答问题也要先在纸上起草，思之再三，方肯说话等等。这些都妨碍着日、韩学习者开口说话能力的提高。

对此，除了鼓励、增强他们的信心以外，还应训练他们快速回答、快速反应的能力，要提醒他们注意并加强对汉语词语声音的识别和辨析，不要过分依赖汉字字形。

（2）利用汉字来识记和积累词语。日本和韩国学习者因自己的母语中有借用的汉字（词），所以对于汉字没有欧美人的那种畏惧感，相反，倒有一种亲切感。他们在学习汉语的过程中，充分利用在自己母语中学到的汉字（词）来识记和积累汉语词语。尽管彼此的汉字（词）读音是那么的不同，几乎找不出声音上的联系和对应规律；尽管彼此的汉字（词）形体上也有很多差异，如日文中的汉字（词），多点加横、少撇讹变、繁简杂糅、自创自造的情况不在少数，但毕竟有其一脉相承的共同之处：许多词语在形式和意义上是一致的，有些词语形体相同而意义上略有出入，有的词语形体不同而从古汉语词语的词义系统中找得到蛛丝马迹,等等。日、韩学习者凭借这些有利条件,在母语汉字(词)的旧知上同化汉语词语的新知,这要比接触完全陌生的词语方便得多,识记也容易得多。而且以此为基础,可以辐射和扩展到一大批与其母语汉字在形体或意义上相关的汉语词语,在较短的学习时间内就能积累起足够丰富的汉语词语,为汉语阅读水平的提高打下扎实的词汇基础。

针对日、韩学习者的这种特点,教师在教学中应有意识地利用他们所掌握的母语中的汉字(词)来强化所学的汉语词语:形体有差异的要特别指出;意义有不一致的,也要特别提醒;形体不同而与古汉语词语有联系的,也可适当解析。同时,适当地引导学习者把学过的词语按意义归类,进行群集记忆和再认。当然,对日、韩学习者来说,加强读音的辨析和记忆,是至为关键的,否则就只能停留在阅读材料的平台上而难以开口,或说话结巴、不流畅。

(3) 受本国汉字(词)意义和用法的干扰。日、韩学习者母语中的汉字(词)对他们学习汉语可产生正迁移的作用,提高了他们阅读汉语材料的水平和速度。但由于汉字(词)只是他们语言中的借字而已,经过吸收和改造,已纳入他们的语言系统。且不说字形有许多相异之处,就是词义的引申、转化和变迁也有许多不同于汉语词语的地方。如果在学习汉语时,将他们母语中借用的汉字(词)的意义不加分析全部照搬进汉语,那就会有负迁移的影响,在一定程度上干扰汉语词语的学习、掌握和应用。因为他们母语中的汉字(词)跟汉语词语在意义上可能有微殊或迥异,应用范围上有大小宽窄的区别,感情色彩上有轻重褒贬的不同,搭配习惯上有情理悖合的问题,这些因素都会造成日、韩学习者应用汉语词语时的偏误:或大词小用,小词大用;或轻词重用,重词轻用;或褒词贬用,贬词褒用;或合语法而不合情理等等。

对此,教学中要多作汉语词语跟学习者母语中借用汉字(词)的区别和辨析,调动和加强正迁移,控制和减少负迁移。

有汉字背景和无汉字背景的学习者在认知汉语上有许多不同的特点,有的长处和短处正好相反,必须对症下药,因材施教。即使混合编班,也要尽可能顾及这两种不同的认知特点和情况,分别对待,"一视同仁""一刀切"是收不到好的效果的。

## 小 结

对外汉语教学是汉语作为外语或第二语言的教学。实用对外汉语教学法是实施对外国人进行汉语教学的方式和方法。

实用对外汉语教学法的理论支柱是语言学原理、心理学原理和教育及教育心理学原理。语言学随着社会的发展而发展,每一种语言学派的兴起,都给外语教学带来巨大影响,形成了以某种语言理论为基础的新外语教学法流派。心理学和外语教学法的关系就更为直接和密切,心理学理论每进展一步,就会有相应的新的教学法或改进了的教学法出现。外语教学法之所以形成各种流派,除了语言学和心理学从中起着理论的指导作用之外,教育学和教育心理学的发展及其研究成果也是其中的因素之一。

对外汉语教学吸取国外外语教学法诸流派的长处,经过加工和融合,形成了适合自身特点的教学方法。这些教学方法充分考虑到适合汉语语音声韵调的认知特点,适合汉语词语缺乏形态变化的认知特点,适合汉语语法依靠语序手段等的认知特点;同时也充分顾及到有无汉字背景等学习者的认知特点。

# 第二章 语言教学法流派介绍

在对外汉语教学的发展过程中,世界上各种第二语言教学法流派或多或少地对其产生过影响,特别是对外汉语教学法。了解和熟悉国外外语教学法流派,有助于对外汉语教学的理论和实践的发展。

对国外外语教学法流派加以综合分析,按其语言教学特征可以分为四大派:(1)强调自觉掌握的认知派,如语法翻译法、自觉对比法和认知法等;(2)强调习惯养成的经验派,如直接法、情景法、听说法、视听法等;(3)强调情感因素的人本派,如团体语言学习法、默教法、暗示法等;(4)强调交际运用的功能派,如交际法等[①]。如果按教学目标来区分,又可归纳成以听说实践为主和以分析理解为主的两大系统。前者如直接法、听说法、视听法、全身反应法等等;后者如语法翻译法、自觉对比法、认知法等等。每一种语言教学法流派的产生或形成,都有当时社会发展的大背景的依托,并适应着一定历史时期语言教学的需要。而每一种教学法流派都跟同时代语言学、心理学、教育学等学科理论的发展有着密切的关系。随着语言学、心理学、教育学等学科的发展而发展起来的各种教学法流派都是通过具体的教学实践来体现的,尤其是每一种教学法的特点大都是从教学实践中表现出来的。而不同的教学实践则会产生各种不同的效果。例如直接法、听说法在提高口头表达能力方面有行之有效的训练措施,能在短时期内培养出一批擅长口头翻译的人才;而功能法则由于注重社会交际,重视语境的规约作用,因而运用这种教学法训练的人才有较强的目的语社会交际能力,能在各种不同的场合得体而贴切地表达各种意念。

对教学法的横向分析是如此,如果作历史发展过程的纵向观察,不难发现,新产生的教学法流派大都是在前一种教学法流派的基础上,或对其不足之处进行批评、否定,或对其疏漏之处加以弥补和修正,甚或进行改造。而各种教学法流派在20世纪下半叶已开始在一定范围内相互影响,吸取和融合各流派的长处来补充和完善自己。

---

① 刘珣,《对外汉语教育学引论》第236页,北京语言文化大学出版社,2000。

历史上各种教学法流派都有其合理的内核,在当时的外语教学中发挥了十分重要的作用。以现代的眼光来审视这些语言教学法流派,应该作客观的评价。现代语言教学借鉴各种教学法流派,整个地、单纯地搬用一种方法已很少见了,大多是扬长避短,吸取各流派最合理、最有用的精粹部分加以融合。对外汉语教学借鉴国外外语教学法流派,应该以学习者为出发点,研究语言学习的基本原理,分析学习者的认知过程,把握语言认知的基本规律,从科学的理性的分析中,找出适合于汉语特点的教学方法。教学中的每一个具体环节和步骤都可以撷取国外外语教学法各流派中针对性、适应性强的具体方法来进行操作,而不一定拘泥于一种方法,由此形成对外汉语教学独特的教学方法。

现代外语教学法流派发展至今已有十多种,以下我们选取了在世界外语教学界推行范围大,应用时间长,以及对我国的外语教学和对外汉语教学颇有影响的国外外语教学法流派加以介绍,希望能有一定的启发和借鉴作用。

## 一、语法翻译法

语法翻译法是以语法为基础,用母语来教授外语的一种方法。

### (一) 语法翻译法的理论基础

语法翻译法作为一种古典的翻译教学法,在 19 世纪得到了理论和实践上的阐述。语法翻译法的代表人物德国语言学家奥伦多夫(Heinrich Ollenderff)认为理解和掌握语法规则是阅读和翻译外语原文的基础。因而在教学上他主张运用背诵语法规则、做翻译练习的方法来掌握外语。

语法翻译法受当时的机械语言学理论的影响很大。机械主义语言学认为:"人类语言是建筑在全人类共有的思想结构的基础上的。"① 他们遵循"一切语言都起源于一种语言,各种语言基本都是相同的,语言和思维是统一的"这一观点②,主张通过两种语言的对比和对译来学习外语。

### (二) 语法翻译法的教学原则

语法是外语教学的基础,语法翻译法的教学过程都围绕这个基础来进行,从而形成了该教学法的一系列特点:

---

① R.R.K.哈特曼 F.C.斯托克著《语言与语言学词典》第 49 页,上海辞书出版社,1981。
② 杭宝桐,《中学英语教学法》第 11 页,华东师范大学出版社,2002。

1. 以语法教学为中心,强调系统语法的学习

教学方式着重词法和句法的讲解。以演绎的方式讲授语法规则,即先展示规则,再以例句来印证;以翻译的方法巩固语法规则的学习,主要表现为①注意将教学中展示的例句翻译成母语,②用翻译母语句子的练习来巩固所学的规则;练习和作业也围绕语法进行,如作文不是以训练表达为目的,而是为了熟悉语法规则,如词尾的变化等等。

2. 语言材料的内容以能否突出某种语法形式为准

由于追求语法上的规范性,语言材料内容的选编上就尽可能适应语法规则的要求。不管材料内容多么枯燥乏味,多么缺少内在联系,多么艰涩难懂,只要能承载某种语法形式的语言材料都可入选为课文。

3. 运用学习者母语进行课堂教学

课文内容的介绍,语法的讲解,课堂活动的组织等等都利用学习者的母语来进行。特别是课文的教学,主要以逐句翻译或互译的方式来处理。

4. 以阅读和书面翻译为主

教学重在进行书面的读和译,对语音练习和口头表达,尤其是听力和会话不作任何要求。

## (三) 对语法翻译法的评价

语法翻译法是外语教学中运用历史最长的一种教学方法。作为传统的语言教学法,语法翻译法在教学法发展的历史上写下了重要的一笔。它的这种教学方法,其中一部分,在语言教学法得到不断更新、改进和发展的今天,也仍发挥着其应有的作用。以历史的眼光回顾古老的语法翻译法,仍可以看到它所具有的优点,这就是:

(1) 语法翻译法是当时社会和外语教学发展的必然产物,它奠定了科学的外语教学法的基础,以后的各类教学法都是在这一基础上产生和发展起来的。

(2) 语法翻译法重视语法教学,讲授语法知识注意到了成年人学习语言重理性分析和重归纳、演绎的特点,强调语法规则的掌握和运用。这在客观上也促使学习者在学习语言的同时发展了自己的智慧和能力。

(3) 把翻译作为教学目的,又作为教学手段,重视培养学习者充分利用自己母语作书面翻译的能力。同时,重视学习者阅读能力的培养,尤其强调阅读原著和名著,使学习者具有较高的文学修养。

作为一种早期的外语教学法,由于历史和社会发展的局限性,不可避免地存在着一些缺点。语法翻译法的不足之处主要表现为:

(1) 过分强调语法学习。把整个外语学习,偏侧于语法一隅,语法知识作为一种掌握语言、培养语言能力的手段,在语法翻译法中成了语言学习的

目的。

（2）过分依赖母语。充分利用母语进行翻译的方法学习第二语言，在一定程度上延缓了用目的语表达的过程，阻碍了目的语思维的形成。

（3）过分注重书面翻译，忽略了口语教学，使学习者的语言交际能力形成了较大的缺陷。

## 二、直接法

直接法是以目的语为教学语言进行第二语言教学的方法。《韦氏英语大辞典》说："直接法是教授外语，首先是现代外语的一种方法，它通过外语本身进行的会话、交谈和阅读来教外语，而不用学习者的母语，不用翻译，也不用形式语法（第一批词是通过指示实物，画图或演示动作等办法来讲授）。"[①]

### （一）直接法的历史背景

直接法的产生源于社会原因以及当时邻近科学发展的影响。19世纪下半叶，西欧各国的资本主义进一步发展。这种发展使各国在经济、贸易、科学技术等方面的联系更加密切，竞争日益加剧。国际更为频繁的贸易来往，科学技术上相互交流和吸收，对语言的需求变得十分直接，而交际中的语言障碍也由此而突现出来了。原来的翻译法已经无法适应社会发展的形势和需求，因为翻译法只是在培养阅读能力方面有一定的成效，在训练口头交际能力方面则显得无能为力，暴露出这种教学法的致命弱点。当时的社会不只是需要能够从事书面翻译的人才，更需要大量能用外语进行口头交际的人。在这种形势的逼迫下，人们开始反省传统的语言教学状况，对语言教学提出了新的要求，认为外语教学不应该再是一种仅仅为了提高修养的贵族化的教育，而应作为一种实用性工具在社会上普及。外语教学的重心应由原来的书面翻译转向口头交际。直接法就是在这种形势下产生的。无可否认，当时邻近科学的发展也为直接法的形成准备了温床。青年语法家派的著名人物保罗在《语言历史诸原则》一书中提出了"类比（analogy）"（见第一、二、五等章）[②]，为直接法的崇尚模仿、替换提供了语言学理论根据。现代实验心理学的奠基人冯特，认为

---

[①] *Webster's New International Dictionary*（p.738），Second Edition，1934. 括号里的话，在1950年后的版本里被删去。

[②] H. Paul *Prinzipien der Sprachgeschichte* 1880.

"语言心理中起主要作用的,不是思维,而是感觉"①,也为直接法的"以口语为基础""以模仿为主"的原则提供了心理学的依据。

## (二) 直接法的主要代表人物

1. 贝力子(M. Berlitz)

德国人,是直接法的著名实践者。他创办的"贝力子外语学校"遍及欧美,影响甚大。他主张按"幼儿学语"的过程和方法来教外语,在教学中特别强调"自然法",即以实物教具体词,以联想教抽象词,以实例和演示教语法。他聘请外国老师任教,采取小班上课,贯彻听说领先,加强师生对话。他的这些观点都体现在他自编的教材中。这些教材有供成人用的课本两册、《儿童看图学语言课本》,以及《贝力子丛书》等,在社会上颇具影响。

2. 叶斯珀森(O. Jespersen)

丹麦人,著名的语言学家和外语教学法家。他著有《语言》,(*Language Its Nature,Development and Origin*)、《语法哲学》(*Philosophy of Grammar*)、《现代英语语法》(*A Modern English Grammar on Historical Principles*)等在世界上颇有影响的理论专著。还有被世界各国英语教师广泛选作教学参考用书的《英语语法精义》(*Essentials of English Grammar*)。他语言学理论研究的造诣很深,在外语教学方面,他发挥了自己这方面的优势,从理论语言学的高度来思考外语教学的各种问题。他批判了古典的语法翻译法的弊病,针对当时一些人对直接法的疑虑,论证了这种教学法的可行性。他的教学法观点集中体现在《怎样教外语》一书中,除了有关直接法的理论原则之外,还提出了听说读写四项技能全面掌握和注重观察、分类、判断及作出结论的能力的培养等观点。这本书以后一再重版,在许多国家产生了巨大的影响。同时他还亲自参与许多实际工作。如制定国际音标、为丹麦教育部制定《新外语教学大纲》等等。

3. 帕默(H. E. Pamer)

英国人,著名外语教育家。是直接法两大支派之一——口授法的代表人物。《科学的外语教学法》(*The Scientific Study and Teaching of Language*)和《外语教学诸原则》(*The Principles of Language Study*)是他撰写的最有影响的两部理论著作。他在另一部著作《外语教学的口授法》(*The Oral Method of Teaching Language*)中总结了他完整的教授口语的练习体系,这是外语教学法史上的一大创举。他的外语教学观主要为:语言是一种习惯,应该多模仿、练习、重复、接触和使用;全面掌握外语靠学习能力及自然而然地吸收语言

---

① Wundt. W. *Die Sprache 2 Vols*, Leipzig: Kröner, 1900.

的能力；要注意良好习惯的培养，以及如何正确运用母语。他对直接法的主要贡献有：提出了完整严密的口授法练习体系、外语教学法的九条基本原则（恢复语言能力、养成习惯、准确性、循序渐进、按比例、具体性、趣味性、教学顺序合理化、采用多种方法），以及根据语言的实际使用频率来筛选常用词的原则。

4. 韦斯特（M. West）

英国人，是著名的外语教育家，是直接法两大支派之一——阅读法的代表人物。

他的主要著作有：《双语现象》（Bilingualism）；《学习读一种外文》（Learning to Read a Foreign Language）；《学习说一种外语》（On Learning to Speak a Foreign Language）；《困难条件下的英语教学》（Teaching English in Difficult Circumstances）等，此外还编撰了常用词表、教学词典等著作近百种。

他的主要教学法思想体现在他所倡导的阅读法上。阅读法的特点是①阅读不仅是教学的基本目的，也是教学的基本手段；②阅读是培养口语能力的基础；③以教材为中心。形成这些特点的理论根据是①在没有外语环境时，学习读英文书比说话要求高，它有利于学习者语言经验的积累和语感的培养；②听说读写"四会"之中，阅读最为容易，因此阅读能使学习者极为直接地感觉到自己的进步，从而提高学习的积极性；③阅读法运用起来较为方便，它不受学习者人数的限制，对教师的要求亦不如口授法那么高。他的主要贡献，集中表现在两个方面：

（1）提出了通过阅读来学会阅读的新的教学方法。他的阅读与语法翻译法的阅读有根本的相异之处，这就是前者强调有声朗读，后者则局限在通过视觉的移动来进行学习。

（2）编写了大量教材。这些教材充分体现了韦斯特的教学法主张。教材中的生词经过筛选，有控制地结合语境在熟词中出现，并在以后的课文中注意其复现率；课文以常用词编写，遵循由易到难、由简单到复杂的循序渐进的原则。

5. 艾克斯利（C. E. Eckersley）

英国人，以编写《基础英语》（Essential English）而著称于世。

他的主要成果有：《基础英语》（Essential English）；《教师手册》（四册）（Teacher's Book）；《英语综合语法》（A Comprehensive English Grammar for Foreign Students）；《趣味英语语法》（Brighter Grammar）。

他的主要教学法思想是承认语法在语言教学中对成年人所起的作用，语法的教学可以用归纳法，也可以用其他方法。他不求语法教学的系统性，而强调少而精。他客观地看待母语及翻译的方法在教学中的作用，主张少用母语和翻译这两种教学手段，但并不排斥两者。

他的主要贡献在于：为外国人学习英语编写了教材及语法参考书。《基础英语》截止到1961年就印行了27次，影响遍及世界各国。

## （三）直接法的理论基础

直接法提出以直观的手段来代替翻译法，其理论依据是语言学研究的成果。当时的语言学理论认为：任何两种语言中，许多词（特别是常用词）在语义、搭配、用法上，都不存在一对一的简单对应关系[①]。直接法偏重于口语，提出"句单位教学"的主张源于传统语法中"句子是表达一个'完整意思'的单位"这一观点[②]。语言学理论认为"有许多单词（特别是多义的常用词）的具体意义只有在句子中才能得到确定。单词的用法也只有在句子中才能得到体现[③]。"语音和语调、语言的惯用性和熟语性大多集中表现在句子中。直接法强调语言教学以口语为基础，以培养口语能力为目标，是依照语言学"人类是先有口语，后有文字"的基本理论而提出的，而这一点正是语法翻译法未顾及之处。

直接法的产生有其心理学理论基础，主要受冯特"语言心理中起主要作用的不是思维，而是感觉"而"最强有力的感觉又是由音响表象所引起的"的观点影响，因而特别强调"以口语为基础，以模仿为主"，努力运用各种直观手段，尽可能地使词语的声音跟词语的语义结合起来。直观法主张"用外语教外语"也有一般心理学理论的依据。一般心理学认为，获取信息的感觉器官在学习中参与得越多，所得到的印象就越深，越容易记忆。著名知觉心理学家吉布森（J. J. Gibson）认为，对人类生活和学习起重大作用的是五种知觉系统：基本定向系统、听觉系统、触觉系统、味—嗅觉系统和视觉系统。它们分别从体内外环境中获得不同信息，产生不同知觉[④]。直接法提出口语先行，以直观手段进行教学，正是为了调动视觉、听觉、触觉、言语动觉整体配合、协调而起作用。心理学的"皮层痕迹说"认为联想是记忆的基础，直观手段容易吸引学习者的注意并产生联想，联想越充分则记忆越牢固。心理学的实验认为"重复可以看作是巩固原有的记忆痕迹的过程。"[⑤]即：复现率越高，越容易在记忆中保留。直接法"用外语教外语"，为学习者创造了良好的语言环境，客观上加大了目的语的复现频率，提高了记忆的有效性。

现代教学论的奠基人夸美纽斯关于"由事实到结论""实例先于规则"的教育思想[⑥]，直接法实践者十分重视，并认真加以贯彻，提出了"归纳途径学语法"

---

① 章兼中，《国外外语教学法主要流派》，华东师范大学出版社，1986。
② R. R. K 哈特曼 F. C. 斯托克著《语言与语言学词典》第312页，上海辞书出版社，1981。
③ 章兼中，《国外外语教学法主要流派》第29页，华东师范大学出版社，1986。
④ 邵瑞珍，《学与教的心理学》第39页，华东师范大学出版社，1992。
⑤ 同上书，第50页。
⑥ 章兼中，《国外外语教学法主要流派》第27页，华东师范大学出版社，1986。

的教学原则。

## （四）直接法的基本原则

直接法的基本原则源于幼儿学习母语的自然法则，以此来设计外语教学过程和基本方法，从而形成了直接法的教学原则。

1. 直接联系原则

外语学习应该像幼儿学话，把学习的词语同外部世界的具体事物直接挂钩，建立语言与外界事物的直接联系。从外语中学习外语，无须用母语作中介、经过翻译间接地学习外语，这有利于用外语思维而不经过"心译"，可直接进行口头交际。

2. 以口语为基础的原则

外语学习应该像幼儿学习语言都从学说话开始那样，把教学重点放在口语上。先口语，后文字，这是学习语言的自然途径。它有利于目的语听说能力的掌握，也有利于今后读写能力的提高。

3. 以模仿为主原则

外语学习应该像幼儿从模仿开始习得语言一样，把模仿、多练置于首位，以各种模仿的方式重复练习，形成习惯，这有利于口语能力的培养和提高。

4. 句本位原则

外语学习应该像幼儿整句整句学话一样，以句子为单位，进行学习和运用。整句学习，单词和语法自然融会其中，有利于学习者用"类比""替换"方式造出新句，并能脱口而出进行交际。

5. 归纳途径教语法原则

外语学习应该像幼儿先学会说话、后领会语法一样。让学习者先掌握语言材料，从感性材料中归纳语法规则，指导以后的学习，反对死记文法规则。这有利于语法结构的真正掌握。

6. 以当代通用语言为教材原则

外语学习应该像幼儿学习的都是当代通用口语一样，以当代通用的活语言为基本材料。教材的词语和句式应经过筛选，让学习者集中注意力学习并掌握最常用的现代语言。

## （五）直接法的教学方法及过程

直接法具体教学方法表现为：用演示代替翻译，通过做动作使学习者理解所学词语和句子；用问答法代替以往翻译法的"注入式"，促进学习者的思维活动；教单词尽可能组成句子出现，因为带有一定情景的内容便于学习者记忆；对学习者的错误，加以正面纠正，而不重复错句，避免错误内容的反复刺激造成负面影响。

直接法的教学过程,比较典型的是:教师做动作,用动作配上目的语词语和句子展示教学内容→教师反复领读词语和句子,并正音→操练(教师说,学习者做动作;或者学习者说,学习者做动作)→看课本认读文字,将语音和文字结合起来→抄写句子(找出主要动词等)。

### (六) 对直接法的评价

直接法提出教学活的语言,培养口语能力的主张,在理论和实践上都取得了显著的成绩,它的成就在于:

(1) 直接法提倡"言语——语言——言语"的外语学习途径,利用直观手段进行自然的口头表达能力的培养,即先掌握语言材料,在感性的基础上归纳语言理论,然后用于今后的语言实践,这可以说给主张"语言——言语——语言"的语法翻译法树立了一个对立面,不仅为听说法、视听法、自觉实践法、功能法等流派开了先河,也促进了翻译法的变革。

(2) 直接法教学家制订了一整套练习体系,编出了一大批卓有成效、影响广泛的教材,在世界外语教学法史上占有相当的地位。

直接法不足之处在于:

(1) 过分强调幼儿学语的规律,没有认识到成年人学习外语的特点,成年人具有相当的归纳、推理、演绎等认知能力。用教幼儿的办法来教学,抑制了成年人认知能力的发挥。

(2) 偏重经验,重视感觉,忽视了对语言的理性认识。语言反映外部世界,并不只是反映那些直觉的东西,理性的东西用直接法来教学很难奏效。

## 三、听说法

听说法是把"听说放在首位,主张先用耳听,后用口说(audio-oral),经过反复口头操练,最终能自动化地运用所学语言材料"的一种外语教学方法。教学法专家和语言教师根据不同的研究角度又将听说法称为口语法、结构法、语言学法、句型法、耳口法等①。

### (一) 听说法的历史背景

20世纪40年代美国成为世界大国,同各国的交往日益频繁,急需大批的

---

① 章兼中,《国外外语教学法主要流派》第91页,华东师范大学出版社,1986。

外语人才应付外交、外贸、科技等领域的各种活动。在这之前美国的外语教育主要沿袭了语法翻译法的传统,注重阅读能力的培养,大部分教学时间花在语法讲解和翻译上,并不重视口头表达能力的培养。显然这种教学方法无法在较短的时间内培养出适应当时社会发展的外语人才,因此改革外语教学的呼声很高,当时的语言学家和语言教师提出把战时的外语教学方法运用到学校外语教学中来,得到了广泛的认同。

二战期间,珍珠港事件发生后,美国全面参战,大批派往各国的青年军人需要进行外语强化训练,于是军队设立了专门的教学机构进行培训。当时的外语教学具有两大特点,集中速成教学和采用听说法进行训练。在短期内为军队培养了大批外语口语人才。

战时的外语教学成果启发了语言教学的专家们,他们决定把战时军队的语言训练方法搬进大学,由此逐渐形成了听说法。

## (二) 听说法的主要代表人物

1. 弗里斯(C. C. Fries)

美国人,语言学家及外语教学法家。著有《作为外语的英语教学》(Teaching and Learning English as a Foreign Language)、《英语句型操练》(English Pattern Practice)、《美国英语教科书》(American English Series)等多种专著和教材。他提倡口语法(Oral approach),在密歇根大学创办了英语研究所,开展英语教学工作,编写了许多颇有实践价值的教材和教学参考书。

2. 拉多(R. Lado)

美国人,结构主义语言学家,著有《语言教学和科学方法》(Language Teaching and Scientific Approach)。这部著名的理论著作从理论和实践两方面把口语法向前推进了一大步。

## (三) 听说法的理论基础

1. 语言学的理论基础

听说法在语言学方面的理论基础是结构主义语言学。美国结构主义语言学派如布龙菲尔德(L. Bloomfield)等,"他们研究本来没有文字记录的美洲印第安语,采用实地调查(field work)的方法和特别适合所研究的语言系统的术语。"[1]他们用这种研究方法对其他有文字的语言也进行描写与分析,发现口头语言和书面语言有不一致的地方。而前者虽然受到传统语法谴责,认为是不规范的,但却是活的语言,应该尊重这种语言事实。由此,结构主义语言学

---

[1] R. R. K. 哈特曼 F. C. 斯托克著《语言与语言学词典》第96页,上海辞书出版社,1981。

家认为每种语言都有不同于其他语言的自身的结构特征,传统语法提出的"所有语言具有共同的语言结构"①的所谓普遍语法是不存在的。这种鲜明的语言理论对听说法提倡教学活的语言的原则有深刻的影响。

2. 心理学的理论基础

听说法在心理学方面的理论基础是行为主义心理学。行为主义源于巴甫洛夫的条件反射学说②。美国心理学家华生(J. B. Watson)在此基础上提出了行为主义心理学公式:刺激(S)——反应(R)。他认为人和动物的行为都可纳入刺激和反应的规范之中。而斯金纳(B. F. Skinner)则又向前发展了一步,提出了:刺激——反应——强化。心理学称之为新行为主义。他把动物和人类的学习看作是操练,而强化是操练条件作用的结果③。听说法重视机械性训练,强调重复和模仿,就是以行为主义的心理学说作为其理论根据的。

结构主义语言学家,如布龙菲尔德(Bloomfield),接受了行为主义的观点,认为"语言活动是一系列刺激和反应"④,也就是说语言教学是教师对学习者进行声音刺激和学习者对声音刺激进行反应的过程。而对声音刺激的反复模仿,反复操练,就能变成新的语言习惯,说话时可以不自觉地、自动地运用所学的外语结构。

## (四) 听说法的基本原则

1. 听说领先

结构主义语言学家认为人们的交际活动,主要依赖口语进行,因为言语有着书面语所没有的语调、节奏、重音等便于对方理解的语言手段。根据这个观点,他们主张外语学习应把有声语言放在首位,通过听说学会听说,由听说带动读写。听说领先的具体做法是:课堂教学按先听说、后读写的顺序进行;入门阶段必须先有一个时期的听说专门训练,然后再接触书面文字。这样,学习者可以更有效地掌握语言技能。

2. 反复实践,形成习惯

结构主义语言学家认为语言是习惯的体系。这种习惯要依靠反复的刺激——反应过程培养起来的。母语的习得是养成本民族的语言习惯,外语的学习是养成一种新的语言习惯。无论是母语习得,还是外语学习,都需要进行大量的练习和反复的实践。因而,外语教学要让学习者把大部分时间用在模

---

① R. R. K. 哈特曼 F. C. 斯托克著《语言与语言学词典》第370页,上海辞书出版社,1981。

② Kurt Pawlik & Mark R. Rosenzweig 主编,The International Handbook of Psychology,张厚粲 主译《国际心理学手册》第138页,华东师范大学出版社,2002。

③ Skinner, B. F. Verbal Behavior. New York:Appleton-Century-Crofts. 1957.

④ 布龙菲尔德(L. Bloomfield)*Language*,Henry Holt & Co., New York。

仿、记忆、交谈等反复的实践练习上。布龙菲尔德的名言："学习语言就是实践，再实践，其他的方法是没有用处的。"就是听说法实践原则的最好注脚。

3. 以句型为中心

结构主义语言学家对语言进行描写的结果，发现句型是语言的基本结构。由于句型这种从无数句子归纳出来的句子模式，具有结构意义和词汇意义，放入情景之中还有一定的社会文化意义，因而外语教学应以句型为中心，一切教学活动如课堂教学内容的安排、语言技能的训练等都必须围绕句型这个中心在不同类型的语境中进行，通过反复操练句型来形成正确的类推。

4. 排斥或限制母语

结构主义语言学家认为各种语言的词语在概念和词义方面很少完全对应，因而不适合用母语翻译来讲解词义，主张用直观、情景、上下文和目的语等多种手段直接释义。而且，他们认为翻译要依靠母语对目的语进行语言形式和意义上的转换，而过多地依赖母语，会妨碍学习者在目的语和思维之间建立直接联系，不利于外语学习。因而听说法主张在外语教学中排斥或限制母语，要求教师尽量用目的语教学，也要求学习者直接用外语来思维和表达。

5. 对比语言结构，确定教学难点

初学外语的学习者在语音、词汇和语法等方面容易用母语的语言结构代替目的语的语言结构，妨碍目的语的掌握和应用。为此，结构主义语言学家提出外语教学要在母语和目的语的对比分析基础上找出两种语言结构的差异，而差异越大，则困难越大，攻克这些难点，就能顺利地学习和掌握目的语。因此，听说法把难点教学作为一个极为重要的原则，教材的编写，练习的安排，教学方式的采用，都要尽力贯彻这个原则，使外语教学具有针对性。

6. 及时纠正错误，培养正确的语言习惯

行为主义心理学认为一切习惯的养成主要依靠反复的刺激和反应，好习惯是通过正确的而不是错误的刺激和反应形成的。听说法根据这个原理，要求教师对学习者进行正确的刺激，学习者对刺激作出正确的反应。语音、词汇、句型的教学，理解、模仿、表达的练习，都要力求正确，避免错误。一有错误，立即纠正，将出错的机会减少到最低限度，以养成学习者正确的语言习惯。

### （五）听说法的教学过程

听说法的教学过程体现了听说法的基本原理和教学原则。听说法专家从各个不同的角度出发，阐述听说法的教学过程。其中较为著名的是美国布朗大学教授特瓦德尔1958年在日本讲学时提出的听说法学习过程的五个阶段：

认识、模仿、重复、交换、选择,即"五段学说"①。不过,一般运用得比较多的听说法教学基本程序为:口授语言材料→模仿记忆练习→句型练习→对话→读、写练习。

1. 口授语言材料

教师利用实物、图片、手势、上下文、情景等展示语言材料(主要是句型)进行口授,将语音所表示的语言信息同意义联系起来。

2. 模仿记忆练习

教师反复示范所教语言材料,学习者进行准确的模仿,如发现错误则及时纠正。学习者在模仿的基础上反复练习,不断重复,直到可以背诵,这是模仿和重复结合的模仿——记忆练习。

3. 句型练习

句型练习是听说法最具有代表性的部分。句型练习形式多样,主要是为了使学习者能够活用所学的语言材料而做的变换句子结构的练习。这类练习主要有替换(用同等作用的词替换句中某成分)、转述(直接引语变为间接引语)、转换(肯定变疑问)、扩展(加修饰语扩展句子)、压缩(找出主干句)、合并(几个分句合成一个句子)等等。

4. 对话

对话可以进行问答、完成句子等练习,还可以为主要句型提供一定的语境以及使用该句型的文化背景。

5. 读、写练习

读,主要进行朗读语言材料(课文)的训练,要求在理解的基础上正确流利地朗读;写,练习书面回答问题(在练习本上回答课文的问题),或读、写部分内容等。

## (六) 对听说法的评价

产生于20世纪40年代,全盛于60年代的听说法,在外语教学法发展史上具有划时代的意义。

(1) 听说法从理论上和实践上促进了外语教学法的发展。它把结构主义语言学——当时语言学研究的重要成果和行为主义心理学的理论在外语教学中加以运用,给外语教学法奠定了坚实的科学基础。听说法的推行和实施,及时培养了满足社会需求的大批外语(口语)人才。听说法所取得的显著成效,深刻地改变了世界范围的外语教学状况。

(2) 听说法重视听说训练,强调外语教学的实践性,建立起一套培养语言

---

① W. F. Twaddell. *Preface to the First-year Seminar Script*, 1958. Tokyo, ELEC, 1970.

习惯的练习体系,有效地提高了外语教学的质量。

（3）把句型作为外语教学的核心。利用对比的方法,确定外语学习的重点、难点,使教学更有针对性,更符合学习语言的自然法则。

（4）伴随听说法的教学原则的贯彻,一大批听说法教材应运而生。最为著名的是美国麦克米兰公司出版的广播教材《英语九百句》。这是一套学习英语的优秀教材。此外,《英语成效》、《英语速成教程》(An Intensive Course in English)等教材也在各国广为使用,很有影响。

作为一定的社会时代的产物,听说法不可避免地也存在着一些历史的缺陷,主要表现为：

（1）过分注意语言结构形式,忽视了语言材料的内容和意义。

（2）过分重视机械性训练,忽视掌握语言基础知识的重要性和活用语言能力的培养,其结果导致学习者不善于结合具体的情景进行交际。

## 四、视听法

视听法是将视觉感受和听觉感受结合起来进行外语教学的方法。由于视听法采用电化设备进行视听教学,并要求理解和听懂所教语言材料的完整的结构,因此又被称为视听整体结构法。视听法产生于法国圣克卢(Saint Cloud)高等师范学院的"全世界普及法语研究所",因而视听法也被称为圣克卢法。视听法十分强调创造和利用情景进行语言教学,故而也被称为情景法(situational approach)。

视听法的代表人物有：古根汉(G. Gougenhein),法国人,"全世界普及法语研究所"负责人,学者。吉布旦纳(P. Guberina),南斯拉夫人,南斯拉夫萨格勒大学语音研究所主任。

### （一）视听法产生的时代背景

视听法产生于20世纪50年代的法国,是当时法国运用的一种对外国成年人进行法语短期速成教学的方法。听说法发展到二十世纪中期已暴露出它的一些弊病,脱离上下文语境的机械的句型操练,不能有效地培养学习者运用语言的能力。视听法对直接法和听说法进行了深入的分析,既吸收了直接法用直观手段、以外语教外语、加强模仿、口语领先、句本位原则等长处,也继承了听说法以口语训练句型结构的基本特点,在吸收和继承的基础上,加入了情景视觉感觉的效应,通过用幻灯片和同步录音等教学手段,将情景视觉和录音听觉结合在一起,建立一种新的教学法体系。视觉和听觉感受的结合,可以使大脑对不同路径所接受的语言信息的刺激同时作出反应,加深印象,加速并巩固记忆。而伴随交际同时呈现的情景,规定了对各种语言交际要素的选择,如话语节奏,语气语调,说话方式等等,使语言教学更接近于真实生活中的交际。这样的口语能力的培养更具有实践意义。

视听法初期主要培养学习者在日常生活中能用法语跟法国人进行交际,以训练听说技能见长,是一种成年人的语言短期速成教学。移用并贯彻在学校的外语教学中,则要求培养听、说、读、写、的四种技能。

视听法在国际上广为运用。20世纪70年代中期,联合国教科文组织统计,"国际上采用这种方法学习外语的约占50%"①,影响极为广泛。

## (二) 视听法的理论基础

1. 语言学理论基础

视听法的语言学理论基础建立在结构主义语言学理论之上。根据结构主义语言学的原理,可以把某一种语言中的句子通过层层分析、描写,分解成句型、短语、词、音节、因素等多种层次和结构,而把这种基本单位整理、归纳出来,就能描写出该种语言词汇和句子结构的总貌。这些词汇和句型在口语中最为活跃,因而称之为活的语言。视听法注重口语教学,必然会从结构主义语言学理论中吸取养分作为自己的指导。视听法制订出的最低口头言语词汇量和最基本的句子结构,就是得益于结构主义语言学的理论而使用录音技术对活的口语进行描写的结果。在具体教学中视听法也依照层次结构要求学习者掌握语音(包括音素、音节等)、节奏(包括词和短语)、句子(包括种种句型),通过反复视听,形成言语熟巧。

2. 心理学理论基础

视听法的心理学理论基础源自于心理学关于感觉、知觉的论述。"知觉是不同类感觉相互联系和综合的结果"②,"感觉刺激必须达到一定的量才能被知觉到"③。

视觉和听觉都是人的基本感觉,在接受外界的语言信息刺激时都会作出反应。儿童在习得母语的过程中,语言信息经过听觉通道输入大脑的频率较高。入学以后依靠视觉感受文字符号,接受远信息的机会大大增强,相对说来听觉感知能力有所减弱。视听法将图像和声音结合起来,调动潜在的听觉感知能力,充分利用和发挥视觉、听觉感知的协同作用。这种认识在行为主义心

---

① 章兼中,《国外外语教学法主要流派》第121页,华东师范大学出版社,1986。
② 罗伯特.L.索尔索著,黄希庭等译,《认知心理学》第15页,教育科学出版社,1990。
③ 同上书,第5页。

理学中可以得到解释。因为语词概念有的和实物发生直接联系（如具体词）；有的和图像发生间接联系（如抽象词）。声音和图像刺激—反应的频繁联系，能建立起条件反射，即"机体通过学习形成的对特定刺激的应答"①。因而当图像单独出现时，学习者头脑中也会有表示图像意义的词语声音反应出来。

儿童习得母语是在各种情景中进行的。成人的外语学习也要参照幼儿习语的规律，营造各种情景，在情景中学习语言。因为学习者接受和记忆外界的语言信息，如果通过两种信息编码：情景编码和语义编码，则容易被贮入长时记忆而经久不忘，因为双重编码的理论认为"双重编码的材料能持久保持"②。视听法将听觉感受和情景视觉感受结合起来，符合人的学习和记忆原理，因而能取得良好的效果。

### （三）视听法的基本原则

1. 培养听、说、读、写言语习惯

外语教学，语言知识的传授是为了培养听说读写的言语能力，因而是一种手段而非目的。四项技能的掌握才是外语教学的根本目的。听说读写四项技能也是一种言语习惯，而言语习惯的形成是要通过反复操练，不断模仿的。模仿和操练因而也是最基本的训练方式。在听说读写四项技能中，口语又是教学的第一目标，因为语言首先体现在口语中，而且只有在口头交际时才是活的语言。口语也是读写的基础，口语的训练也有利于读写能力的提高。

2. 语言和情景相结合

语言表达思想、进行交际都是在一定的情景中进行的。语言教学结合情景是真实地再现实际的交际活动。情景的出现一方面可以使学习者形象地、直接地、完整地体会所学语言材料的意义、使用对象和场合等语境因素，不必通过分析语法结构、讲解语法规则等方式将整体结构分解让学习者在拼凑组合中理解。另一方面，结合情景学习的语言材料，易于记忆，因为图像可使语言与意义紧密联系，录音有助于学习者整体感知语音、语调、语气、节奏等声音因素，增强感染力易于学习者记忆和掌握。语言表达时伴随的情景是丰富多样的，其中日常生活情景是对话教学的中心，因为这最贴近学习者生活，是他们最迫切需要掌握的内容。

3. 排除母语和文字为中介

视听法充分利用视听手段，在用外语进行释义和练习时，辅以图像等实物直观和动作、手势、体态、表情以及语音、语调等语言直观。把外语教学变成语言（主要是声音）与意义或图像直接联系的交际过程，培养学习者通过外语的

---

① 邵瑞珍，《学与教的心理学》第388页，华东师范大学出版社，1992。
② 同上书，第57页。

声音来直接理解和表达思想的能力。避免学习者因为依赖母语中介,追求目的语和母语的对应关系,形成对语义的狭窄理解而导致表达上的错误。避免学习者以文字为中介,过分依赖文字符号而减弱了对语音、语调、节奏等语言表达的练习。以母语和文字为中介都不利于语感和用目的语思维的培养。

4. 在语言技能的训练中有控制地使用常用词汇和结构

要使学习者学习的词语和语言结构,能达到充分的、经常性的使用,就要对教学的常用词汇和结构进行一番选择,尽量挑选那些在日常生活中使用频率高的、具有一定代表性的词语和结构。因为学习者的学习时间及个人的认知能力有一定的限度。尤其是初级阶段的学习者,如果短期内输入大量的语言材料,会分散他们的精力,使他们疲于应付,而削弱或忽视了对语言材料中的基本内容的操练和掌握,阻碍了语言能力的培养;在短期内大脑得以储存输入的语言材料,由于得不到复现或运用而非常容易地被遗忘。因而视听法努力确定基本词汇表和基本结构,强调用有选择的、有控制的词语和结构进行四项技能的训练。

### (四) 视听法的教学过程

视听法的教学过程包括语言材料的展示及感知、理解和记忆、练习和运用这三个环节。

首先通过幻灯或教学电影配合同步录音在情景中展示语言材料,让学习者看图像、听录音,整体地、立体地来感知语言材料。在看、听的同时理解和记忆语言材料中词语和句子的意义,并多次重复。在此基础上听懂和理解整个语言材料的内容。教师可以逐个讲解画面,也可以通过提问——回答的方式帮助学习者理解和记忆。学习者通过多次重复而熟悉了语言材料,此时可以让学习者做练习。练习可以由模仿推进一步,如问答、替换、用所给词语组织句子,或描述画面等等。再进一步可以要求学习者做创造性的练习,如离开画面也能自如表述,让学习者在教师提供的新的情景中完成所要求的交际目标。

### (五) 对视听法的评价

视听法跟直接法和听说法有着十分密切的关系,这是因为它本来就来源于后二者。但视听法有其特点。它的长处在于:

(1) 将声音和图像结合起来,充分调动视觉、听觉等语言学习的感觉器官,通过语言和形象的结合,使学习者能直接地把所学语言同实际情景联系在一起,有利于理解和记忆。

(2) 创造较为真实的语言环境,使语言学习同现实生活紧密的结合,提高了学习的有效性。

（3）在教材建设方面卓有成效，最为典型的有《法语的声音和形象》《俄语视听教程》，以及《新概念英语》，课文短而精，内容丰富、有趣，语言知识自然、系统地融入其中，深受教师及学习者欢迎，影响十分广泛。

它的不足在于：

（1）过分强调语言材料的整体模仿学习，缺少分析和归纳规则性的东西，因而使学习者，特别是成年人，难以用规律性的东西来指导和把握外语学习，不能有效地提高学习效率。

（2）由于强调口语的训练，忽视了阅读训练，使学习者书面的阅读及表达能力没有得到及时的提高，听说和读写技能不能同步地得到发展，在一定程度上影响了所学语言的交际能力。而通过听说感觉直接获得的信息有一定的局限性，又由于排除了翻译的方法，削弱了学习者理解和应用语言的精确度，有一些抽象的语言内容，如词汇和语法结构的理解和掌握，就难以实现其正确性。

（3）在内容和形式的处理上，视听法更重视后者，因而从交际内容出发的要求往往不能很好地达到和实现。因为情景和话语结构之间常有限制性，忽视了情景同话语结构的配合，难以满足学习者实际的交际需要。

## 五、自觉对比法（附自觉实践法）

自觉对比法是在同母语进行比较的基础上，掌握系统的语言知识，经过大量的反复练习，最终达到熟巧的一种教学方法。它与直觉法对立，是古典的语法翻译法的继承和发展。

### （一）自觉对比法产生的背景

自觉对比法盛行于苏联 40 年代以前，不是偶然的。它的产生和流行有三方面的原因：（1）国内对精通口语的外语人才需求量少。苏联在 40 年代以前国际贸易和国际交流较少，不需要推广像直接法那样培养大批口语人才的教学方法。（2）外语教学界力图建立新的教法。苏联的许多外语实践家，把直接法作为资产阶级学术思想进行批判，要求在批判中建立自己的教学法理论。（3）教育界重视普通教育——教养作用。要求外语课也要完成通过与母语对比深刻认识母语的教育——教养任务。

苏联的外语教学法家既然否定了直接法，自然会在作为直接法的对立面——语法翻译法那里撷取养料，以语言学、心理学和教育学理论作为依据，经过加工改造，从而形成了苏联自己的外语教学法——自觉对比法。

## （二）自觉对比法的理论基础

1. 教育学理论基础

苏联的教育学是自觉对比法的理论基础之一。三四十年代的苏联教育学十分注重德育的培养，认为各门学科的教学都负有形成学习者正确世界观的责任。同时，这时期的苏联教育理论也强调知识的作用，认为在"知识——技能——熟巧"三段论中，知识是主导，它是技能和熟巧获得的基础，而学习者通过自觉学习所得到的技能和熟巧反过来又服务于知识[①]。这些教育理论用之于外语教学，就形成了自觉对比法重视系统知识，要求在与目的语对比基础上加深对母语的认识，并进行大量的反复的练习等教学主张。

2. 语言学理论基础

自觉对比法还以语言学的理论为基础。普通语言学的语音、词汇、语法三要素被当作外语课的实用任务，外语三要素的教学是进行听、说、读、写四种语言能力训练的基础。为此，自觉对比法确定外语教学的程序应当是：语言——言语——语言。另外，自觉对比法还吸取了语言学"语言是思维的物质外壳""思想的直接现实"理论，认为学习者初学外语时的思维物质外壳都是母语，因而母语是学好外语的前提，利用母语翻译也是外语教学的必要条件。

3. 心理学理论基础

心理学研究的新成果也是自觉对比法的强有力的理论支柱。巴甫洛夫的两个信号系统的学说被引进外语教学。学习外语即是建立一套新的第二信号系统，而旧有的第二信号系统（母语）从中起着正面的迁移作用，可也有负面的干扰作用。因而外语教学必须对两种语言进行对比，加强其有利的一面，控制其不利的一面。自觉对比法之所以把翻译看得那么重要，就是因为：新的第二信号系统（外语）只有在旧有的第二信号系统（母语）的基础上，才能同第一信号系统相联系[②]。

## （三）自觉对比法的基本原则

1. 用母语讲解外语

同直接法排斥母语、用外语教外语的原则相对立，自觉对比法认为用母语讲解外语，一则"有助于学习者更深刻地领会母语和认识自己的思维"出处，可以实现外语课的普通教育—教养价值；二则通过母语翻译最后达到非翻译，逐步养成学习者用外语思维。

2. 实践要有理论指导

同直接法的归纳途径教语法和句本位原则相对立，自觉对比法主张外语

---

① 章兼中，《国外外语教学法主要流派》第75页，华东师范大学出版社，1986。
② 同上书，第78页。

教学必须理论如语音、词汇、语法、修辞等知识或规则先行,按先语言要素后句子的顺序学习,在理论的指导下实践。这样有助于理解句子的形式和意义,也能正确地应用所学的句子,提高实际掌握外语的成效。

3. 理解地模仿

同直接法以模仿为主的原则相对立,自觉对比法提出理解地模仿,通过语法分析,使学习者理解所学外语语言材料的语言形式;通过母语的翻译和讲解,使学习者理解句子的意义。这种在理解基础上的模仿,比之机械模仿,自觉程度更高,成效更大,记忆也因有意识记忆而变得相当牢固。

4. 文字为基础,四会并重

同直接法以口语为基础的原则相对立,自觉对比法主张先教文字,四会并举,反对听说领先。因为文字是有形的记录符号,形成书面材料后可以阅读、分析和复习,而口头言语,出口即逝,受着时间的限制。而且听说读写这四项技能的训练,也要以文字为基础,调动视觉、听觉、触觉等诸多器官一起参与活动,外语才能全面地提高。

5. 典范的文学语言作为学习的材料

同直接法以现代通用的语言为教材的原则相对立,自觉对比法主张学习所学外语国家的文学原著,因为著名文学作品的语言经过作家的精心加工,最为典范,是值得学习者学习和模仿的,而且文学作品还有普通教育—教养的价值。

### (四)对自觉对比法的评价

自觉对比法的贡献和功绩在于:

(1) 自觉对比法由古典的语法翻译法脱胎而来,但它引进了对比这个概念,形成了既翻译又对比的具有现代意义的新翻译法。因而自觉对比法把古典的语法翻译法称为直觉翻译法,而把自己称为自觉翻译法,提出学习外语的过程是从自觉到不自觉的理论。这些主张和理论都有积极意义。

(2) 自觉对比法对外语教学重大问题,诸如普通教育—教养任务和实用任务的关系、母语和外语的关系、理论和实践的关系等,都做了系统的研究,提高了外语教学法的科学性,在整个教学法史上有一定的地位。

自觉对比法的不足之处在于:

(1) 自觉对比法夸大了外语课的政治作用,混淆了外语教学与政治问题、意识形态问题的界限。它把外语课视为母语课的一种补充和附属,于是外语课上用母语解释、分析、对比、翻译的时间占了80%,真正练习外语的时间只占20%[①],致使学习者口语能力低下。这样的情况持续了几十年。

---

① 章兼中,《国外外语教学法主要流派》第84页,华东师范大学出版社,1986。

（2）自觉对比法把自己放在直接法的对立地位，反其道而行之；又抓住早期直接法的一些缺陷，矫枉过正，结果使自己走向另一极端：重视外语知识和理论而忽视其工具作用。

**附：自觉实践法**

自觉实践法是继承直接法，兼取自觉对比法之长，经过加工改造的一种综合教学法。自觉实践法是苏联20世纪50年代末进行外语教学改革的产物。它针对苏联几十年来推行自觉对比法而导致学习者外语口语能力低下的现状提出来的。当时心理语言学的发展也为这场教学改革运动提供了理论依据。别利耶夫的《外语教学心理学纲要》认为掌握外语的过程，就是用外语来思维的过程；只有自觉掌握外语，才是真正的掌握；而掌握了外语，具有自动化的外语熟巧，可以不经过翻译就能理解外语。A. A. 昂季耶夫创立的"言语活动"论，提出外语教学必须紧密结合交际，以交际为重要手段。在这些理论的影响下，形成了自觉实践法的教学法体系。

自觉实践法随着国外外语教学法流派的传入而不断发展，从50年代初创到七八十年代，越臻完善。它的原则比较多，博采众长，不断变化。如考虑母语原则、自觉性原则、综合教学与方面教学相结合原则等，是吸取、改造自觉对比法而来；如交际性原则、功能—情景教材原则、直观性原则等，是撷取国外现代外语教学法流派而来；如口语领先原则、句法基础上学词汇和形态原则等，是继承直接法而来。

语言教学界对自觉实践法的评价是比较肯定的。他们认为自觉实践法是在总结自觉对比法的经验基础上形成的，但它并不全盘否定自觉对比法，而是有批判地吸取了其中合理的部分（如自觉性等），融入自己的理论体系。自觉实践法的理论体系是继承直接法的合理内核，克服其极端片面之处而建立起来的，同时也兼收并蓄国外外语教学流派（如结构法、情景法、视听法、功能法等）中的行之有效的精华，不断充实、完善自己的教法体系。二十多年来，自觉实践法走过了漫长的发展道路，渐趋成熟，改变了苏联由于推行自觉对比法所导致的外语水平低下的状况，为苏联外语教学界普遍接受。正因为自觉实践法努力改革、完善，不断探索、前进，所以可以说，它是比较合理的一种现代教学法。

## 六、认知法

认知教学法是按照认知规律，调动学习者的智力潜能，努力去发现和掌握语言规则，创造性地活用语言的一种外语教学法体系。因为人脑的认知活动是依靠符号来编码或解码的,所以又叫认知—符号学习理论。

## (一) 认知法产生的背景

20世纪60年代,国际间的交流随着科学的迅猛发展而深入到科技领域。高科技的交流和介绍,需要高层次、高水平的外语人才来承担,原有的以培养口语人才为主的听说法已远远落后于形势的发展,不能适应社会前进的需要。它的重实践,轻理论;重口语,轻书面语;重机械训练,轻灵活运用等缺点,严重地妨碍了高级外语人才的培养。时代要求探索并建立新的外语教学法。认知法正是在这样的背景下应运而生的。

## (二) 认知法的理论基础

认知法的产生有其社会原因,也有教育学、心理学、语言学等学科发展的推动。60年代初,瑞士著名心理学家皮亚杰(Jean Piaget)创立了"发生认识论",反对行为主义心理学 S—R 公式,提出 S—(AT)—R 公式,意思是:一定的刺激(S)被个体同化(A)于认知结构(T)之中,才能对刺激(S)作出反应(R)。皮亚杰和英海尔德(Piaget & Inhelder,1969)指出:儿童认知的发展是通过智力结构的改进和转换而实现的①。在皮亚杰看来,客体只有在主体结构的加工改造以后才能被主体所认识,主体对客体的认识程度完全取决于主体具有什么样的认知结构②。也就是说,头脑中如果没有相关的认知结构,即使刺激再强烈也无法作出反应。这就从根本上动摇了听说法赖以生存的行为主义 S—R 的心理学理论,为认知法的诞生铺平了道路。

50年代末,美国著名心理学家布鲁纳(J. S. Bruner)的"发现学习"理论,也为认知法的产生打下了理论基础。他提出教学以"学习者为中心",教师应充分发挥学习者的积极性和主动性,引导学习者通过对所学对象的观察、分析、归纳等逻辑思维活动自己去发现其中的规则和原理。这就是"发现学习"(discovery learning)③。它能激发学习者的主观能动性,创造性地去完成自己的学业。

50年代,美国著名语言学家乔姆斯基(Noam Chomsky)的转换生成语言理论,也是认知法创立的理论支柱。乔氏认为语言是一种行为,它像人类的其他行为一样,是受规则支配的。这些规则就是语法。人们利用语言的规则,可以从有限的、基本的语言单位去构成无限数量的、复杂的语言系统,就是语言的生成性。人们学习语言并不是学会某个特定的句子,而是运用规则去创造

---

① Piaget. J & Inhelder. B, *Memory and Intelligence*. New York: Basic Books, 1973.
② 雷永生等,《皮亚杰发生认识论述评》,人民出版社,1987。
③ 章兼中,《国外外语教学法主要流派》第190页,华东师范大学出版社,1986。

(构成)和理解新句子①。根据乔氏的观点，学习语言主要并不是依赖模仿，掌握规则才是最根本的。即使幼儿学话也概不例外。教师的作用就是要创造机会和情景，让学习者发现语法规则，并把所学的规则应用到交际实践中去。

美国认知心理学家奥斯贝尔(D. Ausubel)提出的两种"学习"理论——机械性学习和有意义学习，更是认知法反对听说法的有力武器。奥斯贝尔认为机械的模仿记忆，是一种死记硬背，不可能保持长久；而有意义的学习是认知学习，即学习本身形成概念或原理，随后以某种可感觉到的方式与他们原有的思想联系起来时产生的学习②。这种记忆可以长期保持。

上述的这些理论，对世界各国的外语教学起着深刻的影响，它们都是认知法的强有力的理论支柱。

## （三）认知法的基本原则

认知法探讨的是中学以上的成年人在本国的环境中学习外语的过程及其规律，为使学习者达到实际而又全面地运用外语的目的，教学应遵循以下原则。

1. 以学习者为中心，以自学为主

认知法认为学习外语固然有外因的作用，但学习主体的内因起着决定性的作用。教师必须了解并把握学习者学习外语的心理活动，因势利导，激发学习者的兴趣和毅力，开发学习者的智力和潜能，讲究学习的策略和方法，最大限度地调动学习者的学习积极性。

学习者是教学的中心，教师应以学习者的活动和实际的操练为主，并组织好课外的自学，让学习者在大量的言语活动中掌握并运用外语。

2. 在理解规则的基础上进行有意义的学习和操练

认知法认为学习者在理解语法规则基础上的操练，才是创造性的语言活动，而不是"刺激—反应"那种动物型的机械反复。因而教学可采用"发现法"，让学习者从已知到未知，发现其中的规则，并指导自己的语言活动，在一定的交际场景和实际生活中操练语法规则。

认知法并不完全否定"刺激-反应"论，认为认知学习理论适用于学习有规律可循的语法规则，而"刺激-反应"理论适用于学习不太有规律的语音和单词。

3. 听说读写全面训练

认知法反对听说领先，主张听说读写齐头并进。它认为成年人学习外语与幼儿习得母语是不一样的。幼儿认识文字，只能依靠听说学话；成年人则可

---

① 彭聃龄，《语言心理学》第 25 页，北京师范大学出版社，1991。
② 朱纯，《外语教学心理学》第 32 页，上海外语教育出版社，1994。

借助文字来学习外语,声音和文字相辅相成,更能奏效。而且从认知活动而言,调动多种感觉器官(耳听、口说、眼看、手写)综合运用,效果远胜于单纯地靠声音刺激听觉。因而,声音和文字结合,听说读写全面训练,符合成年人学习外语的心理特点。

4. 利用母语

认知法认为成年人学习外语在许多方面是借助于母语实现的。恰当地利用母语的知识,可使外语学习更见成效。

认知法从乔姆斯基的生成语法得到启示,认为各种语言的语法有许多相似之处,学习者学习外语时必然会把母语的语法知识迁移到目的语中去,起正面的促进作用;但母语与外语在结构上毕竟也有不同的地方,学习者学习时往往会用母语代替目的语,从而产生干扰作用。因而应进行母语和目的语的对比分析,使学习更有针对性。

5. 对错误进行有分析的指导

在对待学习者的语言错误上,认知法改变了语法翻译法一味归咎于学习者没掌握好语言知识和语法规则的武断做法,也改变了听说法有错必纠的简单做法,而是有分析地进行指导:是语言运用不当,还是临时的疏忽失误;是外语内部相互干扰,还是母语对外语的影响等等。对前者要加以纠正,对后者可加以指点,消除学习者对纠错的紧张感,轻轻松松地学好外语。

6. 运用电化手段,营造教学情景

认知法同其他现代外语教法流派一样,也十分重视直观教具和现代化教学手段在外语教学中的作用。它认为在缺乏语言环境的情况下,使用电教手段,可以创造外语环境,提供学习者在各种情景中使用外语的机会,因而是提高外语教学质量不可缺少的条件。

## (四)认知法的教学过程

认知法认为成年人学习外语在环境的有无、母语的基础、意识性和自觉性方面有很大的不同,因而对成年人来说,学习外语的教学过程可分为:"语言的理解—语言能力—语言运用"三个阶段。

1. 语言的理解阶段

语言理解是学习者进行听说读写操练的基础。认知法所谓的这种理解是在课堂内对教科书所提供的语言材料,按照一定的教学方法有组织地进行的。他要求通过教师简明扼要的讲解,更主要的是指导学习者自己去发现语言规则,来理解语言规则的意义、构成和用法。具体做法是先复习旧知识,以旧知引出新知;在操练中发现并理解新知的内涵。这样就可为后面的"语言能力"和"语言运用"教学阶段的进行创造条件。

2. 语言能力培养阶段

学习外语,理解语言知识、规则固然很重要,更为关键的是必须具有正确使用语言的能力。这种外语的能力是通过有意识、有组织的练习获得的。这阶段的练习有:

(1) 识别性练习。如出示卡片识别字母,辨别字母在词中的读音,辨别教师读句子的语调,给句子标出正确的译法等等,以检查、了解学习者对语言知识理解的情况。

(2) 动作反应练习。教师说句子,学习者根据意思表演动作。

(3) 挑选图片练习。教师出示几张图片并说其中一张图片的语意,学习者挑选与语意相符的图片。

(4) 定义练习。教师说某个词的定义,学习者从几个词中指出与定义相吻合的词。

(5) 多项选择练习。教师出示某个问题的几个答案,学习者选择正确的一个或几个。

(6) 是非练习。

此外,还有组句、连句、合成句子、改装句子、扩展句子、造句、背诵、翻译、问答、看图说话、复述课文等等。一般围绕课文进行,以巩固课文中出现的新语言材料。

3. 语言运用阶段

通过操练课文获得外语能力还不一定能熟练地进行交际会话,因而第三阶段必须提供学习者交际实践的机会,以培养真实的交际能力。这方面的练习有:

(1) 各种形式的交谈。可联系日常生活交谈,还可指定情景(如公园游玩、商店购物等)进行交谈。

(2) 话题讨论或座谈。可就课文内容、电影、录像片段、图画等展开讨论或举行座谈。

(3) 快速问答。可就课文或眼前景物、事件进行即兴式对话。

(4) 叙述或记述。可就图画、幻灯、录像、电影等进行口头叙述或书面记述。

(5) 翻译。两种语言的转换操练。

这些练习,以学习者为主,教师从旁指导,或适时补充。

## (五) 对认知法的评价

认知法的贡献在于:

(1) 认知法是一种经过改革的现代语法翻译法,它把认知心理学理论、当代语言科学引进外语教学的方法体系,使之更加科学。而运用心理学(包括教育心理学、语言心理学等)理论来论述外语教学,是认知法对外语教学法的最大贡献。

（2）认知法的提倡者几乎都是心理学家，他们重视研究学习者的认知过程，因而认知法以学习者为中心，把学习主体的认知心理作为自己的理论基础，使外语教学法走向更为有效的发展道路。

认知法的不足之处在于：

认知法作为一种新的独立的外语教学体系还是有不够完善的地方。虽然它吸取了最新的科学成果（如生成语法），但如何应用到外语教学实践还比较模糊。另外，认知法较多地运用在教本国人学外语上，至于用认知法教外国人学外语的实践并不多，因而认知法尚需在理论上和实践上加以探索。

## 七、功能法

功能法是以语言功能和意念项目为纲，培养交际能力的一种教学方法。功能法以意念项目为主要线索组织教学，所以又称为意念法（notional approach）。在欧洲人文科学中"功能"也是"意念"或"语义单位"的同义词，因而功能法也被称为语义-意念法（semantic-notional approach）或功能-意念法（functional-notional approach）。语言的基本功能是社会交际功能，外语教学的根本目标是培养社会交际能力，所以功能法也被称为"交际法"（communicative approach）。

功能法产生于20世纪70年代初。创始人是英国语言学家威尔金斯（D. A. Wilkins），代表人物有荷兰乌得勒支大学应用语言学院院长范埃克（J. A. van EK），英国语言教育家亚历山大（L. G. Alexander）、威多森（H. G. Widdowson）等等。

### （一）功能法产生的时代背景

20世纪70年代，西欧各国为适应政治、经济、科学、文化的迅速发展，加强各国之间在政治、经济、军事、科技等方面的联系，成立了欧洲共同体。随着加入欧洲共同体的国家不断增加，使用的语言也不断增多，语言不通成为一个障碍。为了进行沟通，"1978年共同体雇佣的专职翻译就有四百多人，用来翻译九种语言。""每次会议，如果九种语言都用上，一种语言翻译成另一种语言需要经过72次翻译"①。要根本改变这种状况就必须尽快地培养大批具有欧洲

---

① 章兼中，《国外外语教学法主要流派》第207页，华东师范大学出版社，1986。

共同体国家主要语言交际能力的人才,而语言交际能力的培养则直接关系到改革共同体成员国的语言教育,改变当时盛行的听说法或视听法重视语言结构的掌握而忽视交际技能训练的外语教学状况。1971年5月,欧洲共同体文化合作委员会在瑞士召开了对成年人进行外语教学的专题会议。几个月后,又开了一次由十五个国家一百多名语言学家和教学法家参加的多国专家会议,讨论制订欧洲现代语言教学大纲。三年后,由一百多个专家共同努力制订的欧洲主要语言教学的新教学大纲《入门阶段》(van EK,1975)和英语作为外语教学的《初阶》(van EK,et al,1977)问世了。此后,功能教学法的代表著作威尔金斯的《意念大纲》(*Notional Syllabuses*)等相继出版,标志着功能教学法正式登上了外语教学的舞台。

### (二) 功能法的理论基础

功能法的理论基础源于语言学的理论基础和心理学的理论基础。

1. 语言学理论基础

语言学理论研究的成果为功能法提供了一定的理论依据。瑞士结构主义语言学家索绪尔认为,语言是一种社会现象,是社会强加给全体成员的一种特殊的规约。语言作为社会的产物,作为人们互相了解的工具,它从不属于说这种语言的个人。而言语是个人的现象或活动。个人通过言语活动表达自己的思想,并使用语言工具来实现交际的目的[①]。而20世纪60年代兴起至70年代蓬勃发展的社会语言学给功能法奠定了语言学理论基础。社会语言学家海姆斯(D. H. Hymes)提出了交际能力(Communicative Competence)的著名概念。他认为一个学语言的人,他的语言能力不仅是他能否造出合乎语法的句子,而且还包括他是否能恰当地使用语言的能力[②]。海姆斯所说的交际能力指语言能力和语言运用两个方面。他的这一阐述,以后成为功能法的培养目的。功能语言学家韩礼德(Halliday)的功能语言理论、话语分析理论以及威多森的语言交际观也给予功能法以极大的影响。韩礼德认为儿童语言"体系"是一个意义体系,而意义体系可以借助成人语言的声音去表达。[③] 威多森认为外语教学要在话语中使用语言才能培养出交际能力来。[④] 功能法根据这些论断主张学习语言既要掌握它的形式,更要能适当地运用它,也就是说要使学习者掌握运用语言进行交际活动的能力,而这种能力只有通过交际活动才能进行更好

---

① 索绪尔,《普通语言学教程》第41页,商务印书馆,1985。
② Hymes, D. "*On Communicative Competence*" in Pride, J. B. and Holmes, J. (eds.) Sociolinguistics. Harmondsworth: Penguin, 1972.
③ 王初明,《应用语言心理学》第21页,湖南教育出版社,1990。
④ 章兼中,《国外外语教学法主要流派》第211页,华东师范大学出版社,1986。

的、更全面的培养。

2. 心理学理论基础

除了语言学理论,功能法还吸收了心理学的理论观点。60年代后期发展起来的心理语言学关于外语学习的认识过程,学习者用语言理解和表达思想,语言和思维过程的关系等阐述,对功能法产生了很大的影响。功能法强调以学习者为中心,从学习者的实际需要出发来制定教学目标。根据目标选择教学内容,确定教学方法。在学习过程中要发挥学习者的自觉认识作用,进行有意义的合乎情理的交际训练。心理语言学的功能派如费利克斯和哈恩(Felix. S & A. Hahn)认为外语学习过程,学习者并不是复述所听到的语言,而是从接触到的语言素材里选择具体的语言结构,有规律地使用与本族语说话者有显著区别的语言。这些有毛病的语言形式是外语学习过程中不可缺少的一部分[1]。功能法对学习者的错误不苛求,它认为不完善的交际往往是有效的,有价值的,而在学习者表达时不断纠正错误只会分散学习者的注意力,影响表达的进行。

### (三) 功能法的基本原则

功能法关注语言的社会交际功能,关注培养学习者的语言交际功能,因而它的基本原则都围绕着这一中心来制订。

1. 以单元—学分体系组织语言教学

根据学习者学习外语的基本目的,并考虑到其中的一般目的和特殊目的,按其需求把语言教学分成对学习者具有一定针对性的单元,各单元之间先后配搭、相互联系构成整体。先学习具有共性的部分,再根据不同的需求学习不同的单元。每一个单元规定一定的学分,学完一个单元即获相应的学分。《入门阶段》大纲是单元—学分体系中的基础部分,也是十分重要的部分。它规范并保证不同学习目的和要求的学习者的语言使用能力都达到最基本的水平。

2. 以功能意念为纲,考虑交际要素

功能法教学以功能意念为纲,注意考虑交际的三要素:功能、普通意念、特殊意念。此外,还考虑到人们运用语言进行交际的其他要素:情景、社会、性别、心理状态、语体和语域、重音和语气、语调、语法和词汇、语言辅助手段等等。

3. 教学过程交际化

在强调语言教学的根本目的的同时,注意教学过程的安排和设计,努力使外语教学的整个过程交际化,让学习者在交际活动中、在语段中使用语言以培养其交际能力。

---

[1] 王初明,《应用语言心理学》第48页,湖南教育出版社,1990。

4. 基本目的语和专业目的语兼顾

在学习基本目的语的同时,注意训练专业目的语。既满足学习者的一般学习需求,强调学以致用,提高学习者掌握目的语的水平;又使教学更具有针对性和实用性,全面实现语言学习的目的。

### (四) 功能法的教学过程

功能法的整个教学过程包括三大环节。

1. 展示语言材料

通常以对话的形式,用图片或实物,通过情景让学习者接触新的语言材料。对话力求真实、自然,并尽量在一定的情景中展示。

2. 学习和操练

将对话中出现的基本表达法及相应的语言结构抽出来让学习者进行模仿练习,以便在表达时能灵活运用。除模仿之外,还可通过各种形式的操练来掌握所学内容。如朗读、设问和对答,以及根据个人情况进行有限扩展的问答练习等。

3. 自由交际及表达

在语言学习过程中,提供相应的情景,给学习者创造自由使用语言的机会和条件,如游戏、谈话、讲故事、角色扮演、讨论等,训练学习者各种交际技能,提高表达能力。

功能法教材的特点主要体现在结构、功能的结合上,在我国最为流行的是电视英语教学片《跟我学》。

### (五) 对功能法的评价

功能法吸取了当代语言学、心理学研究的成果,总结了在它之前的各种教学法如直接法、听说法、视听法等的优点和不足,并进行有选择的改进和吸收,是一种颇具影响力和生命力的外语教学方法。它的主要特点及长处在于:

(1) 功能法以语言功能和意念为纲,培养运用语言进行交际的能力,在正确运用语言的同时还注意运用的得体性。

(2) 语言教学从学习者的实际需要出发,确定学习目标选择语言材料,并努力使教学过程交际化。要求外语教学过程是言语交际过程,外语教学中尽量创造接近真实的交际情景。

(3) 强调语言交际的目的,对于学习者在学习过程中出现的错误保持一定的容忍度。

(4) 重视专业外语的教学,突出不同的领域、范围所需目的语的特点,使教学更具有明确性和针对性,也使学习者的精力和注意力相对集中,以求最高的学习效率。

功能法的不足之处主要表现在：

（1）语言功能和意念的范畴十分广泛，很难确定。要确定教学的范围，将其分类、排列，并要做到一定的科学性和符合教学规律，许多问题还有待研究。

（2）语言功能和结构在教学中的结合是一个大问题。以功能意念为纲，兼顾结构，还是从语言结构出发结合功能，两者各有利弊。另外，两者的结合还关系到学习顺序、教学的循序渐进、教材中语言材料的编排、教学内容的安排落实等一系列不容易处理的问题。真实的交际活动千变万化，如何做到相对规范等问题都难以解决。

（3）功能法对学习者的语言错误十分宽容，这对于培养学习者语言表达的正确性和得体性，未必有益。

## 八、任务型教学法

上世纪60年代到70年代出现了人本派和功能派教学法。受人本主义心理学的影响而产生的教学法，诸如团体语言学习法、默教法、全身反应法、暗示法、自然法等，强调以学生为中心，注重人文情感因素，属于人本派；受社会语言学、功能主义语言学的影响而产生的教学法，如功能法、交际法等，重视语言交际能力的培养，属于功能派。而任务型教学法正是从人本派和功能派构建社会型的学习群体，发挥合作互动、培养交际能力等教学思想和教学理念出发而逐渐发展起来的。到上世纪80年代，许多国家和第二语言学习的研究者，通过实验和探索，系统地提出了任务型语言教学的理论和主张。

任务型语言教学法是交际教学法的一种。交际教学是以通过与社会人群的交际和交流来习得和掌握语言知识与语言能力的教学。任务型教学法就是这种交际教学法的发展和深化。它把语言教学与学习者在日常生活中的语言运用结合起来，让学习者面对真实的生活环境和社会环境，完成一个个具体的任务，从而习得语言知识和能力。

"任务型语言教学的核心思想是要模拟人们在社会、学校生活中运用语言所从事的各类活动，把语言教学与学习者在今后日常生活中的语言应用结合起来。任务型语言教学把人们在社会生活中所做的事情细分为若干非常具体的'任务'，并把培养学生具备完成这些任务的能力作为教学目标。"①

---

① 龚亚夫、罗少茜，《任务型语言教学》第12页，人民教育出版社，2003。

## （一）任务型教学法产生的时代背景

任务型教学法的提出和形成，经过相当长时间的酝酿和发酵，是功能法和交际法这些教学流派发展的必然结果，也是功能主义教学观、社会建构理论、习得理论和课程理论共同影响的产物。如果刨根溯源，还应源于美国教育学家杜威的实用主义教育理论。

上世纪初到三四十年代，杜威从实用主义经验论和机能心理学出发，批判了传统的学校教育，提出了他的基本观点，：教育即生活，学校即社会。所谓"教育即生活"，是指从生活中学习，从经验中学习，反对把外面的东西强加给学生去吸收；所谓"学校即社会"，是指学校应成为一个小型的社会，学校生活即是社会生活，校内学习与校外学习互相连接、互相影响。杜威从这些观点出发，提出了"学生中心，从做中学"的教学模式。强调学生在教学中的中心位置，强调课堂教学必须围绕活动和任务展开。可以说这已是任务型教学的雏形和滥觞。任务型教学法正是由此发展和演变而来。

任务型教学法由于偏重于完成学习活动和学习任务，比较符合某种能力的教育和培养，因此，在上世纪50年代，职业教育界就开始采纳和应用，为学习者分阶段、分层次、分任务地接受职业教育和技能培养发挥了重大的作用。

上世纪70年代，交际语言学发展起来，交际法很快从一种教学途径上升为一种教学思想，完成和达到一系列的交际功能成为语言教学的重中之重。这又为任务型教学的发展打下基石。

上世纪70年代到80年代，马来西亚、印度等一些亚洲国家在外语教学中实验和推广任务型语言教学，积累了相当丰富的实践经验。到80年代中期，第二语言学习的研究者们，如Long, Crookes, Willis和Nunan等在前面实验和研究的基础上，较为系统地提出任务型语言教学的主张。1989年，D. Nunan出版《交际课堂的任务设计》(Designing Tasks for the Communicative Classroom)，介绍了任务型教学的基本理论和一些国家和地区的任务型教学大纲，这是正式形成任务型教学法的标志性著作。

## （二）任务型教学法的理论基础

任务型语言教学的理论依据是多方面的，主要有语言习得理论、社会建构理论和课程理论。

### 1. 语言习得理论

语言习得理论是任务型教学的重要理论依据。尤其是第二语言或外语的习得，与任务型教学更有直接的关系。习得一般指在使用目的语的社会环境中，通过交际活动或准交际活动（课堂情境模拟活动），获得语言知识和语言能力,学习者的注意力集中于表达思想和语言所表达的信息上;这跟传统课堂教学偏重于语言形式的传授,通过模仿和练习来掌握语言知识和语法规则是大相径庭的。当然第二语言或外语的习得理论的研究,也有一个不断认知的过程。从基于行为主义"刺激——反应——强化"理论的对比分析假说,到学习者自己创设并改进语言系统的中介语假说,以及建立在偏误分析基础上的内在大纲和习得顺序假说,都在努力探求和研究习得第二语言或外语的内在规律,同时也都发现课堂教学,即使学习者掌握了语言的形式和法则,也不一定能正确无误地在实际中使用,必须让学习者参与大量的社会交际活动,在语言实践中掌握并发展自己的语言系统。也就是说:"掌握语言的最佳途径是让学生做事情,即完成各种任务。当学习者积极地参与用目的语进行交际的尝试时,语言也被掌握了。当学习者所进行的任务使他们当前的语言能力发挥至极点时,习得也扩展到最佳程度。"①

2. 社会建构理论

社会建构主义也是任务型教学的重要理论依据。建构主义学习理论强调以学生为中心,主张由学习者在一定的社会文化背景(即一定的情境)下,利用必要的学习资料,通过与他人的交往和协作,建构起对客观事物的意义和主观理解,以图式或认知结构贮存于记忆。它反对现成知识的简单传授和学生的被动接受。由此,建构主义学习理论把"情境"、"协作"、"会话"和"意义建构"列为语言学习的四大要素。其中"情境"是学习的条件,"协作"与"会话"是学习的手段,"意义建构"是学习的最终目标。所谓"意义建构"是指:事物的性质、规律以及事物之间的内在联系。如果教师能够激活学生的内在知识系统,帮助学习者思考和探究,从而完成对客观事物的"意义建构",就能促进语言的进步和发展。龚亚夫、罗少茜在《任务型语言教学》(21—28 页)中将社会建构主义学习理论归纳为六个方面:自律(自己控制和调节)、自我(自己根据理解来建构意义)、自信(自己相信能完成任务)、自主(自己确定目标、任务和学习内容)、自择(自己选择学习策略,形成自己的学习风格)、互动(在与他人的交往或交流中掌握语言)。从这六个方面我们能纵观社会建构主义学习理论的全貌,同时我们也可从中窥测到任务型教学法的端倪。可以说,任务型教学法正是在建构主义学习理论的基础上发展起来的。

3. 课程理论

心理学和教育理论的进展,推动着课程理论的发展和变化。1996 年 van Lier 创立了一种设计课程的新理念:"3A 课程观",即意识(awareness)、自主(autonomy)与真实(authenticity)。这种课程观,一反过去着眼于教师的角度

---

① 龚亚夫、罗少茜,《任务型语言教学》第 17 页,人民教育出版社,2003。

而改从学习者的角度去考虑课程的设立、内容和学习方法。所谓的"意识",是指学习者有意识地关注他所学的内容并参与有关活动,把所学内容与已有的知识结构、生活经历联系起来,即由已知、旧知去同化和接受新知、未知。所谓"自主",是指学习者自己选择学习内容和学习任务,自己决定完成任务的方式与责任。真正调动起学习者的学习责任感和积极性,专心致志地关注自己所学的知识,加强自己的驱动力,发挥学习的主动性。所谓"真实",是指学习者在真实的环境中,参与真实的行动,表达真实的思想和感受。学习活动始终处在真实的情境、真实的目的和真实的交流之中。"意识"、"自主"、"真实"这三者是紧密相关的。学习者只有有意识地参与真实的活动,并且积极地对自己的学习进行积极反思和调控,才能真实而有效地习得和掌握语言。任务型教学强调语言活动尽可能结合学习者本人的生活经历和知识积累,提倡由学生来决定任务的选择和任务的完成,鼓励学生表达自己的真实感受和真实经历等等特点都可从课程理论中找到其影子和踪迹。可以这么说,任务型教学法正是从 van Lier 的课程理论脱胎而来。①

## (三)任务型教学法的特点与原则

任务型语言教学有下列一些特点:

1. 以任务组织教学

任务具有明确的目标指向,不仅要达到预期的语言教学目的,同时要达到一定的非教学目的。例如设计电话预定出租车的情境,学会运用话语来叫车是预期的任务目标,而结果叫来了出租车是非教学目的。

2. 通过交流来学会交际

任务具有交际性和互动性,可以促进学生的人际交往,学习者在参与、交流、合作的过程中,以交际任务带动学习。例如营造一个接待来访者的场景,学习者通过接待、寒暄、交谈,学会与客户打交道的技能,同时也练习了说话。

3. 调动学习者个人的生活经历和已有的目的语资源

在学习活动中,学习者凭借这些资源,感知、接收和应用目的语。例如参加足球赛拉拉队,由于学习者有观看球赛的经历和有关体育运动的目的语话语,因而很快学会了"加油"、"传球"、"角球"、"射门"、"罚球"等词语。

4. 在干中学,在用中学

将课堂内的语言学习与课堂外的语言活动有机地结合起来,摆脱单纯的语言学习和语言练习,使语言教学成为有语境、有意义、有交际目的的语言实践。

---

① 详见龚亚夫、罗少茜,《任务型语言教学》第 29—33 页,人民教育出版社,2003。

根据上述的一些特点,任务型语言教学法必须贯彻下列几个原则:

1. 言语、情境真实性原则

这个原则是指在任务设计中,尽可能创设真实(即学生的实际生活)或接近真实(即贴近生活)的情境或场景,不仅交际活动是真实的,所用的交际语言也是真实的。这样,学习者在完成交际任务的过程中,所接触和加工的语言知识和语言信息就能得到有效的吸收和应用。

2. 形式与功能性原则

这个原则是指任务设计要在真实性基础上,注重和实施语言形式和功能的结合,使学习者明确所学的语言形式与功能之间的关系,在完成任务的活动中,不仅掌握语言形式,理解其功能,并且获得真实使用语言功能于交际中的感受和能力。这就克服了传统语言练习脱离语境,脱离功能,注重单纯形式训练的弊端。

3. 任务的连贯与相依性原则

这一原则是指学习单元中任务与任务之间的关系,以及课堂实施任务的步骤和程序。所设计的一组或一系列任务之间,不是毫无关系的任意堆积;它们是连贯的、有层级的,从简到繁,由易到难,互相衔接,呈阶梯形地层层递进,并统一在一定的目标指向上,使学习者一步步达到预期的教学目的。

4. 在做中学原则

这一原则是指学习者在完成具体的任务活动中学习和获得语言,也就是说,要引导学生通过参与和完成一定的交际任务来接收和积累目的语语言。它并不排斥学习语法规则和记忆单词,但不是从教师的单纯讲解中获得,而是在使用中感受和内化。"在做中学"的另一优点,是使学习者把陈述性知识和程序性知识的转化紧紧地结合和联系在一起,学得扎实,学得巩固。

5. 脚手架原则

这一原则是指创造条件,支持学习者循序渐进,逐步向预期目标攀登。这就像建筑楼房的脚手架一样,让学生既能攀高,在产生成就感的同时,又觉得安全。完成一定的任务,有一定难度,要冒失败、犯错的危险,因而必须让学生有勇气和安全感,才能顺利进行教学。

## (四)任务型语言教学目标、任务分析与设计

实施任务型语言教学必须明确教学目标,对任务要进行分析与设计。

1. 确定教学目标

语言教学都有一个总体的课程标准,听说读写都得根据这个标准去分头落实和达到实际的目标。但由于它是一个总体的课程标准,比较原则或笼统,教师在贯彻和实施过程中,必须将语言能力和目标细化为许多具体的、可操作

的语言行为目标——即"学习者可以用所学的语言做什么事情"。[①] 而细化的过程,既要考虑真实世界的任务目标(即学生以后现实生活中会遇到的或需要做的事情),又要顾及教育任务目标(即课程标准所确定的分级标准以及语言知识目标)。

听说读写各门课程有了比较明确的和细化了的语言行为目标,教师就可据此确定分册和分单元的目标,课堂上就能抓住重点,集中时间和精力去训练和培养学生运用既定的语言形式和语言项目来进行交际活动,完成有意义的任务。

2. 任务分析与设计

开展任务型语言教学能否收到预期的效果,关键在于作好任务的需求分析。这种需求分析体现在两个方面:一个是语言知识与能力的分析;另一个是学生需求与发展的分析。对于前者,"教师必须考虑语言知识的目标,语言能力的目标;要考虑如何使学生掌握教材中的语言点,并把这些与任务活动结合起来。"[②] 对于后者,教师要考虑学习者现有的语言能力水平,学习者以前的学习经验和所采取的学习策略,并从现实社会对学生的语言知识与语言能力的需求和自身的需要出发,充分了解学生"想做什么,会做什么,该做什么"。[③]

在作出精确的任务分析基础上,进行任务设计。它包括目标(完成任务的预期目的)、步骤(操作方法与过程)、顺序(序列任务的次序)、进度(完成任务的时间)、结果(执行后的成果),以及学习策略、资料、评估等项目。成功的任务设计,能促使学生运用所学的语言进行交际和交流,表达自己想要说的意思和感受;同时也能促使学生获得在课堂的模拟情境中演练真实生活或真实交际时所需要的语言技能。

## (五)任务型语言教学的过程

任务型语言教学可分为三个阶段:语言材料的引入、语言的练习与语言的输出。

1. 语言材料的引入

任务型教学讲究在学习者有所准备的情况下引入新的语言材料。这种准备有内容上的准备,即课堂进行的话题与学习者以往的经历和经验联系起来;也有语言知识上的准备,即激活学习者旧有的、已有的语言储备,包括词汇和句子等,与将进行的交际或交流活动中所要应用的语言形式结合起来。具体分为三个步骤:第一步,从单个语言成分如词汇、句子开始进行一些机械性语

---

[①] 龚亚夫、罗少茜,《任务型语言教学》第54页,人民教育出版社,2003。
[②] 同上书,第59页。
[③] 同上书,第62页。

言练习;第二步,引导学生用所学的语言(包括新旧词语与句子)进行说话和交流;第三步,进行课本上的对话,体会其语言和内容的高度融合。① 这非常符合建构主义的理论和学习观点。

2. 语言的练习

激活学习者存储的心理词汇和句子,只是为接收和同化新词、新句创造一些条件,其本身并不能产生新的语言形式。因而在引导学习者进行交际活动之前,需要实施有关语言的灌输和语言方面的练习。这类练习有两种:机械性练习和有意义练习。机械性练习,是对刚刚接收的新语言进行模仿或重复的操练或训练,体会和记住新语言的用法和功能,在需要时能准确提取和运用。它属于基本技能的练习,如果安排和设计得当,可以吸引学生积极、主动地参与各种练习活动。有意义的练习,"介于机械性(控制性)和交际性(非控制性)之间,起着承上启下的作用。"②即学习者使用新学的新词新句,随意性地表达自己的所见所闻,所思所想。"使学生的认知从知识外部特征转向知识内在联系"。③

3. 新语言材料的输出

这个阶段主要是呈现任务和完成任务,即指导学习者运用所学的知识和技能(包括新旧语言知识和新旧语言技能)来完成一个预定的交际任务。课堂上所呈现或营造的交际活动应该是贴近生活的语言使用环境,能发挥学生的自主性和创造性,从而解决实际问题,完成具体任务。这样的语言活动一般可以在小组或结对练习中实现和完成。学习者在这种交流中,结合以往所学的旧语言形式与刚刚学到的新语言材料组织成话语,运用于交际和表达,在完成任务的过程中加深对语言形式及其功能的领会和理解。

## (六) 对任务型教学法的评价

任务型语言教学之所以为广大教师肯定和乐意接收,因为它有如下一些优点和长处:

(1) 真正贯彻"以学生为中心"的原则,用任务带动教学,让学习者在真实或仿真实的环境、情景或场合中进行交流或交际,通过语言实践和语言运用,获得新的语言知识,提高语言技能。

(2) 任务型语言教学不停留在机械性练习或带有意义(半机械性)的练习的平台上展开,而是把课堂社会化,让学习者在运用中学,为运用而学,在广阔的社会背景平台上,完成诸如生活、学习、工作等各个真实的、具体的任务过程中,培养综合运用语言的能力。

---

① 龚亚夫、罗少茜,《任务型语言教学》第86页,人民教育出版社,2003。
② 同上书,第88页。
③ 同上。

（3）任务型语言教学充分体现了学生的主体性，在任务活动中发挥每个学习者的长处，彻底地、有效地改变了以教师讲授为主，学生被迫接受的传统教学现状，成为学习者获得语言知识、提高语言技能的较佳途径。

（4）任务型教学，学生的学习目标非常明确，完成任务和解决问题的具体活动，以及立竿见影的教学效果，大大地调动了学习者的学习动力和积极性，提高了学习的兴趣和主动性。

任务型语言教学法也存在某些不足之处：

（1）课堂语言教学的目标，是要在有限时间内完成和达到整个教学大纲所规定的标准和要求，任务型语言教学法的实施和贯彻需耗去较多的上课时间，进程比较缓慢，很难控制教学进度。因而要落实教学大纲的各项指标，势必要运用和采取多种教学方法，一起承担，共同完成。单靠任务型教学一种方法来达到整个教学大纲的要求是明显不够的。

（2）任务型语言教学法以任务带动教学，尽管重视和强调新旧知识的联系，但很难做到具体任务与新知识、新技能完全有机的结合，可能落实了一部分而舍弃了另一部分，不易从整体上把握知识系统和知识结构。

（3）班级学生的语言水平和语言能力参差不齐，开展任务型语言教学，会导致各个学习主体的进步与提高差异较大，必须采用其他的教学方法来弥补。

## 小　结

国外外语教学法的各种流派，都或多或少地影响着对外汉语教学的发展。因此，了解和熟悉国外外语教学法流派，有助于探讨对外汉语教学的理论。

国外外语教学法流派众多，其产生和发展有各自的社会背景和理论基础。它们或者是针对前一种教学法流派的弊端而逆向发展起来的：例如直接法就是为克服语法翻译法过分重知识、重书面翻译、重母语运用而把重心转向口头交际；或是在修正前一种教学法流派的弱点的基础上，扬长避短地发展起来的：例如听说法就是为修正直接法重经验、重感觉、轻知识的倾向而建立的，变为以句型为中心由听说带动读写的教学思想；或吸取其他教学法流派的优点，例如功能法总结了各种教学法流派（如直接法、听说法、视听法等）的优点与不足，有选择地改进和吸收，创造接近真实的交际情景，使教学过程交际化。每一种教学法流派的产生和发展，都有一定的背景，并给外语教学界一定的启迪和影响。

对外汉语教学不宜局限于某种教学法流派，而应博采众长，汲取各种教学法流派的合理内核，将它们的理论研究和实践成果融入对外汉语教学，开创对外汉语教学的新天地。

# 第三章　课堂教学的过程与原则

对外汉语教学有两种常用的形式,一种是班级集体的课堂教学,一种是一对一的个别教授。高等院校对外国留学生的汉语教学基本采用课堂教学的形式,有时也实行个别教授,那只是作为一种教学的辅助手段。

课堂教学是一种相当严密的教与学的活动,也可以说是教师与学习者为达到某种教学目的而进行的一种认知活动过程。学习者是课堂教学的主体,教学必须符合学习者的需求,教学的内容和能力的培养最终都要落实到学习者身上;但是教师在课堂教学中不是消极被动、或者随意的,而是要起到主导的作用。教师在这里必须讲究教学环节的安排和教学步骤的衔接,让学习者按部就班地、循序渐进地去接受新的知识。

课堂教学遵循这样的流程:分析——实施——反馈三个阶段,就能做到因材施教,有的放矢,充分调动学习者学习的积极性,发挥其主观能动性,避免教学的盲目性,使课堂教学收到最大的效果。

由于教学思想的发展和影响,课堂教学由教师"满堂灌"的注入式教学,逐步走向"讲练法""谈话法""互动法"等启发式教学。对外汉语的教学实践也证实了"注入式"是少慢差费的教学方式,已逐渐被淘汰出局。

## 一、课堂教学的基本要素

组织和进行教学活动必须运用一些课堂教学的基本要素。最为常用的要素是教学单位、教学环节、教学步骤和教学行为。执行和实施一门课程的教学,组织和贯彻一堂课的教学,都必须划分教学单位、安排教学环节、衔接教学步骤、设计教学行为等等。良好的课堂教学效果和有效的课堂认知活动,就取决于这些要素的合理组合和配置。

## （一）教学单位

教学单位是指教学活动相对集中的某个教学时段,它分为教学课时、教学单元和教学阶段。

1. 教学课时

教学课时有学期总课时和课文课时两种。学期总课时是指教学一门课程或完成一本教材所需要的课时总数。如中级的听说课程,选用教材《中级汉语听和说》,每周以6课时计算,两个学期共240课时。教学必须在这个总课时内完成这本教材。但一般所谓的教学单位,常常指的是课文课时,一个课时即为一个教学单位。如果教学一篇课文需要4个课时,也就是说要用4个教学单位来完成它。由于各院校安排的每节课的时间实数不尽相同,有45分钟为一节课的,有50分钟为一节课的,也有一个小时为一节课的,所以教学课时作为教学单位来说,实际上是个变数。

2. 教学单元

教学单元是由若干篇课文组合起来的较大的教学单位。有的教材本身是由几个单元组合而成的;有的教材需要教师根据教学对象的实际情况自行划分。划分的标准是多元的：可按题材分(如妇女问题、老人问题等),可按语法点分(如"把"字句、"比"字句等),可按功能分(如介绍、询问等),也可按情景分(如在饭店、逛商店等)。教学单元的划分有利于教学的集中进行与语言要素的归纳。

3. 教学阶段

教学阶段是比教学单元大、时间跨度长的教学单位。一般分为期中和期终两个阶段。按照中国的教育制度和教育习惯,通常要进行测验或考试,检查教学效果和教学质量。

## （二）教学环节

教育家们在长期的教学实践中,根据感知、理解、巩固、运用的基本认知心理规律,总结和归纳出五个教学环节[①]：组织教学、复习检查、讲练新内容、巩固新内容、布置课外作业。

1. 组织教学

为保证教学活动有条不紊地进行,上课开始有必要腾出几分钟时间做一点组织教学的工作。组织教学分教的组织和学的组织。教的组织主要指教师的教具准备,如教学图表的张挂、幻灯投影的安放、录音机磁带和电视录像带的插放等等。学的组织主要指教师让学习者做好学习的准备,如取出并放好

---

[①] 伊·阿·凯洛夫等主编,《教育学》第136—146页,人民教育出版社,1957;查有梁,《课堂模式论》第59页,广西师范大学出版社,2003。

课本和纸笔、坐定并保持良好的学习情绪、凝聚并集中高度的注意力,等等。

组织教学作为一个教学环节一般安排在课的开头,以便师生都能较快地进入教和学的佳境。在整个教学的过程中,教师都应视学习者的学习和接受情况、注意力的集中和分散、精神的疲惫和懒怠等因素,随时进行组织教学的工作,调整教学活动和教学节奏。

2. 复习检查

复习或检查旧课是导入新课经常采用的方法。新旧知识是有联系的,调动和利用旧知与已知,学习者就容易接受新知与未知。复习检查的方法有多种:提问、改错、小测验、回忆学过的有关知识和课外作业订正等。

3. 讲练新内容

讲练新内容是课堂教学中最主要的环节。新知识的传授和接受主要在这个环节中进行,因而所占的上课时间也较多,大致是一堂课的3/5。讲练新内容是个大环节,还可细分为:导入新课、讲解新知和操练新知三个小环节。

(1) 导入新课。导入新课除了采用复习检查的方法之外,还可利用图片、录像、录音、文化背景介绍等手段,引导学习者去追溯、对比和联想,渐渐进入接受新内容的最佳状态和最佳境界。例如学习会话课本中的"问候",就可利用录像片《生活在中国——中国人常常这样说》(华东师范大学吴仁甫、徐子亮等监制,中国广播电视出版社,1996)中有关问候的片段,让学习者对中国人在各种场合、各种情况下的不同形式的问候语有个初步的、大致的印象和轮廓,这就为学习者学习和掌握汉语的问候语提供了接收的条件。

(2) 讲解新知。讲解新知虽然一般以教师讲述为主,但也要尽量避免满堂灌,不时地穿插问答和练习,适当地利用板书和展示图片,引导学习者积极思维和及时记笔记,调节和活跃课堂气氛。例如讲述学校周围的马路、商店、邮局、银行、车站、旅馆、饭店、电影院、保龄球馆等,如果有张示意图,学习者则一目了然,有助于理解。教学中若能穿插一些问答:"银行在什么地方?怎么走?""到电影院从哪儿走最近?"等等,课堂气氛就会活跃起来。

(3) 操练新知。操练常和讲解配合起来进行,这样,教学就比较有节奏。当然,视教学内容需要,也可在讲解后再操练。例如"把"字句和"被"字句的变换表达,可先讲述这两种句式的特点和异同,然后再进行变换操练,体会它们的表达差异和作用。

4. 巩固新内容

对经过教学而了解的内容要趁热打铁加以巩固,一般的做法是:由教师归纳、总结课堂讲授的内容,也可由学习者(一个或几个人)复述、回讲所学的内容,也可做些快速反应的练习。这一环节花时不多,却至为重要,因为它能起到将知识系统化、条理化的作用。

5. 布置课外作业

课外的学习活动是课堂教学的延伸,是学习环节中不可或缺的组成部分。它牵涉到能否把课堂中学到的理论知识、技能应用于实际的问题,因而历来为教师和学习者所重视。布置课外作业,可以根据课文后编者所拟的练习题挑选一部分,也可由教师自拟和补充一些习题,让学习者在课后完成、消化、巩固所学到的内容和知识。

五个主要环节,一般都按照上述顺序排列,但不同课型有不同的特点,环节安排自然也应有所变通。例如听力课,不一定安排巩固新知的环节;报刊阅读课,不一定有复习检查的环节。

## (三) 教学步骤

教学步骤是比教学环节小一级的教学结构单位,或者说是教学环节的下位概念。环节包括步骤,每个环节往往是由若干步骤串联起来实现和完成的。教学步骤的安排和组织能反映出教学的心理活动过程,也体现了教学方法的选择和教学内容的落实。例如,教学一篇课文是先学习生词,然后讲解语法,阅读课文,做练习,还是学习几个生词讲解一段课文,再学习几个生词再讲解一段课文,其间穿插语法和操练。这两种教学步骤的组织和安排,贯彻着不同的教学思想和教学方法,也体现出不同的教学活动过程。教学步骤一般由视、听、读、写、问、思、说、练等诸要素根据教学需要组合而成。它们主要用于复习检查、讲练新内容和巩固新内容等环节。教师在安排和设计教学步骤时,必须有目的地、有序地、有机地选择上述诸要素组合成紧密的教学程序。而且还要进一步细化,因为上述诸要素分别包含着若干细目,如"读"有领读、跟读、齐读、朗读、分角色朗读等,"视"有视读(默读)、看录像、看幻灯、看图片等,"听"有正音、听词语、听句子、听片段等,"写"有写汉字、写句子、写片段、写短文等,"说"有独白、对话、复述等,教师设计教学步骤时必须周密考虑采用哪个要素及哪种细目,保证教学顺利进行。

## (四) 教学行为

教学行为指与教学有关的具体活动。凡与教学无关的、甚至干扰教学的行为就不能算作教学行为。从这个意义上说,教学行为是一种积极的教学活动,它服从于一定的教学目的和教学要求。教师在上课过程中根据教学目的和要求组织和采取的教学环节和教学步骤,都属于教学行为,而听到教室外的响声回头张望,注视某个学习者穿什么衣服,录像机、录音机出故障而去查看等等,就不是什么教学行为。学习者在课堂上开展与规定任务有关的学习活动,心理学称之为有意学习,当然也属于教学行为;而在规定学习任务之外的信息获得,心理学称之为偶然学习,就不属于教学行为,虽然偶然学习对于知识和技能的获得是不容忽视的。[①]

所谓教学环节和教学步骤属于教学行为的说法,是就其广义而言,从其狭义范围来说,教学行为应是具体的教学活动(包括课内和课外),如图片出示、板书、情景模拟、游戏、问答、讲授、练习、讨论、参观、语言实践等等。

## 二、教学的一般过程

教学属于认知范畴的心理活动过程。通过教学,可以认知世界、习得语言、获得技能、培养德行。但这些教学成绩的取得不是一蹴而就的,而是经历无数次的教学活动累积而成的。而这多次的教学活动绝不是简单的、机械的重复和叠加,而是一次比一次有所前进、有所突破、有所加深,这就要求每一个教学过程内部有明确的目的性、计划性和操作性,也就是说教学过程有其内部的规律、层次和走向。经过专家的研究和教学实践的检验,逐渐形成教学过程的内部结构。这种结构可用一张流程图来显示。邵瑞珍主编的《学与教的心理学》中绘制了一张教学过程的流程图[②],这张图也基本上适用于对外汉语教学,我们针对外国成年人学习汉语的特点将该图表略作改动,图示如下:

这幅图描绘了对外汉语教学一般教学过程的流程。全图分为三个层次,第一层次为分析阶段,包括确定起点状态、分析教学任务、陈述教学目标三个方面;第二层次为实施阶段,包括设计有效的教学技术、适应个别差异和民族差异的教学、激发与维持学习动机、教学方案实施四个方面;第三层次为反馈阶段,包括测量与评估教学结果、诊断与补救教学两个方面。下面分别述说:

**教学过程流程图**

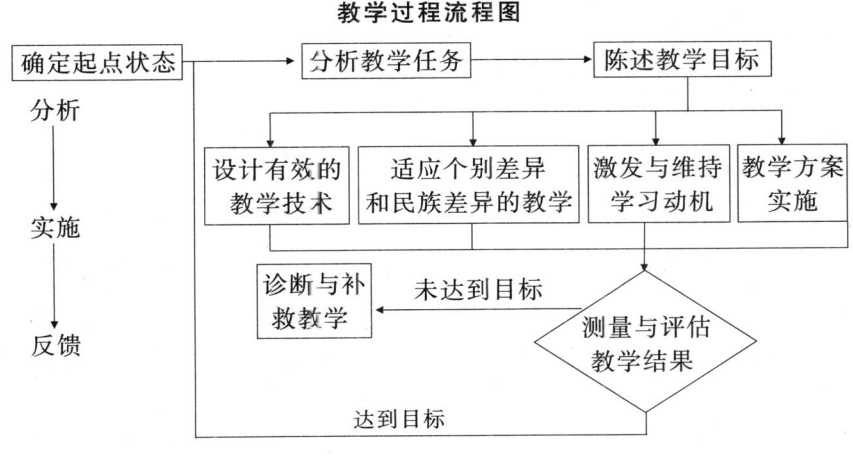

---

[①] 邵瑞珍,《学与教的心理学》,华东师范大学出版社,1992。

[②] 同上书,第 187 页。

## （一）分析阶段

1. 确定起点状态

教学是一个有目的和有计划的活动过程,所以分析教学对象对于整个教学过程的顺利开展有着特别重要的意义。其中了解教学对象的汉语程度和汉语水平尤为重要,这是确定教学起点的前提。虽然外国留学生进入学校,一般都是经过测试而分入各个班级的,但往往依据的只是大致的水平,进入同一个班的外国留学生,程度和层次很可能比较参差,需要教师去深入了解,定出一个较为折衷的起点:程度好的学习者能满意,程度差些的学习者也能跟得上,这样,进行教学才有共同的基础。当一篇课文教学结束,或者一个单元教学结束,或者在期中或期末,由于同一班级的学习者在接受知识信息和转化为能力方面快慢不一,依然会存在差距,因此有必要再次确定起点状态。

2. 分析教学任务

分析教学任务是确定教学目标的关键。教师执教一篇课文或实施一堂课,要达到什么样的要求和目标,中间要跨越多少障碍,必须心中有数。这就需要对当前的教学任务作出精当的分析。一般的做法是吃透"两头",探索"中间"。所谓吃透"两头",一头指学习者的原有水平,另一头指要求达到的学习目标。所谓探索"中间"是指学习者的原有水平到教学目标所规定的新水平之间的台阶有多高、多宽、多深,必须仔细分析。从对外汉语教学的特殊性出发,这个台阶应该包括生词、句型(语法)、文化三个"面"。也就是说要分析清楚:

（1）有多少生词量,哪些是学习者熟悉的词素,哪些是陌生的词素,是否还需要补充一些生词;

（2）新句型的难度怎样,学习者能否理解新句型(语法点)的知识基础,有哪些缺陷,是否需要补充;

（3）新内容所含的文化背景和文化知识有哪些,理解新内容需要介绍和补充哪些文化知识和文化背景。

3. 陈述教学目标

陈述教学目标是继分析教学任务之后的书面协定,一般都反映在教案的开头。对外汉语教学的教案在陈述教学目标时,应包括三个方面:一是传授哪些知识;二是达到怎样的水平;三是转化为怎样的能力。例如,教学《实用汉语课本2》第十四课"图片上写着'怎样写信封'",经过教学任务的分析,可拟定如下的教学目标:

（1）熟悉并掌握关于写信和寄信的一些词语;在复习动态助词"过""了"的基础上学习动态助词"着"的用法;进一步比较程度补语和状语在表达功能上的差异。

(2) 能较为熟练地运用动态助词"着"表达动作状态的持续和动作的进行，及其否定形式和疑问形式。

(3) 学会写中文信封和寄信所需要的常用话语。

## （二）实施阶段

1. 设计有效的教学技术

拟定的教学目标能否顺利执行和贯彻，必须有较好的教学技术来保证，通过这些教学技术和教学措施，让学习者能够在有限的时间内比较快地感知、理解、巩固和运用新的知识和技能，因而设计有效的教学技术是提高教学质量和教学效率至为重要的一环。对外汉语教学设计有效的教学技术，要从教学目标、课程类型、课文内容出发，选择不同的教学模式、教学方法和教学技术，自觉地、有机地选择和融合语言教学法流派中适用的原则和措施。具体地说，可以从方法、教具、活动三方面来设计。

（1）方法：有谈话法、讲练法、听说法、直观法、视听法、对比法、问答法、翻译法、对话法、讨论法等等，可以从中采用一种方法，也可多种方法交叉进行。

（2）教具：有录音机、录像机、幻灯、图片、表格、实物等等，这是教学的辅助手段，可增加学习者的兴趣，提高知识的可懂度，应尽量采用。

（3）活动：有游戏、参观、调查、访问、模拟情景对话、语言实践等等，这可加深理解课文内容和语言知识，同时能增加化知识为能力的机会，也宜适当组织。

2. 适应个别差异和民族差异的教学

个别差异指同一个班级中的学习者在知识、能力和性格方面等的差异；民族差异指同一个班级中的学习者由于来自不同国家和地区，其学习风格和学习习惯也有着明显的不同。不顾及这些因素，一视同仁地对待，教学就很难奏效。例如有的学习者在学习中偏语音或语法，忽视课文内容；有的侧重于阅读，轻视听说；有的学习者勤记笔记、勤查字典；有的学习者上课光带耳朵不动手；东方学习者怯于用没把握的汉语开口，常先做书面准备然后照本宣科，西方学习者不管对还是错，勇于用学到的汉语说话等等。教师对这些因素必须了然于胸，教学中尽可能顾及不同学习者的特点，扬长避短，鼓励他们的自信心和积极性，拉近并缩小学习的距离，使每个学习者都能在原有基础上进步和提高。

3. 激发与维持学习动机

学习动机是直接推动学习者进行学习活动的一种内部动力。正因为学习动机对于人类学习可以发挥明显的推动作用，所以在教学活动中教师要有意识地激发学习者的这种动机，也就是说要经常使学习者的潜在的学习动机转化为学习能动性。

在高等院校就读汉语的外国学习者,其学习动机不一,可粗粗地归纳为三类:以升学为动机的;以掌握技能为动机的;无明确动机的。不同的学习动机决定着他们不同的学习态度:

第一类以升学为动机的,对外语学习有迫切的要求,学习的内部驱动力较强,有克服困难的勇气和毅力。但如果学习成绩徘徊不前,便会产生焦虑,引起回避和退缩反应,容易丧失学习自信心。因而,教师要掌握这类学习者的特点,把握好赞扬与批评、肯定与否定的分寸,激励和维持他们的学习动机。

第二类以掌握技能为其动机的,大多为海外商务人员,有明确的奋斗目标,学习热情经久不衰。但由于学习成绩的好坏关系自己今后的工作方向,也会产生担忧和焦虑,影响他们的学习自信心。对此,教师要以鼓励为主,多肯定他们的成绩,不断激发和维持他们的学习动机。

第三类是无明确学习动机者,较多的是中学生,应父母要求而来学习汉语的,学习态度比较懒散、被动。少数成绩好的,凭着自己年轻、记忆力好而取胜,常常只是为了保持自己得到教师和家长的赞许或认可而已,他们的内部驱动力不足,很难保持长久。对此,教师要严格要求,督促他们完成学业,激励他们不断上进。[1]

4. 教学方案实施

教学方案是教师根据教学任务和教学目标拟定的具体执教计划,俗称教案。其中包含有效教学技术的选择和设计,学习者差异的考虑和顾及,学习动机的激发和维持。教师将这些因素有机地融合进自己的教案,并根据教案所制定的教学环节和教学步骤,一一在课堂上实施。由于教学的设想和方案的制定是相对稳定的,而教学的执行则会有出其不意的变化,因此,教师在执教过程中部分地、局部地改动教学方案是难免的事。这种改动,常在下列情况下:

(1) 所确定的起点过高或过低;
(2) 教学任务过多、过难或过少、过易;
(3) 教学目标偏高或偏低;
(4) 教学技术设计不够有效,教学内容无法通过教学技术去落实;
(5) 学习者的个别差异太大,教学进度滞后;
(6) 学习者情绪低落,学习没有兴趣。

这些意外情况,需要教师依靠自己的教学经验去随机应变和及时调整。

---

[1] 徐子亮,《汉语作为外语教学的认知理论研究》,华语教学出版社,2000。

## （三）反馈阶段

### 1. 测量与评估教学结果

教学计划执行得如何，效果怎样，不以教师的自我感觉或主观设想为转移，必须经过衡量和测定，并加以评估而定。这种测量与评估，一般在期中或期末进行。第十章的测试将作详细的述说。但是到期中或期末才进行测量或评估，教学进程过长，教学上存在的某些问题可能已经积重难返，很难弥补和纠正。因此，有经验的教师每堂课都在有意识地测评，至少教学一篇课文或一个单元进行一次测评，随时发现问题，随时加以补救，其效果比到期中或期末总的算账要好得多。

测量的方式，单元测验、期中考试和期末考试，一般采用试卷形式（也可用口头的）进行测量，并对其结果（分数或成绩）进行评估。而在日常的教学中，则以检查的形式，及时得到学习者的反馈，以便采取相应措施，在后续教学中立即加以补救。

日常教学的测评要注意：

（1）测评时间：一般利用巩固新内容环节以及下一课的复习检查环节，从学习者的回答、练习和作业中得到反馈，不另花时间专作测评，否则影响教学进度；

（2）测评形式：以复述、问答、做习题为主，不必另拟试卷；

（3）测评项目：根据教学目标所规定的词语、语法、技能和课文内容等项目有选择、有重点地进行，不一定做全面检查；

（4）测评标准：从数量——掌握知识和技能的人数（全部、多数还是少数）、质量——掌握知识和技能的程度（熟练、一般还是生疏）来衡量。

### 2. 诊断与补救教学

根据测评的结果，即质的量化，可以判定教学有否达到目标。如已按质按量达到目标，则可进行下一轮的分析教学任务；如未达到或部分未达到目标，则需采取诊断措施进行补救教学。

"诊断"是找出原因：

（1）是教的问题，还是学的问题；

（2）对新内容是全部不懂，还是局部或某一点不懂；

（3）是大多数人没掌握，还是个别人没掌握。

根据"诊断"进行补救，也要分别对待：

（1）对新内容和新知识，大多数人都较模糊，则需提纲挈领地重点讲解；如对新内容和新知识部分地不懂，则复习要点；

（2）对新内容和新知识，大多数人掌握不好，则需加强练习。

（3）对新内容和新知识，只有少数人或个别人不懂或掌握不好，则应加强个别辅导,保证全班的教学进程。

## 三、课堂教学的基本原则

实施课堂教学有必须贯彻的原则。这些原则实际上是一种教学思想的具体体现,它能保证课堂教学的质量和效果,使课堂教学活动得以顺利地进行和开展。不同的语言教学法流派有其独特的教学思想,因而就有自己不同的教学原则。对外汉语教学在吸取国外语言教学流派的精髓以及长期的教学实践过程中,逐渐形成了自己的课堂教学原则。

### (一) 精讲多练原则

课堂教学是师生共同活动、完成既定目标的过程,不是作专题性的讲演或报告,可以由一个人长篇大论地从头说到底。因为即使教师口才好,知识渊博,讲得生动,如果没有教和学的互动作用,那么这些知识仍归教师自己所有,不可能或很少可能转化为学习者所有。所以课堂教学要讲究精讲和多练。

1. 精讲

精讲,是突出关键的、精华的、实质性的内容,运用演绎法、归纳法、或比较法,并辅以图片、电教等直观手段,要言不烦地把学习者的注意力和思路直接引向定义、内涵、规则或结论上去。这是要经过筛选的,对于那些枝枝蔓蔓的、无关紧要的、可说可不说的东西进行割舍,腾出时间让学习者多练习。例如,初次解释词语"看",用手势、眼神作看书、看黑板的姿势,学习者就能领悟,最多引申为"访问":看朋友。千万不要把所有的义项诸如"观察判断"(我看可以),"对待"(另眼相看),"诊治"(病已看好),"照料"(照看一下),"试一试"(想想看)等都照搬过来,那是以后要做的事,否则学习者头脑里容纳不下那么多的信息,往往乱成一锅粥。教师的良好动机由于没能做到精讲,适得其反,收不到应有的效果。

2. 多练

多练,是让学习者通过反复再现刚学过的知识而印入大脑并化为能力的心理活动。因为多练,需调动各种感觉器官,眼看、耳听、口说、手写,多通道的接收和加工,这样就能在相应的大脑皮层中枢留下较深的痕迹,成为永久的长时记忆。而且多练,一般不会停留在机械操练上,常跟大脑思维紧密相连,这样就能受大脑思维的支配而迅速作出反应,达到熟巧或自动反应。

由此可见,精讲多练是符合认知心理活动规律的。讲的内容少而精,教容量得当,对于学习者的感知、接受和加工来说,就不会出现超载、拒载的情况,教学的内容看似少却很实在。由于教师的精讲,才有学习者多练的时间。而多练的结果加深了记忆,促进知识转化为能力;反过来,多练又为后续课程的精讲创造了条件。这是一种良性循环,是我们教学实践所追求的最佳境界。

### (二) 讲练结合原则

讲练结合是协调教学节奏的好方法。同一种教学活动持续时间过长,学习者容易疲劳,造成神经细胞的抑制,昏昏欲睡。如能及时更换教学活动形式,就能使学习者重又兴奋起来,重新唤起学习的兴趣。从心理学原理来看,学习开始阶段收集到的信息以及最后收集到的信息容易保留和记住,即所谓的首位效应和新近效应。按照这个原理,有意识地安排几个教学段落,即一堂课多安排几个讲练单位,使教学有多个起伏的节奏,那么就会有多个开始和多个结束,也就是可获得多个首位效应和新近效应[1]。

讲练结合,可以促进贮存。讲的内容一般只进入学习者的短时记忆,很快会被后入的信息所挤走或替代,其遗忘率是很高的。因而在短时记忆所接收的信息尚未出现大量遗忘之前,及时进行复习和操练,就能促使大脑处理器对这些信息作深入的心理加工,让它们进入长时记忆,永久地保持和贮存[2]。再则,讲练结合能化知识为能力。讲的内容为学习者所接受,还只是一种陈述性知识,属于感觉、知觉、记忆等心理活动;但语言学习,陈述性知识固然重要,而应用语言的能力,即程序性知识尤为重要,因为它属于产生各种句子的系列程序的思维活动。这种程序性的思维活动必须通过练习才能获得和熟练。因而,教学中的讲练结合,乃是充分发挥了这两种知识在学习和应用中的互相作用[3]。

讲练结合有多种形式:

1. 先讲后练

多数采用演绎的方式,先对新内容作诠释、讲解、提示、说明,然后,组织和指导学习者进行练习、消化、巩固新知识,体会、掌握产生句子的新程序。

2. 先练后讲

多数采用归纳方法从中推绎出概念、定义和规则。从感性出发上升到理性,学习者易于接受新的内容和知识。

3. 边讲边练或边练边讲

这是演绎和归纳两种方式的结合,一般用于较为复杂、分量又较重的新内

---

[1] 徐子亮,《汉语作为外语教学的认知理论研究》第279页,华语教学出版社,2000。
[2] 同上书,第271页。
[3] 同上书,第272页。

容教学。对繁复的新知识和新内容,分成几个教学段落来进行,有起伏,有节奏,让学习者始终保持兴奋状态,能提高接收效率。

## (三) 突出语言教学特点的原则

语言教学不同于其他学科,它在原有的本族语的第二信号系统基础上,再接受另一个目的语的第二信号系统,而且两个第二信号系统之间必须能够熟练地转换,最终能直接应用新建立的第二信号系统思维和表达。如何能够促使学习主体较快地建立新的第二信号系统,那就要贯彻和实施突出语言教学特点的原则。

所谓突出语言教学的原则,体现在四个方面:

### 1. 听说读写全面发展

语言是跟口、耳、眼、手、脑有关的全方位的知识和技能。对听、说、读、写中的任何一项的偏颇或疏忽只能带来某种畸形和缺陷。过去,以阅读为主的外语教学导致哑巴外语和聋子外语应引以为训;现在西方学习者因畏惧汉字而只注重听说最后导致汉字盲,毕竟严重影响汉语学习的提高和进展。听说领先的原则当然是有价值的,是经得起实践检验的,但并不排除读写的深造和发展。听说和读写关系极为密切,听读是语言信息的输入,说写是语言信息的输出,相互联系,相互作用,汉语水平和技能就能共同得到提高。因此,我们主张对外汉语教学可以以句子话语为重点,进行语音、汉字、词汇、语法的综合教学。

### 2. 由中介语向目的语靠近

中介语是语言学习过程中必然会出现的现象。它是一种在目的语中掺杂母语语音、词汇和语法的痕迹,或者带有某些偏误的过渡性语言。虽然每个学习者的中介语带有自己的习惯和特点,但它还是属于有规律可循的一种语言系统,而且是在不断变化着的系统。说它有规律可循,因为外国学习者特别是同一国家的学习者,他们所说、所写的汉语,其表达方法和出现的偏误都非常相像和近似,而且同一个错误纠正多次也仍然会出错;说它不断变化,因为随着语言学习和语言实践深入,外国学习者说的汉语,洋腔洋调逐渐消失,口头和书面的错词和错句也逐渐减少,正在一步步向汉语靠拢和接近。语言学习所产生的中介语,有其积极意义,教师不要讨厌这种中介语,而应该鼓励学习者大胆地应用,并研究他们的中介语规律,不厌其烦地纠正和指点,肯定他们的成绩和点滴进步,积极引导他们向正确的语言方向迈步。

### 3. 结构、功能、文化的结合

这是吸取国外外语教学法流派中的合理内核,以及考察对外汉语教学所走过的历程而总结出来的适合于汉语作为外语教学的原则,已经为对外汉语教学界认同和肯定。经验告诉人们,单一的教学如早期(50年代)对外汉语教学偏重于语法结构,中期(六七十年代)的汉语教学转向以功能表达为主,后期(90年代)汉语教学曾一度有以文化替代语言的倾向等,只能实现和完成一个方面的任务,会造成学习者的一些偏颇和缺陷。因而,结构、功能、文化的结合已成为当今对外汉语教学的趋势。实际上,语言学习是离不开语法结构的,因为这是产生句子程序的基础,产生式的推导必须有语法结构作指导;它也离不开功能表达,因为它是建构话语的条件,头脑中的命题必须罩裹某种表述、指令、承诺、致意、宣告等的外衣,才能准确地表情达意;它也离不开文化,因为述说的话语必然蕴含着一定的文化习惯、文化背景和文化内容。因此,人们很自然地把结构、功能、文化三者有机地结合在一起,作为对外汉语教学和教材编写的准则。至于是否结合得好,是三个部分的融合还是加合,那是个技术问题,但这三方面的结合确实是对外汉语教学努力的方向。

4. 强化学习环境

人们认知世界,离不开外部环境。语言学习活动依赖于环境,并在一定的环境中进行。而目的语环境,对学习语言的作用尤为明显。学习者在课内和课外接受目的语信息的机会多,刺激量也大,耳濡目染,外语水平的提高比之在母语环境中学习要强好几倍。

对外汉语教学非常强调教师对教学环境的设计和运用。教师按照教学目的,根据教学规律设计和使用教学环境,或者在课前预先设计和拟定一些场景,或者在教学过程中随机模拟一些场景,给学习者创设一种整体记忆的氛围。这种整体记忆是包括具体的语言知识以及当时的时间、地点、人物及其关系、环境气氛等等有背景的全方位记忆。将学习者置于一定的教学环境中,给予学习者一种实境体验,从而使他们的感悟力、理解力得以充分发挥。[①]

## (四)以学习者为中心的原则

传统的教师和学习者的位置和关系是以教师为主,学习者被迫处在从属和被动的地位,听从教师摆布和灌输。教学的最终目的是要学习者吸收知识并及时转化为技能,这是一种积极的认知和思维心理活动,需要花费相当多的注意力和信息加工的精力,绝不是支起个耳朵当听众就可了事的。再说,教师如果自顾自地按照自己主观拟定的教案照本宣科,越俎代庖,不通过学习者的头脑起作用,那知识怎么能化为学习者所有呢?

对外汉语教学经过长期的摸索,总结并提出了以学习者为中心,以教师为主导的原则,充分显示了两者的相互作用和辩证关系。所谓的主导,就体

---

① 徐子亮,《汉语作为外语教学的认知理论研究》第116页,华语教学出版社,2000。

现在：

（1）想方设法调动学习者的感觉器官，使之最大限度地接受和加工新的语言信息；

（2）顾及学习者的个体差异，因材施教，通过各种练习形式再现新的语言信息，使之消化、巩固，输入长时记忆；

（3）刺激和激励学习者应用新的语言知识，积极地进行匹配和提取，及时转化为技能、技巧。

作为教学中心地位的学习者，不能处处依赖教师，要发挥自己的主观能动性和创造性。诸如勤记笔记、划出要点、摘录整理重要词语、查阅字典、积极提问和应对、踊跃用新词和新句发言等等，努力把贮存于大脑的知识转化为熟练的技能。

## 小 结

课堂教学是教师与学习者为达到某种教学目的而进行的一种认知活动过程。组织和进行教学活动必须运用一些课堂教学的基本要素，这就是教学单位的划分、教学环节的安排、教学步骤的衔接和教学行为的设计。教学单位可划分为教学课时、教学单元和教学阶段。教学环节可以安排为组织教学、复习检查、讲练新内容、巩固新内容、布置课外作业等。教学步骤一般由视、听、读、写、问、思、说、练等要素衔接而成。教学行为是具体的教学活动，如图片出示、板书、情景模拟、游戏、问答、讲授、练习、讨论、参观、语言实践等。考虑这些基本要素，可以保证教学有计划、有次序地进行。

教学过程有其内部的规律、层次和走向。它分为三个层次，第一层次为分析阶段，包括确定起点状态、分析教学任务、陈述教学目标等；第二层次为实施阶段，包括有效技术设计、适应个别差异和民族差异的教学、激发和维持学习动机、教学方案制订等；第三层次为反馈阶段，包括测量与评估结果、诊断与补救教学等。教学过程开展和完成的好坏，会直接影响学习者学习的效果和质量。

对外汉语教学在吸取国外语言教学流派的精髓以及长期的教学实践过程中，逐渐形成了自己的课堂教学原则。那就是精讲多练原则、讲练结合原则、突出语言教学特点的原则、以学习者为中心的原则等。

# 第四章 课堂教学的内容与对象

　　课堂教学的内容,主要体现于教材。虽然教师可根据教学目标和教学任务的规定,自己选择、编写和补充教学内容,但随选随编随教,显得过于零散,不利于学习者预习和复习。因而,大多数学习者要求手里有一本现成的完整的教科书,可随时学习或翻看。

　　语言课跟其他学科诸如历史、地理、政治、经济、自然科学等教材不同的地方是,其他学科主要通过语言文字这个载体,介绍、陈述、阐发有关的学科内容,这类学科的课堂教学的目的也是让学习者理解、接受、记忆这些内容。而语言教材,语言文字所表述的内容并不是课堂教学的重点,作为载体的语言文字倒反而成为教学的重心。因而语言教材首先得考虑字、词、句、篇这类语言因素的安排和展示以及它的复现频率。至于教材所涉及的话题内容,往往是随机的、灵活的,一般只作为接收语言知识、训练语言能力的情景手段。当然,渗透于其间的文化知识与文化背景也是需要学习者作为知识内容来积累和记忆的。

　　语言课程分为阅读(包括精读和泛读)、口语、听力和写作等课型,不同课型的教材应有其不同的侧重点。如阅读教材偏重于阅读理解,口语教材侧重于交际会话,听力教材重在听力理解,写作教材重在思维和表述等等。为适应外国学习者学习汉语的需要,面世和出版的对外汉语教材林林总总不下百种。但是听说读写配套的教材较少,相对独立的分课型教材较多,各种教材都有自己的特点和适用的层次与范围,这里就有一个选择和处理的问题。也就是说,教师在接受某个年级的某种课型的教学任务时,要根据教学目的和教学任务选取合适的教材,同时要针对学习者实际情况对所选的教材进行一番阅读和处理,适当地调整和增减教材内容,以发挥课堂教学的最大效用。

　　当然,光有合适的教材,并不一定会有好的教学效果,这里除了教师自身的素质条件外,还有一个深入分析与研究教学对象、顾及个体差异、采取相应措施的问题。在同一个班级里的学习者其国别、年龄、身份、文化程度必然有一定的差异,因而他们的认知风格、学习的情感因素如动机、态度、性格等也势必会有相当的差异,了解并掌握班级学习者认知和情感上的特点,对于激发他们的学习内驱力,维护和保持他们的学习积极性,选择合适的教学方法,提高教学质量都有相当重要的现实意义。

# 一、教材的选择与处理

对外汉语教材的种类和名目繁多,除了为高等院校普遍采用的数量众多的集听说读写于一身的综合性教材和阅读、听力会话(口语)、写作等分课型教材以外,还有听说、视听说、中国文化、中国概况、汉字、谈家常、热门话题、报刊、外贸汉语、经济汉语、科技汉语、医用汉语等教材,供选择和使用的余地很大。因而,教师教学首先面临的是教材的选择和处理。

## (一) 教材的选择

选择教材是个慎重而严肃的问题,信手拈来或任意确定一本教科书发给学习者是一种不负责任的态度。要取得好的教学效果,充分利用和发挥教材的长处,选择合适的教材是相当重要的前提和条件。下列几方面的因素应作为我们选择教材时着重考虑和权衡的方面:

1. 学习者的基本条件和特点

学习者的基本条件和特点跟选择什么样的教材关系极为密切,作为对外汉语教师,首先要了解和熟知自己班级的学习者学习汉语的基本条件和特点,这就是:

(1) 有无汉字背景。一般来说,西方(欧美)学习者没有汉字背景,他们所擅长的拼音技能和本领,对于学习汉语拼音方案倒是相当管用(当然,声调是个例外),但对于认识和辨认以及书写汉字的形体(方块字)却无能为力,学习起来进展异常滞缓,有的西方学习者甚至因畏惧而甘愿放弃汉字学习。如果班里大多是西方学习者的话,则应选择用汉语拼音注音较多的、有英语注解和说明的、汉字进程的安排较缓慢的教科书,如刘珣等主编的《实用汉语课本》(商务印书馆,2004 年)。至于日、韩学习者以及华裔子弟,因为有汉字的背景,学习方块字比较得心应手,阅读能力进展神速。对此,应选择生词量出现较多、阅读篇幅较长、课文容量略大的教科书,如庄稼婴、张增增主编的《新视角——高级汉语教程》(北京大学出版社,2007 年);陈灼主编的《桥梁:实用汉语中级教程》(北京语言大学出版社,2010 年)。如果东西方人混合编班的,则较难选择双方都感到满意的教科书,不仅因为汉字学习的快慢很难取得一致的意见,而且东西方学习者的学习特点差异也较大。东方学习者拘谨,上课怯于开口说话;西方学习者活跃,上课勇于发言。因而东方学习者尽管有的具有汉字背景,但阅读能力与口语能力的提高不成正比;西方学习者虽然学习汉字进展缓慢,但用汉语说话的能力却日见长进。对此,如果不能分别编班,那就只能顾及彼此的特点而折其中,北京语言学院编的《基础汉语课本》,综合性强,阶梯比较明显,可作为首选教材。当然使用时尚需教师视实际情况进行控制和协调。

(2) 有无学习外语的经验。来华学习汉语的外国学习者,有没有学习外语的经验也是选择教科书时应考虑的因素。学过外语的学习者,他们对如何学习和记忆生词,如何对比和掌握语法规则,如何有意识地把语言规则转化生成较多的句子,如何提高听力理解和阅读理解的能力等等,已经形成自己的一套学习经验和学习方法。将这些经验和方法迁移和搬挪进汉语学习,能发挥较大的作用和效率。

没有学过外语的学习者,一般只能听从教师的布置和安排,不知道自己该如何学习,力量往何处使,常常会出现焦急和无奈的情绪。

对此,优秀的对外汉语教材,如刘珣主编的《实用汉语课本》,北京语言学院编的《基础汉语课本》,还有《汉语会话301句》等等,都已顾及该种情况。其编写原则是以没有外语学习经验者作为基准和前提的。因而在语言点的安排和衔接、生词量的控制、注释的说明、练习的设计等方面都下过一番工夫,适宜于初学汉语的学习者。当然对于有学习外语经验的学习者来说,会嫌教材内容单薄、语言点进展过慢、练习过于简单,这就需要教师针对这部分学习者的具体情况,适当补充教学内容。

(3) 有无接触过汉语。外国学习者学习汉语同样是零起点,也有接触没接触过汉语之分。日、韩学习者虽有汉字背景,但那是日化或韩化了的借用汉字,读音、意义不尽相同,跟汉语毕竟是两码事。如果这部分学习者以前从未接触过汉语,那完全得从头学起,跟从未接触过汉语的西方学习者一样,也要从汉语拼音开始,按部就班地学习。

(4) 长期还是短期。汉语长期生(一年以上)一般要求:所学的汉语知识有系统性;听说读写全面发展。如刘珣主编,北京语言大学出版社出版的《新实用汉语》,全书共6册70课,每册包括课本、综合练习册、教师用书3个分册,1—4册为初级和中级以前阶段,共50课;5、6册为中级阶段,共20课,该书2002年陆续出版以来,受到了世界各地汉语学习者与教师的欢迎和关注。汉语短期生(三个月、半年或一年)一般要求:或者在某一层级上进行综合性的短期训练,这方面的教材如朱志平、刘兰民主编,北京师范大学出版社出版的《走近汉语》、《实践汉语》和《感悟汉语》,该系列的主要读者群是在国外或寒暑假来华交流的短期学习者。此外,还有郭志良、杨惠元主编,北京大学出版社出版的《速成汉语基础教程》,分为综合、会话、听力课本,可供半年期短期生使用,也可供不同周期、不同起点短期生选用,是一套搭配严密的短期速成教材。或者就听说或读写的某个语言项目进行强化速成,这方面的教材比如语法方面,有焦晓晓、何文潮、李克立编著,北京大学出版社出版的《中文语法步步高》,用句型教中文语法,使语法学习变得不再复杂和烦琐,从而达到易学、易记、易用的目的。又如汉字方面,有施正宇编著,北京大学出版社出版的《新编汉字津梁》,该书是为初学者编写的,帮助初学者学会认读、书写最常用的汉字,以及由这些汉字组成的常用词;并为汉字、汉语的进一步学习打下基础。有的还偏重于某个专业(如外贸汉语、科技汉语等)或考试(HSK)辅导。教师可根据长短期生的这种不同要求和特点,选择他们各自适用的教材。

教师除了要了解自己班级学习者的基本条件与特点外,还需探明和测定学习者的汉语程度与水平,这当然也跟决定和选择教材有关。目前,确定学习者汉语程度,一般有三种做法:

- 以分班测试题为基准。这是近似 HSK 题型和形式的分班测试试卷,以前北京语言大学考试中心曾编制和试行过。依据测试的成绩和等级来划分和组织班级。这种测定比较客观,用来分班,学习者应没什么异议。问题是批卷工作量太大,尤其是在开学之初,千头万绪,根本来不及进行这样的测定、阅卷、登分和靠级。因而,能如此坚持测定、分班的院校比较少。

- 以教材为基准。对于新同学可了解他们以往读过哪几种教材,进度如何等情况,并进而做些口试(如阅读学过的和将学的后续教材中的一个片段,问一些问题)测定其程度,以此作为分班和选用教材的依据。对于老同学,用读过的教材来确定新学期的起点和选用新教材的依据,则更是顺理成章的事。这种方法虽然差强人意,但比较省时省力,因而为较多的院校所采用。

- 以学习者学过多少课时为基准。学习者以往学过汉语的课时,在一定程度上也能反映出学习者的汉语程度。按常理,学习的时间越长,其汉语的程度也越高,也就是说,学习时间和学习水平成正比。但这只是一个客观条件,最终还得看学习者的主观努力因素,学习时间长而水平不高,学习时间短而水平却较高的例子不在少数。因而,以课时为基准,只能作为一种参考,果真以此来分班和定教材,未免太马虎和唐突,并不可取。

同一程度的学习者往往有不同的层次,一个年级除了分成几个平行班外,还可视水平的高低,再分若干个层次有上下的班级。层次的划分宜粗不宜细,一般以三个月的教学量为度。李晓琪主编的《博雅汉语》(北京大学出版社)共分为4个级别——初级、准中级、中级和高级。并把全套9册课本分别定名为《起步篇》(ⅠⅡ)、《加速篇》(ⅠⅡ)、《冲刺篇》(ⅠⅡ)和《飞翔篇》(ⅠⅡⅢ),适用于不同阶段的长、短期汉语进修生。有的学校划分过细，一本教科书分拆为从第七课开始，从十二课开始，从十七课开始等几个层次，那就过于琐细，而且自找麻烦，学习者为一课两课之差而斤斤计较，常常在一周之内换了好几个班。其实语言课有三至五课的差距是可以在教学中弥合的，划分过细看似精确，却未必一定科学。

2. 课型与各门课程之间的关系

课型是按教学和训练学习者的基本技能而划分的课的类型。对外汉语教学有阅读、听力、口语、写作等课型。课程是根据课型要求而开设的具体上课科目。对外汉语教学在阅读课型方面，开设的课程主要有精读、泛读、报刊等；在听、说课型方面开设的课程主要有听力、会话、听和说、视听说、话题讨论等；在写作课型方面开设的课程主要有汉字书写、应用文写作等；其他如中国文化、中国概况、普通话正音、HSK 辅导等都是专门性或综合性的辅助课程。

早期对外汉语教学初级阶段，特别是零起点的班级，一般只设一门综合性的课程，听、说、读、写融于一体。近年来也试图一开始就分设阅读课、听力课或会话课，于是就有《初级口语》和《初级听力》教材问世。不过因为学习者尚处在"入门"时期，所谓的初级口语和听力有相当篇幅跟阅读教材一样，也是学习和训练汉语拼音。好处是三门课程相互作用，对学习者熟练辨别和掌握汉语拼音有利。问题是三本教材的编排和进程不协调，有的内容（如鼻韵母）在口语教材中已出现，而精读课还要等二三课后才学习，这给教师和学习者带来不便。

比较可取的方法是在综合性课程上到两三个月，学习者拼音、汉字和最简单的话语有点儿基础，再进行分课教学，条件比较成熟，可以水到渠成。当然分课并不等于分家，最理想的是有配套的系列教材，即以精读课教学内容为核心，听力和口语围绕这个核心展开。具体言之：

（1）听力课和口语课的语言材料跟精读课的内容有着密切的关系，或者是题材相近、相关，或者是一个侧面的深化，或者是某一点的扩展。

（2）精读课的语言点在听力课和口语课上得到进一步的强化和充分的训练，也就是说，学习者在精读课所学到的知识（生词、语法等），经过听力课和口语课的复现和操练，迅速得以巩固和贮存，并转化为能力。

（3）听力课和口语课允许有限度地超出精读课教学内容的范围，但这些超出部分最好作为精读课后续课文内容的铺垫和前导，为接受精读课文的教学内容打基础。

这样的配套教材，理论上是成立的，但实际上迄今为止，按这个路子编写的成套教材可说是凤毛麟角。许多院校都致力于单种课程教材的编写，有的只编精读或泛读教材,有的只搞口语或听力教材,虽然都有自己的特色,有系统性和创造性,就是互不配套,只有单课纵向的设计,没有多课横向的配合。如果选择这样一些教材拼凑在一起,则深深浅浅,颠颠倒倒,徒增一些不必要的重复和累赘,也可能造成严重的脱节和缺项,得不到应有的教学效果。

于是,对外汉语教师教学中所面临的现实问题是如何协调这些不配套的教材:

(1) 整理、归纳准备选用的几种不同课型的教材,即梳理、列出这几种教材的生词、语法点、词语例释、文化注释和练习形式,同一班级的任课教师对本班级使用的每种教材要做到心中有数。

(2) 给所选的几种不同课型的教材进行初步的整合。生词和熟词可暂且不管,至少在语言点方面,将读、听、说、写几门主要课程的语法点细目列出来,放在一起比较、推敲,讨论和调整语法点次序,补充或简化有关语言知识,确定某个语言点以何门课主讲、何门课陪练的关系。

(3) 加强教师之间备课和合作。教学过程中要有全局观念,多通气、多交流。对于教学内容,要明确主次和分工,减少不必要的重复和精力的浪费,把有限的时间用在刀口上。

### 3. 选择适合班级学习者实际需求的教材

长期以来,同一水平、同种课型的教材较多。有的学校编写的教材主要供本校的外国学习者使用,影响较小;有的已推向全国高等院校和涉外教学单位,影响较大。其实,它们各有自己的长处和特点,只是推广和使用的面是否广泛而已。凡适合自己班级学习者的实际需求的,都可考虑选择和使用。

现有的教材有两大类:一类是系列性的,从零起点一直到中级或高级自成一个系统;另一类是阶段性的,有初级教材、中级教材或高级教材,不一定配套。目前在对外汉语教学界或国际汉语教学中颇具影响的教材有:

北京大学出版社出版的《新概念汉语》(刘德联、张园编著)、《博雅汉语》(李晓琪主编)、《话说今日中国》(刘谦功编著);华语教学出版社出版的《基础汉语课本》(北京语言学院编)、《当代中文》(吴中伟主编)、《实用公务汉语》(姜春力主编、胡鸿编著);北京语言大学出版社出版的《说汉语》(吴叔平主编)、《新实用汉语课本》(刘珣主编)、《汉语乐园》(刘富华等编著)、《发展汉语》(长期进修教材)、《桥梁》(陈灼主编)、《汉语会话301句》(康玉华、来思平编著)、《中级汉语听和说》(白雪林编著);人民教育出版社出版的《快乐汉语》(李晓琪等编著)、《跟我学汉语》(陈绂、朱志平主编)、《标准中文》(课程教材研究所编);高等教育出版社出版的《体验汉语》(刘援总策划、姜丽萍主编);外语教学与研究出版社出版的《汉语900句》,等。

总体来说,分技能教材的数量多于综合技能教材,其中以口语教材最多。

如康玉华、来思平主编,北京语言大学出版社出版的《汉语会话301句》,将现代汉语中最基本的部分通过生活中常见的语境展现出来,使学习者能较快地掌握基本会话301句,并在此基础上通过替换与扩展练习,达到简单交际的目的。又如杨寄洲、贾永芬编著,北京大学出版社出版的《汉语口语教程》,它是语言技能类的口语教程系列,分初、中、高三个级别,每个级别两册,共26本。该书以情景会话与成段表达并重为特点,话题选择关注留学生兴趣,旨在激发其表达欲望。有学者认为将口语与听力分开训练从理论上虽可行,在实际操作中却存在一些问题,于是出现了将口语训练与听力训练并轨的听说教材。如胡晓清主编,北京大学出版社出版的《汉语听说教程》,分初、中、高三个级别,每个级别两册。阅读技能类的教材,如北京大学出版社出版的"阅读教程系列",分为初、中、高级,以提高阅读技能为纲,兼及阅读类别来编排课文内容。除了泛读、精读等阅读类型外,还有特殊阅读题材的教材,包括报刊阅读、文学作品阅读等,如吴成年编著,北京大学出版社出版的《读报纸,学中文》系列。关于写作教材方面,有北京大学出版社出版的《留学生汉语写作进阶》、《外国留学生汉语写作指导》等。此外,高等教育出版社出版的《体验汉语》系列中的"写作"分册以及前面提到的《发展汉语》中的"写作"分册等。

汉语学习者中来华工作的商务人士较多,因此出现了很多以经济、商贸为主的汉语教材,如北京大学出版社出版的《新丝路——商务汉语综合教程》,分初、中、高三级,还配有商务汉语听力、写作等单项技能训练教材。全套教材以日常商务工作为主线编写,旨在提高学习者用汉语进行商务工作的能力,学习者通过该系列教材,能对日常商务工作内容及工作中使用的商务语言有一定的了解,为在中国从事商务工作打下基础。再如张红、王波编著,外语教学与研究出版社出版的《经理人汉语——商务篇》,分上下两册,共20个话题,包括商务交际情景、商务案例分析和一些经济热点问题。同时,随着汉语水平考试(HSK)正成为"世界上最权威、影响最大的汉语水平考试",HSK辅导教材层出不穷[1]。如北京大学出版社出版的《新汉语水平考试HSK攻略》,涵盖不同的水平层级,及听力、阅读、写作等不同考试内容的教材,能帮助参加汉语水平考试的学习者根据自身的优势及劣势,有针对性地复习、准备考试。

使用系列性教材,自然是一贯到底,一册册连续衔接,省却重新选择教材的工夫。使用阶段性教材,当然有个选择恰当的问题。选择教材可从下列几个方面来考虑:

(1)生词量的起点是否合适。教材的起点不尽相同:有零起点的、有以学过800词语作为起点的、有以学过1500词语作为起点的等等。要尽可能选择

---

[1] 齐沛,《对外汉语教材再评述》,《语言教学与研究》,2003年第1期。

跟班级学习者的生词量大致相当的教材。

（2）汉字出现的速度和数量是否适合。有的教材专供有汉字背景学习者学习的，汉字出现得又快又多，当然不适宜西方欧美学习者使用；反之，有的教材专供无汉字背景的欧美学习者学习的，汉字的出现又慢又少，也不适合日、韩学习者的需求。如果混合编班，则尽可能选取汉字出现的速度和数量比较适中的教材。

（3）语法点跟班级学习者现有的知识能否衔接，其数量和速度学习者能否承受。有的教材语法点的安排和展现相当缓慢，如一个"比"字句，分列在五至六课才完成；有的教材语法点过分集中和浓缩，如一篇课文同时出现"比"字句、"把"字句、连动句等多项语言知识；有的教材语法点的出示和展开比较适中，基本控制在一两个。这就要视班级学习者的具体情况而定。

（4）课文所反映的内容是否适合学习者的需求。教材所选编的课文，由于编写者的指导思想和爱好，呈现各种情况，具体表现为：

| 文学性强 | 以小说、散文（大多为名著）为主。 |
| 实用性强 | 以科普、日常话题为主。 |
| 文化性强 | 以介绍文化知识为主。 |
| 时代性强 | 以当代热门话题为主。 |
| 趣味性强 | 形式多样，内容生动、活泼。 |
| 涉及面广 | 包含政治、经济、科技、历史、地理等。 |

哪种内容比较适合自己班级学习者学习，要反复斟酌。

（5）课文篇幅长短、内容深浅是否合适。课文篇幅的长短和内容的深浅要跟学习者的汉语水平相应，初级以500—1000字为宜，中级以1000—1500字为宜，高级以2000—3000字为宜。一般教材顾及学习者的程度和水平，对入选课文做技术处理，尽可能控制篇幅和难度，但也有为保留原著面目而超出控制范围的。这得视自己班级学习者的具体接受和理解水平而定。

（6）教材译注所采用的语种是否适合班级学习者的实际情况。一般来说，来自各个国家的学习者都希望能看到采用他们本族语译注的教材，但限于条件，目前出版的教材多为英语译注或日语译注。英语译注的教材较有普遍性，欧美班和混合班都可采用；日语译注的教材只能在日本学习者居多的班级使用。如有英语和日语两种语言译注的教材，那就更理想了。

（7）同一水平而不同课型的教材是否大致相配。对外汉语教学听、说、读、写配套的教材甚少。一般都需教师自行决定和选取不同课型的教材来搭配。既然这些不同课型的教材各有自己的指导思想和编写原则，各有各的起点和目标，将它们作为相配的课程合在一起，难免有重复和脱节之处，因而选择同一水平而不同课型的教材,要求就不能过高,只要起点相仿,语言点无大的出入,生词量适中就可采用,关键是各门课程应在教学中多作协调。

## (二) 教材的一般处理

教材是相对稳定的,它是编者根据词汇和语法等级大纲或者预测学习者具有何种程度和水平的基础上编撰出来的,里面的各种设计不可能完全适应和符合班级学习者的具体实际。因而,教师选定教材之后,紧接着应该做两项工作:翻阅和了解教材全貌;调整和增减教材内容,以缩小教材与班级学习者的差距。

1. 翻阅和了解教材全貌

这是教师处理教材必不可少的一个步骤。整本教材好比分数的分母,每一篇课文是分子。只有胸中有全局,才能上好每一堂课。因而在具体执教之前,有必要抽时间阅读全本教材,了解它的指导思想、内容和形式。

(1) 翻阅和了解教材指导思想和体系。任何一本教材都有其特定的指导思想和教学体系。例如人们所熟悉的英语教材 *Essential English*,就是以直接法作为指导思想的;著名的《英语900句》,就是以听说法作为思想基础的。只有真正了解教材的指导思想和教学体系,才能切实有效地使用好教材。

编者的指导思想一般都在前言和绪论中阐发和论述,因此阅读前言或绪论,是领会和了解教材精义的好办法。至于以哪种外语教学法流派作为指导思想,有明写的,有隐含的,也有融合多种外语教学法合理内核的,这些,在阅读过程中都是应该详加推敲和认真思索的,能够在下列几个方面下工夫,将有助于我们对教材指导思想的把握:

• 熟悉国外各种外语教学法流派的特点和原则。国外的外语教学法,经历了两个世纪的探索、争论和实践,形成了各种不同的流派,诸如语法翻译法、直接法、听说法、视听法、自觉实践法、自觉对比法、认知法等等。这些教法流派的心理学、教育学、语言学基础,以及教学原则和教学特点,不仅直接影响着我国的外语教学,也直接影响着对外汉语的教材。例如,对外汉语教学从结构法到功能法等的变迁,对外汉语教材从综合型走向分课型,由此衍化出各种别具特色的教材,无一不是受到某种外语教学法的影响。因而,作为一个对外汉语教师,有必要熟悉国外各种教学法流派的原则和特点,这对于对照领会和掌握教材的指导思想,贯彻和实施教材的意图,大有好处。国外的诸种教学法流派,本书第二章已予介绍,章兼中等主编的《国外外语教学法流派介绍》(华东师范大学出版社)一书阐述尤为详细,此外,刘珣的《对外汉语教学引论》(北京语言文化大学出版社)也有概括的评介,可供阅读参考。

• 揣摩和归纳包含在编写原则之中的指导思想和教材体系。教材编写的原则,一般不外乎针对性、实用性、趣味性、科学性、系统性等等。针对性,说的是教材适用于何种教学对象(包括年龄、国别和程度等),何种学习目的(包括专业、方向等),何种起点(包括零起点、中级、高级等),何种学习时限(长期、短期等);实用性,说的是教材是否符合学习者需要(包括专业需要、工作需要和日常生活需要等),如何真实有用(包括语料真实、情景真实等),如何学用结合(包括精讲多练、知识能力的转化等);科学性,说的是教材语料是怎样的规范和通用(包括注音符号、汉字书写、选择词语、采用的语法体系等),编排是怎样的合理(包括循序渐进、由近及远、难易分布均匀、重现率高等),解释是怎样的准确(包括选材内容的广泛和多样,编排和设计的生动、活泼等);系统性,说的是教材在哪些方面是经过系统和周密考虑的(包括基本知识、技能训练以及两者的配合等)。教师阅读前言和绪论,要善于从这些基本原则中概括出教材的理论基础(即语言学、心理学、教育学的理论原理及其最新成果的吸收等)、理论依据(即语言教学理论和学习理论的吸取和贯彻等)以及贯穿教材始终的教学思想(即是听说读写并进还是听说领先;是利用母语还是排斥母语;是以系统语法为主线还是以句型为中心;是以结构为基础,还是结构、情景、功能三结合;是以文化为出发点还是以语言为纲等等)。教师能够从教材的前言或绪论中根据上述的提要理出个头绪,那可说是基本上把握了这本教材的精髓,可以全面地、正确地使用和实践。

（2）翻阅和了解教材内容。教材的具体内容是学习者学习和掌握汉语知识、训练和提高汉语水平的底本和蓝图,是学习者从某个起点走向既定目标的路径和桥梁。翻阅和了解整个教材内容,就能胸有全局,有意识地把它们化成教学的策略和决心,就能创造性地、高质量地完成教学任务。

翻阅和了解教材内容,要注意下面一些项目的编写、安排和细节：

• 课的组成。对外汉语教材,无论是阅读(精读或泛读)、会话还是听力,一般都由一些固定的项目组成。最基本的项目是课文、生词、语法、注释、练习等等。阅读课还可能增加词语例解。当然,不同的课型,有关这些项目的出示、说解的详略、练习的重心等也会因课型的特点而略显不同,如精读课教材偏重于语言知识的介绍,解释比较详尽;会话和听力教材着重在听说能力的训练和培养,解释比较简略。

• 课文内容。课文中体现生词和语言点,注释、词语例解和练习也围绕着课文而展开。最好是边阅读边注意课文的题材、体裁和篇幅,便于跟其他课程配合。

• 生词量。生词过多,会加深课文的难度,编写者需严格控制生词量。有时设计补充生词放在副课文后,避免生词过分集中。生词的复现率很重要,它会影响学习者的记忆。因而,有的教材另设阅读短文,将复现的生词做上记号,以便引起教学的注意。诸如此类的细节阅读时也要加以留意。

• 语言点。拼音、汉字、词法和语法都作为语言点有计划地安排在每一课,它们既配合课文,又自成系统。阅读时可以将它们摘录出来,以窥测其全貌以及编者匠心。有的教材在目录中已注明,那就更方便了。语言点是教材的重要组成部分,了解和掌握教材的语言点,等于抓住了牛鼻子,落实和转化知识内容心中就更有底了。

• 注释。课文中的文化背景和文化知识以及某些特殊的语句等,一般都由注释部分来解释和介绍。这也要求学习者了解和掌握知识内容,千万不要等闲视之。

• 词语例解。同义词、反义词、同语素词等,一般都在词语例解中讲述和辨析,且有大量例句,这对学习者的词语积累和正确使用相当有益。这部分内容学习者比较感兴趣,但却很有难度,是学习的重点,也是需要教师下工夫的地方。阅读时可把有关词语摘录下来,以便执教时有意识地多运用这些词语。

• 练习。练习是最能体现编者意图的部分。哪些词语该落实和扩展,哪些语言点该转化为技能,课文的哪些内容要复述和思考,什么情景下说什么样的话,对于听到的话语反应到什么程度等,都是通过练习来体现的。因此阅读练习部分,要注意和思考练习的样式、练习的目的和练习的效果。

2. 调整和增减教材内容

教材要完全符合班级学习者的具体水平和具体情况是不太可能的。因此选择和决定教材只要基本上适用即可。至于有些跟班级学习者脱节的地方,有待教师在执教过程中,从班级所开设的各门课程的整体出发,去调整和增减,以充分发挥教材的教和学的作用。

(1) 调整教材内容。调整教材内容,主要指前后次序的调整。教材本身有严密的系统性和逻辑性,任意打乱次序可能会引起混乱。因而,原则上不要做太大的调动,免得伤筋动骨,但在下面两种情况下可以变通和调整:

• 各课同步的需要。阅读、会话、听力等课的教材是根据各自的课型特点来编写的,都有自己的设想和系统。但其中所贯彻的语言要素和文化内涵是基本一致的,这里难免有互相重复、互相交叉的情况。为了充分利用有限的上课时间,避免精力的浪费,有必要对教材内容,根据需要和可能,作些调整。调整的重心在于题材和语言点。例如把各门课程中共有的邮局寄信、医院看病、天气变化、或节假日生活等内容放在同一进度之下;把各门课程中都涉及的"除……之外"句、双重否定句等都挪在同一周内教学等。

• 急用先学的需要。课外活动是课堂教学的延伸,两者应紧密配合。根据课文内容而组织参观、访问等活动固然是常事,而因语言实践的需要,把有关课文和有关语言知识提前教学的事情也常常发生。因此,教师可按照学校和年级的教学活动安排,适当调整课文的次序,以求学用结合、学用一致的效果。

（2）增减教学内容。增减教学内容是为了防止教材跟学习者的实际脱节以及避免不必要的重复而采取的积极措施。有：

• 词语增减。非零起点的学习者因原先学习的教材可能跟现在的教材不同,课文中有些生词对他们来说已是熟词；有些未进生词表的词语倒反而从未接触过。这就有必要对课文的生词表作处理,增加生词,删减熟词。

• 语言点增减。对于学习者已经学过并掌握了的语言点可少讲或不讲；对于学习者接受新语言点存在知识缺项的则要进行补课,弥缝裂隙。

• 课文增减。有些课文的内容过于陈旧而学习者又不感兴趣的,则可删削；根据教学活动和学习者的需要,可适当增补有关的语言资料。

• 练习增减。练习是巩固所学知识和知识转化为能力的强有力的措施。一般教材所编的练习比较繁多,可分散操练,有的可作为课堂练习,有的可作为课外作业,也有的可略去。有的语言知识的练习量不够,妨碍记忆和能力的转化,则应适当增加和补充这方面的练习。

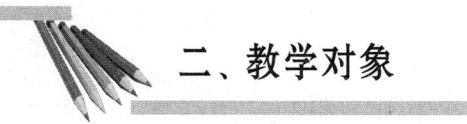

## 二、教学对象

一门课的教学,首先要确定学习者的水平和起点,并根据教学目标以及起点与目标之间的距离,分析和确定教学的任务和阶梯。这就需要教师真正了解自己教学对象的一般情况和具体特点,才能因材施教,提高教学的质量和效率。

### （一）汉语作为外语学习的学习者的一般分类

所谓一般分类只就学习者的客观情况进行简单的统计和初步的分类,不涉及学习者的学习动机和学习态度。虽然这只是一般性的面上的调查,却是教师进一步深入了解的基础。而且有些情况看来一般,却可能影响教学的组织和进展,不能等闲视之。一般情况下主要了解以下四项：

1. 国别

来华学习汉语的外国学习者,遍及世界众多国家和地区,通过对学习者国别的了解,至少可以大致地了解学习者有无汉字背景、上课的习性（是活泼还是拘谨等）和自主能力（独立性强还是依赖性强等）,这对课堂教学有许多直接或间接的影响。

2. 年龄

来华学习汉语的外国学习者,年龄差距较大,从十五六岁到五六十岁都有。通过对学习者年龄的了解,至少可以知道他们学习和接受语言的能力。一般来说,年轻人头脑灵活,记忆力强,容易接受新的语言信息;年纪大一点的,学习经验也许较为丰富,但记忆力相对来说差一点,接受新的语言信息可能比较迟缓。

3. 身份

来华学习汉语的外国学习者,不仅有大中学校的学习者、公司职员、翻译人员,还有家庭妇女等。通过对学习者身份的了解,也可大致知道他们的学习目的和动机,以及他们的学习动力和毅力。一般来说,学习目的比较明确、动机比较切实的,能够化为学习者的驱动力,学习的积极性和主动性较强;反之,学习目的较为模糊、动机不切实际的,其学习的驱动力维持得不长,学习常表现为被动和懒散。

4. 文化程度

来华学习汉语的外国人,文化程度不等,有初中、高中的学习者,已经毕业工作或正在就读的大学学习者,还有一些专业研究生等。通过对学习者文化程度的了解,可以大致获知他们学习汉语的文化基础和接受能力,以便判断教材所涉及的内容对他们是否合适。

## (二) 汉语作为外语学习的学习者的一般心理机制

学习者的外语学习是受其认知风格和学习情感所支配和导引的。这种认知风格和学习情感属于一种心理机制。它既有先天的、遗传的因素在起作用,也有后天的环境和教育等因素影响形成了学习者的个体差异。当然,这种差异不是完全绝对的,它具有可变性,先天的素质不过是个基础,它会随着后天条件(教育和培养)的变化,或促进、或抑制其向好的方向(也可能向坏的方向)发展。有经验的对外汉语教师会充分调动和发挥学习者的优良素质,使之具有并保持良好的认知风格和学习情感;同时,也会鼓励和培养资质一般的学习者,以促进和改变原先不够理想的风格和情感。

1. 认知风格的差异

认知风格,指的是个体对信息加工的方式。它既有一定的稳定性,又有一定的可变性。说其有稳定性,是指个体在相当一个时期,保持其认知风格不变,例如在儿童时代,或者青年时期,对事物的认知和加工,基本上一种风格;说其有可变性,是指从个体整个学习过程来看,其认知风格会有所变化,例如随着年龄的增长,在一定程度上逐步改变或修正自己的加工信息的方式。

认知风格有三对,即场依存性和场独立性①、沉思型和冲动型、容忍倾向和排他倾向,这是从不同的依据和侧重点来划分的。每对都有明显的对立倾向,这种对立来之于先天的遗传和后天的教育,有其相对的独立性和持久性,可也会因条件的变化和认知对象的不同而相互转化。

(1) 场依存性和场独立性

**场依存性和场独立性的特点**

|  | 着眼点 | 出发点 | 参照点 |
| --- | --- | --- | --- |
| 场依存性 | 从宏观着眼来看待问题。受整体知觉背景和事物明显的知觉特征影响。 | 从整体出发来审视事物。易忽略事物的具体因素。 | 以外部参照作为加工依据。受外界物理和社会的影响。 |
| 场独立性 | 看待事物以微观为基点。较少受整体知觉背景的影响。 | 从整体中抽出部分来认识。善于对每一个具体信息作出分析与辨认。 | 依赖个人的内部标准或利用个人的内部参照来判断事物。 |

1) 场依存性和场独立性在学习上的表现

场依存性偏重于形象思维,学习上要求教师组织结构严密的教学,提供条理清晰的讲授提纲,进行系统而明确的讲解;场独立性逻辑倾向较突出,学习上不很关注教学结构的严整性,自己能独立对教学材料进行整理和结构化。反映到语言学习,具有场依存性倾向的学习者对客观事物较感兴趣,擅长在交际过程中有意识地习得语言。例如欧美学习者善于运用场依存性的认知方式,除了课堂学习之外,还喜欢从校园和社会等外部环境中获得汉语会话能力。具有场独立性倾向的学习者以分析见长,善于借助课堂或其他正规的学习方式来学习语言的结构形式。例如日、韩学习者喜欢运用场独立性的认知方式,对所学内容进行比较、梳理和归纳,而在交际中学习语言方面略为欠缺。

这两种认知方式各有长处,只认同一种是不够的。最理想的是两种认知方式交错运用,让课堂教学与社会交际同时产生作用,以完善汉语学习。②

---

① 场依存性和场独立性的概念最早来自于关于成人知觉的研究领域。威特金等(Witkin, Dyk, Faterson, Goodenough & Karp, 1962; Witkin et al., 1954)在研究成人知觉的时候发现,在对视觉信息进行感知和抽象方面存在着个体差异。具体表现为,当要求被试从整体材料中抽出一部分内容进行感知时,有些人会感到非常困难,威特金便将这种知觉特点称为"场依存性";而将与此相反的知觉特点,即能较快捷地从整体中抽出部分并对其进行认识的能力,称为"场独立性"。

② 徐子亮,《汉语作为外语教学的认知理论研究》,华语教学出版社,2000。

（2）沉思型和冲动型

**沉思型和冲动型的特点**

|  | 对问题的反应 | 加工方式 | 认知特性 |
|---|---|---|---|
| 沉思型 | 深思熟虑。追求完美、确实的答案。 | 使用细节性加工方式。谨慎全面地检查各种假设。错误少。 | 清醒地认识认知任务的目标。使用有效策略。元认知和记忆水平高。 |
| 冲动型 | 急于作出回答。凭预感猜测。 | 使用整体的、笼统的加工方式。没有全面地检验解决问题的各种方式或途径。错误多。 | 对认知任务的目标不太明确。使用有效策略不够。元认知和记忆水平低。 |

2）沉思型和冲动型在学习上的表现

沉思型学习者善于思考，治学细致严谨，对问题多作权衡和评判，成绩优良。冲动型学习者急于求成，治学粗枝大叶，对问题很少思考和评价，学习成绩较差。反映到语言学习，沉思型者善于归纳，能较周密地完善个体的知识结构，回答问题的准确率高，但反应速度较慢。对外汉语教学中，我们经常看到有的外国学习者回答问题时，习惯于把自己的思路和答案写下来，斟酌修改后才作出回答。这就是属于沉思型的典型例子，教师对他们要有耐心。冲动型者顾虑少，勇于作出回答，使用语言的频率高，但学得不够扎实。教师对他们要加以正确的引导。[①]

（3）容忍倾向和排他倾向

**容忍倾向和排他倾向的特点**

|  | 接受的范围和类别 | 长处 | 短处 |
|---|---|---|---|
| 容忍倾向 | 兼收并蓄概括性广的类别。能接受不同的观点和意见。有时会把不属同类的事物包括在内。 | 概括综合能力强。富于探索精神。能把纷繁的事件理出头绪。 | 易犯规则泛化错误。把不符合某个事物客观规律的内容也按此规律加以运用。 |
| 排他倾向 | 只接受概括性小的类别。拒纳不同的观点和意见。有时把属于同类的事物也排除在外。 | 善于把同一范围的事物进行分类和细化。 | 不能容忍模糊的事物。回避不明确的东西。常采用绝对方法（非甲即乙）处理问题。 |

---

① 徐子亮，《汉语作为外语教学的认知理论研究》第 373 页，华语教学出版社，2000。

3）容忍倾向和排他倾向在学习上的表现

持容忍倾向的学习者能包容不熟悉的、甚至有些矛盾的内容,对于现阶段难以理解或接受的语言材料也能容纳;而排他倾向的学习者,其母语结构根深蒂固,新的语言内容很难迅速为母语所同化,因而需花较长时期才能被接受。容忍倾向和排他倾向在整个学习语言过程中是相互渗透、有所变化的。在学习初始阶段,由于对目的语知识的认知比较狭窄,因而表现得比较保守,常把没有把握的新语言知识内容排斥在使用范围之外,排他倾向比较明显。到一定阶段,由于学习内容的扩大和丰富,接受新语言的能力大大加强,甚至把只符合某种表达方式的规则也泛化运用到别的地方去。这时,容忍倾向较为明显。随着学习的深化,学习个体会自行调整和甄别,泛化现象会得到一定控制。对外汉语教师要善于因势利导,指引学习者巧妙地使用容忍倾向和排他倾向两种认知方式,以达到语言学习的良好境界。[①]

2. 学习的情感因素

学习既是一种认知心理活动,又是一种与情感密切相关的心理活动。认知与学习的成就,情感因素起着相当重要的作用。了解和把握学习主体的情感的内在变化和外在表现,有利于教学活动的组织和开展。

（1）动机。动机是驱使人们活动的一种动因和力量,包括个人的意图、愿望、心理的冲动,或企图达到的目标等[②]。它有着促使学习者集中注意力的唤醒功能,以及促使学习者的行为指向某一客体的指向功能。人类的动机多种多样,就学习而言,一般分为内部动机和外部动机。内部动机是个体自身所产生的动力,来自于个体对活动本身的兴趣和认识,如外国学习者怀着对汉语的浓厚兴趣而来华学习;外部动机是受外部诱因而产生的动力,来自别人的影响、教师的肯定、表扬或鼓励,从而激发出学习的积极性。

课堂学习的主要动机集中反映在成就动机上。这种动机,是指个人愿意去做自认为重要或有价值的工作,并努力达到完美地步的一种内在的推动力量（即内驱力）。[③]

成就动机的内驱力有三：认知的内驱力,自我提高的内驱力,附属的内驱力。三种内驱力的特点、作用和对他们的评价,见下表。

---

[①] 徐子亮,《汉语作为外语教学的认知理论研究》第 375 页,华语教学出版社,2000。
[②] 邵瑞珍,《学与教的心理学》,华东师范大学出版社,1992。
[③] 同上书,第 278 页。

|  | 指向 | 动力来源 | 动力作用 | 评价 |
|---|---|---|---|---|
| 认知的内驱力 | 指向学习任务本身即掌握知识、技能和阐明、解决学业。<br>指向求知的欲望。 | 好奇心和探究奥秘的欲求激起动力。<br>明确的目的和浓厚的兴趣激发出动力。不断获得成功而形成动力。 | 认知内驱力推动学习,学习又增强认知内驱力。 | 比较稳固、长期起作用。<br>是课堂教学中最重要、最稳定的内部动机。 |
| 自我提高的内驱力 | 指向学业上可达到的成就。<br>指向今后学术和职业的目标。 | 有所成就而赢得一定地位和自尊心所引发的动力。<br>成绩好而得到物质和精神奖励及其学习热情。 | 学习者得到尊重和荣誉的满足感,进一步提高学习的信心和积极性。 | 通过肯定和表扬,激发学习者自我提高的动机,能促进学习者学习的积极性,但要适度,过分追求名誉、地位,会妨碍深入学习的愿望。<br>教师的中肯批评也可激发学习者努力学习的动力,但要适可而止,不能因伤害自尊心而产生焦虑和丧失信心。 |
| 附属的内驱力 | 不是指向学习任务和提高自己,而是指向满足教师、家长的要求。 | 获得自己所依附的教师、家长的赞许和认可而产生的满足感的激励。<br>家长、教师的赞许和认可、赢得别人的羡慕而形成动力。 | 得到教师、家长的赞许而产生一种满足感和亲密感会在一定程度上促进学习。 | 自始至终需要鼓励,如果暂时得不到赞许,易丧失学习的积极性和信心。 |

动机的激发可使潜在的动机转化为学习行动,因此,教师不断维持学习者的适当的学习动机,是提高教学效率的一项重要措施。根据上述成就动机的三种内驱力的特点,不难看出教师维持和激发学习者学习动机的着力点所在:

• 任务激发。任务,这里指学习目标和学习内容。明确而较高的学习目标,是主体保持旺盛的学习热情的强大动力。教师要经常强调学习目标和接近目标的距离以提醒学习者,鼓舞学习的意志。例如有的来华学习汉语的留学生,其目标是以汉语作为求职的工具,教师就可不断鼓励他们为达到这个目标而再接再厉。另外,深度、广度适宜的学习内容,能唤起学习者的求知欲。教师选择的教学内容和采用的教学方法如果能引起学习者的好奇心和探究奥秘的欲望,那在一定程度上也就调动了学习的动力。因而对外汉语教学每上一堂课都应该让学习者在知识和技能上有所得,反过来又增强了学习动力。这就是动机推动学习和学习增强动机的互为因果的逻辑辩证关系。

• 兴趣激发。学习上的一部分动力来自兴趣,主体在学习上的钻研精神和课堂上的注意力跟兴趣关系甚大。枯燥无味的内容和单调机械的方法是引不起学习者的兴趣的,会出现被动和疲沓的状态。因而,教学内容要力求新颖、生动,有逻辑性;教学方法要灵活多样,如讲练中间穿插或安排直观、模拟、游戏等活动,以激发学习者的认知兴趣和求知欲,从而迸发学习的动力。

• 成就激发。学习上的成就最能激发学习者的学习动力。因为成就意味着向目标又走近了一步,成就可赢得一定的地位、荣誉和自尊心,成就也可转化成学习的兴趣。所以对外汉语教学特别重视和强调表扬为主,鼓励为主,对学习者的细微进步都热情地加以表扬和肯定,让学习者有成就感和满足感。这样,可以激发和鼓舞学习者的学习热情和上进心。

• 竞争激发。竞争也是一种激励机制。它能调动学习者的争强好胜心和求成的上进心,可以增强学习的兴趣和克服困难的勇气。因而,适当地开展竞争,会提高学习效率。在教学实践中,一对一的个别授课虽然条件好,有时却不如班级教学的成绩,究其原因就是缺少竞争而固步自封所导致的后果。

(2)态度。加涅把态度定义为:态度是通过学习形成的影响个体的行为选择的内部状态。也就是说态度还不是实际行为本身,而是一种藏之于内心的、对行为或事物作出评价反应或准备采取相应行动的倾向性。它是个体通过学习或经验逐步形成的,其中包含着认知成分、情感成分和行为成分。①

认知成分是指个体对客观行为或事物带有评价意义的观念和信念。同一个事物,不同个体对之可能有不同的态度,即有不同的认知成分。例如外国留学生对于考试,有的郑重其事,把它视作自己的学习成果;有的淡然处之,认为只要自己懂了就行;有的无所谓,甚至缺席逃考。

情感成分是指由态度的认知成分而产生的情绪或情感。对客观事物或行为的评价,不可能是无动于衷的,必然伴随着或强烈或冷静的情感成分。例如上述对待考试的例子,郑重其事的,情绪可能显得紧张;淡然处之的,情绪比较一般;无所谓的,情绪或者松懈,或者疲沓。可见不同态度的情感成分不尽相同。

---

① 邵瑞珍,《学与教的心理学》第158页,华东师范大学出版社,1992。

行为成分指实施某种行为或行动的准备倾向。对于做一件事或采取一种行动,准备怎么做,是言行一致,是始终如一,还是半途而废,不同的学习者,其行为态度也是不一样的。例如西方学习者学习汉字,有的能克服困难,自始至终坚持书写、辨认,进展较快;有的开始兴趣十足,以后因畏难而舍弃,汉字学习停滞不前。

态度与动机是紧密相连的。一般来说,适当的动机带来良好的态度;不纯的动机会带来不良的态度,或者无法保持良好的态度。当然由于教育和环境的影响,学习者端正了自己的态度,也能反过来明确自己的动机。例如有的外国留学生来华学汉语是家长的主张,不是自己的意愿,学习态度消极、被动;以后由于教师的引导,班级学习气氛的感染,改变和端正了学习态度,进而也明确了学习汉语的目的和动机,取得了优良的学习成绩。

对外汉语教学要取得良好的效果,不能不关注学习者的学习态度。为了让学习者保持良好的学习态度,应在下列三方面下点工夫。

• 强化学习动机。良好的学习态度来自于明确的、适当的动机。而个体的情绪和外界环境的影响,会冲淡动机,从而改变个体的态度。因而,不断地强化和明确动机,可以使变化了的态度重新得以端正。例如有的国外公司要求本国的职员达到 HSK 七、八级水平,他们参加了 HSK 辅导班,因为听力成绩上不去而丧失信心,甚至于萌生放弃的念头。后来在教师的引导下,强化学习目的和动机,终于使这一部分学员克服了畏难情绪,端正了学习态度,取得了好成绩。

• 了解所学内容。学习者对自己学习的内容,包括汉语的特点、课程和教材等要有全面的了解。如果对汉语那铿锵的音节、优美的文字、丰富的词语、多彩的表达方式比较了解和有好感,其学习兴趣油然而生,自然会有较为认真的学习态度;如果对课型的必要性和教材的生动性比较了解和满意,当然也会使学习者保持良好的学习态度。

• 理顺教学关系。教和学是一个整体的两个侧面,必须理顺其间的关系。如教师本人的素质、学识和教学经验以及采用的教学方法等比较吸引学习者,得到学习者的信任;学习者的好学精神,或者暴露出来的一些缺点,得到教师的理解和热情的肯定与指正,这都有助于良好学习态度的形成和保持。

(3) 性格。性格跟态度有关系,既属于内部的气质和秉性,又表现为外部的情绪和行为。它是一种比较稳定的态度体系,又是一种习惯了的行为方式,因此而形成各种性格特征。这些性格特征在不同人身上有不同结合,于是构成了不同的性格类型。根据不同标准可以分为下列几种性格类型。[①]

---

① 邵瑞珍,《学与教的心理学》第 246 页,华东师范大学出版社,1992。

• 理智型、情绪型和意志型。这是按心理标准分出的类别。理智型,处理事情比较冷静、理智,能控制自己的情绪和行为,表现在学习上比较扎实,不易受外来因素干扰,不因成绩好而骄傲,不因成绩低而气馁,能剖析自己的优缺点,总结经验,吸取教训;情绪型,比较冲动,遇事易受情绪支配,不太能控制自己,表现在学习上,情绪波动起伏较大,学习顺利时信心十足,学习困难时,一蹶不振;意志型,比较有毅力,能坚定不移地朝着既定目标行进,表现在学习上,勇于克服困难,锲而不舍,坚持不懈,即使基础差,也能迎头赶上。对外汉语教师要把握好这三种不同类型的学习者,鼓励他们再接再厉,不断向上。尤其对情绪型学习者,更要因势利导,防止消沉。

• 独立型和顺从型。这是按照独立和顺从程度来划分的性格类型。独立型,自主性强,处事果断,能独自发现和处理问题,不受外来干扰,但有主观武断、把自己的意见和做法强加于人的弊病,表现在学习上:喜欢独立思考,独立完成作业,对学习兴趣大,有计划、有意识地学习自己认为重要的内容;顺从型,依赖性强,独立性差,易受暗示而轻易接受别人的意见,遇事惊慌失措,表现在学习上:只学习教师布置的内容,指望得到别人的帮助和指导,对知识缺乏兴趣和好奇心。对外汉语教师也要把握好这两种不同性格类型的学习者,扬其长避其短,对主观性强的,要防止他们自以为是,思考问题走极端;对依赖性强的,要引导他们独立学习和完成作业,训练他们独立思考的能力。

• 外倾型和内倾型。这是按倾向性标准划分的性格类型。外倾型的表现是对外界事物比较热心和感兴趣,心情开朗,善于交际,非常活跃。内倾型表现是,对外界事物比较冷漠,也引不起兴趣,不爱交际,不爱说话,沉静孤僻。这两种性格类型对学习第二语言似乎关系更为密切。一般说来,属于外倾型的学习者,由于爱交际,爱说话,听力和口语的练习机会多,提高快,缺点是不够注意语言结构形式的严谨性;属于内倾型的学习者,由于不喜欢交际和说话,听说能力进展略为迟缓,但对语言结构形式思考深入,语言基础扎实。作为对外汉语教师,要掌握学习者的性格特点,扬其长而补其短,让这两类学习者都能轻松愉快地适应教学,完成学习任务。

学习者的性格特征与学习效果是相互影响的,好的性格促进学习,学习的成功能增强学习者信心,促进良好的、积极的性格进一步发展;反之,不良性格会影响学习,学习上的失败,又会导致退缩、气馁,从而助长消极性格的恶性膨胀。

## (三) 不同类的学习主体的特点

学习者由于认知风格和学习情感的差异,形成了不同的类型。而其中以学习目的和学习动机对学习者的影响最大。根据学习目的和动机,对外汉语教学的对象大致可分五类。见下表。①

**外国人学习汉语的动机分类**

| 学习动机 | 学习目的 | 学习对象 | 比例 |
|---|---|---|---|
| 掌握工具 | 经商、外贸、文化交流、中国研究、求职、生活需要 | 商务、文化机构人员、无固定职业者、家属 | 70% |
| 升学 | 读语言本科、读其他专业 | 中学习者、大学习者、大学毕业生 | 20% |
| 深造 | 从事语言职业 | 汉语教师、语言教师、翻译 | 3% |
| 研究 | 研究语言、研究汉语 | 汉学家、汉语研究者 | 1% |
| 不明确 | 父母要求——被动<br>旅游需要——应景<br>老年人——怀旧、消遣 | 各种职业的人员、各种年龄段的人员 | 5% |

1. 以掌握语言工具为动机的

这一类学习者大部分有明确的奋斗目标,他们的学习热情经久不衰,学习的技能偏重在口语和听力,学习的内容偏重在新闻和经济,有自己的一套学习方法。他们学习的动因和力量来自外部,是由外部诱因(诸如需用汉语经商、贸易、文化交流、研究中国、求职以及日常的活动等等)所引起的学习动机,其动机的满足不在于学习活动之内(如学习成绩),而在于学习活动之外的工作方向。但学习成绩与工作方向常常是关联在一起的,所以也会产生焦虑,担心学业影响自己事业的发展。心理学认为,焦虑是因预期到个人的自尊心构成潜在威胁的情境产生的担忧反应,它并不一定是一种不利因素,一定的焦虑水平可以激发个体的学习动机以及唤醒水平,使之发奋地努力学习。② 这方面,上海对外服务有限公司对外教育部有比较成功的经验和范例。该公司每年承担日本丸红公司数名职员的汉语速成学习任务,为期一年,要求从零起点达到中级汉语水平。由于外部的诱因和压力,例如公司对他们的要求、学习成绩会影响到他们今后的去向——被派到哪个地区、在公司中的地位等等,以及内部的焦虑和自尊,例如同一期学习者之间的相互攀比以及与以往几期学习者之间的比较,这一切不断激发和维持他们的学习动机。这些学习者每天坚持上六小时课,回宿舍还要进行预习、复习,每天学习时间总计在十小时左右。学习八个月后参加汉语水平考试(HSK),一般都能达到六、七级,优秀者可获得八级证书。

---

① 徐子亮,《汉语作为外语教学的认知理论研究》第 327—380 页,华语教学出版社,2000。
② 邵瑞珍,《学与教的心理学》第 283 页,华东师范大学出版社,1992。

2. 以升学为学习动机的

这一类学习者为了实现自己的愿望,进入高一层次的学校或专业,对汉语学习有迫切的要求,有克服困难的勇气和毅力。汉语学习的具体目标是听说读写齐头并进,全面提高,并以此作为自己进一步专业学习的基础。升学和专业学习的诱因是他们学习的驱动力。心理学认为,学习者的学习动机可视为他们的学习需要,这不同于生活或本能的需要,而是属于较为高级的需要[①]。正是这种高级需要,激发起他们持久的学习劲头。他们的课堂学习集中表现在成就动机上[②]。对这类学习者而言,掌握汉语,完成自己的学业,并力求学有所成,就是他们的成就动机,也是他们个体的内在驱动力。每一堂课都有所得,每一次测试都得个好分数,这样的成就感推动他们努力不懈地进行学习。但如果一直得低分,学习者便会产生焦虑,严重伤害自尊心,会引起回避和退缩反应,丧失学习的信心。对教师而言,要掌握这类学习者的特点,把握好赞扬与批评、肯定与否定的分寸,激发和维持他们的学习动机。[③]

3. 以深造为学习动机的

这一类学习者将来主要从事语言职业,当汉语教师、语言教师或汉语翻译。因此他们的学习自觉性较高,求知欲旺盛,经常会对教师或教学提出要求。他们有一种掌握知识、技能和解决学业中问题的需要,这种需要就是他们的动力。这种动力即是认知内驱力。认知内驱力既与学习目的性有关,也与认知兴趣有关。[④] 具有认知兴趣或求知欲望强烈的人常常会如饥似渴、津津有味地去学习,并从中获得很大的满足。这样的学习者,我们在长期的教学实践中遇到的并非个别。例如有一位日本学习者,在中国大学进修汉语达到中级水平后,回日本进入索尼公司任职。由于工作需要,担任了该公司海外部的汉语翻译。以后因结婚中断了翻译工作。在当了一段时间的家庭妇女后,她很想重操翻译旧业。但在日本必须通过专门的翻译资格考试才有可能实现愿望。由此她又进中国的大学深造。这样的学习,动机明确,主攻方向集中,对自己对教师要求很高。学习达到了废寝忘食的地步。认知内驱力与学习是互惠的,认知内驱力推动学习,学习又转而增强内驱力。这也就是这类学习者能够保持充沛精力去学习的重要原因。

4. 以研究为学习动机的

这一类学习者正在研究语言,主要研究汉语。他们的学习动机属于高层次的学习需要。他们以自学为主,广泛搜集有关的语言资料,既希望得到教师

---

[①] 邵瑞珍,《学与教的心理学》第 285 页,华东师范大学出版社,1992。
[②] 同上书,第 278 页。
[③] 同上书,第 283—284 页。
[④] 同上书,第 279 页。

的指导，又乐意跟教师开展讨论。他们的动力由研究活动本身的兴趣所引起，属于内部动机，但也有自我提高的内驱力在其中起作用。自我提高的内驱力既可促使学习者把自己的行为指向当时学业上可能达到的成就，又可促使学习者在这一成就基础上把自己的行为指向今后在学术和职业方面的目标。心理学认为，自我提高的内驱力与认知内驱力不一样，它并非直接指向学习任务本身，而是把一定成就看作赢得一定地位和自尊心的根源，故而属于一种外部动机。学习有成就的人，内部动机和外部动机往往同时起作用。①

5. 没有明确的学习动机的

这一类学习者或者是应父母要求，或者是为了旅游，或者是为消遣而学习汉语的。应父母的要求而来学习的，大部分比较懒散、被动，少数成绩好的，只是为了满足教师、家长的要求，从而使自己得到教师、家长的赞许或认可而已。心理学上称为附属内驱力，也属于一种外部动机，但动力不足，很难保持长久。② 只求在旅游过程中学几句汉语的，学习不过是应景而已。老年人为了消遣和怀旧，只是坐在课堂里听听而已。这些人无所谓学习的成就感，学习的进程非常缓慢。心理学告诉我们，动机具有两种功能：一种是唤醒功能。具有适当动机的人同不具备适当动机的人相比，前者唤醒水平高，注意力集中；后者唤醒水平低，注意力分散。另一种是指向功能，促使人的行为指向某一客体而相应地忽视其他的客体。③ 没有明确动机的学习者，当然不会有这两种功能，他们的学习自然是松松垮垮，疲疲沓沓，难望有什么进展。

上文在作动机及其在一定动机支配下所表现的不同学习态度的分析时，提到了认知内驱力、自我提高内驱力及附属内驱力。这三种内驱力在动机结构中所占的比重，常随年龄、性别、个体的认知方式、认知特点、社会地位及文化背景等条件的变化而变化。④ 表现在学习者外部的心理情感因素，即学习者的学习态度和学习动机，都影响着外国学习者的汉语学习，其中动机变量尤其对有意义的学习起着重要的作用。⑤ 虽然动机和态度并不直接对认知结构产生影响，但它可以间接地促进个体的认知和学习。

## （四）教学方法的选择与学习主体的关系

教学效果跟教师的素质和教学技巧有关，也跟所选择的教学方法是否适合学习者有关。班级的学习者当然有其个性差异，按理，教育应该个性化，因

---

① 邵瑞珍，《学与教的心理学》第 280 页，华东师范大学出版社，1992。
② 同上书，第 281 页。
③ 同上书，第 270 页。
④ 同上书，第 281 页。
⑤ 同上书，第 282 页。

个体之材而施教之。但课堂教学不同于个别授课,不可能化整为散地教学,只能根据班级大多数学习者的认知方式和倾向以及课型和教材的特点来考虑和选择教学方法。

这里所说的教学方法,不是指外语教学流派,而是指课堂所采用的具体的教学方法。一般有:

(1) 提问法。用提问和解答的方式来进行教学。此法适宜于冲动型学习者居多的班级,他们回答问题比较踊跃。

(2) 对话法。师生之间或同学之间围绕语言材料进行对话。此法适宜于冲动型学习者居多的班级,沉思型学习者多的班级对话开展不起来。

(3) 讲练法。先讲后练,此法适宜于场依存性学习者较多的班级,他们希望教师系统而有条理地讲解。

(4) 练讲法。先练后讲,此法适宜于场独立性学习者较多的班级。他们有综合、归纳的能力,希望教师讲解重点、难点。

(5) 归纳法。先例子后规则。此法适宜于场独立性学习者或具有容忍倾向学习者居多的班级。他们喜欢从具体到整体地加工信息。

(6) 演绎法。先规则后例子。此法适宜于场依存性学习者或沉思型学习者居多的班级。他们喜欢从整体到具体地加工信息。

(7) 交际法。在一定的情景中进行交际会话。此法适宜于有容忍倾向学习者多的班级。他们善于从交际中学习、吸收知识。

(8) 对比法。对比母语与目的语的异同,对比目的语中不同句型的特点。此法适宜于有排他倾向学习者居多的班级。他们可在对比中改变自己的执拗,从而接受新知。

教学方法的选择要考虑班级学习者的个体差异,但不是机械的、绝对的,有时为了训练或改变他们加工信息的认知方式,可能特意选择与他们个性相违的教学方法。一堂课中也可能根据教学内容的不同而选择几种教学方法。总之,教学方法的选择,目的是为了调动和发挥学习者的学习潜能和主观能动性。

## 小　　结

课堂教学的内容,主要体现于教材。而教材是否适合学习者对教学的有效性至关重要。教师担任一门课的教学,首先要选好教材。教材的选择要考虑学习者的基本条件和特点,他们的汉语程度与水平,以及课型与各门课程之间的关系等等；同时对现存教材也要作些处理，教师有必要翻阅和了解教材全貌，做到胸有全局，心中有数，并调整和增减教材内容，以发挥教材在课堂教学中的最大效用。

　　课堂教学的任务是把教材内容通过教学落实到学习者身上，因而了解自己的教学对象是教学取得成功的关键。对学习者的了解，一种是浅表的，那就是了解他们的国别、年龄、身份、文化程度；另一种是深层的，那就是学习者的认知风格，即具有场依存性还是场独立性，属于沉思型还是冲动型，带有容忍倾向还是排他倾向，以及学习者的动机、态度、性格等因素。掌握自己教学对象的特点，便于选择相应的教学方法，采取相应的教学措施。

# 第五章　课堂教学的基本方法

对外汉语教学所倡导的"以学习者为中心,以教师为主导"这个教学宗旨,主要是通过课堂教学来实现的。为了把教材的有关内容落实到学习个体,真正发挥教师的主导作用,就得重视和讲究课堂教学的基本方法。

课堂教学前有许多准备工作要做。一个是对学习者的学习情况、学习水平和接受能力的了解和把握,只有了解学习者先前学习的知识基础和对语言技能的掌握程度,只有把握学习者的概括、推理能力和同化新知的能力,才能确定学习的起点,以便有针对性地进行教学。另一个是对教学材料的分析和分解,只有对学习材料的地位和学习价值作出科学的、客观的分析和估计,只有对学习材料的结构、重点和难点进行分解和剖析,只有对学习材料做一番教学处理譬如分段和归纳、解释和举例、问题和练习的设计与补充、情景的设计和营造等等,才能提高教材的可懂度,真正收到良好的教学效果。

教案是课堂教学准备的书面体现,也是教师上课的教学方案和教学工程蓝图。教案内容除了拟定教学目的要求、教学难点和重点之外,还包括教学环节的安排和教学步骤的链接,以及具体教学内容的分析、解释、提问、归纳、展示等等细节的设想和计划。教师上课主要就是执行和实施既定的教案,但由于学习者的情况和各门课程的配合可能会出现一些临时的变化,因而在教学过程中局部地修改和变更教案也是难以避免的。

教师在拟制和执行教案过程中,还必须考虑和处理好:组织教学——即教学内容的导入、展开、转换和结束,以及提问和改错等;文化导入——即文化导入与语言教学关系、文化导入的方法,以及跨文化意识的培养等;课堂教学与课外实践——即课内与课外的关系和课堂教学与课外实践的配合和方法等。这些有关课堂教学的程序准备越充分、越有条理,就越有条件体现和落实"以学习者为中心,以教师为主导"的精神。

# 一、课堂教学的准备

课堂教学是班级教学的基本形式。课堂教学的效果和质量直接影响班级学习者知识和技能水平的提高,而要充分发挥课堂教学的作用,教师备课的认真和周详相当关键。

根据第三章所叙述的教学流程图的示意,我们可以看到备课首先要分析教学任务,也就是得确定学习者从起点达到目标要走的路程和途径,然后才能考虑完成教学任务所需要设计的有效教学技术,以及所需要采取的方法、措施等等。

教学任务的确定,先要了解和掌握以下一些情况。

## (一) 对学习者先前学习过的知识的了解

学习者学习新知识和新技能有个起点的问题。教学起点低于学习者的水平,会使学习者厌烦而失去兴趣;教学起点高于学习者的水平,会使学习者畏难而失去信心。实际上即使同一班级、同一水平的学习者也会有某些层次上的差距,教学取个折衷点,还是很必要的。因而了解学习者先前学过的知识是教师备课的第一步。

对外汉语教学要了解的内容,应包括:

1. 一般的文化程度和文化常识

学习者的文化程度是中学、大学还是已经大学毕业参加工作,他们所具备的文化知识不一样,这跟学习外语关系甚大。任何一种语言都包含着许多文化因素,学习者文化知识丰富的,理解和接受他国文化比较容易;文化知识狭窄的,理解和接受包含在外语中的文化因素也比较困难一些。这一点,对外汉语教师千万不要忽视。

2. 目的语语言基础知识

零起点的学习者,对于目的语知识是一张白纸,可以随意描画。对目的语有一点或一定基础的,则要从语音(拼读上的熟练情况和声调的准确度)、文字(书写的量、能辨认的量、会默写的量)、词语(词语的量)、语法(哪些语法点)等仔细摸底。

3. 目的语听说读写四种技能的掌握程度

由于个体差异,学习者在听说读写四种技能上的发展是不平衡的。有的听说能力高于读写,有的读写高于听说,当然也有全面发展的。教学放在哪个起点,是偏中间略高,还是偏中间略低,这对担任不同课型的教师来说,尤为

重要。

## （二）对学习者理解能力和接受能力的把握

一项新的教学内容，学习者自己能看懂多少，教师要讲多少，练习要安排多少，总共需花多少时间，采用何种教法，其间的比例、容量以及时间的分配等等，都必须建立在对学习者理解能力和接受能力的把握上。因而，对外汉语教师在下列三方面要多加注意，以便把握好学习者的理解和接受能力。

1. 学习者的概括能力

阅读课文能否概括出内容大意，最能说明学习者理解能力的高下。如若根本读不懂，当然也谈不上概括；如若概括不当，也反映出理解上还有问题。而且这与学习者加工信息的认知风格密切相关。具有场独立性的学习者，归纳、综合的概括能力强，希望教师讲重点；具有场依存性的学习者，概括能力较弱，希望教师系统讲述。这就需要教师根据班级大多数学习者的特点和能力来安排教学内容、讲练比例，以及选择教学方法。

2. 学习者的推理能力

学习者的阅读理解能力跟原有的知识和经验基础上的预期作用是分不开的，这种预期就是推理能力；学习者的听力理解和说话能力跟词语和语法的熟练应用，即在与原先学习情境相似的情境中运用的水平迁移和在新的情境下运用的纵向迁移也是分不开的，这种迁移应用，也是一种推理能力。所以推理能力的高低很能反映出学习者的外语水平。而且这与学习者的认知加工方式有关。沉思型的学习者习惯于对问题深思熟虑，从已知、旧知推导出新知、未知的能力较强；冲动型的学习者常常是灵机一动，冲口而出，想当然的成分居多，其听说能力较强，推理能力较弱。教师要把握好这两类学习者的特点，因材施教，扬长避短。

3. 学习者同化新知的能力

学习者接受新内容，实际上是把新内容接纳进已有的知识结构中去，这个过程就是同化过程。如果新内容跟已有的知识结构不相容，无法同化，就要改变、调整原有的知识结构，以适应新知识，这个过程就叫顺应过程[①]。课堂教学实际上就是促使学习者不断地进行同化和顺应新知的过程。而且这与学习者的认知加工方式也有关。具有容忍倾向的学习者，求知欲旺盛，能较快地把新内容融合进自己的知识结构，吸收和同化新知识的能力强；具有排他倾向的学习者则反之，他们极难改变原有的知识结构，接受和同化新内容需要较长的过程。教师要顾及后一类学习者，改进教法，努力提高他们同化和顺应新知识的

---

① 李维，《认知心理学》，浙江人民出版社，1998。

能力。

## （三）对学习材料的地位和价值的分析

教学任务的分析和确定有两种，一种是整个学期的，一般是一本教材总的教学任务；一种是分课的，一般是以一篇课文为单位的教学任务。教师明确一个学期的教学任务，就是胸有全局，可以从宏观方面把握教学；教师明确一课课文的教学任务，就是心中有数，可以从微观方面贯彻和落实知识或者培养和训练技能。教师备课当然要先了解和分析整本教材的知识系统和技能系统，才能对每一篇课文在整本教材中的地位和价值作出评估，从而确定每篇课文乃至每一堂课的具体的教学任务。

对每一篇学习材料的地位和价值的分析，可以着眼于以下几点：

1. 确认本课学习材料是后续知识的基础

有些知识内容的学习和吸收必须有先导知识作为铺垫和基石，否则一步越几级或囫囵吞枣是难以消化的。例如主谓谓语句。这样的语法知识，一定得先让学习者了解主语和谓语的概念和搭配原则，方能学习和领会主谓结构作谓语这一汉语的特殊语法现象，逆序而上是无法接受的。因而，确认本课学习材料是某种后续知识的基础，教学就能有意识地把握和强调跟后续知识有关的概念和规则。

2. 确认本课学习材料是培养某种技能的必要条件

有些技能的培养必须先掌握有关方面的知识，就像学习驾车先要懂得汽车的驱动、刹车和掌握方向等基础知识，不学习、不具备这方面的知识是很难培养出某种技术的。例如汉语拼音和声调的知识就是培养朗读的必要条件。因而，明确本课学习材料是培养某种技能的必要条件，对教学任务的确定有着重要的意义。

3. 确认本课学习材料是交际会话中必须具备的文化知识

文化有知识性的和交际性的。知识文化有助于阅读理解，内容的涉及面比较广泛；交际文化有助于交际会话，内容大多为习俗性的，有一定限度。对初学汉语的外国学习者来说，后者显得更为重要。例如"问候"是常用的一种会话功能，但汉语中的问候，表达方式多种多样，可以问家庭、问健康、问学业、问工作、问生活，有时甚至明知故问（如"买菜去呀！""上班去呀！"）等等，这些都是外国学习者学习问候语时所必须具备的交际文化知识。因而，明确本课学习材料中的交际文化知识，有利于教学任务的确定。

4. 确认本课学习材料是知识向能力转化的关键

知识有陈述性和程序性之分。陈述性知识只是作为一种描述世界是什么的知识储存于记忆库，而程序性知识则由陈述性知识通过程序化的训练而转化成为熟练的技能技巧[1]。一般来说,课文的内容和生词、语法等都是陈述性知识,但是许多语法规则可以揭示一定的生成规则,如果学习者能熟练掌握这种规则,就能把词语组织进去,推导出句子。可见,知识转化为能力的学习材料是至为重要的教学内容,在确定教学任务时不要轻易放过。

5. 确认本课的学习材料与其他课的材料是并列的知识内容或并列的功能意念

课文中,有的知识内容或功能意念跟其他课文中的知识和功能,没有先后之分,轻重之别,是并列的。但并列并不是说不重要,有时候可能是同等重要。他们具有同样的地位和价值,备课时也应该置于考虑之列。

### (四) 对学习材料的分解

不同课型的学习材料因目的、任务不同而有自己的特点。同样是一篇课文,口语教材一般以表达功能为线索,用对话方式体现;听力教材一般从单音到多音、从词语到句子、从句子到句群、从段落到篇章,以不断加深听力难度为主线,配上记述体或会话体的语言材料;精读课是学习者接收新内容的主要渠道,其教材从生词、语言点、词语例解、注释直至练习,都有独到的构思和巧妙的安排。因而,对外汉语教师在备课、分析教学任务时,除了对整本教材有个通盘的了解以外,还要对每一课具体的学习材料进行仔细的分解,以明确和决定本篇课文的教学要求。

1. 学习材料的结构

学习材料的结构包括整本教材的体例和本篇课文的构成。整本教材的体例,主要体现在教材的各个部分(如生词、课文、语言点、注释、练习等)的有机组合及其编排的顺序上,这是教师选定教材后首先要做的准备工作。本篇课文的构成,是教师在执教一篇课文前对学习材料所作的具体分析。这种分析,主要看:

(1) 生词在课文中出现的情况(哪个义项,何种词性)和复现率;

(2) 语言点在课文中的体现和落实情况(是个例还是展示比较充分);

(3) 注释部分的内容——文化的、习俗的、句型的、科技的、经济的等等;

(4) 词语例释所作的词语辨析情况(是同义的、反义的还是有一个词素相同的;是本课中出现的,还是扩展出去的等等);

(5) 练习落实课文、生词、语言点、功能点的情况(形式、复现率、题量等)。

掌握学习材料的结构,容易确定本课的教学任务和要求,对如何使用教材和提高可懂度,以及草拟教案有直接的帮助。

---

[1] Kurt Pawlik Mark R. Rosenzweig 主编,张厚粲主译,《国际心理学手册》第89页,华东师范大学出版社,2001。

2. 学习材料的重点

一篇课文的内容及其附属部分（生词、注释等）相当丰富，但教学不能蜻蜓点水似的面面俱到。有的内容，学习者可能已经学过；有的内容，学习者自己能看懂和理解；有的内容，教师稍作点拨学习者就领悟；而有的内容是学习者所生疏的，理解较为艰难；有的知识是要花一定时间的训练才能转化技能的等等。如果教师对这些内容的教学平均使用力量，那很可能吃力不讨好，而且也许会造成应该掌握的学习材料由于时间不充分而匆匆带过的情况。因而，教学重点的确定，是进行有效教学的一个相当重要的因素。确定学习材料重点的准则是：

（1）既是课文所安排的语言点，又是学习者以前没接触过的新内容；

（2）出现频率比较高的词语；

（3）学习者不易辨别而又常用的同义词或有一个词素相同的词语；

（4）某一种表达功能常用的句式或句子；

（5）课文所表达的有关中国文化习俗或价值观念的内容。

这五个准则供教师确定教学重点时参考，但并不是五个方面都要齐备，可以选择其中的一个或两个方面。

3. 学习材料的难点

学习材料的重点并不是难点；当然学习的难点，也不一定是学习材料的重点。教师在教学过程中常会出乎意料地发现学习者学习中所遇到的难点，很可能需要临时改变教学计划，腾出时间来解决学习者的难点。但是事先预料或估计教学的难点，使教学有计划地进行，还是非常必要的。确定学习材料难点的准则是：

（1）妨碍和影响理解课文内容的文化知识；

（2）妨碍和影响理解课文内容的疑难句子；

（3）语言点中极易受母语干扰的部分；

（4）学习者说话和写作中经常性出错或者故意回避的部分（主要是词语和句式）；

（5）是汉语所特有的、又很难转化为技能的部分（如"把"字句等）。

每一堂课要解决的难点不能太多，以一二个为宜。如果学习材料的难点过于集中，则要设法在每一堂课中去展示和解决。

## （五）提高教材可懂度

备课和确定本课教学任务，除了了解和掌握以上四个要点外，还有一件相当重要的准备工作要做，那就是提高教材的可懂度。对外汉语教材只是一种书面材料，它大多是用汉语来解释和阐述的，部分教材有英译或日译。有的内容学习者能看懂和理解,有的内容学习者可能很难弄懂。教师的教学艺术就在于把书面的材料化成系列性的教学活动,促使学习者去接受和消化教材内容。这一环做得好不好,充分不充分,直接影响教学的质量和效率,有经验的对外汉语教师花在这方面的时间比较多,因而他们的教学,时间和精力都用在刀口上,深入浅出,事半功倍。

提高教材可懂度的技术一般有:

1. 分段和归纳

一篇较长的课文,经过分段并归纳段落大意,最后总结出全篇的中心思想,学习者差不多就能把握和理解全文的基本内容。教师备课就要考虑如何引导学习者分段,怎样启发学习者讨论并归纳段落大意和中心思想。

2. 难词难句的解释

难词难句妨碍学习者理解课文内容,教学中必须扫除这种障碍。难词之所以难,是因为在学习者的母语中没有相对应的词,或者蕴含着独特的文化内涵(如成语典故),或者用法比较特别(如"突然"有形容词用法,不同于"忽然")等;难句之所以难,是因为句子过长、内部关系比较复杂,或者包藏的文化内容过于艰深,或者其中的思维方式、价值观念学习者难以理解,等等。对于难词,可以采用直观法、讲成语故事、造例句、利用课文情景来体会等方法揭示词语的内涵,说明词语的用法;对于难句,可以采用语法层次分析、理清其中的意义关系、联系上下文等方法去揭示句子所包含的文化内涵和深层意思。

3. 语法规则的举例

语法是课文内容的重要组成部分,一般放在生词表之后专门设栏进行介绍和阐述。其内容有语法规则的定义、例句和需要注意的地方等。限于篇幅,举的例句较少,且都属于比较典型的句子。而在实际生活中语法规则的使用是没有那么典型和简单的,情况要比例句复杂得多。为了让学习者真正能体会、掌握和使用某一条语法规则,教师可以多补充一些例句。所补充的例句尽可能涵盖多种情况,例如教学"被"字句,可以举带出施事的例句(如"窗玻璃被孩子敲碎了")、省略施事的例句(如"窗玻璃被敲碎了")、复杂例句(如"窗玻璃被孩子用石块敲碎了")、变式例句(如"窗玻璃被孩子敲碎了两块")等等,从中归纳出"被"字句使用中的诸种格式。这样,学习者不仅容易懂,而且化为应用技能时,头脑里就有好几个"被"字句的格式供选择。

4. 问题设计

带着问题学,是教学中最常用而效果较佳的一种方式。因为问题中往往包含或渗透着学习该项内容的目的性和重点、难点,教学的注意力容易集中;而系列性的问题又常常是打开知识大门的一串钥匙,如果学习者在学习中能给几个连贯性的问题找到答案,新的知识内容也就掌握了。因而,问题的设计也是提高教材可懂度的技术之一,一般阅读课运用较多。所设计的问题,可以是引导性的(如"事情是在什么样的背景下发生的?"),可以是启发性的(如"做这件事所具备的条件有哪些?"),可以是思考性的(如"这件事告诉我们什么?"),也可以是系列性的(即由若干个连贯的问题呈阶梯形的组合)。教学内容用问题来串联,不仅教学显得有条理,而且还能避免教师一言堂、满堂灌。

5. 练习的设计和补充

练习是巩固和消化知识内容的必不可少的途径。教材的每一篇课文后都附有编者精心设计的练习题。通过练习,传达编者的意图,体现教材的重点,复现知识内容,训练技能技巧。它们是教学的指南,又是知识转化能力的枢纽。对外汉语教师要充分重视练习的作用,除了选择和利用教材原有的练习外,还应针对学习者实际,设计和补充一些新的练习,以便贯彻和落实新知识和新内容。练习的形式多种多样,诸如拼读、词语搭配、词语扩展、填空、是非、选择、复述、问答、组词成句、造句、改错等等。总起来可分三大类:第一是理解类,即有助于理解课文内容的练习;第二是消化类,即有助于记忆所学知识的练习;第三是应用类,即有助于知识转化能力的练习。练习题设计得好,能起可懂、可记、可转化的作用,可以成为学习者的良师益友。

6. 利用图表和心理图式

认知实践告诉我们,直观性的东西比文字记载更易接受。教学上所说的直观,一种是图表式(包括电视、录像等)的教具,一种是储存于学习者的经验模式。前者属于外界刺激,后者属于内部唤醒。它们的作用是把文字性的东西形象化地展现,然后反过来从形象的线索去理解文字,这样就提高了教材的可懂度。图表是对外汉语教学用得较为普遍的直观工具,一般有路线图表、方位图表、结构图表、段落层次图表、亲属图表、人物关系图表、情节图表、景物图表等。图表的有效性已被教学实践所证实了的。心理图式实际上是存在于学习者头脑的一种认知结构,是由不断实践而积累起来的具有等级层次的经验系统。例如上课图式就由进入(学习者进教室、学习者找座位、学习者坐下)——准备(学习者拿出书和笔、上课铃声响、教师进教室、学习者起立敬礼)——授课(教师检查作业、教师讲授新课、学习者记笔记、教师布置作业)——下课(下课铃声响、教师宣布下课、学习者自由活动)等大事件中套小事件组合而成。教师有意识地唤醒学习者头脑中跟教材有关的图式,就比较容易接受和理解教材(尤其是听力教材)所涉及的内容。当然由于图式是存在于学习者意识中的东西,而且因人而异,教师较难调动和驾驭,但它确实在学习者理解教材过程中起着潜在的预期作用。这方面的研究和开掘,成为提高教材可懂度的良好技术。

7. 情景的设计和营造

语言的信息传递和交际一般总在一定的情景(包括语境)下展开的。语言展示情景,情景又促进对语言的理解。某种情景(环境)下的外语学习,或所学习的外语材料包含着一定的情景,则学习者容易理解和记忆。这是因为在学习者的头脑中同时进行着语义和情节双重编码的缘故。出现语义,学习者马上会联想到有关情节;出现情景,学习者马上会联系到有关语言。对外汉语教师不仅要充分利用学习材料中的情景来进行教学,还需要设计和营造情景来进行训练,这在听力和会话课中显得格外重要。语言知识的学习不只止于记忆和贮存,更为重要的是转化为应用能力。而情景的设计和营造就为语言的应用创造了条件:设计和营造跟原先相仿的新情景来训练应用原先学习的语言知识,这是水平迁移;设计和营造跟原先不相同的新情景来训练应用原先学习的语言知识,这是纵向迁移①。两种迁移的方法交替使用,就有可能让学习者把学过的语言知识转化为熟练的技能,甚至自动化。情景的设计和营造要贯彻现实性原则(即符合学习者的知识水平)和实用性原则(即符合现实生活的需要)。在课堂上可以准备必要的实物、图片、道具和录像或录音等有声可视材料来营造语境,在课外则要善于选择或捕捉典型事例,让学习者在实境中体会和感受。

## 二、教案的撰写

### (一) 教案的构成要素

一份完整的教案,一般依照下列诸要素的次序撰写:

1. 课文的教学目的、要求(分课时教学目的、要求);
2. 教学的重点和难点;
3. 本课运用的教学方法(如归纳、演绎、串讲、讲练、练讲、听说、问答、对话、复习、做练习等);
4. 课时;
5. 教学过程

(1) 复习旧课(提问、检查等)。

(2) 导入新课(以旧引新、文化背景介绍等)。

(3) 讲解新课——由下列步骤组成(步骤的先后次序应视实际情况来安排和组合):

1) 朗读(个别朗读、齐声朗读、跟读、分角色朗读、默读等);

---

① 邵瑞珍,《学与教的心理学》第67页,华东师范大学出版社,1992。

2) 词语解释(选择生词表中难理解的词语,补充释义);
   3) 课文学习——分段、难句解释、提问和回答(提问的问题和回答的要点);
   4) 语法点的讲授(例—规法或规—例法)、操练和小结;
   5) 解释有关的文化内容。
（4）巩固新课(课堂练习、复述或小结);
（5）布置作业。

## （二）教案撰写的注意事项

### 1. 教学目的、要求的撰写

教学目的、要求,要陈述学习者的学习结果(即本课学习的终点),力求明确、具体,可以观察和测量;要反映学习结果的层次性:即理解、记忆和运用三个层次。例如课文中的生词,哪些作为重点词语(多数为动词、形容词、代词、副词或介词)要求掌握和应用,哪些作为一般词语(大多为名词)要求理解即行。再如课文中的语法,哪些知识只要理解(如语法术语),哪些知识需要记忆(如词语的重叠方式、副词的种类、补语的类别等),哪些知识要转化为应用能力(如句型、句式等),在撰写教学目的、要求时要有明确而具体的体现,力戒含糊、笼统。

### 2. 五大环节的安排

复习旧课、导入新课、讲解新课、巩固新课和布置作业是教学过程中的五大环节。每个环节需花多少时间应大致框定。一般来说,上新课总需要安排五大环节;而上练习课、复习课等,就不一定非有这些环节不可,可以灵活运用。

### 3. 教学步骤的组织

朗读、词语解释、分段、难句解释、提问和回答、归纳段落大意和中心思想、语法点讲授、操练和小结、解释有关文化内容等是讲解新课的教学步骤。这些步骤的先后次序不是千篇一律的,要依据语言信息(即知识)→智慧、技能(即理解和运用概念和规则以及推理的能力)→认知策略(即学习者个体对自己的学习方法和过程进行调控的能力)等认知心理过程来安排和组合。例如课文的生词,如果根据学习者的知识水平、理解能力和学习策略可在课文阅读过程中学习和领会,就不必专门安排词语解释的步骤;如课文的一些语法现象妨碍学习者对课文的理解,讲解语法点的步骤则应安排在上新课之前。再如,在新课文的前几个段落包含大量的文化内容,那么文化背景介绍这个步骤就应提前在分段时进行等等。

4. 例句的编拟

语法规则举例是提高教材可懂度的技术之一。无论使用例—规法还是规—例法，除了利用书上的例句以外，一般均需补充一些典型的例句、一般的例句、复杂的例句和变式例句等等。这些例句都要事先拟就，并落实在教案中，尽可能避免临时匆匆忙忙地构思和造例句。不然的话，会由于例句的质量较差，达不到应有的教学效果。

5. 问题的设计

提问和回答是课堂教学的基本方式。但提问绝不是教师在教学中经常说的口头禅"为什么呢？"这样随口发问的问题，而是经过有计划地周密设计的。所拟的问题应尽可能有连贯性、启发性，并给学习者创造性发挥的机会和余地。上课准备发问的问题，连同参考答案（至少是要点）都要写进教案。

6. 文化内容的确定

背景导入和文化内容的讲解也是提高课文可懂度的重要一环。讲解过于简单，无助于学习者理解；讲解过于烦琐，则会喧宾夺主。因而，讲什么内容，怎么讲，都必须考虑成熟，所讲的重点和关键语句都需写进教案，以控制临场过多发挥。

7. 作业的布置

布置作业一项，要注明教材中的哪几道题；如果另行补充，则要附上练习题。

8. 执教记录

教案执行完毕，可写一点教学笔记，记录执教心得和学习者反馈的情况，积累教学和科研的资料。

## （三）教案的修改和变更

从教案的写定到执行可能有一段时日，原先的授课计划和想法可能已不符合或不完全符合学习者的实际，因此在教案实施之前要再次考虑学习者学习情况的变数而作相应的修改和变更。对于教师来说，课前的局部修改和课内的临时变更都是常有的事，这也是一些老教师虽然年年教同一本教材却年年重新备课、重新写教案、修改教案的原因。

修改和变更的项目主要在于：

（1）教学目的、要求的拟定，其高低是否适当？
（2）原先确定的重点和难点是否符合学习者实际？
（3）原先拟采用的教学方法是否需要改换？
（4）教学步骤的先后顺序是否要重新安排？
（5）词语解释、例句、问题和练习的再次补充。

# 三、组织教学

教师备课是对教材内容如何落实到学习者的思索和考虑,教案撰写是把头脑里酝酿的东西形之于书面,组织教学则是把业已确定的教案付诸实施。它们是同一件事的三个互相关联的侧面,只是从不同角度来剖析和加工而已。组织教学从广义上来说,凡一切课堂的教学活动都属于这个范畴。而这里说的组织教学,仅就新内容的落实而言,即指教师在执教过程中组织和开展一系列的教学活动,主要是新内容的导入、展开、转换和结束,以及提问和改错等,将新内容进行分解、组合、归纳,从而使学习者易于感知、接收、加工、记忆和应用。

## (一)教学内容的导入、展开、转换和结束

新的教学内容比较单一的,组织教学也比较简单;新内容比较丰富、复杂的,就要考虑组织较多的教学活动来引导学习者联想、思索、咀嚼和体会。

### 1. 教学内容的导入

人们在认知世界时,心理上有所准备和无所准备,感知和接收信息的效果是不同的。新的教学内容,在学习者毫无思想准备的情况下,突然让他们接触,一时反应不过来,势必要有一个适应的过程,然后才能进入接收状态。为了缩短这个适应过程,就要进入新内容的导入,激活学习者的知识结构和认知机制,让他们处于一种振奋状态,调动和集中注意力虚位以待新的知识内容。

教学内容的导入,从导入的内容分,有:

(1) 文化导入。从跟新内容有关的文化背景,如时代特征、社会风俗、人物关系、地理位置、自然环境、历史沿革、经济体制、组织结构等入手,提供学习者想象新内容的空间和场景,吸引他们的注意力,为理解和接受新内容作铺垫。

(2) 旧知导入。新内容、新知识之所以能被学习者接受,就因为学习者原先的知识结构可以同化或顺应新的知识内容。利用旧知(包括文化的、历史的、地理的、政治的、经济的、自然的、动植物的、语言的等等)导入新内容,就是充分调动和激活个体的旧知,发挥其预期作用,从而能够最大限度地接收和加工新的信息。

(3) 情景导入。新内容如果伴以情景一起出现,可以促使学习者进行多方位的编码,易于接受和记忆。有的新内容本身就具有情景,则情景导入可起强化和补充作用,学习者对新内容中的情景会有一种亲切感和情趣感;新内容本身如果没有什么情景,则情景导入可使新内容情景化和感性化,激发起学习者

的学习兴趣。导入的情景,可有真实情景、现实情景、历史情景、想象情景等等,它们能起预期作用(利用情景经验加深阅读和听力的理解)、交际作用(利用情景开展口语会话)、联想作用(利用情景促进写作内容的想象和构思)。

(4)图片导入。图片(包括电视、录像、多媒体)导入实际上也是一种情景导入。所不同的是,情景导入主要由教师描述,学习者通过听觉接收语言,然后把语言转换成形象的图式;图片导入,则学习者可直接由视觉展现,更生动、更形象。图片有人物图片、风景图片、示意图片、表格图片、连环图片等,它们就是通过视觉形象,唤醒学习者头脑中已有的跟图片类似的经验图式。这种图式与情景一样也能起预期、交际、联想的作用,从而促使学习者进入理解、吸收和应用新知识的最佳状态。

(5)教具导入。展示跟新内容有关的实物,具有直观作用,也能勾起学习者的想象和对比,有助于理解新内容。上课用的教具一般是服装、佩饰、小摆设、颜色纸、餐具、文具、玩具、工具、文娱用品、体育用品、模型等等便于携带的小巧的实物。可以上课开始时出示,也可在课中出示,特别是很难讲清楚的语词,展示一下实物,学习者就能一目了然。而用实物启示造句练习,效果也很理想,例如出示大大小小、高高低低、深深浅浅、长长短短等实物造比较句(如甲比乙大、甲比乙高一点、甲比乙深一些、甲比乙长2公分等),既生动活泼,又符合生活实际。

(6)随机导入。临时利用周围发生的事即兴联系或启示新内容,效果也较好,这就是随机导入。因为周围发生的事,诸如节庆、生日、天气、旅游、参观活动、文体活动、特别新闻等等,是学习者所熟知的,又比较新鲜,容易跟内容挂钩、联系,有助于理解和接收新的知识内容。

教学内容的导入,从导入方法分,有:

(1)提问。通过提问方式来导入内容,比较有节奏,印象也较深刻。

(2)回忆。回忆旧的知识和内容,容易调动头脑中的知识结构。

(3)复述。复述前一堂课的内容,有利于课的继续进行。

(4)讲述。导入的内容比较复杂,一般采用讲述方式。

(5)对比。先提出旧内容、旧知识以及母语的情况,以期引起跟新内容、新知识以及目的语的对比。

(6)游戏。智力游戏如词语连接、组词连句等也可引出新的知识内容。

(7)练习。通过练习发现问题,从而引出新知。

文化导入、旧知导入、情景导入、图片导入、道具导入、随机导入,都可灵活选用上述七种方式来进行内容的导入。

2. 教学内容的展开和转换

教学内容的展开指用分解和合并的方法进行语言材料的教和学。分解是把整体的材料分拆成一个个部件来分析,如段落的分解、句群的分解、句子的分解、语词的分解等;合并是把一个个小的部件整合成较大的部分,如归纳段落大意、归纳句子类型、归纳词语结构等。分解和合并的交替,推动着教学的进程。一篇课文有几个段落,就可相应地安排几个"分解——合并"的教学活动。

教学内容的转换指从一个内容转移到另一个内容的教学活动。一篇课文,可能包含几则语言材料,也可能包含性质不同的其他材料,如语法、词语例解等。上一内容展开完毕,就得过渡到下一内容,这中间就需要转换。转换的基本方式有二:一是重新导入,然后进行下一材料的分解和合并;二是自然过渡或人为过渡。内容相近的材料,只要简单地提示一二句,就可自然地转移到下个内容或话题;内容相关而不同类的材料,则要组织话语或问题,人为地把学习者的注意力引向下面的内容或话题。

教学内容的展开和转换的具体做法如下:

(1) 理解类的材料,一般通过提问、回答、复述等方式由浅入深、由表及里地、有层次地学习理解课文内容。例如听力课放过一遍语言材料后进行问答,就可测试学习者对材料的理解程度;如能基本复述出材料的大意或内容,则更能显示学习者的听力理解水平。精读课、泛读课采用问答、复述的频率更高,因为这些方式最能启示学习的焦点和重心,吸引学习者的注意力,促进学习者层层深入地思考。

(2) 记忆类的材料,一般通过讲—练、练—讲、边讲边练等教学模式消化并巩固学习内容。例如词语例解、语法等内容,就可运用讲—练(即从规则到例句的演绎法)、练—讲(即从例句到规则的归纳法)、边讲边练(即分段或分层的演绎)等模式复现所学内容,让进入学习者短时记忆中的知识转入长时记忆。而课文的讲解运用这些教学模式,可使词语、句子、语法规则等带上情景色彩,学习者感知、接收时可进行情节和语义的双重编码加工,更易于记忆。

(3) 应用类的材料,一般通过练习和应用的方式化知识为能力。记忆、贮存的材料,只是陈述性知识,要使其中的一部分知识转化成熟练的技能,必须经过大量的练习和应用,才能成为程序性知识。因而练习的重点,就是要把语言规则分解为系列性的产生式,并在应用中熟练地依赖产生公式的推导造出合理合法的语句。例如口语课,包含功能性话语(即带有某种色彩、语气和要求的话语)、应对性话语(回答对方的表态性话语)和叙述性话语(即述说和介绍观点、意见和情况的话语)。这些话语的搭配组合就构成了对话体。对话体的教学不仅要求学习者理解,更重要的是要学习者能构建这样的语句,这就需要在大量的练习和应用中培养和掌握。

3. 教学内容的结束

新内容教学完毕,可采用多种形式以示结束。常用的结束形式有:

（1）小结形式。小结和强调所学的知识内容。

（2）思考形式。提出或留下问题启发思考和回忆。

（3）归纳形式。概括全篇课文中心意思。

（4）复述形式。复述课文内容或情节。

（5）朗读形式。有感情地朗读全文。

（6）讨论形式。联系社会和本国实际展开讨论。

## （二）提问和改错

1. 提问

提问是语篇理解的主要方式。提不提问题、何时提问题、提什么问题。对学习者理解语篇的引导和理解效果是不相同的。语篇理解中设计的一系列问题一般是讲解课文的纲目。问题一般有：

（1）提示性问题（带着问题阅读）。提示性问题提供学习者理解课文内容的背景和文化习俗，并能控制理解和检索的范围，吸引学习者的注意力，启发他们进行思考。

（2）复述性问题（阅读以后回忆）。复述性问题能加深学习者对课文内容以及课文中出现的语言现象的记忆，提高从思想到语言表达的转换能力。

（3）剥笋性问题（边阅读边思考）。剥笋性问题逐层揭示、提供理解课文的线索，以使学习者掌握事件的脉络和情节的链环，以及人物焦点的外显和隐去、场面的转换等等，从而比较深入地理解课文内容。

（4）归纳性问题（阅读以后思考）。归纳性问题训练学习者运用汉语对事物进行概括的能力，并理解包含在课文中的文化涵义和价值观念[①]。

2. 改错

改错是纠正学习者表达中出现偏误的有效方法。外国学习者学习汉语，在相当长的一段时期，他们用来表达的都是中介语。也就是说，在他们说的汉语中，有些是正确的、合理合法的语句，有些是略带语病的语句，有些是存在着明显错误的语句。学习者的中介语是一个过渡性的语言系统，虽然在一定的时间里有其稳定性，但它终究发生着"渐变"，慢慢地向地道的、正确的目的语靠拢。而这"渐变"的因素，除了耳濡目染、潜移默化外，还要归功于教师的改错。

既然学习者表达中出现的偏误有着不同的原因和情况，教师纠错也得区分错误的性质而分别对待：

（1）大错误，有错必改。所谓大错误，指明显不合汉语语法规则的错句，如

---

① 徐子亮，《汉语作为外语教学的认知理论研究》第 204 页，华语教学出版社，2000。

成分残缺、语序颠倒、搭配严重不当等偏误。对此,教师应有错必改,并指出错误缘由。

(2) 小错误,适当提醒。所谓小错误主要指用词不当,如大词小用或小词大用、轻词重用或重词轻用、褒词贬用或贬词褒用等。对此,教师应着重在提醒,并讲清该词语的感情色彩,能过得去的可迁就过去,严重用错的则要加以纠正。否则,学习者感到一开口、一下笔都是错句,会丧失用汉语表达的信心。

(3) 一时失误(或笔误),可让学习者自己修正或做相应改正。这样做,可提高学习者学习汉语的积极性和自信心。

一般来说,对学习者口头上的偏误,纠正可以从宽;对书面上的偏误,纠正可适当从紧。同时,还应保护和鼓励学习者大胆使用新词和新语法规则的积极性。

## 四、文化导入与跨文化意识的培养

人们用本族语表达的内容,总渗透着或包含着本族人的文化意识和文化习俗。因而学习外语不仅要掌握该种语言的形式(语音、词语、句子等),还需了解该语言形式所包含的交际文化和该语言形式所表述的知识文化(意识、习俗、价值观念等)。形式和内容是相互依存、相辅相成的,舍弃文化内容而光学语言形式是绝难学好一门外语的。对外汉语教学的根本任务是让外国学习者学会汉语的结构形式,同时也需导入有关的文化知识和培养学习者跨文化意识。外国学习者只有在一定程度上了解中国的文化意识和具备中国的文化修养,阅读和听力理解才能深入、透彻,口头和书面表达才能确切、得体。

### (一) 文化导入

无论是阅读课、听力课还是口语课,所学的新内容总有其一定的文化内涵。要揭示其中的意义,就要进行文化导入。也就是说,须将新内容放置在一个具有中国色彩的大的文化环境或文化背景之中,以便于外国学习者领悟、理解其中的文化意义和文化习俗。

1. 文化导入的意义

学习新内容之前,进行文化导入,主要是提供或布置一个中国的文化环境或文化背景,让学习者循着这种环境或背景线索来理解并接受新的知识和内容。因而,对外汉语教学在导入新课环节中比较注重文化导入。文化导入的基本意义和作用是理解课文、理解思维和了解民俗。

（1）理解课文。有了文化导入，新教学内容中有关情节的安排和开展、人物的思维和活动、作者的构思和评点等等都有了文化背景作为依托和根据，学习者就不会感到突兀、离奇和不可思议，理解就不会是肤浅的，而是比较深刻的、透彻的。而且由于有一定的情节，所导入的文化知识随同情节一起输进学习者的脑库，融入和充实文化知识结构。以后有相类似的情节刺激，就能激活相关的文化背景，进而去理解和接受有关的教学内容。

（2）理解思维。一般来说，运用概念、判断、推理等思维形式和进行比较、分析、综合等思维过程，母语和目的语都是差不多的。但在思维内容上有着很大的差别。同样一件事，不同民族由于在不同环境不同条件下从不同角度来观察客观事物，就会形成不同的概念，其判断和推理也因政治经济观念、价值观念、道德伦理观念、家庭宗法观念等等的不同而带上民族的烙印。有了文化导入，外国学习者就能从中国人所习惯的思维观点、思维方式和思维角度来审视和理解新内容。

（3）了解民俗。民俗是一个民族的精神生活、物质生活、社会生活、家庭生活等习惯和历史沿革长期的积淀而形成的，例如节庆、婚丧、生育、祝福、娱乐、饮食、服饰等等，它们往往带有一些特殊的文化内涵和意义。有了文化导入，学习者了解中国的民间习俗，就能比较具体地而不是朦胧地理解教学新内容。

2. 文化导入的内容

文化是个大概念，其内容范围相当广博，不过教学中所导入的文化内容还是有一定限度的，大致可分为知识文化、交际文化和习俗文化三类。

（1）知识文化。一般是课文内容所涉及的有关中国诸方面的知识文化。诸如历史、地理、建筑、园林、住房、服饰、装潢、旅游、饮食、绘画、音乐、舞蹈、教育、卫生、文字、哲学等，有一定的广度，但并不要求有多少深度，只需要普通的常识而已。

（2）交际文化。这是渗透在交际会话中具有某种深意或情感的文化。一般包蕴在问候、称呼、感谢、盛邀、强劝、婉拒、赞扬、批评、发誓等套话或习惯用语之中。揭示并掌握其中的特殊涵义和特殊作用，有助于开展正常的思想交流活动。

（3）习俗文化。主要指人们在节庆、婚姻、丧葬、生日、生育、开业等事件中的饮食习俗和活动习俗。这对于外国学习者理解课文内容和处理日常生活相当有益和有用。

3. 文化导入的原则

文化导入要恰到好处，内容要适量，真正发挥其对学习理解的作用。为此，下列的一些原则是应该重视和遵循的。

（1）文化导入必须与课文内容密切相关。文化导入的目的是帮助学习者理解课文内容,因而,对行将导入的文化内容必须进行筛选,那些听起来很精彩而跟课文关系不大的内容要进行取舍,把真正对学习者有帮助的内容突现出来。

（2）摆正主次位置。文化导入虽然有助于理解课文内容,但它毕竟处在次要的、从属的位置,学习课文内容才是主要的任务。因而对于文化导入的内容和时间都要严格控制。

（3）文化导入应该是有机的,而不是外加的。教学中导入新课的内容和方式是多种多样的,不能因有这个导入环节而非要塞进一些文化内容不可。首先要看有没有必要导入一些文化内容,其次要考虑所导入的内容跟课文是不是有机联系,切忌信口开河,任意外加。

（4）文化导入的内容比较丰富,不宜过于集中,可以分散进行。有些知识文化,例如朝代变更、唐代诗人等,史实和材料较多,可以分散到其他有关课文中进行,不宜过分集中。

4. 文化导入的方法

文化导入不一定都是教师讲述,可以利用录像、图片、参观活动等展示文化内容,营造文化气氛。

## （二）跨文化意识的培养

外国学习者学习汉语,最感到困惑和棘手的是深藏在语言形式里面的文化内涵和文化意识。因为仅仅从语言形式表层是很难揣摩其中所蕴涵的深意。常常有这样的情况,很平常的一个句子,中国人说的用意,跟外国学习者所理解的意思不完全一样,或者竟是南辕北辙。这是因为外国学习者是用他们本族人的文化观念和意识来理解中国人说的话语,当然无法体会其中的精微。因而,学习汉语跟学习其他外语一样,除了掌握语言形式以外,还需学习和了解中国人的思想、理念以及思维习惯,也就是所谓的跨文化意识的培养。

1. 跨文化意识的内容和培养的意义

跨文化意识大多体现在交际文化之中,例如：

（1）问候和打招呼。相同的是彼此见面问早、问好;不同的是中国人喜欢用"吃"(吃了？吃饭了吗?)来打招呼,还经常用问家庭、问身体、问工作、问学习等等代替问候,甚至用明知故问("上班去?")的方式表示关心。这里没有邀人吃饭或打听个人隐私的意思。

（2）打听。打听行情、打听营业或办公时间、打听路径等等,是人所共同的习惯;而中国人还喜欢打听对方工资、年龄、价钱、婚姻、子女等情况,这些正是外国人所不愿公开的隐私,却是中国人的一种热情和关切的表示。外国学习者如果没有这种意识,会觉得尴尬和窘迫。

(3) 答谢。回答他人的致谢,说"不谢""没关系""不要紧"等等,这种意识是中外相通的。但中国人却还有一些特别的说法,或说"小事一桩,不值一提""这是举手之劳,何足挂齿",表示"很容易办的事,不用谢";或说"你这就见外了",表示相互关系亲密,感谢反而显得生分、疏远;或说"这是我应该做的",表示"做这件事是自己职责范围的事,不必谢我"等等,这都是答谢的一些方式,无非显示自己的谦逊而已。外国学习者没有这种意识,因此常常纳闷:"这是重要的事,为什么说是小事呢?""为什么我感谢你反而是见外了呢?""为什么我的事你应该做的呢?"百思不得其解。

(4) 请客送礼。请客送礼,人之常情,中外概莫能外。但中国人却要特别表示一番,请客时明明是一桌子好酒好菜,总是说:"菜不好,请多包涵""没啥菜,不好意思";送礼时明明是很贵重的礼物,总是说:"一点点,小意思""东西不好,拿不出手"。外国学习者对此常犯困惑:"这么多的菜,这么好的菜,为什么还嫌差而少呢?""既然礼品质量差,怎么能送人呢?"用他们本族人的意识是无法理解和体会中国人的谦逊习惯的。

(5) 借口暗示。用脸部表情、眼神、手势或语言来暗示或提醒他人,这种特殊的表达方式也是人们所共通的,而中国人已把暗示方式融进话语。访客时,主人觉得时间太晚,会说:"就在这儿吃中(晚)饭吧!"暗示谈话到此结束。外国学习者如果信以为真留下来吃饭,那就闹笑话了。

(6) 拒绝。用"不同意""不行"等话语明确表示拒绝,这也是中外相同的。然而中国人有时碍于情面,不明确表态,只说"可以研究研究""再考虑考虑",吞吞吐吐、模棱两可,其实这是搪塞、敷衍的话,可以说是"拒绝"的代名词。缺乏中国文化意识的外国学习者可能以为真的在"研究"和"考虑",在那儿傻等哩!

(7) 批评。西方人喜欢直截了当地指出别人的缺点,中国人虽然有时也用这种方式,但往往觉得过于严重。为了照顾他人的脸面,常常喜欢先肯定他人的优点和成绩,然后用"但是"转到缺点上去;或者干脆用"希望……"的形式委婉地从正面来暗示对方的缺点。这也会让缺乏中国文化意识的外国学习者犯糊涂:此人谈的究竟是优点还是缺点。

跨文化意识的内容较多,以上纯属举例性质。教学时,可以参考和利用中国广播电视出版社发行的录像带《中国人常常这样说》(华东师范大学吴仁甫、徐子亮监制)。

跨文化意识的培养,其意义不仅仅止于加强对汉语及其内涵的中国文化意识的了解,提高阅读和听力理解的能力,而且还能提高翻译水平。

2. 跨文化意识培养的方法

跨文化意识的培养须课堂与课外结合、知识与应用结合。

（1）课堂与课外结合。课堂教学是跨文化意识培养的主要渠道。每堂课的文化导入、课文所介绍的或所包含的文化内容、练习中所涉及的文化意识等等，都在有意识地对外国学习者进行熏陶和移化，增加或改变他们头脑中固有的或已有的文化知识结构，培养和强化他们的跨文化意识。但课堂教学受教材和时间的限制，触须不可能伸及每个文化角落，许多跨文化意识的内容尚需在课外的活动中补足。参观、访问、旅游、交中国朋友、看电影、看戏剧、购物、乘公交车、作客、宴聚等等活动的言谈和交际之中都包藏着丰富的中国人的文化意识和文化理念，外国学习者处身其间，耳濡目染、潜移默化，自能领会其中的奥妙和精微。这虽然是一种目的性不强的偶然学习，但其丰富性和深刻性不亚于课堂的有意学习。两者有机结合，就能相得益彰。

（2）知识与应用结合。外国学习者的跨文化意识通过课堂教学感知和接受较多的文化知识而得以培养和发展。除此，教师还可提供书面的、声像的材料让外国学习者通过自学以增加和强化中国的文化意识内容。不过，这都是知识性内容，对于提高外国学习者阅读理解和听力理解水平有一定帮助，而在运用跨文化意识来进行交际方面尚需有一个锻炼和实践的过程。因为跨文化意识不像语法规则可以经过训练转变成系列性的产生式，从而推导出众多的句子，它是依附于语句的、渗透于其间的、无形的潜意识，只有在应用话语的过程中得以体现。由于外国学习者在接受跨文化意识时是连同情景和语句一起进行编码、贮存的，所以在调动和应用这类语句时，同时也激活了有关的情景和文化意识，将它们提取并渗入到一定的话语之中，就能自然地应用这类跨文化意识来表达和交流自己的思想感情。

## 五、课堂教学与课外实践

课堂教学与课外实践是对外汉语教学的两大支柱。没有课堂教学，让外国学习者完全像小孩习得语言那样在自然的语言环境中，由词而词组而句子，自己慢慢琢磨和积累，那是少慢差费之举。没有课外实践，让外国学习者封闭在课堂中去感知和模仿语言，只习惯和适应于教师的语音语调，不接触甚至脱离外界语言环境，那外国学习者在听说方面与社会的接轨能力很差。因而，对外汉语教师既要精心设计和实施课堂教学，也要全力安排和组织好课外实践。

### （一）课内和课外关系

课外实践活动实际上是课堂教学活动的延伸，是课堂教学的有机组成部

分。它起着课堂教学所不能或无法起的作用。如果把课外实践看作是一种应景措施或者是一种调节活动,那就小看或低估了它的价值。因而,课堂教学和课外实践的关系应该是:

1. 小环境与大环境的关系

语言环境是学好语言的关键。小孩之所以能习得语言,乃是因为他们生活在某种语言环境之中;成人之所以能学得外语,也是因为有一定的语言环境熏陶。当然,在国内的语言环境中和在目的语环境中学习外语的效果是不可同日而语的。对外汉语教学是在汉语环境中的汉语文化的学习,自应充分发挥其培养语感、实施交际的作用。虽然学校的课堂教学本身就是一种语言环境,教师还可模拟、营造一定的情景,但相对于课外实践来说仍然是一种有限的小的语言环境。课外实践的天地异常广阔,但又具体入微。外国学习者既可在这样的大语言环境接触各种社会活动,跟各种人物打交道,又能深入体会和领会交际语言中的精微,从而积累更多活的语言。

2. 有意学习与无意学习的关系

课堂教学是一种有意学习,它有目的、有计划地根据教学任务和设计的方案一步步地实施和落实。花的时间较少,学习的内容比较集中,且都能从感性材料上升为理论知识,最后成为规律性的东西贮存长时记忆。课外实践是一种无意学习(即偶然学习),它只有笼统的指导思想,没有明确的学习项目或内容。花的时间较多,学的东西比较杂而散漫,且大多为感性的经验性语言材料,缺少规律的指导,但是它的丰富性和生动性是远非课堂教学所能比拟的。因而,无意学习的东西一旦为有意学习的语言知识所同化,或者依附于有意学习中所学得的语言规律,则他们的阅读理解能力和听说水平就会随之而不断提高。

3. 小循环与大循环的关系

课堂教学是学习者吸收知识的主要渠道,当然也有一定的技能训练和应用性练习,形成:

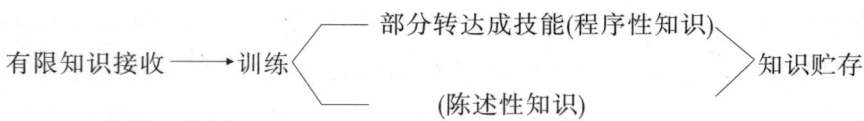

循环,但这只是课堂教学内部的小循环,仅局限于当堂或一课教学所涉及的知识和技能的转换。而课外实践是在大的活动舞台中应用知识,它既利用课堂教学所接受和吸收的知识去应用于语言实践,又不受教材知识内容的局限,也就是说语言实践所用到的语言形式和知识内容往往超越所学的语言知识范围。因而课外实践在将课堂教学所学到的知识熟练化和自动化的同时,也从中吸收一部分活的知识,整个过程是:

```
                          ┌─ 转化为熟练技能或自动化(程序性知识)
已贮存的知识—应用 ┤                                              ╲→ 知识再贮存
                          └─ 吸收活知识(陈述性知识)
```

这是个大循环。课堂教学的小循环是课外实践大循环的基础。没有小循环,大循环转动不起来;没有大循环,知识转化为能力的机会就少,转化的速度就慢,而且学习者的语言知识难以扩展和深化。

### (二) 课外实践与课堂教学的配合和方法

课外实践与课堂教学的配合有两种:

1. 直接性配合

课外实践的活动和内容按照课堂教学的内容来组织和安排。这种课外实践可以是相同场景的应用,即把原先课堂中学到的某种场景下出现的语言知识,置于相同或类似的场景下应用。这是知识的水平迁移。由于学用一致,学用结合,这部分知识通过应用和再现,有的永久贮存于长时记忆,有的迅速转换成熟练的技能。这种课外实践也可以是不同场景的应用,即把课堂中学到的语言知识,置于不同场景下应用。这是知识的纵向迁移。它比水平迁移前进了或者说深入了一步。使语言知识离开原先的场景而进行活用,这可以说是真正掌握语言知识和语言技能的表现。

2. 间接性配合

它并不按照课堂教学的内容来组织和安排活动,而是把以前学到的语言知识综合起来在交际中应用。这是更为高级的课外实践和纵向迁移,也是对外汉语教学所追求的最终目标。因为人们学习课文内容,能记忆的只是某些语言形式和情节,追溯和回忆时,不可能是原词原句原话(除非背诵)的再现,而客观世界又是那么的丰富多彩,社交活动是那么的五花八门,势必要求学习者把以前学到的知识(词语和句式),通过相应的匹配从记忆库中提取出来,加以综合应用。

课外实践的内容和方法多种多样,下列的一些类别可供参考和选用:

(1) 饮食类:喝咖啡、饮茶、请客吃饭、点菜、买单等;
(2) 购物类:买衣服、买自行车、买水果等;
(3) 乘车类:乘出租车、乘公交车等;
(4) 访问类:作客、拜访、探病人等;
(5) 参观类:展览会、博物馆、商业街、乡村等;
(6) 闲谈类:天气、朋友、家庭、工作等;
(7) 道贺类:生日、结婚、开业、新春等;
(8) 旅游类:登山、划船、乘缆车、逛街市等;

（9）竞赛类：游泳、球赛、田径等；
（10）文艺类：电影、舞蹈、音乐、话剧、京剧等。

## 小　结

　　课堂教学是对外汉语教学的主要形式，为了实现"以学习者为中心，以教师为指导"的教学原则，保证课堂教学的顺利进行，教师要做好课堂教学的准备。不仅要对学习者先前学习过的知识有所了解，对学习者理解能力和接受能力有所把握，还要对学习材料进行一番研究、分析和处理，提高和增强教材的可懂度，最后形成并写定教案。

　　教案的撰写除了要拟定教学目的、要求和教学重点与难点等，还要根据学习材料的具体内容安排好教学环节和教学步骤，并组织好教学内容的导入、展开、转换和结束，考虑文化导入与跨文化意识的培养，处理好课堂教学与课外实践的配合等，以便充分发挥课堂教学的作用。

#  第六章  阅读课型的课堂教学实施

阅读课型分精读课和泛读课两大类。它们虽然同属于阅读课型,都肩负着吸收和输入语言文化知识的重要任务。但两者还是有区别:精读课侧重于知识,即重视知识的传授和接收;泛读课侧重于能力,即重视阅读能力和阅读技巧的提高。这就是对外汉语教学要分设这两门课的原因。

精读课是学习者在头脑中编织语言网络的主要输入源。汉语的字、词、句主要通过精读课的教学输进学习者的头脑,贮存于他们的记忆库。而记忆的基本条件是对客体语言刺激进行分解和编码,可供编码的线索越多,编码越充分,记忆也就越牢固,匹配和提取也比较容易。精读课实际上就是为主体对字、词、句的编码提供细致而周密的线索,促进外界的刺激信息输入头脑记忆库,充实语言网络结构。

语音教学是为提供字、词、句的语音线索创造条件。语音是语言刺激的声音信息,语音的正确与否,直接影响语言信息的输入、匹配、提取和语言输出,因而语音教学是精读课的一大任务。尽管其他课型也有语音教学的问题,但打好汉语语音基础的任务主要落实在精读课。

词汇教学是语言学习的重心。学习者头脑中的心理词汇越丰富,词语的网络结构越合理,听说读写能力的提高也就有了基础和条件。因此,精读课运用各种教学方法进行词汇教学,实际上是为学习者输入汉语词汇提供语音线索、词形线索和词义线索,使学习者把所学的词语通过语音、词形、词义等线索的编码,进入长时记忆。

语法教学也是精读课的主要任务。一方面要把汉语语法知识通过精读课的各种教学环节输入长时记忆,成为学习者的陈述性知识[①];另一方面要通过

---

① 把知识区分为陈述性和程序性是哲学家赖尔(G. Ryle)于1949年提出来的,后来加涅(R. Gagne)在他的学习理论中,安德森(J. Anderson)在他的认训理论中均加以采用。陈述性知识是关于某个事物是事实的知识,程序性知识是关于怎样做某个事物的知识。陈述性和程序性知识是互相关联的。在学习新程序时,陈述性的形式可用来表示这些程序,并可在执行程序时用作提示,一直到程序变为自动化。

精读课的种种练习,使陈述性知识转化为程序性知识,熟练地产生汉语的句子。

篇章教学是字、词、句的全面性综合训练。它一方面赋予文章中的字、词、句以一定的情节背景,让字、词、句的语义编码连同情节编码一起贮存于学习者的长时记忆,为提取和匹配增加搜检线索。另一方面,根据语境和情景的限定与预期,提高学习者对字、词、句、篇的阅读理解的准确度和速度。

泛读课是阅读课型的一种。它的主要任务是提高学习者的阅读能力和阅读技巧。它在语音教学、词汇教学、语法教学等方面,比较粗疏,而在视读诸如联想、预期、猜测和跳跃等方面,下力较多。从这个意义说来,精读课偏重于语言知识的输入的话,那么泛读课则偏重于语言知识的应用。

## 一、精读课的理论基础

精读课的"精",反映在读的内容上是接收语言精华,无论是词语、句法、还是文化内容,都是最为重要和必要的知识;反映在读的方法上是精雕细刻,语音、语气、语调和字词句篇都要细细分析和归纳,原因是:

### (一)精读课是建立新第二信号系统的有效手段

心理学告诉我们,人类的语言是第二信号系统,学习一门外语乃是在头脑里建立另一个第二信号系统①。作为成年人学习外语,必须在原先建立的第二信号系统和新建的第二信号系统之间产生直接的、对应的、联想的、比附的等等联系,即看到或听到目的语的词语和句子,学习者在头脑里马上能反应出母语中与之对应的、相近的或大致相当的词语或句子;反之,头脑里有母语所酝酿的思想和意念,马上也能转换成与之对应的、相近的或大致相当的目的语词语或句子。这样的联系和转换,是在建立新第二信号系统过程中,逐步加以训练并得以完善的。这里不仅有目的语字形上的识记、语音上的辨析,还有目的语和母语在词语概念上的对应和句子构造上的对比等等。这些语言要素在学习者头脑中的确立和积累,是需要一定的手段来保证的,而精读课较之于其他课程来说是最为适合的,因为它最具综合性,课时也比其他课程为多,有条件将最基本的语言知识,从语音、文字、词语到句法,全面地、充分地输入学习者,确保新第二信号系统的建立。

---

① 朱纯,《外语教学心理学》第83页,上海外语教育出版社,1994。

## （二）精读课是知识传授、接收和理解的最佳途径

听说读写四种课程，读最具综合性，听、说、写比较偏侧于一种应用技能的训练。而应用则是大脑知识库对外界信息刺激的匹配和提取，它的先决条件是头脑中必须具备这种知识才能有所反应，否则再好的头脑也只能"无动于衷"，于是外语教学的语言知识的输入和积累，其重心就很自然地落在具有综合性的精读课上。精读课注重朗读训练，从声音信息方面刺激听觉通道，传递到语言神经中枢，赋予头脑中的词语（又叫心理词汇）以语音线索；同时反过来将语音线索，通过口腔腺体和肌肉的运动，发出语音、语调。精读课注重写字训练，从外形信息方面刺激视觉通道，传递到语言神经中枢，赋予心理词汇以词形线索；同时反过来将词形线索，通过手的肌肉和动作，写出字和词[①]。精读课注重语言知识的系统传授，学习者记忆库中的陈述性知识语言网络因此得以编结和构建。精读课也注重句式的训练，学习者头脑中的陈述性知识能及时地转化为程序性知识，依靠系列产生式造出众多句子[②]。随着学习者在精读课上学习和积累的语言知识越丰富，其阅读理解能力也会随之而大大提高。水涨而船高，学习者阅读理解能力的进展，也会直接或间接地带动口语能力和听力水平的提高。

## （三）精读课是学习者在头脑中编织语言网络的主要输入源

外语作为新建的第二信号系统，它包括文字系统、语音系统、词汇系统和语法系统，每一个系统实际上是一个分网络，合起来就成为语言总网络。所谓网络，指的是系统内部各个方面纵横交错的联结，叫作结节[③]。一个结节，在文字系统表现中表现为一个字；在语音系统中表现为一个音节；在词汇系统中表现为一个词语；在语法系统中表现为一种句式。一个网络由众多的结节编织而成，结节与结节之间已有多条线索相连。因而，其中如果有一个结节被点到（即心理学称之为激活）就会牵涉到（即激活扩散）与之有关的多个结节。如激活汉字"文（语音结节为 wén）"，就会扩散到"（文）章（zhāng）""（文）化（huà）""（文）学（xué）""（文）盲（máng）""（文）明（míng）""（文）人（rén）""（文）句（jù）""（文）思（sī）""（文）雅（yǎ）"等等结节，就像电脑中文打字的联想功能一样，学习者可以根据自己的需要从中选取。问题是编织这样的网络，首先要输入大量的有关信息，并贮存于脑库，大脑的知识结构才能对之进行分类分级分层的编排，并不断地插入和补充新的知识信息，调整已有

---

① 桂诗春，《实验心理学纲要》第 414 页，湖南教育出版社，1997。
② 同上书，第 189 页。
③ ［美］罗伯特.L.索尔索，《认知心理学》第 146 页，教育科学出版社，1990。

的知识网络结构①。在外语学习中,精读课无疑是语言知识的主要输入源。精读教材对语言点的精心和系统的安排和合理的配置,实际上为学习者循序地编结语言知识网络提供了最为有利的条件。而精读课又大多通过特定情景来展示语言材料,这又为学习者接收语言信息进行情景编码和语义编码、加强长时记忆给予了最大的方便。在学习者需要动用这些语料时,也可循着网络的情节线索或语义线索,快速地检索和选取有关的结节,进行匹配和提取,从而达到正确应用的目的。

## 二、精读课的教学要点

### (一) 语音教学

语音教学是汉语学习的入门课程,一般附在精读课的初始阶段。因为汉字属于表意的文字系统,虽也有一些表音成分,但比较薄弱,且表音成分的本身也大都是表意的方块汉字,根本读不出音,要靠比附与硬记才能掌握它的读音。所以汉语拼音的学习就成为了汉语学习的敲门砖。尽管汉语拼音方案只是注音的拐杖,但外国学习者学好了汉语拼音,就能看着拼音发准汉字的读音,便于预习与复习。由于学习汉语的外国人,其母语大多是拼音文字,拼音对他们来说是驾轻就熟的事,因而语音教学应根据学习者的特点,把时间和精力放在外国人不易掌握的声母(如翘舌音 zh、ch、sh 等)、韵母(如鼻韵母 an、en、eng、in、ing 等)和声调之上,不必平均使用力量。旷日持久的拼读练习,会损伤外国人学习汉语的积极性。

1. 教学拼音要掌握汉语语音的三个特点

(1) 音位的对应性。根据汉语语音的发音部位和发音方法的异同,可以很整齐地排列出声母表,犹如日语五十音图。根据舌位的高低和嘴唇的开齐合撮以及鼻腔的运用,也可整齐地排列出韵母表。教学中如能把一组组声母或一组组韵母相互对照起来,让学习者领悟它们的发音要领,这要比一个个声母或一个个韵母孤零零地学习效果好得多。

(2) 音节的音乐性。汉字从语音角度来说是单音节文字。一个汉字就是一个音节。一个音节总是由一声一韵构成,非常匀称。中国古代的诗歌,所谓的七言、五言,实际上是充分利用了七个音节或五个音节的节奏,使诗歌音乐化,以便于吟诵和歌唱。在语言发展的进程中,汉语词语适应社会发展的需

---

① [美]罗伯特.L.索尔索,《认知心理学》第 15 页,教育科学出版社,1990。

要,逐步走向多音化,但仍以双音节词居多。双音节有着比较单纯和匀称的特点,以及极其规律化的拼合,为外国学习者学习汉语发音带来极大方便,他们用不着考虑几个辅音同时发声的问题。

(3) 声调的起伏性。汉字的声调,必须在发声韵母的同时一起发出,它有区别字义的作用。这对于外国学习者来说是个很大的难点。因为大多数的语言,其发音只有重音和次重音,很少有或者根本没有什么平调、升调和降调那样起伏的声调。他们发汉字的音往往平调起音太低,升调上不去,降调下不来。所以声调训练成为外国人学习汉语语音的重心所在。所谓的洋腔洋调,大一半的问题出在声调上;而如果声调发准了,倒可以弥补声、韵上的某些不到位的缺陷。

2. 辨音训练

辨音训练有多种方法:

(1) 发音部位的训练。汉语声母根据发音部位可分唇音(b,p,m,f)、舌尖音(d,t,n,l)、舌根音(q,k,h)、舌面前音(z,c,s)、舌面后音(zh,ch,sh)、舌面中音(j,q,x)等,每一组的几个声母,其发音部位基本相同,所不同的只是发音方法。按照发音部位的系统来教学发音和辨音,学习者容易辨别和把握。

(2) 发音方法的训练。汉语声母根据发音方法可分为塞音(b,p,d,t,g,k)、塞擦音(z,c,zh,ch,j,q)、擦音(f,h,s,sh,r,x)、边音(l)等,每一组的声母,其发音方法基本相同,所不同的只是发音部位。按照发音方法来教学,可以让学习者从另一个角度把握和记住这些声母的发音特点。

(3) 发音难点的训练。外国学习者大致在下列一些发音方面存在一些问题,可重点加以训练。

• 复韵母的滑动:汉语中的复韵母,或者由开口较大向较小方面滑动,如 ao,ou,ai,ei;或者由开口较小向较大方向滑动,如 ia,ie,ua,uo;或者开口由小到大再到小,如 uai,uei,iao,iou 等,它们都是由几个音混合在一起,发音时较为圆滑,中间没有明显的过渡音,而外国学习者容易发成割裂的几个音。

• 鼻韵母的辨别:汉语语音中的鼻韵母有几对,如 an 和 en,in 和 ing,en 和 eng,uan 和 uen 等是很难辨别的。只有让学习者把握发音部位和发音方法努力发准这些音,才有条件和能力来辨别这些音。

• 平舌音和翘舌音的辨别:汉语语音中的平、翘舌音对外国学习者来说也是个难点。一是发音难,翘舌的程度不是不足就是过头;二是记忆难,哪些字念平舌音,哪些字念翘舌音,不容易记住。教学的方法常用的有

① 平舌音词语单练;

② 翘舌音词语单练;

③ 平翘舌音词语合练;

④ 绕口令、诗歌、散文朗读等。

• 翘舌音和团音的辨别：有些外国学习者，如日本学习者不易分清翘舌音（zh,ch,sh）和团音 j,q,x 的区别。"是（shi）"念成"xi"，"牙齿（ya chi）"念成"ya qu"的不在少数。对此，除了从发音部位加以纠正外，主要让学习者多读多练。

（4）拼读的训练。读准声母和韵母的目的，就是为了正确地拼读。而拼读对习惯使用拼音文字的学习者来说并不是什么难事，因而不一定要花多少时间来训练。拼读训练一般有：

声母和单韵母的拼读，如 ba,pa,ma,fa,de,te,ne,le……

声母和复韵母的拼读，如 gai,kao,hei,zhai,chao,shou……

声母和带介音的韵母的拼读，如 zui,suo,cuo,jiu,qie,xiao,guai,kui……

声母和鼻韵母的拼读，如 ban,pen,min,feng,dang,ting,nuan,lun……

3. 声调训练

声韵调是一个完整的组合体。单纯一个音节往往代表一批汉字群，音节附上声调可以把这批汉字群分成若干组，减少了许多同音字。如果再加上一个音节成为双音节词，则又减少了许多同音词。在双音节词上再附上声调，则可把同音词减少到最低限度。由此可见，声调在汉语字、词中的地位和作用，没有声调或读不准声调，都会给交际带来诸多麻烦。加之，方块汉字既不标音又不标调，外国人学汉语不仅要记忆词语的外在形状，而且还得记住词语的内在读音和声调。因而，声调的训练和辨别就成为了精读课的重要任务之一。

声调训练的方式有多种：

（1）单音节声调练习。可以用同一音节作四声练习，如 mā,má,mǎ,mà 等；可以用不同音节作四声练习，如 bā,pá,mǎ,fà,dē,té,ně,lè 等，让学习者读准四声，力求做到平调高起音，升调上得去，降调下得来，上声能转弯。

（2）双音节声调练习。可以在同一的双音节中以一个声调为基准，配以其他声调，如 yīnyin,yīnyín,yīnyǐn,yīnyìn 等；也可以作一个音节同、一个音节不同的四声配合，如 kōngxīn（空心）、kōngqián（空前）、kōnghǎn（空喊）、kōngqì（空气）等；也可以作两个音节都不同的四声配合，如 jíkǔ（疾苦）、mí lù（迷路）、quèshí（确实）、jiēguǒ（结果）等。

外国学习者往往发单音节声调比较把握得准，而发双音节声调时，因受前后声调的影响易犯同化的毛病，如 liúlì（流利），念成 liù lì（六粒）或 liúlí（流离）。所以双音节声调的配合，不仅在学习者读生词时要加以注意，在读课文时也要有错随时纠正。

（3）变调训练。包括"一、七、八、不"的变调训练；两个三声连续的变调训练；轻声的训练等。变调的规律比较简单，主要是熟练的问题。实践证明，外国学习者练习多了，读生词或课文时很自然地会自行变调。

初始阶段的语音教学要不要出现汉字,教师们有不同的看法和做法。我们认为可以配合音节出示一些汉字或词语,以提高学习者的学习兴趣,但不宜太多。

精读课的语音教学要集中与分散两相结合。学习的初始阶段是入门时期,有必要集中时间进行语音的教学和训练。但这只是打个基础,在后续的教学中仍要不断地巩固和训练。因为许多新词语的语音要记忆,有些学习者发音的薄弱环节要加以纠正和强化,课文的诵读和朗读还要跟语气、语调结合。这就意味着语音教学在中、高年级的精读课上还得分散地、有重点地进行。

## (二) 词汇教学

外语学习,拼读、识记、积累词汇是个艰巨而又细致的教学任务。听力、会话等各门课程虽然也有词语教学的环节,但相比之下精读课负有更多、更大的责任。因为基本词语和常用词语大部分在精读课中出现,词语的正音、解释和辨析,主要也在精读课中进行。因而精读课的词语教学,对于提高学习者的外语水平有着十分重要的意义。为了有效地进行词汇教学,我们必须认识词汇学习的认知心理活动和过程,掌握词汇教学的方法和途径。

1. 母语词汇习得和外语词汇习得的特点

(1) 自然环境与人为环境。小孩掌握母语,其词汇习得是在自然环境如家庭生活、小伙伴游戏、随大人购物、乘车、出游等言语活动中耳濡目染、潜移默化而积累起来的。其积累的速度较快,记忆效率也较高。因为同样的情景、同样的言语反复出现、反复刺激、反复强化,从简单的、具体的词语,到复杂的抽象的词语,像滚雪球似的越滚越多,越滚越大。尽管学前阶段不太认识字词,但通过音声已积累了不少词语,一旦进入学校,接触和学习到词形马上就能跟头脑中已贮存的音义联系在一起,从音义到识记词形,很自然地形成一条捷径,快速见效。每一个孩子虽然耳听口说的能力的养育有快有慢,然而最终总能习得母语,且经久难忘。成人学习外语,其目的语词汇往往是在人为环境中习得的。所谓的人为环境,一般指课堂学习,即将成人生活中、工作中、交际中最需要的词语和言语,以课文的形式,模拟有关情境,编写成语言材料,供学习者在课堂上听、说、读、写。它的优点是所学的词语是比较精简的、最必需的,可以在有限的时间内,接触最有用的词语和言语。它的缺点是复现率较低,且也没有小孩那样先贮存音义、再跟词形挂钩的捷径优势,随着时间的迁移容易遗忘。学习外语常有这种现象,学了多年,仍然无法听、无法说,原因就在于人为环境有时间、地点和出现频率的限制。所以学习外语最好是到目的语国家去学,那里毕竟有学习目的语的自然环境,可以弥补课堂教学的不足。

(2) 长期与速成 母语词汇的习得是学习者长期积累的结果。小孩学前阶段已积累不少音义结合的词语,从小学到中学通过语文课和其他课程又扩大和丰富了各类词汇,诸如政治的、经济的、历史的、地理的、天文的、气象的、动植物的、科技的、医疗卫生的、体育的、文娱的等等有相当广度的词语,而且在长期学习和积累过程中不断地应用和深化,达到了能够自由选择和搭配组合的程度。这是外语学习者难以达到和企及的。因为成年人学习外语受时间和空间的限制较大,尤其像对外汉语教学这样的语言基础教学,其涉及面可以比较广,但不如母语学习那么广;其探讨话题可以比较深,但不如母语学习那么深。对外汉语教学是一种语言教学,即使有的外国学习者学习期限长达三年,但相对母语学习而言,仍然是短而速成的,因此,汉语作为外语的学习,它必须有控制地讲究词汇量,不能过多或过少;必须在调查、统计基础上制定词汇等级,并将它们分别落实到不同年级的教材;必须最大限度地确定词语的词性,以方便学习者挑选、搭配和使用。总之,要在有限的时间内,把最必需的词语,以及词语的概念和用法,通过速成手段教给学习者。

(3) 概念与词语的对应和两个第二信号系统之间的转换 概念有具体概念和定义性概念,具体概念虽可依靠知觉等心理过程形成,但表达出来还是要通过词语;定义性概念则非通过词语来揭示概念的本质特征不可。人类正是因为有了词语和言语,才能系统地、准确地认知客观世界。当然,由于个体的认知结构的差异,其对概念的学习、掌握以及认知的深度也不尽相同,但每个学习者对世界知识的基本概念的认识,应该是一致的,否则就无法交流思想与信息。同理,不同国家的人们,尽管使用的是不同的语言系统,但对许多概念的认识是一致的,只是表述的外在形式有所不同。学习者学习外语的词语,常常依赖母语作注解或解释,实际上就是在目的语与母语之间寻找表述同一概念的对应词语。一般来说,表述具体的对应词容易寻找和确定,例如人体头部器官,视觉器官,英语为"eye",与之对应的汉语词语为"眼睛";听觉器官,英语为"ear",与之对应的汉语词语为"耳朵";味觉器官,英语为"tongue",与之对应的汉语词语为"舌头";嗅觉器官,英语为"nose",与之对应的汉语词语为"鼻子"等。学习外语,这部分词语是最容易记忆和应用的。而表述抽象概念,有的在目的语与母语之间可以找到对应词语,如汉语的"价格",英语为"price";汉语的"负担",英语为"burden"等;有的则不是"一对一"那么简单的对应,而常常是"一对几"的对应,如英语的"develop",汉语中与之对应的有"成长""发育""发展"等概念,而汉语的"美观",英语中与之对应的有"beautiful""artistic""pleasing to the eye"等概念。这里有的已不是简单的词语对应,而是一个词组的对应。学习外语,这部分词语的记忆和应用都较麻烦,需要利用各种教学手段和练习方式来识记和消化。

语言对人类来说是认识客观世界的一种信号系统,相对于直觉,它是更为高级的信号系统,心理学称之为第二信号系统。母语和目的语分属于两个不同的第二信号系统,它们各有自己的词语系统和语法系统。学习外语,就有个母语和目的语转换的问题。听读目的语的词语和句子,头脑里不仅要马上闪现出目的语的这些词语与句子,同时要立即寻找出与之对应的母语词语和句子,从而理解其中的意义;反之,头脑里用母语思维的意念和想法,也要及时转换成目的语的词语和句子,才能书写和说话。这就说明,外语学习,不仅要积累目的语的词语,而且要把母语的词语跟目的语词语联系、沟通起来。这儿说的联系,主要就词语的音、形而言;这儿说的沟通,主要就词语的概念而言。这种联系与沟通在学习外语的过程中,尤其是初级和中级阶段是完全必要的,但到一定阶段以后,则应强化直接用目的语思维、理解和表达的习惯,以减少并摆脱用母语来转换和过渡的、既费时又费力的中间环节。

2. 词汇教学的方法

词汇教学要讲究方法,那种把生词表上的生词读一遍、正正音就算完成词语教学的做法,太过肤浅,很难贮入学习者的头脑。词语是造句的材料,是外语学习的重点所在,即使课文也只是为词语的出现提供情景和场合,学习者头脑里最后有没有课文的印象,似乎无关紧要,而是否在头脑中贮存出现于课文中的词语倒是至关重要的。对外汉语教师明白和牢记这一点,就能精心创造各种教法,以便把词语落实到学习者的头脑。

(1)直观法。直观法是以图片实物、表情体态或影视录像映示的方法来解释词语。释词出示图片实物是利用人的直接感知将客观事物跟第二信号系统——词语联系起来,直接形成概念。例如"袖标""袖章""袖珍",用言词可能说不清楚,而出示图片和实物,学习者就能领会;又如量词"张"和"条",前者一般表示平面物体的量,后者一般表示细长形东西的量,用言语解释学习者可能体会不深,而出示图片或实物(如纸、报纸、卡片、票子、布告、桌子和道路、河、绳子、辫子、围巾、蛇等),学习者就能举一反三。有些颜色词,如"粉红、草绿、橘黄"等,用语言描绘不如出示实物图片来得准确。用表情体态来表示某些词语的意义,也能增强直观效应。例如"举、提、抬、踢、踏、靠、碰"等表示动作举止的实义动词,可用动作或身体某一部位的姿势来帮助学习者区别分辨不同的词义。又如"喜怒哀乐"这些表现心理情感的词语,解释时配以脸部表情,能给学习者以深刻的印象。影视录像释词一般应用在与课文内容直接有关的一组词语上。例如课文是《漓江山水》,其中有许多形容词,如"碧绿""澄清""粼粼""清澈"等,很难用言词描绘,展示一段《漓江游》的录像,学习者就能体会这些词的涵义。

(2)定义法。定义法是以语词来揭示或描述目的语词所包含的有关事物的本质属性并因此而获得概念。词典上对词条的解释一般都采用定义法。但这种定义法是设想读者全部认识解释所用的词语为其前提的,因而对外汉语教学不能把词典的解释原封不动地搬进课堂,要考虑学习者所积累的词汇量和实际接受的能力。一般的做法是把词典上过深的定义改造为用字浅近的、通俗易懂的定义,不得已时,只要学习者能理解,即使下的定义不太科学或不严密也无所不可。例如"寓意",词典的定义是"寄托或隐含的意思",其中的"寄托""隐含"学习者未必熟悉,可以改得通俗一点:"在说话、作文或行动中包含着比较深的意思",尽管不最确切,但学习者能够接受。另一种做法是,用几句话来分述或描摹词语的概念。例如"意志",词典的定义是:"为了达到既定目的而自觉地努力的心理状态",句子比较浓缩,学习者不易体会,可以分为这么几句:"这是指人的一种精神","有了这种精神就能努力去达到目标","即使遇到再大的困难也能克服,不动摇",学习者就容易领悟了。

（3）关联法。关联是置对象于相应联系的事物中,通过归纳、概括,从而认识新事物的一种认知方法。关联法释词就是通过上下文语境的关联,新旧词语或语素的关联来进行释词。

• 上下关联按照生词表孤零零地解释词语,有时效果不太理想。尤其是比较抽象的词语,没有语境或情节,很难理解其中的确切含义,且也难以记忆。如果把词放在一定的上下文中来解释,学习者就容易体会和理解。因为具体的语境和情节是对词语的最好注脚,用不到多加说明,学习者自能体会课文用词的深意。例如《实用汉语课本》(Ⅱ)第四十七课写参观鲁迅故居,其中用"俭朴"这个词语来赞颂鲁迅先生的生活。如果仅用"节约朴素"四个字来解释,失之笼统、抽象,而联系课文所介绍的鲁迅卧室中的情景:"房间很小,除了一张床以外,还有一张旧桌子和两把椅子",那么"俭朴"这个词语所包含的意义就很生动、形象了。再如"怀念"这个词语,联系课文"藤野先生把这张照片送给了鲁迅。鲁迅回到中国以后,非常怀念这位日本老师,把他的照片挂在自己的房间里"这几句话,学习者就能体会"怀念"一词的深刻涵义。

• 新旧关联新旧关联是联系、利用已知或熟知的词语或语素来解释新词语。词语关联：如学习"如同"一词时,可以用学习者已熟练的"好像"一词作解释,将"好像"和"如同"进行联系,学习者就能掌握和应用。语素关联：一个新词语中的两个语素,一个是已知的,另一个是将学习的,两者关联,从而理解。如"雏鸟"一词中"鸟"这个语素学习者早已熟知,再告诉学习者"雏"的语素义是"幼小的",两个语素结合,学习者就知道"雏鸟"是"幼小的鸟",因而印象深刻。"聚集"一词,"集"的语素义学习者在"集中、集合"这些词语的学习时已经理解,再教给"聚"的语素是"会集、合在一起"的意思。"聚""集"结合就是"集合、凑在一起"的意思。借助已知语素理解新词,效率大大提高。

(4) 联想法。联想是由一事物想到另一事物的心理过程[①]。联想法就是用联想的手段来进行释词。常用的本义引申释词、文化典故释词和文字结构释词都是运用联想的方法来解释词语。

- 本义引申释词 一个词的各个义项一般都是由本义通过联想而引申出来的。例如"保留"一词本义是"保存不变",通过类似联想引申出"暂时留着不处理"和"留下,不拿出来"等意义。这种释词方法容易推导和记忆,学习者遇到"许多名胜古迹因此被保留下来""我保留我的意见""教师把自己的知识毫无保留地教给学习者"等句子,就能够推导和辨别"保留"一词在三个句子中的不同词义。

- 文化典故释词 文化典故释词是以说明一个词语所蕴含的文化因素或所包含的历史故事来阐述这个词语的含义。如"新房"一词,跟中国的结婚方式有关。"新房"不是"新造的房子"。如果把中国的婚姻习俗告诉学习者,那么他们就能很快理解这个词语的特定含义。再如"矛盾"一词,介绍韩非子的寓言故事,"以子之矛攻子之盾"的对立含义也就一目了然了。

- 文字结构释词 文字结构释词是从汉字的特点出发,由汉字本身的结构联想到它的词义。如"心"有三种变形,一是忄——怕、忧、怀;二是 ——恭、慕;三是心——感、念、想等等。让学习者知道凡是带有心旁的字,大都与心理状态、心理活动有关。利用汉字的特点激发学习者的想象,大大有助于学习者理解和掌握词义。

(5) 对比法。对比是两种事物的相对比较。对比法是用两个词语相对比较的方法来解释词语。相比较的两个词语的词义通过对比可以突显出它的本质属性,又能补充正面释词的不足。如宽敞——狭窄,热情——冷淡,清楚——糊涂,迅速——缓慢等等。教学中举出学习者已学过的一个词,并指出是某个词语的反义词,那么不用多作解释,学习者已能领会其义。这种正反对比的方法可以加强词语信息的刺激,使词义更加突出,从而巩固记忆[②]。

除了正反对比,利用学习者的母语来解释汉语词语,也是对比的方法之一。一般教材的生词表都注有与汉语词语相对应的英语词或日语词。教学中应视学习者的母语情况加以利用。有时讲不清楚其意义的某个生词,让学习者看一下对应词就立即能明了。认知心理学称之为匹配对子。这样的匹配对子互相联系比较牢固的话,一看到汉语的某个词语,头脑里马上会闪现出母语的对应词;而头脑里酝酿话语时所使用的母语词语,也能立即反应出汉语的对应词。这对于听说读写能力的提高,无疑是相当有益的。但分属于两个语言系统的词语是不可能完全对应的,目的语与母语之间整齐而又单一的匹配对子是有限的。因为无论是目的语还是母语,其语词大部分不止一个义项,在某

---

[①] 《辞海》缩印本第2198页,上海辞书出版社,2000。
[②] 徐子亮,《汉语作为外语教学的认知理论研究》第148—151页,华语教学出版社,2000。

个义项上可以组成匹配对子,在另一个义项上就不一定能匹配,倒可能同另外的词语相匹配。这就是语词和概念的复杂性。学习外语的词语,实际上一直在寻觅和积累这样的匹配对子,从而形成词语转换的网络。

(6) 比较法。比较是就两种或两种以上同类的事物辨别异同或高下。将几个近义词或一个词语的多个义项进行比较,以解释和辨别其语义就是词语解释中的比较法。例如穷苦、穷困、穷匮这几个近义词,每个词中都有一个共同的语素"穷",表示贫穷之意,将这三个词语中的另一个词素解释清楚,并将三个近义词进行比较,"穷苦"意为贫穷困苦,"穷困"意为贫穷艰难,"穷匮"意为贫穷缺乏。这三个近义词的同中之异就明白地显现出来了。进行词语教学要及时地把刚学的和以往学过的同义词放在一起进行比较,这等于在帮助学习者整理头脑中的心理词汇结构。

一个词语的多个义项比较,适宜于放入句中进行。因为一个词语的多个义项必须依靠语境的限定才能显现。例如"滚"这个动词有"滚动、快走开、翻腾"几个义项,没有语境的烘托,显现不出它究竟表示哪个义项。而在下面的句子中其意义却很显然:

① 小孩在湿地上滚了一身的泥巴。(滚动)
② 这里没有你说话的份儿,快滚吧!(快走开,含贬义)
③ 壶里的水滚了。(翻滚)

多个义项的辨别和确定,实际上也是一种整理。当然在教学的初始阶段,一般每个生词只出现一个基本意义,没有条件也没有必要把一个词语的几个义项一股脑儿端出来。但到一定阶段,一些常用词的多个义项很可能都已涉及到,这时就有必要运用比较法来帮助学习者辨别和整理。

3. 词语的练习

词语的练习是词语教学的重要组成部分。通过词语的解释,将语言知识传授给学习者,这只是完成了词语教学的一部分任务。必须通过词语的练习,让学习者学会在一定语境中恰当地运用该词语,学习者才算是真正掌握了词语,而词语的教学也算是得到了落实。对外汉语教学,结合精读课进行词语练习的主要形式有朗读、搭配、扩展、替换、选择、辨析、释义、造句、改错等等。这些练习形式,有的属于词语音声训练,如词语朗读;有的属于词语概念训练,如释义;有的属于词语归类训练,如写出同义词或反义词;有的属于语序和功能训练,如词语替换;有的属于语境迁移训练,如选择填空、辨析填空;有的属于组块搭配训练,如词语扩展、词语搭配;有的属于词语应用训练,如造句、改错。通过多方面、多角度的练习,学习者在精读课上所接收的词语,由于多次的再现和复现,即多次的在头脑中编码和解码,就能从短时记忆贮入长时记忆,成为学习者头脑中词语网络结构的一部分①。

## （三）语法教学

语法是用词造句的规则。仅有词语而不能依照造句法则来组词成句,就不能充分地表情达意,只能凭着单词来比划、传递一些简单的信息;懂得词义而不知句子内部结构关系,阅读理解的能力就相当有限,只能依赖母语的语法来胡乱猜测。因而,精读课不仅担负着教学词语的责任,更主要的还肩负着教学语法的重任。虽然其他课型也会涉及一些语法,但都比较零散,次序的安排也缺乏严密和周详的考虑。只有精读课的语法内容比较系统,知识深浅的处理比较合理,前后次序的安排比较精密。如果把一本好的精读教材中的语法材料抽出来合在一起的话,就是一本很好的语法书或语法手册。当然,教材只是为教学提供有利条件,真正要把语法内容落实到学习者,还得靠教师采用并创造各种有效的语法教学法。

对外汉语教学目前最常见的语法教学法有:图示法、归纳法、演绎法、对比法和归类法等。

1．语法教学的方法

（1）图示法。图示法是利用表格、示意图、符号等辅助手段来教学语法的一种方法。对于初学汉语的外国学习者来说,语法规则的定义比较抽象难懂,而如果能用图示法,化抽象的定义为生动形象的示意图、表格或符号,就比较容易地理解和掌握了。

把语法规则表格化,不仅精练地揭示出组词成句的规则,而且还便于学习者模仿造句,不仅能从中看到句子横向的线性顺序,而且还能观察到纵向的句子成分所要求的词语或词类。《基础汉语课本》和《实用汉语课本》之所以受广大学习者的欢迎和好评,除了课文精当、体例新颖、注释详尽、说解简明等原因外,语法的表格化也是其中一个重要因素。下面随选一张表格以示一斑。

**动量补语**

| 名词或代词<br>Noun or Pronoun | 动词<br>Verb | 动词<br>Verb | 代词<br>Pronoun | 数词和动量词<br>Numeral plus Action-measure word | 名词<br>Noun |
|---|---|---|---|---|---|
| 他<br>我们<br>我<br>大夫 | 量<br>听<br>找<br>来 | 过<br>了<br>过<br>过 | 他<br>这儿 | 一次<br>一遍<br>几次<br>两次 | 血压<br>新闻 |

---

① ［美］罗伯特.L.索尔索,《认知心理学》第146页,教育科学出版社,1990。

用图片、示意图等方式作形象化的说解,也有助于对语法规则的理解和记忆。例如汉语的方位词所指的方位因说话人的位置而异,外国学习者往往搞不清楚。绘制一张示意图,配上一个例句,不仅能清楚地明确所指的方位,而且还可知道如何利用方位词来造句:

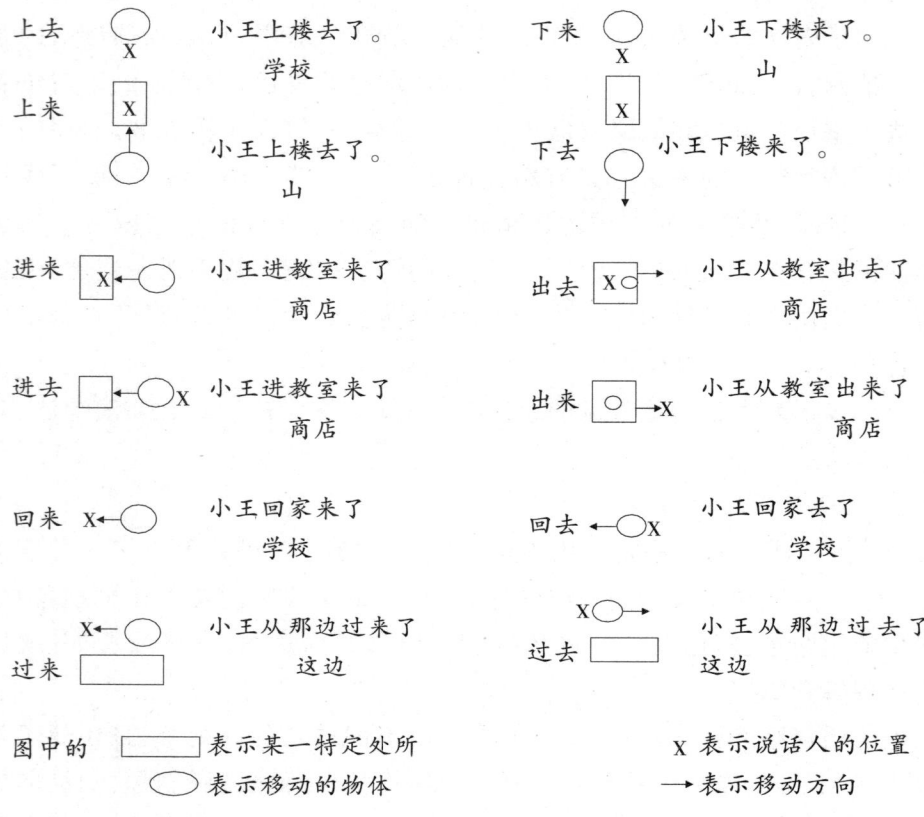

又如时间词"今天",溯前和往后的说法也可制成图表:

大前天←前天←昨天←今天←明天←后天←大后天

这样,学习者就不容易忘了。

再如,按照汉语的习惯,只说"东南、东西、东北、西南、西北、南北",一般不能倒过来说成"南东、西东、北东、南西、北西、北南"。这也可制成下列图表:

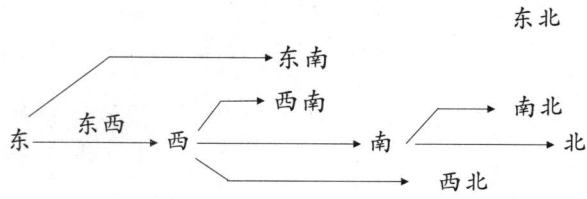

这样,学习者就能增强记忆并能实际应用了。

符号常用来辅助概括句式的线性排列。如动作的进行句式,可用:

主语　＋　　状语　　＋　　谓语　＋宾语　＋（呢）
　　　　副词"正""在"或"正在"　动词

来表示；

"比"字句可用：

被比较的人或事物＋介词"比"＋比较的人或事物＋比较的结果＋具体差别
　　主语　　　　　　　　　　状语　　　　　　　谓语　　　　补语

来表示。

根据认知心理学理论，模式识别有两种，即外界的每一个事物，都在学习者头脑中形成一块块相对应的模块，以后只要发现外界某一事物跟头脑中的某一块模板匹配（相似或相近），则该事物就被识别。同样，每一个具体的句子，也会在学习者头脑中产生一块块相对应的模板，当言语材料中的某个句子跟头脑中的某个模板相匹配，学习者就能识别该句子。但语言中的具体句子是无限的，学习者要识别千百万种句子，就得形成和建立千百万块模板。这不仅不经济，简直不可能。于是就产生了原型匹配这种手段来取代模板匹配。它"是把模式的某种抽象物贮存于长时记忆，并且那种抽象物起着原型的作用"[1]。我们用符号或图表来指示句子的线性排列，实际上是对同类型的无数个句子的一种概括，让学习者不是去建立一块块模板模式，而是建立原型模式来识别同类型的众多句子。这样，学习者在头脑中搜索、匹配和识别的时间可大大减少，效率也比模板识别高出许多倍。这就是对外汉语教师在语法教学中特别喜欢用图示法的原因。

（2）演绎法。演绎法又叫规例法，指先呈现语法规则，然后用实例说明语法规则的教学方法。用图示法来展示句式的线性排列，要是没有具体的例句来印证，还是过于抽象，而如果能引用一些语句来说明线性排列的规则，则学习者就容易理解和记忆，从认知心理学角度来看，演绎法从抽象到具体，从上位规则推知下位句子，即把句子的原型模式直接输入学习者的头脑，通过多个例句的反复刺激，加深了该模式在脑中的印象，使之遇到同类句子，即刻能反应出句子的上位规则，从而迅速理解句意[2]。

演绎法既然是先展示规则，那么跟这个规则有关的知识应该是已经学过的，否则学习者无法接受。如兼语句的规则是"前一动词的宾语正是下一动词的主语"，这里的"主语""宾语"术语和"主动宾"句式是学习兼语句的前提。也就是说学习者头脑里的语言知识结构有"主语"和"宾语"的上位概念和"主动宾"上位句式，才能接收和同化兼语句这个下位规则。因此，运用演绎法进行

---

[1] ［美］罗伯特.L.索尔索，《认知心理学》第59页，教育科学出版社，1990。
[2] 邵瑞珍，《学与教的心理学》第80—83页，华东师范大学出版社，1992。

语法教学,必须充分利用"知识同化"这个认知活动和心理过程。同化有正面同化、反面同化和类比同化[①]。

• 正面同化　指新知由旧知派生,可能是旧知的范围的缩小,称为上位同化模式。例如新语法点"连动句"是由旧知"主谓宾"句式衍化而来。另外,新知由旧知派生,可能是旧知的范围的扩大,称为下位同化模式。例如新语法点"主谓谓语句",是在旧知"主谓"结构之前再加一个大主语所构成。教学如果违反了认知规律,新知无法由旧知派生,学习者头脑里的语言结构也就无法实行同化过程。

• 反面同化　指新知由旧知的相反方向去发展,虽然不是由旧知派生,但因与旧知相关,可从反面去联想,因而可以说是一种间接的同化。例如学习新语法点"被"字句,可从旧知"把"字句引发和联想开去。而"被"字句是受事作主语(如玻璃杯(被)打碎了),"把"字句是宾语用介词"把"提前(把玻璃杯敲碎了),两者的宾语虽然都在动词之前,但前者构成被动语态,后者组成处置句式。这样,两种句式的联系和异同都一一向学习者揭示了出来,便于他们掌握和选用。

• 类比同化　指新知类同于旧知,其中有着规律性的变化;两者对比,促进学习者形成清晰和分化的认知结构。例如英语的形容词必须由"是"动词系联才能说明主语,而汉语的形容词可不用"是"系联,直接作谓语。又如日语的宾语一般置于动词之前,而汉语的宾语一般放在动词之后。外国学习者通过对比,发现母语(旧知)和目的语(新知)之间的异同,就能进行知识的接收和迁移。

（3）归纳法。归纳法又叫例规法,指先呈现规则的若干例证,让学习者从例证中概括出一般结论的教学方法。运用这种教学方法,必须有内部的条件,即与新规则有关的基本规则和概念,同时必须有外部条件,即能体现新规则的例证,否则概括和归纳就难以进行。对于学习汉语的外国成年学习者来说,概括和归纳这种思维能力是早已具备了的,教师应该充分地加以利用,以加速汉语学习的进程。

归纳思维方式的路线和途径大致为：

| 考察方向 | 考察项目 | 考察结果 |
| --- | --- | --- |
| 横向组合<br>纵向聚合 | 词序排列<br>词语搭配处于相同位置的词语的词性及意义 | 形成判断或命题<br>(即规则)充当句子成分的词类 |

---

[①] 李维,《认知心理学》第246页,浙江人民出版社,1998。

归纳法根据例句的实际情况,有典型例句(正式)归纳、非典型例句(变式)归纳和扩展式归纳。

• 典型例句(正式)归纳 归纳法所出示的有关新规则的例句,一般总是经过挑选的、典型的、有代表性的,学习者只要找出其中共同性的东西,就能较快地发现规则。例如教学连动句,先出示下列例句:

① 他们来参观。
② 小王去游泳。
③ 丁大力来教室上课。
④ 我去图书馆借书。

教师可引导学习者根据归纳思维的路线和途径考察以上例句的横向组合,他们就会发现连动句的基本词序排列是:"主语+谓语1+(宾语1)+谓语2+(宾语2)"。再考虑其中的词语搭配是:两谓语共一个主语,两个谓语都可带宾语,但谓语1和谓语2的位置次序不能颠倒过来。然后再引导学习者考察纵向聚合,不难发现:充当主语的是名词或代词;充当谓语的是动词。在此基础上,教师组织学习者讨论并归纳连动句的定义,能形成严格的判断和命题固然好,如果一时不能归纳成精确的定义,只要把基本要点即"一个句子由先后两个动词(或动词性词组)谓语组成""两个动词谓语共一个主语""两个动词谓语先后次序不能颠倒"概括进去也就可以了。

• 非典型例句(变式)归纳 每一种句子类型往往有正式,也有变式。正式当然是该种句式的最基本格式,必须首先掌握;而在实际的话语中用变式的情况也不在少数,也有必要了解和应用。仍以连动句为例,可先出示以下例句:

① 我们有机会看到表演。
② 我有几个问题问老师。
③ 学习者们买报纸看。
④ 你自己做饭吃。
⑤ 留学生用汉语谈话。

教师可引导学习者考察连动句两个谓语之间除了先后关系之外还有哪些特别的关系,通过讨论和归纳,可以得出:(1)"有"可以作连动句的前一动词,如例①②;(2)连动句的前一动词及其宾语可以是后一动词的手段、方式,如例⑤;(3)后一动词可以是前一动词的目的,而前一动词的宾语在意义上,也是后一动词的动作对象,如例③④。

学习者能归纳出变式句的内部关系,自然对连动句的认识更深入了一步。

• 扩展式例句归纳 实际使用中的句式,远比一般例句复杂得多,只要掌握正式和变式以及一般句子的基本结构,那么即使句子扩展得异常复杂,学习者

还是能把握主干成分再加以领会。仍以连动句为例,先出示以下例句:

① 下课以后,我们几个人去二楼的阅览室看了一会儿画报。
② 二年级的学习者上午都乘校车去郊外旅游了。
③ 他没有时间去公园,我也不去商店买什么东西,我们都到教室里认真地复习功课。

教师可引导学习者考察这些连动句,先找出连动句的基本格式,然后分析出它们所带的修饰和连带成分,可以得出如下的结论:(1)连动句的主语和谓语,都可各自带上修饰语;(2)连动句的时间状语可以放在句首;(3)连动句的谓语可以带补语;(4)连动句强调动作已完成,可在句尾用助词"了"或者把助词"了"放在第二谓语动词后边;(5)连动句的否定形式用"不"或"没有",放在第一个谓语的前边,等等。

(4)对比法。对比法是与学习者母语语法规则作对比,或者目的语内部规则之间作对比,找出异同,从而强化目的语的句式的教学法。成年人学习外语,尤其是初始阶段,不管有意、无意总是跟自己的母语语法规则作对比。目的语的语法规则与母语相似或相同的部分,学习和掌握比较容易,也就是说,母语的语法规则起了正迁移的推动作用;目的语的语法规则与母语相差较大的部分,学习和掌握虽难却容易区别,也就是说母语的语法规则不起什么迁移(零迁移)作用;目的语的语法规则与母语相近又略有差异的部分,则常会跟母语的语法规则相混淆,也就是说母语的语法规则起了负迁移的作用,另外,即使是目的语本身的一些语法规则之间,也会有一些似是而非的情况,外国学习者很容易形成泛化,把甲规则误作乙规则来用。因而运用对比法教学,对于辨别和使用目的语语法规则极有好处。

对比法有外部对比和内部对比两种。

• 外部对比:外部对比指目的语语法规则跟母语的对比。所谓对比,要有对比的条件,即所对比的两种语法规则之间或同异参半,或大同小异,或小同大异,对学习和掌握目的语语法规则才有意义。目的语和母语基本相同的语法规则,如汉语的"主——谓——宾"语序同英语基本一致,则一语指明即可,不必专作对比。目的语与母语完全不同的语法规则,如汉语的"把"字句,英语没有此种用法,也无须对比。当然如果学习翻译,这种处置宾语的方式也可作一对比。因此,外部对比的重心,应落在两种不同语言的语法规则的对应上,例如英语和汉语都有两个动词先后连用的情况,而在英语中,第二个动词前必须加"to",在汉语中可以直接连用,则可用下列英文和中文例句来对比:

① They came to help me.
　他们　来　帮助　我。

② We collected a bundle of old clothes to be given to them.
　我们　收集了　一包　　　旧衣服　　给　　　　他们。

③ I haven't had a chance to read my letters yet.
　我　一直还没有　　机会　　看我的信。

通过英文和中文例句的对比，母语是英语或懂得英语的外国学习者，对汉语的连动句就更容易把握了。

又如，英语的进行时在汉语中一般用"正""在""正在"和"动词＋着"来表示，也可用下列例句对比：

① The children are all sitting on the chair. 孩子们都在椅子上坐着。
② The chimney is smoking. 烟囱在冒烟。
③ He is having dinner. 他正吃着饭。

通过英文和中文例句的对比，母语是英语或懂得英语的外国学习者，对于汉语中动词的进行态和持续态就容易理解和掌握了。

• 内部对比：内部对比指目的语内部的语法规则之间的对比。语言中有些语法规则比较近似，外国学习者不易辨别，常把一个规则的应用范围加以扩大，错误地替代了另外一个语法规则。心理学上称之为"泛化"。为了避免和纠正外国学习者的错误认识和错误用法，有必要进行内部语法规则的对比。例如汉语中的连动句和动词性联合词组作谓语最容易混淆，可出示下列例句进行比较：

|连动句|动词性联合词组作谓语|
|---|---|
|他去卫生间洗澡。|他刷牙洗脸。|
|不可说：他洗澡去卫生间。|可说：他洗脸刷牙。|
|不可说：他又去卫生间又洗澡。|可说：他又刷牙又洗脸。|
|不可说：他去卫生间、洗澡。|可说：他刷牙、洗脸。|

通过这样的对比，外国学习者就能明了两者的区别：连动句两个动词的语序不能颠倒，不能加关联词语，中间没有语音停顿，而动词性联合词组作谓语则不受此限。这样就不会把后一规则泛化使用到连动句上去。

（5）归类法。归类法是把零散的、无序的句式，按照功能或结构加以归类的教学方法。对外汉语教材一般都是以课文形式编排、组织的，语言点的出现要受课文语料以及篇幅的限制。因而，一个语言项目常常会分散在不相关联的几篇课文之中。好处是教学可集中于一点，学习者易于学习、接受；缺点是零碎切割，不利于展示其全貌。为了让学习者系统掌握语法规则，到一定阶段有必要对某类句式的结构或某类功能的表达加以归类整理，让学习者看到规则的全貌。

归类法有结构归类和功能归类两种。

- 结构归类:结构归类是按语法结构给句式分类。例如学完比较句,可出示下列例句:

① 他年龄比我大。　　　　　他年龄不比我大。
② 他年龄比我大一点(一些)。
③ 他年龄比我大三岁。
④ 他年龄有我那么大。　　　他年龄没有我那么大。
⑤ 他年龄跟我一样大。他年龄不跟我一样大。他年龄跟我不一样。
⑥ 他年龄比我还(更)大。

这些比较句,用词基本相同而表达方式不同,学习者很容易对照和归纳,这样可把以前零散学过的比较句系统化。

- 功能归类:功能归类是按功能表达给句式归类。例如表示"不满"功能的句式有:

（1）直接式:如我不喜欢(满意、高兴)……;
（2）委婉式:如"对……我不太欣赏(感兴趣)"等;
（3）强烈式:如"难看(贬义形容词)得没法儿说了(要命、到家了)"等。

这就为外国学习者选择汉语句式来表达自己的"不满"程度提供了方便和条件。

2. 语法的练习

语法规则的揭示和讲解,给予学习者的只是一种陈述性知识,充实、改变、完善了他们头脑中已有的语言知识结构。但这样的知识是静止的,没有活动能力的,至多只能辨认和识别句式;必须通过大量的练习,将这些陈述性知识转变为程序性知识,才有活力,才可应用,才能产生众多的句子。所谓程序性知识实际上是把属于陈述性知识的语法规则程序化,即把该规则分析成一系列的便于产生符合该规则的句子的步骤。例如掌握连动句的线性排列是"主语＋谓语1＋宾语1＋谓语2＋宾语2",这还只是接收了陈述性知识,必须将它分解为下列系列性的产生程序,才能造出"我上街买东西"这样的连动句:

（1）主语要求名词或代词充当,而"我"是代词,所以句子是"我……"
（2）谓语1要求能带宾语的动词,而"上"是动词,"街"是其宾语,所以句子是"我上街……"
（3）谓语2要求能带宾语的动词,而"买"是动词,"东西"是宾语,所以句子是"我上街买东西"。

外国学习者如果熟练地掌握了连动句式的程序性知识,那么他们就能据此产生众多的连动句;如果学习者对此已达到自动化的程度,那么造这样的句子似乎脱口而出,不用动脑思考。但如果对这样的程序不熟悉的话,学习者造句时运用产生式的痕迹就相当明显,一句话中间常要停顿多次才能思索、推导出来。因而,语法练习的目的,一是要把学习者头脑的陈述性知识化为程序性知识,二是要让学习者熟练运用系列性的产生式,并达到自动化。

(1) 语法练习的方法一种是辨别性的,有:
- 朗读课文并找出带有该语法点的句子;
- 听短文,记录并找出带有该语法点的句子;
- 给情景,要求选择带有相关语法点的句子来展示某种情况。

(2) 另一种练习方法是应用性的,有:
- 提问,引导学习者运用该语法点回答;
- 给词语,要求造出带该语法点的句子;
- 找出课文中带语法点的句子,模仿造句;
- 教师说带语法点的句子,学习者演示。

以上是上课过程中的语法练习,至于课外练习,可以选用课文后附的练习题。这些练习大致有背诵句子,模仿性造句,创造性造句,组词成句,纠错等,它们对于形成程序性知识,熟练掌握产生式都有一定的作用。

## (四) 篇章教学

语言教材的内容一般是以课文形式表现出来的。它包容了词汇、语法、句段等语言知识和由语言所表述的人物、事件、思想观念、文化意识和社会习俗等内容。篇章教学的目的就是要对学习者进行阅读理解的训练和生词、语法点的传授、消化和巩固。离开了课文的情节和内容,单独讲授生词和语法,固然未尝不可,但犹如阅读词典和语法手册,枯燥乏味,随学随忘,难以记忆,不宜于课堂教学;而只注重课文的情节和内容,忽略词语和语法知识的传授,则成为了一般的文化课、历史课、地理课或自然课,失却了语言教学的意义。因而对外汉语教学对于课文的情节、内容和词语、语法,两者均须兼顾,这里有着相互作用的辩证关系,因为课文的情节和内容是展示生词和语法的手段,目的是要让学习者学习和积累语言知识,充实他们头脑中的语言知识结构;而积累和掌握语言知识,反过来又促进对课文情节和内容的阅读和理解。另外,课文的情节和内容通过教学或多或少地印入学习者的头脑,容易促使他们回忆起与课文有关的词语和语法点。

1. 教学重点

作为篇章教学,其重点是阅读和理解的训练,包含句的理解训练,句群理解训练、段落理解训练和全文理解训练。

(1) 句的理解训练。句的理解训练包括词语理解训练和句子理解训练。一个词语往往有几个义项,而列在生词表里,可能只出示一二个义项,还有一些义项常常是在以后的课文中陆续出现,但很多教材已不把该词语再次列入生词表,那么学习者要学习这个词语的其他义项必须通过课文的情节内容和句子的语境方始得以领会。例如,"分外"一词,学习者已学过"月到中秋分外明"(见华东师范大学编的《基础汉语续 25 课》),知道它有"特别""更加"的意思。但在别的课本中碰到"他从来不把帮助别人看做分外的事"这样的句子,它并没有在谓语前作状语,而是用在名词前作定语,联系前后文似乎带有"应该做的事"的意思。此时,教师可进一步说明"分"有"本分"的含义,学习者很快就能领悟"本分外"就是"本分以外"。如果教师再提出它的反义词"分内",学习者也立即能反应出"本分以内"。

由于情节和语境对词语的意义有限定和提示的作用,学习者据此可体会该词语的使用场合、与其他词的组合和搭配,同时也可能从课文中学到该词语的其他引申义。

一个句子加上一些副词、疑问词或语气词,就会有不同的表达功能,虽然讲解语法点时也都会涉及,但什么时候、什么场合、加什么词等等,单讲语法是无法顾及到的,只有将句子放在课文的情节和内容中去才能有所体会。例如,《实用汉语课本》(Ⅱ)第四十课《运动会》:

帕兰卡看见古波还坐在那儿,她着急说:"古波,你听到广播了吗?怎么还不去?快去吧。"

教师对此可指示学习者:帕兰卡连用两问句,一个是非问,一个特指问,接着又用一个命令句,三个句子一气呵出,她为什么这样说?让学习者体会她那"着急"的心情。

有的句子内部结构比较复杂,词语之间的关系不易分清,教师应该有意识地指导学习者抓住句子的骨架(主干成分),再分析其他成分,句子的脉络就清楚了。例如《司机王宝》(华东师范大学编的《基础汉语续 25 课》)中有一段话:

虽然王宝再三说明那个妇女不是他撞倒的,可是大家都不相信,一定要等那个妇女醒过来以后才能证明他是不是闯祸的司机。

最后一句话省略过多,意思杂糅,学习者不易理解,教师应提示学习者抓住主语和谓语,让学习者找出"等"的主语是"大家","证明"的主语是"那个妇女",那么这个句子的意思就迎刃而解了。

抓住主干成分是理解复杂句子的有效切入点,也是提高学习者阅读理解句子的好方法,在篇章教学中要多加训练。

(2)句群理解训练。句群是课文情节和内容赖以展开的句子组合。它的述说和表达比句子容量大而且意思完整。学习者阅读能力的高低,主要就看它对句群的理解。一般讲解语法时所举的例句以单句居多,只有在讲解复句时,才触及到几个句子的关系。而句群理解训练所接触的就不是一二个句子,而是一串句子,其间有许多逻辑关系和关联线索,需让学习者理清头绪并真正驾驭。

1) 判断和推理的逻辑关系。句群的叙述和说明,常含有判断或推理的逻辑联系,正是这种逻辑联系,使句子之间的意思相互生发,更为清晰。例如《实用汉语课本》Ⅱ第四十七课参观鲁迅故居,其中讲解员有几句话:

> 这儿常有年轻的客人来访问他。鲁迅先生总是热情地帮助他们,他培养了不少青年作家。进步青年都把鲁迅先生看作自己的好老师、好朋友。

这里四个句子正好是四个判断,其间的因果推理关系是:年轻客人常来拜访鲁迅,是因为他们把鲁迅看作好老师、好朋友;而之所以他们把鲁迅看作好老师、好朋友,是因为鲁迅先生总是热情地帮助他们;正因为鲁迅的热情帮助,使不少青年成了作家。教师如果能抓住句子间的逻辑关系,让学习者去思索、体会,那么学习者对这个句群的理解就深刻多了。

2) 有关联词的句子意义联系。句群是复句教学的最好语料。单独讲授复句时,一般注重关联词语的搭配,而在实际的句群中,关联词语的运用比较灵活:或者不一定配对使用;或者几对关联词语夹用或套用。因而只有通过句群的理解训练,才能真正掌握并灵活使用关联词语。例如,有这样一个句群:

> 如果角膜发炎过久,(而且)不小心有异物、微生物等入侵眼内,(因而)产生感染,(那么)不只是发病的过程长,(而且)恢复也慢,若是严重了,(因而)引起眼内炎,(那么)还会有导致失明的可能。

这个句群内有好几个关联词"如果""不只""若是""还""也"等,但并不完全配对,教师就可引导学习者去找与"如果""不只""若是"相对应的句子,让他们补出与之配对的关联词语(如括号中的词语),那么句子之间的意义关系就一目了然了;如果再用示意图表示:

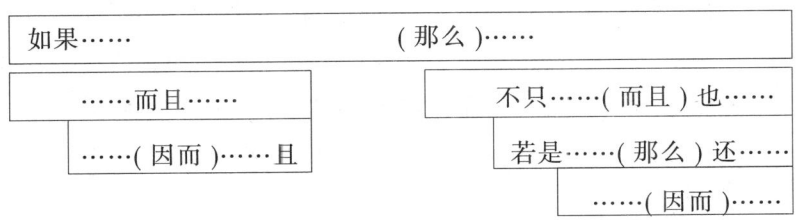

则句群的层次关系也就一清二楚了。

3) 无关联词的句子意义联系。有关联词语的句子意义关系是外显的,只要抓住关联词,以简驭繁,就能理解句群意义。但汉语的句群有时不一定使用关联词,其意义关系是内隐的,那就得引导学习者去思索句子意义的内在联

系,从而把握整个句群的意思。例如《实用汉语课本》(Ⅱ)第四十九课,有这么一个句群:

> 《茶馆》是解放以后老舍先生写的最有名的作品之一。今天的演出非常成功,我们都被它感动了。话剧已经演完了,观众还在不停地鼓掌。大家都很激动,谁也不愿意离开那儿。

这个句群没有一个关联词语,教师可以启发和提示学习者补出其中可能有的关联词。如"因为今天的演出非常成功,所以我们都被它感动了。""虽然话剧已经演完了,但是观众却还不停地鼓掌。""由于大家都很激动,因而谁也不愿意离开那儿。"这不仅仅是复句的语法训练,而且也是阅读理解的训练。

(3) 段落理解训练。段落是由一个或几个句群组合而成的,因而一个段落里面还可划分若干层次。这些层次显示了说理的内在逻辑关系或情节开展的多个线索。让学习者归纳段落大意,不仅是测定他们对段落的理解程度,也是训练和提高他们的阅读能力。例如《中级汉语分类阅读》(科技篇)第四单元第二课 P48,(浮根成主编,北京大学出版社,2010 年 1 月出版)

> 我们的家园——地球
>
> 地球是什么形状的?她来自于哪里呢?
>
> 早在 170 万年以前,人类就对自己的家园——地球,产生了各种各样美丽的遐想,编织成许许多多绚丽多彩的传说。在中国古代就有盘古开天辟地的故事。古希腊神话讲开天辟地时,传说最先出现的神就是大地之神——该亚,天空、陆地、海洋都是由她而生,因此人们尊称她为"地母"。
>
> 其实地球已经是一个 46 亿岁的老寿星了,她起源于原始太阳星云。约在 30~40 亿年前,地球上已经出现了最原始的单细胞生命,后来逐渐进化,出现了各种不同的生物。
>
> 地球的内部结构可分为三层:地壳、地幔和地核。在地球引力的作用下,大量气体聚集在地球周围,形成包围层,这就是我们常说的地球大气层。
>
> 地球就像一只陀螺,沿着自转轴自西向东不停地旋转着。她的自转周期为 23 小时 56 分 4 秒,约等于 24 小时,我们把它视为一天。与此同时,地球还围绕太阳进行公转。公转一周需要 356.25 天,我们把它规定为一年。

教这样一篇科普性的记述文章,教师可以根据文章记述的线索和脉络,让学习者阅读和理清自然段落中间的层次,把几个层次的意思概括为自然段的大意。如果自然段本身不足以成为整个篇章的大段段落,则引导学习者把几个自然段合并为一个大段,并将几个自然段的大意,归纳为整个大段的段落大意。下面是教学这篇课文时学生所归纳和概括的层次大意、自然段大意和段落大意。

第一自然段:提出地球形状和起源问题(单独成为一个段落)

第二自然段(单独成为一个段落)

层次1　略举盘古开天辟地的故事 ⎤
层次2　详举希腊关于地球的神话 ⎦ 段落大意:远古人对地球的遐想和传说

第三自然段

层次1　地球的年龄和起源 ⎤
层次2　地球上生物的进化 ⎦ 自然段大意:地球的真实起源

第四自然段

层次1　地球的内部结构 ⎤
层次2　地球大气层的形成 ⎦ 自然段大意:地球的内部和外部情况

第三自然段和第四自然段合并为一个大段,段落大意为:地球的真实起源和内外结构。

第五自然段

层次1　地球不停地旋转

层次2　日、年的确定乃根据地球的自转和公转

第五自然段单独成为一个段落,段落大意为:地球旋转的作用和规律

段落理解训练可以让学习者细致入微地理解每一段落的内容,体会其中的意思。

(4) 全文理解训练

教学一篇课文,通过段落理解的训练,学习者对整篇文章的中心思想,自然也已了然于胸。教学中常采用的归纳中心思想的方式,就是检验学习者的理解程度和概括能力。例如上述课文《我们的家园——地球》,在讨论、拟写段落大意的基础上,可让学习者归纳出全文的中心思想:通过中外人们对有关地球的传说和故事的述说,进而揭示和论述地球的真实起源和结构以及旋转规律。

学习者归纳课文的中心思想,用自己的语言表述,不一定很完善和精确,可由其他同学补充,最后形成比较完整的中心思想,并可请几个同学进行复述。课文的中心思想比较有启迪意义的话,还可组织学习者联系自身实际进行讨论,并鼓励他们应用已学过的和新学的词语和句式。

## 三、精读课的操作方法

### （一）教学步骤

精读课文的教学步骤没有一个绝对不变的定规，应根据课文内容的实际情况采取多种形式。如果把词语、语法视作外围，课文内容视作核心的话，那么教学步骤一般有下列三种：

（1）由外入内。即先进行词语和语法点的教学，扫清外围（词语和语法）的障碍，然后步入课文教学。

（2）由内到外。即先教学课文，然后再辨析词语，归纳语法规则。完全按照课本编排的次序进行。

（3）内外结合。即在进行课文教学的同时，遇到新词就指导学习者看生词表，并作些解释；遇到新语法现象，就指导学习者看语法点介绍，并进行讲解。然后继续教学课文，如是循环，直至结束。或者教学十来个生词，教学一段课文，再教学一批生词，再继续教学一段课文，把课文分成若干个片段进行教学。最后再归纳语法规则。

### （二）教学方法

精读课的教学方法也没有什么固定不变的框框，主要是视课文内容的具体情况，将一些教学方式诸如读、问、听、说、思、写、讨论等灵活地加以组合，以完成精读课学习和积累词语和语法点、提高阅读理解能力的教学任务。

1. 读

读是精读教学的重要环节。可分朗读和默读两大类。

（1）朗读。朗读是出声音的读，包括听读、领读、跟读、齐读、轮流读、分角色读等。听读是学习者听教师或录音的读，其作用是了解全文概要。领读和跟读是由教师示范朗读，学习者模仿教师的朗读，其作用是用正确的读音刺激和影响学习者，使之读准词语和句子，因而一般不采用学习者领读的方式，怕有误导。分角色朗读是由几名学习者各自朗读课文所出现的不同人物的话语，其作用是体会角色的思想感情，读准语气和语调。齐读、轮流读，其作用是调节课堂气氛，调动全班学习者的学习积极性。轮流读还可检测学习者朗读的音准和理解程度，有时可跟纠读（教师纠读或学习者纠读）配合。齐读则纯粹是为了活跃气氛。

（2）默读。默读是不出声音的读，包括视读、跳读、扫读等。视读是边看边读，虽然不出声，但对处于初始阶段的外国学习者来说，他们的口腔、舌头仍然暗暗地蠕动。这种方式常和听读配合起来使用,其作用是把听觉或视觉跟口腔肌肉运动联系在一起,提高辨读和认读的能力。跳读是按教师的要求或提问从课文中寻找有关段落或语句的读,其作用是培养和训练学习者边读边思索的能力。扫读是要求快速地浏览、阅读,其作用是在有限时间内了解全文的大概,大多用于泛读课,也可用于精读课文后面所附的阅读材料。

朗读和默读同样是读,但朗读时,学习者的注意力侧重于语音,对语句的意义可能比较分心;默读时,学习者的注意力侧重于意义,对语音比较放松。因而,朗读与默读应配合起来使用。

(3)切分。无论是朗读还是默读,都有个对句子和词语的切分问题。切分的正确与否,直接影响对句子和词语意义的理解。句子之间或句子内部如若有标点符号隔开的地方,学习者当然不会切错,但一个句子的内部还存在着一些逻辑停顿的地方,尤其是内容比较复杂的长句子,不可能一口气读出,中间均需换气停顿。这种停顿实际上就是一种切分,也就是把句子分割成一个个意义单位(词语或词组)。如果切错了,把词语的前一语素切给前面的词语,或把词语的后一语素切给后面的词语,或把不能分割的词组一分为二,例如:

白蘑菇/般的蒙古/包点/缀在绿茵/如毯的草原上,格外醒目。牧羊/姑娘那动听的歌/声在草原上回荡,成群的牛羊,像天上的片片/白云飘/落大地,真是美景如画呀!

这就妨碍了对这些语句的正确理解。所以读的形式对于训练学习者的切分和理解能力有着十分重要的意义和作用。

2. 问

问是精读课最基本的教学方式。它以提问题的方式引导学习者去钻研和理解课文的句子、层次和篇章的意义。它可以吸引和转移学习者的注意力,集中于某个内容,使教学按既定的方案顺利实施。问,依据内容、功能、目的、作用等不同标准分为提示问、关联问、连环问、随机问等类型。

(1)提示问。提示问是就课文的情节和内容的线索提示学习者思考或讨论的一种提问方式。按照情节线索可以问时间(如"发生在什么时候?""什么时候改变的?""什么时候结束的?"),问变化(如"有些什么变化?""怎样变化?"),问处所(如"发生在什么地方?"),问起因(如"是什么原因发生的?"),问后果(如"结果怎样?")等等。按照内容线索可以问层次(如"有几层意思?""层次之间的关系怎样?"),问条件(如"产生结论的条件有哪些?",)问理由(如"产生结论的理由是什么?"),问结论(如"结论是什么?")等等。例如《标准汉语教程(中级)》第一册第三课《鲶鱼现象》(上海教育出版社):

据说,过去挪威人出海捕沙丁鱼,回到港口,往往满舱死鱼。尽管采取了许多措施,总没有用。后来有位聪明的渔民想出一个极其简单的方法:在鱼舱里放进几条鲶鱼,鲶鱼到处乱游,大量的沙丁鱼见到它们之后,便紧张起来,加速了游动,几条鲶鱼,使整舱的沙丁鱼增加了活动,从而生命也得到延长……生物学家称此现象为"鲶鱼现象"。

其实,动物界里此类现象还有许多。美国阿拉斯加国家动物园的鹿苑中,有6000多只鹿在天然的环境中生活,由于鹿苑出现了狼,每年有400多头鹿死于狼口。于是动物园组织人们消灭了鹿苑中的狼,鹿群很快繁殖发展到一万多头。不料由于少了狼,鹿群生存不受威胁,鹿不再运动、奔跑,体质下降,一场病竟使鹿群减少到4000头左右。动物园的学者们再三考虑后,决定"引进"一定数量的恶狼,从此以后,鹿在同狼的相斗中,数量又多起来了。

美国康乃尔大学曾做过一次著名的"青蛙实验":研究人员把一只青蛙突然丢进煮开的油锅里,反应迅速的青蛙在这危险时刻,用尽全力跳出了油锅。隔了半小时,实验人员用同样大小的铁锅,放满冷水,然后把那只逃出来的青蛙放到锅中,青蛙在水中来回地游着。接着,他们在锅底用火慢慢烧,青蛙不知危险,竟仍然在温水中舒畅地游着。等到它开始意识到锅中的水温熬受不住,必须跳出才能活命时,已经太晚了。

舒适的环境是否会像逐步加温的水那样,使人放松警惕,在需要紧张、奋斗,尤其在遇到危险时却无力拼命呢?在经济改革中,是否需要引进竞争的方法来刺激一下,以增强企业的生命力呢?这也许就是有趣的"鲶鱼现象"给我们的启发。

对这样的课文,教师就可按照内容线索设计提示性问题:
① 在鱼舱里放或不放鲶鱼,对捕捉到的沙丁鱼有什么影响?
② 在鹿苑中放或不放狼,对鹿群的数量有什么影响?
③ 把青蛙丢进煮开的油锅中或慢慢加热的水中有什么不同的结果?
④ 为什么会出现上述的情况和现象?
⑤ "鲶鱼现象"对今天经济改革有什么启示?

通过这样一些提示性问题的思索和考虑,学习者就会一步步透过字面深入理解课文的本质意义。

(2) 关联问。关联问是就相关语言知识和相关文化知识进行提问的一种方式。学习者的认知,往往是在已知的基础上,通过同化或顺应来认识和接纳新知、未知的。运用提问,让学习者回忆起过去学过的知识和经历过的体验,对于理解和接受新知识和新内容有很大帮助。这种提问方式一般在文化导入或学习新词语和新语法点时应用得较多。例如上述课文《鲶鱼现象》中有一个语法点"称……为……",可以先提问,复习旧词"把……称为……"的意义和用

法,把学习者造的句子写在黑板上:

上海人把黄浦江以东称为浦东,把黄浦江以西称为浦西。

中国人习惯把来华的外国人称为"老外"。

然后说明这种句式可以用"称……为"来替代,上面的句子可以改写成:

上海人称黄浦江以东为浦东,称黄浦江以西为浦西。

中国人习惯称来华的外国人为"老外"。

运用这样的关联问来讲解新语法点,学习者就能凭借旧知和已知来同化和接纳新知和未知。

(3) 连环问。连环问是预先设计好一系列相互有联系的问题,一个接着一个地问,随着这些问题的一一解答和揭晓,抽茧剥笋,新知识和新内容的面目就愈加分明。例如,教材中叙述一个人做了某事,就可设计下列一串问题:

他遇到了什么?采取了什么行动?对事情的进展有什么作用?有什么不利的地方?后果怎样?这说明了什么?你对这个问题是怎么看的?等等。

(4) 随机问。随机问是随着教学的开展,教师觉得某个问题有提出来的必要而临时发问的一种方法。随机问有设问和追问两类。设问一般用"为什么……?",追问一般用"你怎么知道……?""对……你是怎样想的?""你认为……怎么样?"等。教师在教学中常喜欢用"为什么?"来引起学习者的思考和注意,实际上就是一种随机问。对于有经验的教师来说,随机问的问题不必事先设计,他们能根据教学的具体情况而临时设计一些问题。用这些问题来衔接教学活动,调节教学节奏。

问题设计是问的关键。一般宜于运用"怎样""怎么样""什么""为什么""谁""哪些"等疑问代词来设计特指问的问题,可以问目的(如"这样做是为了什么?"),问方式或手段(如"怎样完成的?"),问原因(如"为什么会这样?"),问条件(如"哪些方面促使他这样做?"),问对象(如"谁让他这么做?""为谁这样做?")等等,不宜用是非问(如"他是这样做的吗?"),因为是非问,只要回答"是"或"非",过于简单,用不到多思考,对于理解课文意思以及开发学习者智力没有多大意义。

3. 听

听是辨别语音、培养语感的一种教学方式,有听读和听辨两类。

(1) 听读。听读是边听语音边看文字的结合,学习者听觉、视觉并用,多通道地接收语言信息,在头脑中的存留时间长,印象深,因而是精读课中阅读课文时最常用的教学方式。听读,由谁来读是关键。在阅读一篇课文的开始阶段,一般是由教师或录音带用标准的普通话朗读,给学习者以正确的音感。此阶段不宜叫学习者朗读,以避免把不正确的语音语调输入给其他同学。待到一篇精读课文教学完毕,可以让学习者复读,此时学习者已有正确的语音先入为主,能够分析语音的正确与否,有条件和有能力相互订正。

(2) 听辨。听辨是单听语音不看文字的一种方法。一般在听力课上采用较多。精读课运用这种听辨方式,主要是让学习者通过听录音来把握整篇课文的大概意思。这里有许多熟悉的词语和句式,但也有一些新词语和新句式,它们一起构成句子、句群和篇章的意义。因而学习者在听的过程中,必然有许多地方凭猜测和跳跃来意会,不一定是真正的理解。不过,这对学习者养成汉语的语感,提高听力理解有诸多好处;同时也促使学习者在上课过程中把注意力集中在或比较多地分配给不太听得懂的词语和句式上,提高接受新语言知识的效率。

4. 说

说是检测学习者对课文理解程度的一种反馈方式,有问答和复述两类。

(1) 问答。问答是学习者向教师提问、请教或回答教师所提问题的教学方式。学习者在阅读理解课文的过程中,遇到困惑不解的地方能向教师提出自己的疑问,而且表达得让教师和同学都能听懂他的问题所在,这本身就是一种口语的训练。有的学习者心里有疑问就是哼哼呀呀表达不出自己的问题,或者干脆就不声不响;能提问的往往倒是学习比较好的学习者,因而,教师应多鼓励学习者提出问题。

学习者回答教师提出的问题,则更能测量他的阅读理解水平和组织语句的能力。一个学习者的回答不一定非常完整,可由其他学习者补充回答;回答有误,可由其他学习者纠正。如果学习者答非所问,可能有两种情况:一是教师提的问题不够明确;二是学习者对课文理解不深。教师对此可以改变问题的形式,或者启发、引导学习者细看课文的有关段落。

(2) 复述。复述是在熟读课文的基础上,不看课文而能把有关课文的情节和内容回忆、叙述出来的一种方式。可分为叙述性复述、描写性复述、概括性复述和创造性复述等。

1) 叙述性复述。叙述性复述是就故事情节的某一部分或全部加以叙述,俗称讲故事。叙述的详略当以学习者的记忆为度,没有必要求全责备,即使漏了一些情节也没关系。因为这种训练主要是让学习者重新组织语句,用自己的话来讲述,课文情节只提供他说话的内容而已。

2) 描写性复述。描写性复述是就故事中的场景或人物的外貌、内心活动等运用形容性和描绘性词语来进行复述。描绘的词语可以根据书上的,也可以根据学习者自己的理解而自由发挥的。能够背出书上的语句来复述固然要加以肯定,自由发挥而用词又很贴切的则更值得赞扬。

3) 概括性复述。概括性复述是说出全文梗概或大意的一种复述方式。课文只提供情节和内容,没有概括性的语句可资借鉴,完全要靠学习者凭自己的理解和体会来构建话语而表述出来。这既训练了学习者的归纳和概括的能力,又训练了学习者遣词造句的能力。

4) 创造性复述。创造性复述是允许脱离或违背课文的情节和内容自行加工改编的一种复述方式。一般由教师提出具体要求由学习者来操作。如把会话体课文改编成叙述体来复述;设想课文有多种结尾;假设主人公不按照课文所说的那样做,情况会有什么变化等。这种方式主要是借课文的情节和内容训练学习者说话能力。虽然精读课的重心在于"读",而有机会让学习者"说",为口语课创造一些条件,并不背离精读课的宗旨。因为各门课程的大方向是一致的,都应该协调一致,共同完成教学的目的和任务。

5. 思

思是给出一定的时间让学习者思考,并拟就答题腹稿的一种教学方式,一般与"问"结合使用。实际上一堂课,教师不断地提问,学习者一直处在积极的思考之中,只不过那些问题并不太复杂,学习者思索所花费的时间并不多;而有的问题有一定的深度和难度,不是几分钟时间所能解决的,那就得给出一定的时间。由于一堂课的时间有限,不可能给予学习者更多的时间去思索和考虑,一般以五六分钟为宜,至多不超过十分钟。既然花费了较多的思索时间,答题的要求自然也要高些,绝非一两句话就能回答了的,必须打好答题的腹稿,应用一段话语来表述。因此,"思"这种方式,不仅能锻炼学习者的逻辑思维,深刻理解课文的意义,也能促使学习者运用目的语词语和句式来表达自己的想法和意见。

6. 写

写是训练书面表达的一种教学方式,有写字、写词语、写句子、写作文等几类。

(1) 写字。写字是书面表达的基础,尤其是汉字,笔画繁多,一字一个样,且还有笔顺问题,因此除了布置课外的写字练习外,课内也应适当安排写字练习,主要让学习者认清字形结构和了解笔顺规则。对于有汉字背景(如日、韩)的学习者,尽管他们识得许多汉字,但毕竟在字形上还有一些差异,有的汉字是他们母语中所没有的,因此,也仍然有个识字和写字的任务。至于欧美学习者则更要强调识字和写字,否则就谈不上书面表达。

(2) 写词语。写词语是熟悉新词语的一种有效方法,主要是写同义词和反义词,写词语的搭配和扩展,填写量词等等。其作用是识别词语的形和义及其用法。

(3) 写句子。写句子是遣词造句的常用的方法,可以侧重在新词语的运用,也可以侧重在新句式的运用;可以将新词语或新句式使用在与课文相同的情景和场合,即水平迁移,也可以使用于跟课文不同的情景和场合,即纵向迁移。其作用是熟悉、消化、巩固和应用新句式。

（4）写作文。写作文是联系课文的内容或模仿课文的写法而进行成段成篇的书面表达练习,俗称小作文,这是精读课教学的延续。从学习者的作文中也可检测精读教学的效率和成果。

写字、写词语、写句子,一般可在一堂课的最后阶段即巩固新课环节中穿插进行;写作文一般可在整篇课文教学完成之后进行。

7. 讨论

讨论是一种群体互动,集"问""听""说""思"于一体的教学方式。常用的有分析性讨论、归纳性讨论、争辩性讨论和交流性讨论等几类。

（1）分析性讨论。分析性讨论是就某个问题的成因和条件,或者事情的发展和变化,或者事理的结论和情节的结果等展开全班讨论。主要依据精读课文的内容去挖掘和剖析,但也不一定完全拘泥于课文,学习者可凭自己的社会阅历和经验去自由发挥。这种讨论的目的是要把学习者对课文的理解引向深层,同时借此提高他们口头表达的能力。

（2）归纳性讨论。归纳性讨论一般用于归结段落大意和全文中心思想。这种讨论既能训练学习者的概括理解能力,又能训练他们的口语能力。此外,语法教学中的例规法,也常采用这种方法调动学习者一起参与归纳,这对锤炼语句和掌握规则都很有帮助。

（3）争辩性讨论。争辩性讨论是就某个问题的不同看法进行争论和辩驳,有点像正方和反方的诘难和辩论。可以组成几个小组互相争辩,也可个人自由争辩。这里要发挥教师引导提示思路、及时归结争论焦点的作用,防止出现冷场或在枝节问题上纠缠不休,使争辩顺利进行下去。

（4）交流性讨论。交流性讨论是就课文的情节和内容交流学习心得和体会。一般在学完一篇课文之后进行。这种交流可以根据课文就事论事地谈感想,可以联系实际发表自己的看法,也可以从课文申发开去谈论其他有关问题。主要目的在于相互启发,加深对课文的理解。

以上所介绍的读、问、听、说、思、写、讨论等教学方法,不一定在一堂课中全部运用,可以选取其中的几种,是单用还是结合起来用,视教学的具体情况而定,一种方法也可以多次使用、反复使用。总之,教师应根据精读课文的内容以及精读课的进程,将这些方法灵活地加以组合,保证教学有计划、有节奏地进行。

## 四、泛读课的理论基础

泛读课正好与精读课的精雕细琢相反,是泛泛而读,俗称浏览。但与那种查读、扫读还有质的差别。查读是查阅有关资料的读法,犹如看报先看大标题,感到有兴趣的才去细看。人们查阅资料或翻词典检索词语,都是查找需要的、有用的才去阅读,对其他材料或别的词语毫不关心,毫不留意,这就是查读。扫读,是一目十行、囫囵吞枣地读,对材料中特别突出的、有意思的语句才稍加留意地读,并大致了解该材料所说的意思或所提供的信息。泛读与精读相比,在从头至尾地读一遍上是差不多的,只是泛读的速度要求较高,遇到不懂的生词与疑难的语句不作细致的推敲,而是凭猜测和跳跃粗粗地理解个大概意思,就算完成阅读任务。人们在生活和工作中,泛读的机会比比皆是,而精读倒是难得采用的。因此,泛读课对于外国学习者今后的生活和工作具有实际的应用意义。

### (一) 泛读的本质特点

泛读是一种快速阅读,其认知的心理机制是把文字信息通过视觉接收,迅速地在语言神经中枢得到加工(即编码与解码)和反应(即匹配与提取),然后整合为命题与意义。这种泛读的心理机制跟一般的阅读心理过程是基本相同的。其不同的特点在于:一、快速浏览;二、猜测、跳跃。

1. 快速浏览

所谓快速浏览,外显的行为是视觉在文字串上停留的时间极短,可以说是一瞥而过,只有遇到新词语或疑难句的地方才稍加停留或读完这个句子后再回视。而其内隐的心理活动却经历了非常复杂的加工运转:首先要把书面的文字信息通过视觉的分解和接收,传递到大脑语言神经中枢,凭文字形体的空间信息(有些熟悉的文字形体丞能马上唤醒其声音信息),极其神速地与语言网络中的有关词语(包括多个义项)匹配,并立即提取到工作记忆,在那里重新整合为句子,选择词语的义项,确定句子的命题与意义。所读的每一个句子差不多都经历这么个心理活动过程,直至全文结束。尽管内隐活动过程是那么的繁复,但它和外显行为几乎是同步的,即边看边理解。因而,泛读是需要一定条件的,那就是词语和句式绝大部分是熟知的、复现的,即使有一些没接触过的词语,也可利用旧知去推测和认识。

2. 猜测和跳跃

所谓猜测和跳跃,是遇到不太熟悉的词语、句式或陌生的新词语、新句式,或者干脆跳跃过去,把前面的意思跟后面的意思遥相连接;或者凭前后文的意思去猜想和推测,不求甚解。这里实际上包含了想象和联想的心理活动,有其一定的合理性。人们阅读理解的速度,固然主要依靠语言知识的熟练运用,但社会阅历、生活经历和世界知识所形成的图式,如物体图式(由物体的诸多属性组合而成的知识结构)、概念图式(由概念的本质特征和描述性特征的知识结构组合而成)、事件图式(某种情景下将会发生的一系列小事件及小事件之间的关系所合成的知识结构)、场景图式(某类情景发生的地点或场合的知识结构)、角色图式(关于某种身份、职业、年龄……的人在某种情况下如何活动的知识结构)、故事图式(关于复杂事件的叙述方式或叙述的顺序、人物的活动、情节的构成及相互之间的联系等等的知识结构)等等[①],可以帮助人们对泛读材料所蕴涵的意义作出预期或判断,即通过图式的想象和联想,对具体语境规定下的词语和句式的意义作合理的猜测和跳跃,从而把握全文的主要意思。

泛读在对外汉语教学中是一门重要的课程,它至少有三方面的作用:一是使已学习和积累的词语和句式更活跃、更熟练;二是可在泛读过程中吸收一些新词语和新句式;三是可增强汉语语感。

## (二) 影响泛读的相关因素

外语泛读和母语泛读有许多不同之处。母语泛读是直接理解,词语信息反映到学习者头脑立即形成命题和意义,比较快捷;外语泛读不完全是直接理解,有些词语和句式还得在头脑中翻译和转换成母语才能形成命题和意义。相对地说,速度比母语泛读要缓慢一些。而且学习者在习得母语时,本国的许多交际文化、习俗文化和知识文化是同时吸收和获得的,因而母语泛读的条件较好,障碍较少。而学习者在学习外语时,目的语国家的交际文化、习俗文化和知识文化可能只学到一部分,也并不谙熟,因而外语泛读的条件就没有母语泛读那么好,障碍较多。另外,从思维方式来说,学习者对本国人的思维习惯和方式以及思维理念是熟知的,习以为常的;而对目的语国家人们的思维习惯和方式以及思维理念是比较生疏的,有些地方还难以理解,因而外语泛读就没有母语泛读那样通畅。当然,学习者对母语语言知识的掌握要牢固、丰富和深刻得多,这也是母语泛读优于外语泛读的重要原因。凡此种种,都影响着泛读的速度和质量。

## (三) 泛读教学的原则

为了保证泛读课的顺利进行,教学应遵循以下原则:

---

① 彭聃龄,《语言心理学》第 285 页,北京师范大学出版社,1996。

1. 材料的合适性

泛读的材料是否合适,跟学习者能不能进行泛读有着直接的关系。文字和内容过深,学习者难以读懂;文字和内容过浅,则失却训练的意义。因而选择材料应注意下列三个控制:

(1) 控制篇幅长短。篇幅长短跟材料的深浅和学习者的接受能力密切相关。处于初级阶段的学习者,泛读水平较低,篇幅不宜过长,以 300 字为度。中年级已有泛读能力,可略微加长篇幅,以 500—800 字为度。高年级泛读已有相当基础,可适当加长篇幅,以 800—1500 字为度。篇幅过长,则超越学习者的驾驭能力,可能会前读后忘,达不到泛读教学的目的。

(2) 控制内容深浅。泛读材料的内容要估计学习者的知识范围和接受能力,文化内涵过于深奥的、专业性过强的、人物关系和情节变化过于复杂的,不宜作为泛读材料。

(3) 控制新词语和新句式的数量。泛读材料中的词语和句式大部分(80%—85%)应该是学过的或接触过的,这是泛读的语言基础。但也容许有小部分(15%—20%)的生词和新句式,以训练学习者猜测理解和跳跃理解的能力。

2. 时间的限定性

泛读对速度有一定的要求,所以时间上要有所限定。一般来说,500—800 字的短文,要求 5 分钟左右读完;800—1500 字的短文要求 10—12 分钟读完。当然,具体的时限还须斟酌材料内容的深浅和新语句的难度而定。

3. 教学的节奏性

泛读一篇材料的时间仅十分钟左右,一堂课可泛读好几篇材料。但如此一篇接着一篇的阅读,学习者很容易疲劳,会导致大脑皮层的抑制,效果并不好。因此,教师要讲究教学的节奏,泛读一二篇材料后,要有点儿间歇开展别的教学活动,如介绍有关文化知识,解释一些词语,作些造句练习等等,调节和活跃一下课堂气氛,然后再继续进行泛读。

## 五、泛读课的教学要点

泛读教学既然不同于精读教学,那么精读教学的一些教学措施和方法就不一定完全适用于泛读教学,有的则要经过改造和变通,以符合泛读教学的原则和特点。

## （一）视读为主

泛读教学以视读为其主要方式，虽然也可穿插一些口头的问答和讨论，但原则上是让学习者各自默读、理解和思考。至于像精读课那样的出声朗读，一般不宜采用。也就是说，泛读强调的是文字与语句的外部形式跟意义的直接联系。不通过文字与语句的声音作中介。这对于有汉字背景的（如日、韩）的学习者来说当然没有多大问题，但对欧美学习者来说，离开语音信息刺激，仅凭文字外形来理解语料，且有一定的速度要求，确是一件难事。所以泛读教学对不同的学习者，应有不同的要求，采取不同的方式。例如，对欧美学习者的泛读，可以采取下列一些措施：

（1）放低速度要求。日、韩学习者一般用10分钟能读完的一篇语料，欧美学习者起码延长5分钟，可视实际情况而定。

（2）选择篇幅短小的语料。欧美学习者泛读用的语料，篇幅不宜过长，低年级在200字左右，中高年级不超过千字。

（3）严格控制新词语、新语法点的出现比率。欧美学习者识记和积累汉字（词）相当不易，运用熟词素来推测词义也比较困难，所以语料中的新词语和新语法点只能占5％—10％，超过这个比率，就很难读懂。

（4）对一些不可能跳读的难词、难句，注释在黑板上。泛读虽然容许跳跃语句，但跳跃幅度过大，语意不知所云，学习者自然也无法读懂。因而，作些必要的注释可保证泛读的顺利进行。

（5）学习者还不太熟悉的词语，注音在黑板上。增加声音线索，以唤醒脑库中的词语，从而理解词义，也不失为是一种较好的办法。

如果班级中全部是日、韩学习者，则可在速度、篇幅、词语、句式等诸方面提高泛读的要求。如果是东西方学习者混合编班，则首先要从西方学习者的实际情况考虑，不宜作同等要求。对有汉字背景的东方学习者则可增加些其他要求如书面回答问题等以满足其求知欲望。

## （二）问题设计

对学习者的泛读结果的测定有书面、口头两种，以书面为主。测定的方式是回答问题，大多采用选择题。这里就要考虑问题的设计。

1. 问题设计的内容

泛读材料的题材是多方面的，如通讯报道、新闻、消息、广告、小小说、说明书等等，体裁也不拘一格，记叙体的、说明体的，甚至会话体的，都可作为泛读的语料。因而问题设计的内容范围是比较广的，但不一定要求有多少深度，只要能扣住语料的内容、并能测定学习者的理解程度就行。

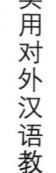

泛读的问题按内容划分有问时间、问地点、问数字、问人物之间的关系、问对象、问起因、问结果、问中心思想、问词语意义、问句子意义等等。

2. 问题设计的技巧

泛读的问题既然大多采用选择题,那么拟定问题就要注意:

(1) 以选择单项答案为主,不采取选择多项答案的形式。因为一个问题如有多个答案,无非是从不同角度来回答而已。这类题目过于复杂,容易搞乱学习者的思路。

(2) 选择单项答案的被选项至少要有3—4个,这些答案互相之间应该是并立的(甲、乙、丙、丁各自独立)、排斥性的(非甲、乙、丙即为丁,非乙、丙、丁即为甲,……),决不能是包含的(甲中有乙,乙中有丙,……),便于学习者根据自己的泛读理解去选定。

(3) 所草拟的各项答案,最好是跟语料上的语句有关系的,这样才能比较客观地测定学习者的泛读理解程度。

此外,测定泛读的效果也可采用是非题,"是"题一般是按语料的句子或语料的意思来组织语句;"非"题常常是有意曲解意思或遗漏某些因素来组织语句。这类题目对测定泛读效果有一定的作用,但题目如果出得似是而非的话,会导致学习者钻牛角尖,争论不休。

(4) 提出问题的时间。泛读提问有读前提问和读后提问两种。读前提问是指导阅读的提问,让学习者带着问题去阅读,阅读的注意力集中在这些问题上,不会在枝节问题上纠缠。一般采用思考题,不用选择题。读后提问是在学习者读过语料之后的提问,一般采用是非题或选择题。问题提出后,应安排一点时间让学习者按问题去回读和反思,寻找正确答案。

## (三) 背景导入

泛读课的文化背景导入,应简明扼要,且带有提示性质,一般有下列四种:

(1) 文体提示。说明该泛读材料属于哪种类型(如新闻、消息、报道、广告、说明书等),哪种体裁(如记叙文、说明文、小说、对话等)。

(2) 内容范围提示。说明该泛读材料属于什么内容范围(如历史的、地理的、社会的、经济的、医药的、动物的、植物的等)。

(3) 历史背景提示。说明该泛读材料述说的内容所涉及的历史背景(如发生的年代,当时的政治、经济状况等)。

(4) 习俗文化提示。说明该泛读材料中蕴含的有关习俗(如婚姻、丧葬、节庆、居住、饮食、服饰等)。

## (四) 讨论

讨论是因为学习者对答题有不同看法而引起的。引起争议的原因有三:

(1) 问题设计措辞不恰当,有歧义,或选择项有包容交错现象;

(2) 学习者对目的语国家人们的价值观念或思维方式不理解;

(3) 学习者以自己国家的思维定式或理念去理解语料,选择答案。

教师对学习者的争议不宜马上表态,可引导学习者发表自己的理由,如果讨论到最后有了一致的正确意见,则应加以肯定;如果相持不下,则应及时进行说明和解释。当然,如果学习者在答题方面没有什么分歧,个别学习者虽然有错,但很快领悟而纠正,那就不必展开讨论。

## 六、泛读课的操作方法

泛读有一定的技巧,在训练过程中,应对学习者多加指导,以提高他们的泛读能力。

### (一) 指导猜测

泛读材料由于有 15%—20% 的新词语和新语法点,语料所涉及的内容又比较广泛,又含有较多的文化内涵,学习者难免会有一些不懂的地方。因而泛读教学也需要背景导入,对材料的内容和有关的文化知识作些简要的介绍和指点,以扫清泛读中的一些障碍。至于对语料中的一些新词语,则要学习者凭上下文义去猜测。猜测的线索,常用的有下列几点,教师可对此多加指导:

1. 凭熟语素猜测词义

汉语的词语大多由两个语素构成,如果其中的一个语素是学习者所熟知的,那么凭上下文可以猜测整个词语的意义。例如,语料中有这么几句话:"这两年,他由于工作卓越,已晋升为副经理了。这么年轻,晋级又这么快,在同事中间确实是相当突出的。"这里的"卓越",学习者没接触过,但"越"是熟语素,"优越""超越"等词是学习者已知的,从"越"这个语素义,可以推测"卓越"的意义是"突出""优秀"。词语"晋升"的"晋",也是学习者很少见到的,而"升"的"提升""升降"等词是学习者所熟知的,凭此可猜测"晋升"就是"提升"的意思。这个意义一经推测和确定,那么后面"晋级"这个词语的意思也就十分明显的了。

2. 凭词语偏旁猜测词义

汉字形声字居多,而形旁的作用正是标志和提示这个字的意义属性。学习者据此可以猜测词语的大致意义。例如,语料中有这么几句:"峻嶺峥嵘,树木葱茏,湍流飞泻,气势磅礴,令人心旷神怡。"这里的"峻嶺峥嵘",都是"山"字旁,学习者由此猜测是形容山的高大挺拔;"葱茏"都是草字头,学习者由此猜测跟树木的颜色和生长有关;"湍流"是"水"字旁,学习者由此猜测是流水;"磅礴"都是"石"字旁,学习者由此想象石头的庞大;"忄""怡"是"心"字旁,学习者由此推想是"心情好"。虽然这些猜测是望偏旁生义,但理解的意思大致差不离。

3. 从词语的本义猜测其引申义

一个词语的意义常不止一个,但其他的义项基本上是由本义引申出来的,因而学习者可以根据上下文从词的本义联想和推导出它的引申义。例如,语料中有一句话:"他今天情绪比较冲动,头脑有点儿发热。"对于"发热",学习者原来只知道是"温度增高",但从上下文来看似乎不是说这个人发烧,而是指他的情绪激烈。由此可推测"发热"的意义是从"温度增高"引申为"发烧",又引申为"不清醒"。

4. 从词语在句中的位置判定它的词性和意义

什么词性的词语在句中充当成分有其相对固定的位置,因而从词语在句中的位置也可大致猜测其词性和意义。例如,语料中有一句:"你放心走吧,这儿跄事我来照料。"这里的"照料"似乎以上三种办法都用不上,那就看它在句中的位置:连动式的第二动词,据此就可大致知道这个词跟"做""管理"的意义有关。

如果学习者对一个句子中的词语,或已懂得,或已猜测到,那么他们心中对整个句子的意义也基本上了然于胸了。

## (二) 指导跳跃

泛读既然是一种快速阅读,那就不可能像精读课那样一字、一词、一句地慢慢细读,常常是一瞥就扫视一个句子,即在两次眼动中间眼球停伫的瞬间就读完一个句子[①];即使有不理解的词语或未接触过的新词,也大大咧咧地跳跃过去,绝不犹豫和停留。对于前一种情况,可以称之为扫读法;对于后一种情况,可以称之为跳读法。正是这两种读法,提高了泛读的速度和效率。

1. 扫读法

泛读能运用扫读法,是熟练运用语言知识和语法规则的结果。当眼睛扫视一个句子,视线所触及的每一个词语都马上在学习者头脑中反应出它的义项,并根据词语的先后顺序来加合词语的意义,从而判别和断定句子的意思。这一系列脑部神经的加工和解读都在瞬间完成。如果没有一定的外语基础和外语能力,是很难达到这个水准的。对外汉语教学低年级一般不安排泛读课,

---

① 彭聃龄,《语言心理学》第 285 页,北京师范大学出版社,1996。

就是因为处在低年级的学习者还不具备汉语的丰富知识和熟练运用汉语的能力。一般要到中、高年级才有条件开设泛读课。可见,学习者之所以能够进行快速扫读,主要在于他们对汉语的语法结构、语法功能和词组结构把握程度较好,并能利用它们迅速转变成可以理解的意义。教师的泛读指导应在这方面下工夫。

（1）结构功能扫读法。这是根据汉语的句式结构功能来断定句子的意义属于哪一种性质的方法。当人们扫视句中的词语,并将其意义进行加合时,句式结构功能起着重要的作用。如句子用了"是……的",句子总带说明意义;句子的谓语是名词,句子也总带说明意义;句子的谓语是形容词,句子就带描写意义;句子的谓语是动词,句子就带叙述意义;动词谓语中有两个动词的,句子就带有先后、目的、方式等意义;谓语有兼语情况的,句子就带有使令意义;动词有宾语的,句子多少带有支配意义;动词带有双宾语的,句子就可能有赠送、告诉或教育等意义,而"把"字句带有处置意义,"被"字句带有被动意义,"比"字句带有比较意义等等,则更为明显。由于句式结构功能是展示、烘托语境的重要因素,句式信息的刺激又能使头脑意识到该种句式所蕴涵的某种意义范畴或意义属性,这就为学习者加合句子的词义构成一个完整的意思提供了许多有益的信息和线索。教学在这方面多下工夫,让学习者熟悉各种句式的意义属性,就能培养和提高学习者的扫读能力。例如,有一篇介绍老舍先生的语料,学习者就可用结构功能扫读法快速地断定句子的功能意义：

一九二四年,老舍二十五岁（名词谓语,有说明意义）。一位英国朋友介绍他去英国工作（兼语,有被动意义）。老舍除了讲课以外,就在学校的图书馆看书（排除句,有加合意义）,他看了很多英文小说（动词谓语,带有叙述意义）。在看这些文学作品的时候（时间状语,点明时间）,老舍常常想到自己以前在北京看过和听过的事儿（心理动词,带有内心活动的意义）。他把自己了解的人物和故事都写在本子上（"把"字句,有处置意义）,这就是他的第一部小说《老张的哲学》（"是"字句,有说明意义）。

学习者在加合句子词义的同时,头脑里闪现句子结构功能的意义属性,有助于确定整个句子的意思,可大大提高扫读的效率。

（2）词组扫读法。这是把词组作为一个意义单位的阅读方法。有些词语是经常搭配在一起出现在语句之中的,阅读时用不到把这两个词语的意义临时进行加合,而是将它们看作一个意义单位来理解,这就大大节省了扫读的时间,就像电脑中文打字运用联想来检索词组一样可以一步到位。例如,语料中有一段话语：

你工作认真,学习努力,能帮助同志,也很关心大家,这些都值得我们学习。

这里,"工作认真""学习努力""帮助同志""关心大家""值得学习"都是经常出现的词组,用词组扫读法只有五个意义单位,比起一个个单词的认读和加合来,其效率何止高出一倍。所以让学习者积累词组(心理学叫组块),无论是对听力、口语、写作还是泛读,都有着很重要的现实意义和实用意义。

2. 跳读法

这是遇到新词语或疑难语句干脆跳跃障碍的一种阅读方法。由于上下文语境的限定和联想作用,虽然有一二个词语和语句的跳跃,但意义还是能遥相邻接,不会太大地影响理解。这种跳读,一般有两种情况:

(1)修饰语跳读。修饰语虽然也是构成命题的因素,但相对于主干语(主语和谓语)来说,毕竟不是主要的。主干语构成的是大命题,修饰语构成的是小命题。跳跃一二个修饰语,只是缺少了一二个小命题,不会妨碍或损害对大命题的理解。例如,有一篇介绍法国巧克力的语料:

> 巴黎,这个在美食文化上足以傲视群伦的城市,在巧克力的发展上,也如同在美食领域的成就一般,不仅在精致、多样与细腻考究程度上远远超乎其他地方,在趋势与潮流的开创上,更是堪称世界一流。

1)"傲视群伦"是个疑难词语,但它是"城市"的修饰语,跳跃过去以后,句子压缩成为"巴黎是个美食城市",基本意思仍然保留着。

2)"美食领域"中的"领域",估计也是要跳跃的新词语,由于它处在介词宾语的位置,又是"成就"的修饰语,跳跃以后,句子浓缩为"美食的成就",跟原意差距也不太大。

3)疑难词语"细腻考究"与"精致、多样"并列,都是"程度"的修饰语,跳跃过去也无非是少了"细腻程度"和"讲究程度"两个小命题,不影响整句意思的理解。

4)"趋势"与"潮流"有可能是新词语,反正是修饰语,只要把握好"是什么开创",不会使句子意思过于偏离方向。

5)"堪称"的"堪"是个难词,不过它也是个修饰语,离开它,光一个"称"也足以理解句意了。

短短几句话,需要跳跃的修饰语竟有五六处之多,足见在泛读过程中,跳读修饰语是经常发生的事情,而且它不太影响对整个语料的理解,所以为大多数学习者所接受和运用。

(2)主干语跳读。泛读中跳跃的新词语正处在主干地位,这种跳读对句子意义的理解影响较大,需要在阅读时做些补救和弥合。弥补的方法是利用上文或下文的意义来揣摩和猜测本词语或本句的意思:利用上文的意义推导出本词语或本句的意思,是承上连接,可称之为正接;利用下文反推本词语或本句的意思,是蒙下连接,可称之为反接。如果能同时利用正接和反接,则猜测、理解本词语和本句的意思就更为接近原意。另外,从修饰语的意义也可大致推测被修饰的主干成分的意思。例如,有一则语料《世界上最长的石窟画廊——敦煌莫高窟》:

> 敦煌是中国古代丝绸之路上的著名重镇和要道。在敦煌境内三危山和鸣沙山的陡壁之间密密层层地布满了一千多个洞窟,这就是举世闻名的莫高窟,它是敦煌艺术的发源地。
>
> 莫高窟上下共分5层,高低错落,鳞次栉比,南北长达1600余米。现尚保存北魏至元代洞窟492个,壁画45000平方米,彩塑2415尊,唐、宋木构建筑5座,莲花柱石和铺地花砖数千块。是一处由建筑、绘画、雕塑组成的综合艺术宝库。
>
> 窟内壁画更是浩如烟海,如果展开按2米高排列,可长达25千米,构成世界上最长的石窟画廊。这些石窟壁画是一份巨大的古典艺术遗产,具有极高的历史和艺术价值。
>
> 1987年,敦煌莫高窟被列入联合国世界文化遗产名录。

有以下一些话语可运用跳读法来处理:

1)"敦煌是中国古代丝绸之路上的著名重镇和要道。"学习者对"重镇"和"要道"不一定熟悉,但"镇"(城镇)、"道"(道路)是熟语素,据此大致可理解为:什么城镇、什么道路。

2)"在敦煌境内三危山和鸣沙山的陡壁之间密密层层地布满了1000多个洞窟",学习者对"陡壁"一词比较生疏,可跳跃过去,把上文的两座"山"和下文的"之间",遥接在一起,意义基本弥合。

3)"莫高窟上下共分五层,高低错落,鳞次栉比,南北长达1600余米。"这里的"错落""鳞次栉比"都是学习者难以理解的词语,干脆跳跃过去,"高低"承接上文的"五层",可大致理解为"莫高窟的五层高高低低";跟后文的"南北长达1600余米"也连接得上。

4)"唐、宋木构建筑5座,莲花柱石和铺地花砖数千块。"这里的专业名词"木构""莲花柱石"是学习者不熟悉的东西。可不必深究,粗粗地理解为跟"木头""石块"等有关的建筑材料就行。

5)"窟内壁画更是浩如烟海",学习者难以理解"浩如烟海"的意思,也可跳跃过去,从后文的"长达25千米""构成世界上最长的石窟画廊"等语句,也可体会出这个词语是"多""长"的意思。

6)"这些石窟壁画是一份巨大的古典艺术遗产。"这里的"古典艺术遗产"可能学习者不太理解,但凭修饰语"一份""巨大的"的限定,以及后文的"具有极高的价值"反推,可测知是"很有价值的什么东西"。

尽管这篇语料需要跳读的地方较多,但运用正接和反接以及修饰语推测主干成分等方法,大致可以理解全文的意思。

## (三) 指导答题

检测泛读效果的方式主要是书面答题,而答题之中尤以是非题和选择题为主。虽然答题的正确与否是以泛读能力和理解水平为条件和前提的,但其中也有一些答题技巧可供学习者参考和应用,教师在这方面可作些指导。

1. 是非题的答题指导

是非题按课文的内容和意思或正确或歪曲地来设计题干,以测定学习者泛读理解的判断能力。一般来说,"是"题的题干照录课文语句而略有变化的居多,也有把课文内容加以概括、提炼后再进行辨别的。前者,答题比较容易;后者,答题时需要学习者脑筋转个弯。例如,有一段讲阿凡提故事的语料:

> 一天,阿凡提被他朋友请到家里吃晚饭。客人们都来了,他朋友为客人准备了很多好吃的东西。
>
> 坐在阿凡提旁边的一位客人,吃东西吃得又多又快。在别人不注意的时候,他把一些好吃的东西放进自己的口袋里,这事儿被阿凡提看见了。
>
> 阿凡提拿起茶壶,把茶水倒进那个人的口袋里。
>
> "阿凡提,您怎么了?您想干什么?"
>
> "您的口袋吃了那么多的东西,一定很想喝水。我想让它喝点儿茶"。

根据这个语料可编制如下几个"是"题:

① 阿凡提的朋友请阿凡提和客人们到他家里吃晚饭。

② 别人不注意,而阿凡提看见坐在他旁边的客人把一些东西放进自己的口袋里。

③ 阿凡提把茶水倒进那个客人的口袋里是为了揭穿和警告他的不良行为。

这三个"是"题,例①②基本上参照材料的语句,文字上略作一些变动,把语料的某些内容浓缩在一个句子里。如果学习者真正理解语料的意思,是不难回答的。例③的题干是提炼课文的意思,不是课文的原句,它是包藏在语料的情节之中的,这就需要学习者动动脑筋,也就是说要透过语料的字面去深入理解其中的含意,才能作出正确的判断。因而,教师的指导应致力于:是非题中改动或浓缩的语句是不是符合语料的意思,有没有歪曲的地方;是非题所概括、提炼的意思是不是符号语料的深层用意。

"非"题的设计,或者曲解原意,或者缺漏成分,或者以偏概全,或者以全代偏,这都需要学习者在理解语料的基础上细心推敲的。仍以上述语料来设计下列几个"非"题:

① 阿凡提是客人,他朋友为他准备了很多好吃的东西。
② 坐在阿凡提旁边的一位客人把吃的东西放进自己的口袋里。
③ 阿凡提看见旁边的一位客人,吃东西吃得又多又快。
④ 阿凡提把茶水倒进那个人的口袋里,是想让口袋喝点儿茶。

例①阿凡提的朋友,请了很多客人,不只是为阿凡提一个人准备吃的东西,这是"以偏概全";例②那个人"把一些好吃的东西"放进口袋,不是所有"吃"的东西,这是"以全代偏";例③阿凡提不仅看见那个人吃得又多又快,还看见他把一些好吃的东西放进口袋,这是"缺漏成分";例④阿凡提倒茶水的行动,是要揭穿、警告那个人的不良行为,并非要让布袋喝茶,这是"曲解原意"。教师若能从这些方面去指导,可打开学习者的答题思路,了解题干的焦点所在,排除似是而非的东西。

2. 选择题的答题指导

选择题是测量泛读能力和理解水平最常用的方式。一则它是客观题,选择的答案是唯一正确的,没有见仁见智的问题;二则泛读时间有限,不必要花更多的时间在答题上,选择题已经为答题者提供了几种答案,只要加以判别和选定就行,花的时间较少。

选择题大致有两类:一类是"有"的选择,即三或四个并立的答案项是语料中出现的或可能有的,要求从中选择一个唯一正确的答案;一类是"无"的选择,即三或四个并立的答案项,其中二三个是语料中出现的,有一个是语料中所没有的,要求把这个语料中没谈到过的答案挑选出来。选择题中,"有"的选择居多,"无"的选择较少。学习者受"有"的选择的习惯影响,往往不注意题干的意思("下列四个答案中哪一个不是……"),而把"无"的选择当作"有"的选择来做,结果是南辕北辙,离题万里了。对于这一点,教师要向学习者再三强调看清题干的意思和要求。

选择题跟是非题有很大的不同。是非题的症结表现在题干本身就有正确和偏误两种情况,要求答题者就题干本身的意思判别正误。而选择题的症结不在题干,在于答案的选择项。题干只指示某种思考的线索和选择的要求(如哪一个时间?哪一个地点?哪一种原因?哪一个结果?哪一种关系?哪一个意思? 等等),而选择项却有多个(一般为四个,至少需三个),它们常常会迷惑、扰乱答题者的辨别力和判断力。因为构成并立的几个答案选项大多是语料中出现的同类因素,如语料中出现过的几个数字,几个时间,几个地点,几个人物,几种原因或条件(常把原因、目的、动机、条件等因素并立在一起),几种情况或结果(常把叙述的情况和事理发展的结果并立在一起)等等。这些同类因素作为答案选项并立在一起,就构成了一定的难度。泛读基础差的,就有可能因理解不当而选错;泛读基础好的,因理解正确而选对,这就测量出了答题者的阅读理解能力。当然选择题中也有一些直接测量答题者语言知识水平和概括理解能力的题目,如:"这个词语的下列四个义项哪一个符合语料的原意?""下列四个答案哪个符合这个句子的意思?或这句话的意思是:""下面四个答案哪一个符合短文的中心意思?或:这篇短文的中心意思是:"。这就需要答题者概括语句或语料的意思来辨别和选择。

教师对学习者进行选择题答题指导,应致力于下列三个方面。

(1) 看清题意要求,特别是要分清"有"的选择和"无"的选择。

(2) 按题干要求跟语料的内容和意思相对照。特别要分清同类因素借以出现的不同情况,例如语料中出现的四个时间,有的指发生的时间,有的指变化的时间,有的指发展的时间,有的指结束的时间,如果把它们并立在一起作为选择项,这就要根据题干的要求(是指事情的发生时间还是别的时间)来辨别和选择。

(3) 理解和辨别有把握的,可直接选择;理解和辨别无把握的,可采用排除法间接选择,即如果四个并立的答案选项,假如其中三个肯定不符合题干要求,那么剩下的就是正确的答案。

## 小　结

阅读课是对学习者输入语言知识和提高他们的阅读能力的主要课程。

阅读课有精读课和泛读课两大类。

精读课的教学内容包括语音、文字、词汇、句法、篇章。语音是语言的基础,必须让学习者掌握汉语的语音特点,进行辨音和辨调的练习;词汇是语言的材料,必须运用各种教学方法让学习者在掌握母语词汇习得与外语词汇习得的特点的基础上接收和积累大量的心理词汇;语法是话语构建的规则,必须通过种种训练,化陈述性的语法知识为程序性的句子产生式;篇章是阅读的文本,必须由字而词、由词而句、由句而段、由段而篇地进行阅读理解的训练。

泛读课主要是培养学习者的阅读能力和阅读技巧。为了提高和训练学习者的阅读速度,教师必须设计好阅读的问题和文化背景的提示,并给予学习者一定的指导,指导学习者熟练地阅读、猜测、跳跃和答题。

# 第七章　口语课型的课堂教学实施

口语是外语学习的重要课型。传统教学法重视阅读和翻译,忽视说话技能的训练,致使许多外语学习者产生能看不能说的弊病。从直接法开始,主张听说领先,才扭转这个偏向,把口语课摆到了主要的位置。

口语课在相当一个时期,停留在反复模仿的机械操作上,即反复地背诵和练说典型的语句,并在此基础上进行词语的替换,以达到会说话的目的。这在学习的初级阶段固然有其一定的作用,但长期持续下去,则因不能发挥学习者的创造性而妨碍口语的进展。于是教师们在外语教学实践中创造和积累了种种行之有效的口语教学方式和训练说话技能的方法。

口语课有独白和会话两类。虽然它们同属于口头表达,但独白有交流作用而无交际性质,会话则既有交流作用又有交际性质。这就规定了会话必须遵循说话的情景原则和说话双方彼此合作的原则,否则交际可能失败。独白固然也要看对象的知识水平和接受能力,但总的说来没有会话那么严格。不过,无论是会话还是独白,它们都是说话者把自己的意念,形成命题,通过词语的匹配、提取和组合,转变成语音码,然后指令口腔肌体发为语音串。因此,口语从意念到表述的过程,中间要经历三个阶段:话语计划(即意念和思想)——话语构建(即词语的选择、提取,并组合成句子)——话语执行(即指令口腔把内隐的语音码发出声来)。

会话既然具有交际性质,说话者和听话者双方必然要有呼应和对答。这就形成了会话表述的三种话语:一是功能性话语,它是用来表示提问、请求、致谢、邀请、建议等语言功能的;二是承接性话语,它是用来承接对方的话头表示应答、同意、否定、拒绝等态度的。这两种话语往往组合成为相邻对子,形成会话的基本形式。三是叙述性话语,这是插入对子中间的主题话语,是说话的核心所在,它讲究话题的展开、转换和结束。这三种话语配合得当,交际的效率就高,反之就会大打折扣。

口语的训练方法繁多,总括起来有单项训练和综合训练。单项训练有的偏重于思维(即话语计划)训练,有的偏重于遣词造句(即话语构建)训练,有的偏重于声韵调(即话语执行)训练。综合训练,有的偏重于语篇(即独白)训练,有的偏重于交际(即三种话语的配合)训练。教师掌握了这些口语表述的机制和特点,会大大提高口语课的教学效果。

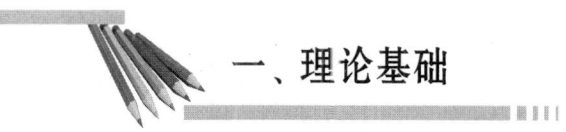

## 一、理论基础

在第二语言教学中,口语课始终被作为语言教学的一个重要部分。口语课与阅读课、听力课一起被对外汉语教学定为主干课程。口语教学有其自身的特定规律,这些规律的理论基础来源于口语产生的心理机制。

### (一)语言输入和输出

输出话语的先决条件是语言的输入。外界的言语刺激信息通过视觉、听觉进行感觉登记,再由神经元传导给短时记忆,在这儿经过复现和再现,有关的语言信息和语言结构就落户到长时记忆,永久贮存,这就是输入。当外界又有言语信息刺激感官时,被神经元传导到大脑言语中枢的长时记忆库,大脑机制就会寻找与外界刺激信息相似或相近的言语(词语和句子)模式,进行匹配,匹配不上的,就作为新知而输入;匹配上的,就将它们提取到类似于短时记忆(心理学家称为工作记忆)框中,根据接收者的经验和语感去切分音节和意群,领会话语的意义。这就是语言的理解。如果要把内心的某个思想表达出来,就要根据头脑中的意图,从长时记忆中选择合适的词语(心理词汇),提取到工作记忆,按照语法规则进行装配、组合,再转换成语音(或文字)串,形成话语(口语或书面语)。这就是语言输出。

### (二)话语产生的三个阶段

口语表达是语言的外在表现,其内部机制是话语的产生。因此,口语表达实质上也是一种语言产生的心理过程,它必须经过话语计划、话语结构的建立、语言计划的执行三个阶段。①

1. 话语计划

话语计划即说话人根据自己的意图或者交际双方的需求计划自己说话的内容(思想)。

话语计划首先要确定话语的类型,是进行交流,即有他人参与的会话,还

---

① 桂诗春,《实验心理语言学纲要》第414页,湖南教育出版社,1997。

是独白。如果是会话,就有与交谈的对方进行各种协调的问题。根据会话的自然进程,先要考虑如何开始会话,或招呼对方,或作出应答。其次,在进行交谈的过程中根据话题的展开和变换作出各种反应。如提问——应答;提议——获得反应;赞扬——接受或拒绝;要求——同意或回绝,等等。复杂的话题还需插入叙述性话语和描写性话语。最后结束会话时,要有预示结束的建议,或提出新话题,插入新信息,以及相互道别等。如果说话人要进行独白,叙述性的则必须计划事件内容、事件次序以及事件关系;讲演性的,则必须计划话语的观点、论证的材料以及结论,等等。

2. 话语构建

口语表达的第二阶段是话语结构的建立。上一阶段的话语计划,只确定了话语的思想和内容,必须运用词语和句子将它们言语化,即建立话语结构,表达才有可能。从思想到话语,要从长时记忆库的心理词汇中选择合适的词语,并把它们提取到工作记忆(相当于短时记忆),在那里作句子计划和成分计划,即按照语法规则将选出的词语加以排列,成为有意义的句子形式或词组形式。语句在工作记忆中保存的时间不长,应尽快转换成声音语流,传递给口腔肌体发出声响,成为口语表达,以便腾出工作记忆的容量,进行后续句子的组合和构建。

3. 话语计划的执行

话语计划的执行阶段是要编制一个发音程序,它包括意义选择、句子轮廓选择、实词选择、虚词系联、语音切分以及超语音成分(停顿、语气、语调等)的处理等等,同时要指令发音器官包括呼吸机制(提供言语产生的气流)、喉部机制(将气流转化为声音)和发音机制(口腔、鼻腔塑造和形成声音)的肌肉运动。在这些因素的协同作用下,使思想得以转化为语音形式而表达出来。

当然话语阶段的这三个阶段并不是截然分隔的。话语信息从心理码到实际语码到通过语音表达出来,从理论上分析是经历了三个阶段。但"实际上,许多时候,话语中的每个句子都是局部计划的,每一次粗粗地计划一句,然后再考虑后面的句子。句子中的词也不是全部计划好的,一般是围绕着句子轮廓一个个成分选词填空进去的。"彭聃龄,《语言心理学》第 249 页,北京师范大学出版社,1996。特别是对话中根据对方的反应作出各种应对时,更是如此。但话语总计划是明确的,话语结构的建立也是预设的,不然话语表达达不到预定的效果。

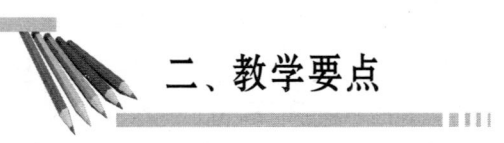

## 二、教学要点

对外汉语的口语教学,课堂传授和训练仍是其主要途径。在课堂教学中要从口语会话的特点出发,抓住口语中的语言要素,将语言知识转化为口语能力,并让学习者适应交际的情境,以便顺利地、流利地开展话语交际。

## (一) 教学内容及其应用

口语教学的内容可以概括为三种话语:承接性话语,功能性话语和叙述性话语。训练的重点应放在这几种话语的搭配和协调上。

1. 承接性话语

承接性话语是说话人依据对方的话题作出原则性反应的话语,意在初步表个态,把对方的话题接过来,然后述说自己的想法。这里有对问话的回应,如"行,可不是,可不,真是的,是啊"等,例如:

> 他今天又没有来?
> 可不是。他常常无故缺席。

有对赞扬的谦逊,如"哪里,哪儿的话,彼此彼此,不敢当"等,例如:

> 你倒是挺内行的!
> 彼此彼此,你也很内行呀!

有对感谢的客套,"不谢,不用谢,不客气,没什么,没事儿,没关系,可别这么说"等,例如:

> 你为大家做了那么多的事,真要好好儿地谢你啦!
> 没事儿,这是我应该做的。

有对对方话语的赞同,"是的,对呀,那是,没错儿,是这个理"等,例如:

> 学习时要抓紧,休息时也要好好儿地放松一下。你说是吗?
> 是这个理,劳逸要结合呀!

有对对方建议的同意,如"好的,可以,没问题,就这么办,就这么说定了,听你的,一言为定"等,例如:

> 这个双休日,我们一起去爬山怎么样?
> 好的,就这么说定了。我带我的太太一起去。

有对对方的态度不以为然,如"你瞧你,我说你呀,叫我怎么说呢,什么德行"等,例如:

> 工作么,过得去就可以了,何必那么认真呢?
> 你瞧你,一副吊儿郎当的样子。

有对对方说的事情表示理解和明白,如"原来如此,怪不得,可以理解,是

这样的,我明白"等,例如:

  我说怎么那么长时间没看见他,他早在一个月前就回国了。
  原来如此,这家伙也不打个电话告诉我们。

  这类话语是口语会话中经常用到的,应该将它们从实际口语中抽绎出来加以归纳,作为口语教学的一项内容。

  2. 功能性话语

  功能性话语是说话人传递自己话语行为的期望和意图的话语。同样一句话(即同样一个命题),不同的期望和意图,如断言、提问、警告、命令、请求等,表达的方法就不一样。例如:命题——衣服,洗。加上不同的功能性话语,就能表达不同的期望和意图。

  衣服洗好了。(断言)
  衣服洗好了吗?(提问)
  你怎么可以不洗衣服呢!(警告)
  你要把衣服洗好!(命令)
  请帮我洗一下衣服!(请求)
  对不起,你的衣服还没洗好呢。(道歉)

  3. 叙述性话语

  叙述性话语是说话人述说事件、见闻、体会等内容的话语。可以列举,可以介绍,可以解释,可以说明,可以溯原因,可以谈效果,可以下结论等。表达的句式也富于变化,可以单句(包括各种句型),可以复句(包括各种关系),可以句群。叙述性话语也确是口语说话的内容,口语课中应该予以训练。但它不是口语课所能独力承担的,它应该是阅读、听力、口语、报刊、文化等各门课程的综合之功。

  以上三种话语,无论是哪种,都是人脑根据说话的环境和条件,由命题经过词语、句式的选择组合起来,再转化成语音码传递给口腔肌肉,发而为口语的。所以口语课的教学和训练重点应放在以下几点:

  1. 同一命题的不同功能

  同一个命题由于说话者的期望和意图不一样,就要选择不同的功能性言语行为。例如,有这样一个命题——出租车,乘,去。根据不同的意愿,可以说成:

  乘出租车去吧!(提议)
  可以乘出租车去!(同意)
  必须乘出租车去!(命令)
  能乘出租车去吗?(申请)

2. 同一命题的不同表达

同一个命题由于说话者所处的环境和条件不一样,其表达也会有所差异。例如,有这样一个命题——出租车、机场、乘、去。根据不同的情况,可以说成:

乘出租车去机场吧!(直接)
要不要叫一辆出租车去机场?(间接)
乘公共汽车可能赶不上班机!(暗示)
咱们怎么去机场?(启发)

3. 话语对子的配搭

一个人对另一个人说话,而另一个人回话,就组成了对话。这样的对话,常由承接性话语和功能性话语搭配而成。这些对子类型很多,起着不同的功能,如问答、打招呼、建议和反应、断言和认可、表扬和反应、请求和承诺等。这些对子不但有协调作用,而且还有各自的目的,问句是为了提取信息,打招呼是为了保持接触,等等[①]。这些对子还可以组合到更大的单位里,或者由几个话语对子搭配、组合成一段对话,完成更全面的目标。例如:

下车时,请帮我提一下行李好吗? (请求)
行,没问题。 (承诺)
您真热心! (表扬)
您说得好! (反应)
真要好好儿谢谢您啦! (感谢)
没什么,应该做的。 (答谢)

4. 叙述性话语的插入

叙述性话语的内容大多为比较复杂的命题,从命题到句子要经过词语的选择和句子的生成。一个命题可以有多种句式来表示(如同样的命题可用主动句、被动句、把字句等来表达),几个命题也可以组合为一个句子来表示(如,主要命题作为句子的主干,小命题作为句子成分充实到主干句子中去),这是口语课要着重解决的课题。因此口语课的教学,不在于叙述性话语的具体内容,而在叙述性话语的形式,除了整句分拆为几个小句,几个散句合并为一个整句,以及各种句式的转换训练,还要抓住:话题(即主语、框架)和展开(即谓语、嵌入)。例如,有关"饮茶"的对话,就可能有"茶的种类、茶的包装、茶的品尝、茶的作用"等话题作为会话的框架,与这些话题相应,说话者就要列举茶的产地和品种,介绍茶的各种包装和保藏的方法,述说不同种类茶的滋味,说明饮茶的种种好处等等作为会话的具体内容而嵌入。可见,叙述性话语常常随

---

① 桂诗春,《实验心理语言学纲要》第423页,湖南教育出版社,1997。

着话题的深入而展开,随着话题的变换而转移。它的话语计划只能是部分的,必须随着对方的思路作出相应的调整。所以灵活性、多变性、协调性始终是叙述性话语的训练重心。

## (二) 话题的展示、扩展与结束

交际会话,话语对子固然重要,但它只是简单地表述某个意思;复杂一些的思想和意念就得插入叙述性话语来表达。叙述性话语是说话人述说事件、见闻、体会等内容的话语,是围绕话题而展开的。话题是口语的重要组成部分,可以说是话语的核心内容。它是由话语提出、话语扩展与话语结束三个要素组合而成的。

1. 话题提出

话语提出,是把需要述说的话题置于说话的中心,这是一种说话技巧,需要学习者在口语实践中掌握。口语中的话题有多种提出的方式:

(1) 疑问性提出。说话中用疑问形式或反问形式提出话题,容易引起听话人的注意。而且开门见山,说话可以集中在所提出的话题上,不易跑题。例如谈论交通问题,为了述说中国自行车特别多的现象,说话人就可这样提出话题:"为什么中国称为自行车王国?"或"你应该看到上下班时行驶在马路上的自行车吧?"这就为话题的展示留下了述说的广阔余地。

(2) 叙述性提出。这是把所见所闻以叙述形式锁定在一个话题上,然后再加以细说的一种口语技巧。这样谈话有个中心,不至于太分散。例如漫谈旅游,说话人想集中讲述最近的一次游览,就可直接提出:"上星期日我与几位朋友一起去了无锡",下面就可从容地述说漫游无锡的见闻了。

(3) 承接性提出。这是由对方询问或提出一个话题,说话人承应这个话题而作出回答的一种口语方式。现有的口语教材大多采用这种方式来编写对话,把一个话题采用一问一答的形式,分拆成几组问答来展示。这样可避免说话的冗长和沉闷,以增加教材的生动性。实质上这种编写方法是把说话人所要述说的话题,改由听话人来询问或提出。这可以说是说话人提出话题的一种变式。不过这只是方便口语会话的训练,实际生活中说话人要说的话题和内容,听话人未必都能提及或点到,常需说话人自己提出来。例如交谈观看京剧,对方可能问及剧目、演出状况、观众反响等,但没涉及音乐和服装方面的问题,而这恰恰是说话人最想发表的观感,那就可由说话人自己提出来加以评述。

(4) 插入性提出。这是在交谈某个话题的过程中说话人突然想到与该话题本身有关的其他话题而插进来加以述说的一种口语方式。例如议论一场足球赛时,说话人想到这支球队在上届世界杯赛中的表现,因而插入这个话题,进行评议。

2. 话题扩展

话题扩展,是把提出的话题加以述说、阐释和扩充的说话方式。话题的提出只摆出个框架,话题的扩展为框架填进了实质性的东西。从这个意义来说,话题的扩展比话题的提出在口语教学中尤显重要。话题扩展有如下一些方式:

(1) 列举性扩展。这是列出几种事物或事例以展示话题的一种说话方式。例如罗列时令水果的品种、数量和价格来展示水果丰盛这个话题。

(2) 介绍性扩展。这是围绕某个话题进行顺序或重点介绍诸种情况以加深听话人印象的一种话语方式。例如,游览名胜古迹,导游或者从历史顺序、地理顺序来介绍景点,或者重点介绍景点的特色和特产等。

(3) 解释性扩展。这是就某个话题的文化内涵或历史成因等进行解释以揭示话题意义的一种话语方式。例如遇到中秋节,必然会谈到嫦娥奔月的传说以及吃月饼的风俗等,从而展示出中秋团聚的意义。

(4) 说明性扩展。这是对某个话题进行必要的说明以突出话题重要性的一种话语方式。例如谈论中医针灸,对针灸的性质、原理和疗效作一个说明,就能把话题提到一个重要的位置。

3. 话题结束

话题结束,这是说话人向听话人宣告谈话结束的一种话语方式。除了简单地用"今天就谈到这里"表示结束外,常用的结束话题有下列几种方式:

(1) 下结论结束。这是展示话题比较充分,意见渐趋一致的情况下,由说话人作出结论的一种话语方式。例如叙谈参观万里长城的感想,最后说话人提出自己的看法:中国古代劳动人民的创造真了不起!以此来结束这次谈论的话题,有画龙点睛的作用。

(2) 溯原因结束。这是归结原因来结束话题的一种话语方式。例如谈论同学们体质有所增强这个话题,最后归结到是加强体育锻炼的缘故,这种结束能揭示出问题的实质。

(3) 谈效果结束。这是在谈论或推行某种措施或方法最后以效果作结的一种话语方式。例如谈论学习方法的话题,最后摆出课内与课外结合而收到的良好效果,这种结束加强了话题的感染力。

(4) 转换性结束。转换话题实际上是结束老话题而开启新话题的一种话语方式。这种转换依据前后话题的关系可分为两类:一类是关联性转换,如从谈论电影转到旅游,它们同属于娱乐活动,互相多少有些关联;另一类是无关联性转换,如从谈论学习转到饭馆,完全是风马牛不相及的转换。

对外汉语的口语教学,抓住话题的提出、展示和结束来进行学习和训练,就能把学习者从初级而简单的会话,擢拔到高级而复杂的会话水平。

## (三) 适应交际语境

1. 语境的作用

语言环境在会话教学中所起的作用,主要体现在两方面:有利于词语的理解和识记,有利于表达的准确和贴切。语言形式结合语境出现,即使是单词,结合情景教学,也能使其语义解释更准确、搭配功能更明了,因而更易于记忆和运用。特定的语言环境可以帮助学习者理解和掌握词语的语义和用法。在口语教学中,营造情景并以情景为依托可以使新词语或句式的掌握和记忆花比较少的时间,并提供新词语与已学过的词语以更广泛的搭配功能上的条件。例如在茶馆里喝茶,日本学习者看到了很多跟茶有关的实物,语境提供了无意识记的条件,使他们很容易地记住了如"紫砂茶壶、茶碗、瓷器"等词语。

不仅语词的学习如此,短语句子也是在语境中才得以充分体现其价值的。在不同的语境中,短语句子有其不同的功能和作用。而它在运用中的贴切性和得体性也常常通过一定的语境才能表现出来[①]。例如"你急什么"这个句子,在不同的语境中有其不同的功能和作用。

看你慌慌张张的,你急什么?
保险柜的钥匙找不到了。

这里的"你急什么"表示询问。

你急什么,时间还早呢。

"你急什么"意为"不必着急",用于规劝。

你急什么,我才急呢!

"你急什么"表示否定,要说明"急的人"是"我"而不是"你"。

在何种语境使用哪些短语句子是有其内在的规定性的,会话教学中随时结合语境,可以更明确、具体地向学习者揭示这种规定性,并落实在语言实践中。

2. 语境的设计和运用

会话教学中可以设计和利用的语境是多种多样的。我们可以根据教学的目的要求,运用一定的方法和手段,积极设计和营造、充分发掘和利用有助于会话教学、能促进学习者话语表达能力提高的语言环境。

会话教学中语境的运用主要体现在现有语境的利用和为实现教学目的要

---

① 朱纯,《外语教学心理学》第 132 页,上海外语教育出版社,1994。

求而设置语境。在会话教学中现有的可利用的语境主要有材料语境和即时语境。

（1）材料语境。即课文语境和声像语境，这类语境的利用可以有顺应性的利用和发挥性的利用。[①] 顺应性地利用是语言材料中出现什么就利用什么，大多见于上下文语境的利用，如上文所举的上下文语境和情节性语境的例子就属于顺应性利用。影视材料中就某些片段展开话语交流也是一种顺应性利用。发挥性利用是通过对语言材料的联想和扩展来进行的。例如看了一个影视片段后由学习者按各人的联想或猜测接续故事，或组织讨论等等。

（2）即时语境。即时语境也是一种可充分加以利用的语境。这类语境的利用要求教师在了解掌握学习者的认知状态、文化水准、社会背景的基础上，通过细致的观察，不失时机地抓住有利于学习者语言知识的掌握和言语能力的提高的各种条件和机会，从而形成良好的环境因素。例如学过了委婉的拒绝以后，在饭店点菜时，服务员介绍过多的菜肴，学习者要表示拒绝，但情急之中常常只会说"不要了，不要了"，这时就可以利用当时当地的人、事、情，告诉学习者可以说"谢谢，我们先点这些，不够再添"等。再如到杭州旅行，看到西湖的风景，留学生很兴奋，这时就可以引导他们运用平时使用很少的双重否定句"到中国不能不来杭州"，"来杭州不能不游西湖"等等。会话教学中即时语境的利用要抓住"即时"二字。由于即时语境具体、形象，大多含有一定的情节性，因此对于正确、贴切地运用语句形式，牢固长久地记忆语义内容十分有效。

会话教学中的语言环境的应用离不开语境的设计。这是因为各个学习阶段都有特定的新目标和学习内容，再加上学习个体差异，会话教学就必须设置有针对性的语言环境或者是特定的情景以完成教学任务。语境的设计要考虑提供有交际价值的学习者熟悉的场景和生活片段，减少随意性和盲目性。以下是在语境设计中尤其应当重视的几个方面。

（1）语境要有开拓性或延续性。所谓开拓性即能够开拓学习者的思路，起到引导启发的作用；延续性即环境可以提供交际双方的对话以延续的条件。例如"你在百货公司买衣服，挑了半天总算选中一件使你满意的衣服，付钱时却发现钱不够"。再如"你到了一个城市，给朋友打电话，他搬家了，接电话的是陌生人"等等。这类语境不仅仅停留在"购物、付钱""给朋友打电话"这类比较固定的会话模式上，由于设置了一些意外的细节，可以使会话在固有的形式上有所开拓和延伸，这类情景设置对于中高级会话训练尤为适宜。

（2）语境设计要处理好会话双方的输入性与输出性的技能训练及其比重。有些语境设计可能只提供给交际双方中的一方以较多的表达机会，也就是一

---

[①] 朱纯，《外语教学心理学》第134页，上海外语教育出版社，1994。

方有较多输出性操练机会,而另一方则只是当听众,接受信息,练习的是输入性的技能。例如"给中国同学介绍你们国家的国花"或者"中国同学给你们介绍名胜古迹"等。在这类语境中进行的会话,往往一方是主讲而另一方是听众。因此要避免设计这类语境,使交际双方都有适当的输入性和输出性技能的训练机会。

（3）语境的设计应当有针对性。所谓针对性即所提供的情景对会话双方的交际要有所指定。例如"在保险公司,您与办理保险的公司职员对话""在某某公司的晚宴上,大家谈话、祝酒",这一类语境设计得太宽泛,没有一定的针对性。在保险公司,你是去咨询、投保、还是理赔,会话双方的话题没有所指内容。晚宴上的谈话,人物(包括职业、身份)、事件(什么性质的宴会,是欢迎会、饯行会还是庆功会?)都没有限定,这样的会话训练教师难以控制,学习者无从着手。

（4）语境的设计应该明确、具体化。为进行会话技能训练而设置的语境应该是明确的。例如表示感谢的语境:"在去机场的路上,朋友开车把你遗忘在住处的护照送上""出院的时候,你跟为你治疗的医生和护士告别"等等,这类语境时间、地点、人物、事件都交代得很具体明了。有些语境如"你和朋友很久没有联系了,这次见面互相询问对方的情况""你和同学交流学习方法"等,在这类语境中开展交流,双方的话语可长可短,三言两语即能打发,长篇大论也未尝不可。所以这类语境的设置应该细化,尽可能明确谈话的要点。再如,把影视片段作为一种语境,会话练习要学习者就这些片段谈体会。这一类练习应该给出具体的语境,在语境的规约下进行操练。

## 三、操作方法

口语课的教学方法,就其单项训练来说,有语音类的训练、词语类的训练、句子类的训练、成段类的训练;就其综合训练来说,有独白类的训练和会话类的训练。这些训练的实施,不同年级应有不同的侧重点,让学习者能够由易到难、由简单到复杂地驾驭口语说话的技巧。

### （一）不同阶段的训练侧重点

1. 初级阶段

这一阶段以单项训练为主,其训练过程的顺序为语音——词——语句——语段。语音是执行话语的外在形式,是口语的重要基础,因而语音训练是这个阶段的教学重心。词语是建构话语的材料，一个词语或两、三个词语也可以进行简单的交流，注重这方面的训练，可以提高学习者学习和说话的兴趣。语句是话语的基本单位，人们的某个思想或意念都是通过它来实现和表达的，重视语句的训练，可以化语法知识为造句能力，进而提高说话的信心。句群和语段是话语的复杂形式。在这个阶段的后期也要注意训练和培养。

2. 中级阶段

这一阶段进入到综合性的训练，逐步增强成段表达和交际的训练比重。当然也要继续扩展和积累词汇，并能运用和造句，表达较为复杂的思想。训练的方式要采取语言实践、调查访问、表演、讨论等综合性的教学活动，使课堂获得的语言知识跟实际需要和应用密切结合起来。

3. 高级阶段

以综合训练为主，突出句群和语段的表达，加强话题提出、扩展和结束的训练。训练方式可采取谈感想、报告、讲演、评述等教学活动。

### （二）常用的口语教学方法

单项训练方面：

1. 语音训练

口语是发声的语言，无论是听和说，都以语音的准确为其前提。语音训练的目的，是要促进学习者把握住汉语音素的发音部位和发音方法，以及音节的拼读和声调，较快而又较准确地适应汉语发音的特点。

（1）教音方法

1）循环与反复。不仅课文的编排，声、韵、调要有循环与反复，就是教学和训练也应有意识地安排几个循环与反复，学习者的语音才能得以巩固。例如，in, ing, en, eng 的辨别，没有多次的反复训练和审辨，是难以奏效的。

2）示范与模仿。教师示范发音是学习者语音模仿的范本。教师的口形和态势能给予学习者发音的启示，便于学习者模仿，这是听录音所代替不了的。教师的多次示范与学习者的多次模仿是必要的，但可能比较沉闷、单调和乏味，可以穿插其他的形式来训练，如利用发音模具来比拟，录下同学的发音来审听、评议等。

3）图表演示。利用图表可使发音形象化并突出发音的特点，有助于学习者发准汉语的声、韵。例如画出口腔、鼻腔、舌头、声带的示意图，说明某个声母的发音部位和发音方法，可以帮助学习者发准这个音，把同一发音部位或同一发音方法的音素排列成一张表，也能帮助学习者对比或类推一组音素的读音。

4）音形结合。汉语拼音不是文字，只是发音的拐杖。最终，口语中的音并不与拼音字母挂钩,而是与汉字挂钩。因而在语音教学中不仅要训练学习者听到音立即能写出拼音,或者看到拼音立即能读出它的音,同时也希望能适当地把语音与字形挂钩,例如 ba 爸,ma 妈等。有些教材在语音阶段就安排出现一些汉字,目的就在于此。

5) 双音节定调练读。声调训练,往往以一个音节为基准,循着一声、二声、三声、四声的次序发出四个声调。学习者循序读调一般都没问题。但汉语词语的声调不可能是如此整齐地排序的,所以应该打乱这个次序,重新排列练读。根据四个声调的不同组合,双音节词语共有 20 种搭配,能够熟练地读准这 20 种声调的搭配,就能读准汉语双音词语的声调。

(2) 练音方法

1) 合唱和独唱结合。合唱是全班一起练读,独唱是个别练读。合唱能调动全班学习者一起活动,但无法了解每个同学的发音情况;一个挨一个地轮流独唱易于发现学习者练音中的问题,但比较花时间,练习的量太少。为了顾及大多数学习者,以及营造课堂气氛,我们常常采取合唱和独唱结合的方法来练音。

2) 见形读音。初始阶段主要训练见到拼音字母就能正确地读出音,见到字母拼成的音节,如 páng,bèn 就能读出。下一阶段,进一步训练见到汉字词形如"旁、奔",不依赖拼音,就能直接读出 páng,bèn 的声韵调。

3) 配对练音。有些音素发音部位相同,如 b,p,m;d,t,n 等;有些音素发音方法相同,如 b,d,g;p,t,k 等。将它们归在一起进行配对练音,效果会好些。有些鼻韵母如 in,ing;in,eng;an,en 等,进行配对练音,就容易辨析。

4) 声韵调单项练习和语流结合。声韵调在初学时有必要分别进行单项练习,以掌握声、韵的音准和拼合,以及四种声调的调值。到一定阶段应把每个音节的声、韵、调放入语流(即成串的音节,表现为词组或句子)中练习。因为语流有速度的要求、变调的要求,以及语气语调的要求,能体现话语的真实性和实用性。

5) 课上和课下结合。练音当以课上为主,可以及时得到老师的指导,但光靠课上的时间毕竟有限,要达到语音的熟练,需要课下继续操练。可采取跟着磁带发音,利用录音审听自己的发音,同屋或同学间互相辨读等方法。

(3) 纠音方法

1) 示范模仿法。学习者的错误发音,可能受母语语音干扰,也可能是模仿有误,教师在纠音时有必要再次示范发音,让学习者跟读和模仿,增强其音感,加深其印象。

2) 演示法。出示发音挂图,或在黑板上画发音示意图,让学习者体会发某个音的要领,从而纠正自己的错误读音。

3) 夸张法。学习者的错误读音有时相当顽固,教师可运用夸张手段,如持续较长的时间张大、圆拢或压扁嘴巴形状来发 a,o,u 三个音;把舌头抬得很高、很后,来发翘舌音 zh,ch,sh,r,以收矫枉过正之效。

4) 对比法。汉语拼音字母中有些音很容易混淆,或不易发准,利用对比法来突出发音要领,可让学习者体会两个音的不同特点。如 r 和 l 两音对比,r 属舌音,舌头上翘,气流摩擦而出;l 属边音,舌头抵齿龈,气流从两边出。这样学习者就容易区别并发准其音。

5) 过渡法。学习者在发某个音节时,能比较准确地把握韵母,如"看(kàn)"中的"àn",但在念"含(hán)"时,常常错读成"很(hěn)",纠正相当困难。这时可利用熟悉的音节过渡到新的音节这种方法。让学习者发熟悉的音节"看(kàn)",保持好口腔的位置和状态,然后替换声母"k"为"h",这样就能正确地过渡过来。

6) 手势体态法。用手势和体态来提示学习者发音,也是常用的一种纠音办法。例如伸出舌头表示念舌尖鼻音,用手指咽喉表示发舌根鼻音。而用身体和手臂的摆动姿势来提示哪种声调,则更是普遍采用的方法。

2. 词语训练

思想和意念必须凭借词和句子才能形成话语,因而词语的学习和训练在口语中占有重要地位。词语训练的目的就是要学习者通过种种训练方式,把积累起来的词语按一定的结构,如同义系统、反义系统、类义系统等编织为一张相互沟通的网络,并在说话时能根据交际和语境的需要,从网络中选取相关词语,自动地(不假思索)或半自动(略加思索)地组合成句子、话语。

(1) 直接法

1) 指物说词。教师提一个简单的问题,一位学习者指着实物或图画作答,由另一位学习者说出词语。例如:

教师　　昨天你们去商店买了什么?
同学甲　(指指手上带的手表)
同学乙　手表。
同学甲　(再指脖子上系的领带)
同学乙　领带。

这可以说是最简单的会话,在交际中学习和应用词语。

2) 做动作说词。教师或学习者做动作,由另一位学习者说出词语。例如:

教师(或学习者)　(握空心拳凑到嘴上)
学习者　　　　　喝茶?
教师(或学习者)　(摇头,再次示意)

学习者　　　　　　喝酒？
　　教师(或学习者)　　(点头,并把两个空心拳高举碰在一起)
　　学习者　　　　　　干杯！

指物说词多用于名词的训练,做动作说词则可用于动词或词组的训练。

(2) 认读法

1) 指序号念词语。把有关词语(课文生词或会话中需用的词语)编上序号,然后教师叫号,学习者按号找词念出词音。这是训练学习者见到词形熟练地发出语音的一种方法。有时候,可利用超市散发的商品广告单,把上列的商品编上序号,要求学习者按教师说的序号在广告单上找到商品,念出商品的名称和价格。例如：

　　老师　　1号。
　　学习者　自行车,198元。
　　教师　　6号。
　　学习者　书包,38元。
　　教师　　10号。
　　学习者　照相机,588元。

2) 板书念词语。把有关词语有序地写在黑板上,教师用教棒随意地指词语,让学习者念出词音。这也是训练学习者把方块汉字的词形和词音挂起钩来的一种学词方法。

(3) 语素法

1) 指定语素组词。教师指定一个语素,如"学",让学习者用"学"来组词："学校、学习、学习者、教学、科学"等。

2) 指定词语,说出含10个相同语素的别的词语。如教师指定一个词语"保护",让学习者说出含"保"语素的词："保持、保证、担保"等；再说出含"护"语素的词："护理、护士、拥护"等。

这两种扩展词语的方法都可把词语串联进网络。

(4) 词组法

1) 用指定词扩展成词组。教师指定一个词语,如"修理",让学习者扩展成词组："修理鞋子""修理钟表""修理家具""重新修理""专门修理""修理一番"等。

2) 利用生词表组词。生词表上的词,有的可以相互组合和搭配,教师在教学习者词时,可有意识地把这些词组合在一起。例如《熊猫》一课,有"珍贵、样子、动物、可爱、可笑"等生词,就可把"珍贵"和"动物"连在一起："珍贵的动物"；"样子"和"可爱、可笑"连在一起："可爱的样子""样子可笑"等。

词组是话语的半成品,积累多了,说话也会流利起来。

(5) 类聚法

1) 同义词类聚。教学到一定阶段,教师可有意识地指导学习者按意义的近似,把有关的同义词整理在一起。例如把有"荣誉"义的词语"光荣、光彩、体面、荣幸、荣耀、荣誉"等汇拢起来,进行辨别和记忆。

2) 反义词类聚。教学到一定阶段,教师可有意识地指导学习者按意义的正反,把有关反义词整理在一起,例如"关心、关切、关注"和"冷漠、漠视、淡漠"等汇拢起来,进行辨别和记忆。

3) 类义词类聚。教学到一定阶段,教师可有意识地指导学习者按意义的范畴,把有关的类义词整理在一起。例如表示颜色,有"红、黄、蓝、白、黑、绿、棕、灰"等;表示气象有"阴、晴、云、雨、风、雪、雾、霜"等;表示的动作,有"举、拍、打、提、抬、搬、敲、开、关"等。将它们分类汇拢,有助于记忆和选用。

一般来说,群集记忆比分散记忆不易遗忘。而类聚法是进行群集记忆的主要方法。

(6) 释义法

1) 指定词语释义。教师出示卡片上的词语(词形和读音),让学习者说词语的意义。例如,出示词语"酣睡(hānshuì)",学习者说出它的意义:睡得很熟。

2) 根据释义猜词语。将词语列在左边,释义列在右边,打乱次序后让学习者把释义与相应的词语用线条连起来。例如:

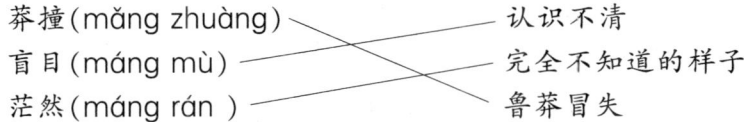

莽撞(mǎng zhuàng) —— 认识不清
盲目(máng mù) —— 完全不知道的样子
茫然(máng rán) —— 鲁莽冒失

这是把词语的形和音跟词义挂钩、系联的一种训练方法,有助于说话表达时提取有关的词语。

(7) 联想法

1) 轮流说出有关系的词语。教师先说一个词,如"光明",然后让学习者按座位挨次轮流说出与之有关系的词语:光亮——光辉——光耀——明亮——明朗——亮晶晶——明晃晃——照耀——照亮——灿烂——辉煌——白昼……

2) 一个人主说,他人补充。方法略同于上,但改由一个同学根据指定词语联想有关的词语,其他同学补充。这种训练方法有意识地把学习者所积累的词语从意义上串联起来。方便他们说话时能较快地检索和选取头脑中的词语。

（8）问答法

1）用指定词语提出问题。教师指定一二个词语，要求学习者组成问句。例如，教师指定"停留""行进"两个词语，学习者把它们组织进问题："你们为什么停留在这儿不继续行进呢？"

2）用规定的词语回答问题。教师提出一个问题，要求学习者用规定的词语回答。例如，教师问："你们这次是怎么旅游的？"规定用"停留""观赏"作答。学习者回答说："我们先到南京停留两天，然后到洛阳，在那里我们观赏了龙门石窟的雕塑。"

这种训练方法主要是让学习者熟练词语的组织和应用。

（9）替换法

1）用有关词语替换句中的词语。教师说一个句子，要求学习者用有关词语替换句中的某个词语。例如，教师说"再过两个星期就要考试了，大家要抓紧时间努力学习。"要求学习者替换"努力"这个词语。学习者可说"认真学习""用功学习""专心学习"等。

2）指定词语替换句成分。教师说一个句子，并指定一二个词语，要求学习者替换句子中的有关成分。例如教师说"他今天忽然来到这儿，大家都感到很突然。"指定的词语是"竟然"和"意外"。学习者用"竟然"替换状语"忽然"，用"意外"替换偏正词组中的谓词"突然"。

这种训练方法目的是要使学习者能够熟练地从同义词和类义词中选词成句，较快地组织话语。

（10）自学法

1）分段记忆词语。一篇课文一般有三四十个生词，不可能一下子记住，可以根据课文段落，联系上下文意，分几批来学习和记忆。

2）想、说、写记忆词语。单纯用一种方法如读念来记忆词语效果不见得好，如果通过多种手段如想、说、写结合来记忆词语，印象较深，经久不忘。

3）造句法。一个词语通过造句，不仅熟悉了词形，而且也掌握了它的意义和用法。是记忆词语的好方法。

（11）翻译法

1）汉语词语翻译成母语词语。教师说一个汉语词语，学习者说出相应的母语词语。这对外国学习者来说比较容易，因为教科书所出现的生词一般都附有英译和日译。

2）母语词语翻译成汉语词语。这对外国学习者来说有一定难度。因为母语词语跟汉语词语不一定完全对应，或者有好几个同义词与之相应，需从中挑选。但从实用角度来说，学习者说汉语都免不了要经过这道翻译手续。所以这种训练对培养学习者用汉语说话，非常重要。

3. 句子训练

语言表达是把头脑中的意念转换为语言结构形式的过程。语言结构形式包含着词语和句子。词语固然是口语形式的重要因素,但零散的、孤立的词语只能表示一些简单的概念,必须把离散的词语按一定的语法规则加以整合,生成句子,形成连续的语流,才能充分地有效地表达出头脑中的意念。因而句子训练较之于词语训练来说,就显得更为重要。

（1）句型展示

1）利用实物。口语教学利用实物来展示和训练句型,主要是给学习者以一定的说话内容,让学习者按某种句型的要求说出句子。例如,出示一大一小两个苹果,要求说"比"字句,学习者就可以说:"这个苹果比那个大",或者"那个苹果比这个小"。出示一轻一重两个颜色不同的书包,学习者就可以说:"红色书包比蓝色的重一些",或者"蓝色书包比红色的轻一些，"等。

2）利用图片。口语教学利用图片来展示和训练句型,也是给学习者以一定的说话内容,让学习者按规定句型说出句子。例如,出示一张人和动物在不同方位的图片,要求说带趋向补语的句子,学习者就可以说:"一只花狗从屋里出来","这个孩子从外面回来"."一只小猫爬上树去",等等。

3）利用动作。口语教学利用动作来展示和训练句型,是让学习者按规定句型说出所看到的动作。例如,教师从书包里拿出书本和粉笔,翻开书本,在桌子上放好粉笔,要求学习者用"把"字句说出这些动作。学习者就可以说:"老师把书本和粉笔从书包里拿出来,把书翻开,并把粉笔放在桌子上，"等等。

4）设置情景。口语教学设置情景,是要求学习者按规定的句型来描述情景。例如,设想看精彩的电视,要求用带程度补语的句子说出。学习者就可以说:"今天的电视片精彩极了。演员表演得也很自然。大家看了电视都高兴得拍起手来，"等等。

（2）机械练习

1）一般模仿。根据教科书中的对话材料进行对白训练。可以让学习者听磁带,模仿说话人的语音、语气、语调;也可以教师范读,学习者一句一句模仿跟读。

2）专项模仿。根据教科书的对话材料,分别进行重音、语调、语速、停顿等专项模仿。

3）单项或多项替换。根据教科书的替换练习,进行单个词语或几个词语的替换训练,让学习者熟悉一些词语和句型。

4）句式变换。一个意思可以根据需要用几种句式表达,因而句式变换也是口语的基础。常见的句式变换有肯定句(如"杯子是这个小孩打破的")和否定句(如"杯子不是这个小孩打破的")的变换,主动句(如"这个小孩打破了杯子")和被动句(如"杯子被这个小孩打破了")的变换,"把"字句(如"这个小孩把杯子打破了")和"被"字句(如"这个小孩把杯子打破了")的变换,等等。

5) 句子扩展。在句子的主要成分"主—动—宾"上添加修饰和补充成分,能把简单的句子扩展为复杂的句子,这也是口语教学中常用的训练方法。例如:

  朋友——去买——自行车。
  我的朋友——高高兴兴地去买——比赛用的自行车。
  星期日,我的一位好朋友——高高兴兴地去百货公司买——比赛用的名牌自行车。

(3) 造句法

1) 功能造句。一种功能,常有多种表达方式。表达方式不同,其表述的功能也会略有差异。说话要贴切,熟悉功能造句是少不了的。例如,请求功能,就有建议性请求(如"你看着办吧!")、催促性请求(如"你就快点儿走吧!")、重复性请求(如"再商量商量吧!")、暗示性请求(如"五一节能去杭州旅游就好了!")、礼貌性请求(如"我可以到你这儿来吗?")等等。这种训练方法能提高学习者说话的准确性。

2) 词语联想造句。这种训练方法是提供一些词语,让学习者将这些词语通过联想串连成句,表达一个完整的意思,或者描述一种情景。例如,教师提供:严肃、严格、畏惧、尊敬等几个词语,让学习者联想造句。学习者可以说:"他是一位相当严肃的老师,对我们的要求十分严格,虽然我们都有点儿畏惧他,心底里却是很尊敬他的。"

3) 语法难点造句。外国学习者学习汉语口语,在相当长的一段时间里说的大多是简单句,有意回避语法规则较难的句子,因而口语课特别要重视语法难点的造句训练。例如宾语提前对外国学习者来说是个难点,教师可有意识地让学习者练习:宾语前置在主语后谓语前(如"他汉语说得很好。"),宾语前置在主语之前(如"你的事我知道了。"),宾语用"把"字前置(如"他把这个本书念完了。")宾语在"连……也……"式中前置(如"你连这样简单的问题都回答不了吗?")等等。

(4) 交际练习

1) 情景问答。这种训练方法是教师规定一种情景和场合,让学习者两两结对编造对话。例如,教师规定"焦急地等信"的场景,要求学习者编写问答式对话。学习者这样编写:

  师傅,有我的信吗?
  年轻人,急什么呀!是在等女朋友的信吧?

哪里呀,是等家信,爸爸妈妈已有几个星期没给我写信了,不知他们怎么样。

别急,你看看你的信箱里有没有。

一封也没有。唉,急死人了!

你先去上课,九点钟邮递员送信来的时候,我给你留意一下。

谢谢你啦!

2) 自由问答:这种训练方法是教师不规定情景和场合,由学习者自由发挥编写问答对话。例如,有的学习者评论电影,有的学习者说戒烟,有的学习者谈修理自行车等等。

3) 真实环境问答。这种训练方法是让学习者走出教室,到真实的环境中去进行交际或交谈。例如,到邮局寄信,跟邮局工作人员问答;到商店购物,跟营业员交谈;到饭店吃饭,跟服务员聊菜肴特色等等。

4. 成段表达

问答式的口语,大多是单句,比较简单,而实际生活中的口语没有那么单一,常常需要作成段的表达,才能把事情说清楚。这就涉及复句以及复句之间的关联,句群以及句群之间的衔接。这方面的训练,有助于提高口语的水平和质量。

(1) 个人讲说式

1) 自选话题发言。教师不规定具体内容,或者只框定一个大致范围,由学习者自选话题讲述情节,叙谈体会和感想,在班上发言。为使教学活动顺利开展,可先让学习者写个发言提纲,理清发言的内容、条理和层次,教师适当加以指导。例如,有一个学习者自选的话题是:手持小旗的人。其发言提纲是:

一、站在十字路口拿小旗的人是干什么的?

二、他们认真负责的工作态度。

三、他们是从什么地方来的?

四、感想。

2) 热门话题讨论。由教师确定一个比较热门的话题,印发一些有关资料,让学习者在课外作好充分准备,拟写发言提纲或发言稿,然后在班上就该话题发表自己的看法,提出自己的问题,展开讨论和争辩。例如教师布置一个话题:妇女在家好还是工作好。并印了有关中国职业妇女的工作和生活的资料。学习者经过阅读和准备以后,开展了讨论。有的学习者认为妇女工作体现了男女平等;有的学习者认为妇女在家教养孩子也是大事,谈不上不平等。男学习者大多希望将来自己的妻子能待在家里照顾好家庭;女学习者则批评男学习者自私,有大男子思想。争论非常热烈。

这种个人讲说的方式，可以训练学习者的思维和成段表达，不仅能提高口语能力，而且能锻炼口才。

(2) 即兴联想式

1) 自由交谈。这类训练方式有两种，一种为有意学习，由教师组织一些教学活动，如参观、访问、看京剧、听音乐、观赏舞蹈等，让学习者相互之间就所见所闻进行即兴式的交谈。另一种为无意学习，是学习者自己在课余活动中，如喝咖啡、打球、游泳、旅行等，跟同学或中国人，凭着自己的感触和联想进行自由交谈。例如留学生到外地进行语言实践时，跟当地人随便闲聊：

——你们是外国留学生？

——对！到这儿来游览。这里有哪些名胜古迹？

——西边有一座关帝庙，相传是唐朝时修建的；东边的公园内还有一棵古树，据说已有三百多年。你们可以去观赏观赏。

——关帝！这是怎样一位神圣？

——关帝就是三国时期与刘备、张飞桃园结义的关羽。

——哦，我读过《三国演义》中的几个故事。关羽是一位了不起的将军。

——是呀！关羽的故事，老人、小孩都知道。大家都很佩服他、尊敬他，所以各地都建造了关帝庙。

——那我一定要去看看。

2) 交流心得体会。这种训练方式一般是由教师布置学习者读某篇小说，看某部电影，听某则广播，然后让学习者凭自己的感触和联想即兴式地谈自己的心得和体会。例如教师布置学习者读鲁迅先生小说《从百草园到三味书屋》，在课堂上交流读后感。有的学习者谈鲁迅在桌上刻一个"早"字的学习毅力；有的学习者谈三味书屋老师的和蔼、慈祥；有的学习者谈少年时期读书和嬉戏给人的印象最为深刻等等，气氛生动、活泼。

即兴联想式的训练，由于把头脑中的意念和想法，迅速通过话语构建，从而形成声音语流而传达出来，是培养学习者成段表达的较好方式。

(3) 假设幻想式

1) 谈意愿和理想。这种训练也是发挥学习者的联想而进行成段表达的方式之一。只不过谈的内容多数是未来的事情，带有假设和幻想的成分。训练方法可以让学习者在班上交流，可以是师生问答，也可以是学习者相互畅谈。例如年纪轻的大、中学习者可谈自己学成之后的计划和打算；年龄大的商务人员可谈自己的工作意愿和今后的发展。有时也可谈他人艰苦奋斗、实现理想的事迹。

2) 谈将来。这种训练也是发挥学习者想象力、畅谈未来的方式之一。跟上述方式不同的是谈的范围比较广泛。诸如城市的建设和变化、交通改善的蓝图和畅想、科技发展的规划和远景、成家立业的计划和希望、孩子的培养和造就等等。这些内容的讲述绝不是说一二句话就可以了事的,必然要进行成段的表达。

(4) 情节猜测式

1) 根据故事首尾猜测中间情节。这种训练是充分发挥学习者的联想能力,运用形象思维与逻辑思维来猜测和补充情节的一种方式。教师可讲述故事的开头和结尾,空出中间部分让学习者遐想和填充。例如教师讲述民间故事《梁山伯与祝英台》,但只讲故事的首尾:祝英台女扮男装与梁山伯同窗读书,结下了深厚的友谊,但最后双双殉情而死。为什么会有这样的结局呢?让学习者去想象中间的情节。有学习者凭自己的想象作了如下的猜测:

梁、祝毕业分手;

梁回家谋生;

梁找祝,想把妹妹介绍给她;

梁意外发现祝是女子,舍命追求;

祝父母嫌梁家穷,学历低,不同意这桩婚事;

梁父母要梁娶一个农村姑娘;

祝父母要祝嫁一个贵公子;

梁、祝相约逃婚;

两家派人追逼;

梁祝无路可走,双双投水。

2) 续故事结尾。这种训练也是充分发挥学习者的想象力,根据故事本身的逻辑去设想和猜测故事结尾的一种方式。教师可以讲述一个故事,或念读一篇课文的情节,但留下结尾,让学习者去假想和猜测几种不同的结局。例如:老师讲《天仙配》的故事,董永和七仙女的美满姻缘让王母派天兵活生生给拆散了。以后会怎么样呢?让学习者续结尾。有的学习者说,董永扶养儿子长大,学成武艺,闹上天宫救出了七仙女,董永夫妻又得以团聚。有的说,董永天天望着天空,祈祷七仙女平安回来,他的诚心感动了乌鹊,于是它们架起了天桥,让董永和七仙女像牛郎织女那样鹊桥相会。有的说,七仙女被拘上天宫,不向王母屈服,整日哭闹,王母没办法,只得同意她重返人间。

猜情节、续结尾的训练,生动有趣,寓成段表达于联想、嬉戏之中,能有效地提高口语水平。

(5) 看图说话式

1) 看单幅图画说话。这是从视觉的图画形象转变为话语表述的一种训练方式。所谓单幅图画一般是将人物和动植物浓缩在一幅图画之中,让学习者

仔细观察,说出它们的方位和状态。例如,有一位学习者这样说他所看到的图画:

  这是一条清澈的小河,河上有一顶水泥桥。桥下有几条船在河中荡漾。划船的人都在嘻嘻哈哈笑,有一个小孩伸手到水中嬉耍。桥上有几只鸟斜斜地飞过。桥的左边是一片草地,有人在那儿放风筝,有两只小猫在草地上奔走翻滚。桥的右边沿着河岸有一条马路,路旁栽种着花草树木,引得蝴蝶飞舞。路上飞驰着汽车,……

2) 看连环画说话。这也是把视觉的图画形象转变为话语表达的一种训练方式。与上述方式不同的是,连环画的每幅画之间有情节的连续性。学习者必须运用想象和联想将它们串连成一段有情节的叙述性话语。例如,有一位学习者这样说他所见的连环画:

  一位先生抽烟抽了十多年,深深体会到抽烟对自己有害无益,于是决心从现在起开始戒烟。他用力把点燃的烟斗从窗口扔出去,大声地说:"再见了,烟斗!"接着他觉得浑身的不自在,手里似乎少了什么似的。于是奔向楼梯飞快地下楼而去。跑到楼外,他的烟斗已静静地躺在地上,他一个箭步冲上去捡起,将烟斗嘴塞进口里猛烈地抽上几口,美美地舒出一口气。许多戒烟的人为什么总是戒不掉?从这个人身上是不是可以找到答案。

3) 看地图讨论旅游计划。这是根据地图的空间比例和交通路线拟定并说出旅游的路线与计划的一种训练方式。一般用全国地图讨论并制定大的旅行计划;用省、市地图讨论并制定短距离旅行计划;用地区地图讨论并制定具体的旅行计划。旅行计划包括旅行日程(时间和游览的景点)、路线、交通、住宿等项目。将这些项目串连起来,就是一份完整的旅游计划。而向大家说明旅行计划的本身就是一种成段的表达。

(6) 连句成段式

1) 给出句子组成语段。这是要求学习者把句子缀连成句群和语段的训练方法。句子都由教师提供,学习者依据内容把所给的句子进行整合并加上关联词或衔接词串联起来。例如,教师提供下列句子:

  肥胖使人们体态龙钟,体力下降。
  肥胖诱发许多疾病,影响人的健康。
  人们生活水平提高。
  人们注意自己的仪表、体型。
  各种减肥措施冲击市场。
  减肥措施有气功、针灸、药物等。

笔者推荐饮食疗法。

饮食疗法可以避免其他疗法所产生的副作用。

有一位学习者是这样串联的：

肥胖<u>不仅</u>会使人们体态龙钟，体力下降，<u>而且还</u>会诱发许多疾病，影响人的健康。<u>随着</u>人们生活水平的提高，人们<u>越来越</u>注意起自己的仪表、体型。<u>于是</u>各种减肥措施，<u>什么</u>气功<u>呀</u>，针灸<u>呀</u>，药物<u>呀</u>等等冲击着市场。<u>而</u>笔者<u>却要</u>特别推荐饮食疗法，<u>因为它</u>可以避免其他疗法所产生的副作用。

2）按时间、空间顺序连句成段。这是要求学习者把教师所提供的无序的句子按时间或空间顺序连缀成句群或语段的训练方法。成段的口语或者是述说一件事情，或者介绍一个景点，都必须按着时间线索或空间线索来组织句子，才能有条不紊地说清楚。例如，教师提供这样一些句子：

鲁迅先生少年时在三味书屋读过书。

东北角上的那张书桌是鲁迅用过的。

书屋的两边是学习者的座位。

书桌都是从自己家里搬来的。

书屋正中的墙壁上挂着一幅画，画着一只梅花鹿。

那是当年老师的座位。

画的前面有一张方桌和一把椅子。

我们参观了三味书屋。

上星期五我们去绍兴游览。

学习者按时间和空间线索重新安排和整合了这些句子：

上星期五我们去绍兴游览，还参观了三味书屋。据说鲁迅先生少年时在三味书屋读过书。书屋正中的墙壁上挂着一幅画，画着一只梅花鹿。画的前面有一张方桌子和一把椅子，那是当年老师的座位。书屋的两边是学习者的座位，书桌都是从自己家里搬来的。东北角上的那张书桌是鲁迅用过的，听说鲁迅先生就是坐在那张书桌前面听老师课的。

（7）转告转述式

1）电话转告。这是要求学习者把电话中听到的对方的意思转告他人的一种训练方式。一般来说，人们听到话语所传达的"意思"，头脑中记得的只是这个"意思"，原句原话大多已忘却。因而在转告他人的过程中，要把记忆的"意思"重新组织成话语来表述。长一点的"意思"，就得组织句群成段地表达。例如，老师在模拟的"电话"中告诉一个学习者：

下个月学校要举行学汉语演讲比赛。这个月准备在班里先搞一次演讲比赛,每个同学都要参与。演讲的题目可以是来中国后的所见所闻,可以是汉语学习中的体会,也可以是自己拟题。演讲时间不要超过五分钟,但也不要太短。请告诉同学们早做准备。

这个学习者是这样转告全班同学的:

下个月学校有演讲比赛。我们班先搞一次。题目是听到的、看到的、体会到的都可以。时间最好四分钟左右。大家早些准备。

2) 意向或重要事情转述。这是要求学习者在听了报告或阅读了文件资料后,把其中的精神、意向和重点向他人转述的一种训练方法。报告或文件资料一般都比较长,内容多,转述时必须自行归纳,撷取其中的主要精神和重要事情,用自己的话语进行表述。这是比较高级的成段表达。一般宜在高级阶段训练。

5. 独白性训练

独白以一个人单独讲述为主,有交流作用而无交际性质。独白要求说话内容有一定的层次和条理,说话的语调顿宕起伏而富有感情。因此,独白不仅要进行思维和话语计划的训练,同时也要进行说话技巧的训练。

(1) 复述

1) 模仿和背诵式的机械性复述。在口语教学中,复述是使学习者从感知文本(包括有声材料和书面材料)到形成语言技能过程中的中间环节。复述有简单的机械性复述,也有较为复杂的创造性复述。模仿和背诵式复述是最初级的训练方式。它是在熟读文本的基础上,模仿或背诵文本的话语来复述事件和情节。虽然比较机械,但能起到熟练运用词语和句式的作用。

2) 增加成分或扩充内容式的扩展性复述。这是要求学习者在感知文本的基础上,扩充话语的内容和形式而进行复述的一种训练方式。这种复述已不完全是原句原话,而有所增饰;内容也不完全是依照文本而有所扩展。例如,复述《杭州西湖》,在叙述中可添加自己去杭州的见闻,语句也可有些变化。这样的复述已经向独白式话语迈进了一大步。

3) 化同义为不同形或变顺序为逆序式的变换性复述。这可以说是改编文本的创造性复述。有两种方法:一是把课文作同义不同形的处理,可以更换词或词组,也可以把带有书面色彩的长句变成口语化的短句来进行复述;二是把课文内容的顺序逆向处理,即倒叙式复述。

4) 看图说话或电影故事概述式的运用性复述。这是没有文本而把视觉所感知的形象的东西化为话语的一种运用性的复述方式。其中,看图说话是把浓缩于画幅的形象运用想象加以扩展和铺叙;相反,电影故事概述,是把冗长复杂的情节抽绎、压缩为梗概式的复述。

（2）新闻报告

1）模拟新闻发布会、记者招待会。这是用模拟形式就某个话题发布消息或回答众人提问的独白式训练方式。材料内容可由教师提供或规定，也可由学习者自行选定。"新闻发布会"完全是个人独白，事先拟好发言稿；"记者招待会"采用问答方式，要求"发言人"临时构思话语计划，建构句子、话语，进行成段表达。

2）视不同对象作详略变动或语体转换。这是把书面的文本材料重新加以改编的口语训练方式。教师指定文本和资料，并设定听话人的年龄层次和知识水平，如小学习者、大中学习者或老年人等，让学习者针对不同对象的特点，将书面材料转换成口语形式，或详细、或简略、或概括地述说。

（3）讲故事

1）故事会。这是用讲故事来练习独白的一种训练方式。教师在班里组织和举办故事会，要求每个学习者讲述一个故事或叙说一件事。材料由学习者自己考虑和选择，在述说过程中，允许别的同学插话和提问，以活跃课堂气氛。

2）按指定词语或图画编故事。这是依据教师指定的词语或图画，让学习者开展想象和联想来编讲故事的独白训练。例如，教师指定词语：比赛、信心、健儿、意外、疲软、苍白等，有一位学习者编讲了这么一个故事：

> 学校举办秋季运动会，小王参加了游泳比赛。他是我们班级的游泳健儿，大家对他夺冠充满信心。比赛开始的几分钟里，他一直冲在最前面。谁知中途发生了意外，只见他手脚疲软，脸色苍白，速度渐渐减慢，终于落在最后面。比赛一结束，大家立即围上前去，七嘴八舌地问长问短，结果他冲着大家一乐，说："对不起，我忘了吃早点，游到中间肚子饿得没力气了。"
>
> 同学们哄然大笑。

3）轮流续故事。这是用集体编讲故事来进行独白训练的一种方式。有两种作法：一种是指定故事的核心人物，大家围绕人物各自编讲一件事。例如教师说：有一个小学习者，大家叫他"小聪明"，但他常常做糊涂事。然后由学习者一个接着一个地编说小聪明所做的糊涂事。另一种是指定故事的核心人物，第一个学习者编讲发生在这个人身上的一件事的主要情节，第二个学习者续讲结尾，第三个学习者继续编讲另一件事的主要情节，第四个学习者续讲结尾，如此循环下去，连起来，就成为一个内容丰富的、完整的故事。

（4）演讲

1）主题演讲会。这是围绕一个主题进行演讲的口语训练方式。教师课前布置一个主题，并适当作些内容和观点上的提示，让学习者拟写发言提纲或发言稿,在课堂上进行演讲。一般来说,演讲的内容比较充实,讲述的时间也略长,是较为理想的独白训练。

2)为某种活动作宣传。这是为举办一种活动作宣传的口语训练方式。举办活动,无论是教师布置的,还是学习者自发组织的,都可利用它来作些口头宣传。例如,发动同学参加冬季长跑运动,就可指定学习者就这项锻炼活动的意义、要求、措施和效果向他人宣传。这也是一种比较实用的独白训练。

(5)评述

这是就某种对象或事物进行分析评述的独白训练。它包含电影评述,即就某部电影的故事情节、人物形象等进行口头讲评;课文评述即就课文的内容、主题和语言特色等进行口头分析;人物评述,即就人物的学习和工作的成绩、效果和优缺点等进行口头评比;工作评述,即就自己或他人的工作业绩、进展、经验和教训等进行口头小结。

6. 会话性训练

会话以两人或数人互问互答,互相唱和为主,既有交流作用,又有交际性质。会话性口语,有说话双方的协调问题,必须遵循合作原则。

(1)对话。

课堂上注重的是一般对话规律,即:

1)如何开始说话。练习用称呼式(用一个称呼,以引起对方对话题的注意)、提问式(如"为什么有三八妇女节而没有男士节?")、介绍式(如"这是我们厂的新产品")、启发式(如"大家都有在热渴情况下一杯凉水下肚的体验吧!")等方式提出话题。

2)如何轮流说话。练习用毗邻应对(如"真要好好谢你!""——不敢当,我还做得不够,请多提意见。")、轮流问答(如"你觉得最近交通有没有改善?""——整治得比以前好得多,堵车情况也少了。")等方式控制和展示话题。

3)如何结束会话。练习用建议(如"另外,还有一些规章制度也要赶快制定。")、提醒(如"明天八点准时开车,别迟到。")、道谢(如"凡对我们有过帮助的单位和个人,都请代致谢意。")、告别(如"下次节目再见。")等方式来转换或结束话题。

(2)语言实践

到真实的语言环境中进行语言实践,既能提高口语会话水平,又能提高交际能力。经常开展的语言实践活动有:

1)旅游。跟旅游人群、导游或当地人交谈。

2)去自由市场购物。跟营业员或农民交谈,并讨价还价。

3)去幼儿园当老师。跟幼儿一起说话和活动。

4)住房租借或买卖。跟物业管理部门的工作人员谈论房屋的设施和房价。

5) 电话约会。跟对方约定时间、地点和活动内容。

6) 调查访问。在公共场合作社会调查(如调查人们对足球世界杯赛的观感)、课外专题访问(如就城市建设访问规划单位)、向同学采访(如就"留学生活"问题采访同校或不同校的留学生)等。

(3) 游戏

这是用游戏的形式来进行会话训练。寓教于乐,是放松学习者紧张心情、提高他们说话兴趣的良好途径。常见的游戏有:

1) 猜谜语。教师(也可是学习者)出谜面,另一学习者猜谜底。在猜谜过程中,猜谜者可以问出谜者一些问题,如:是吃的还是用的?是天上的还是地下的?是活的还是死的?……从中得到一些提示和启发。这实际就是一种口语问答。

2) 看动作说话。一位同学表演动作,另一位同学看着动作说明意义。例如,一位同学表演和面包饺子,另一位同学解释说:现在从面袋里面拿几碗面粉倒在盆里→舀上两瓢水→用两手和面→用木棍擀皮子→把皮子平摊在掌中→往皮子里放馅儿→用手捏成饺子……这是把视觉形象转换成话语的一种即兴式说话。

3) 图画猜成语。把成语故事压缩在一幅画中,让学习者猜出是什么成语,然后用这个成语口头造句。这是用形象线索唤醒语言记忆、并加以应用的一种口语训练。

4) 图画组合为故事。把几幅有关联的图画,让学习者观看后用问答对话形式串联组合为故事。这是发挥联想用话语传达作者作画意念的一种口语训练。

5) 描述两幅图画的异同。让学习者审察两幅同中有异的图画,用问答对话形式说出它们的相同之处。这是运用对比法训练的一种方法。

6) 按说话做动作。一位同学说话,另一位同学按话语意思做动作。例如一位同学这样说:星期五下午我们班进行卫生大扫除,女同学抹桌子、擦窗子,男同学清理垃圾、拖地板……另一同学照着说话的提示模拟动作。这是加强词语(或话语)跟意义系联的一种口语训练。

7) 送生日礼物。假设某同学过生日,大家送上一份礼品(写在纸条上),并说出礼物的性质和意义。例如,有同学说:我送他一支钢笔,祝贺他学习天天进步;有的说:我送他一本照相册,盼望他留下美好的回忆;有的说:我送他一个网球拍,希望他体魄更强健……这是把意念变成话语的一种口头训练。

(4) 问答

问答是会话的基本形式。加强这方面的训练,有助于对话质量的提高。

常见的问答方法有：

1) 情景问答。在参观、旅游等活动中，组织学习者就看到的情景进行口头问答。例如，参观展览会，可引导学习者就展览会的布置、人群的反应、对展出实物的兴趣和评价等，通过问答的方式来述说。这种方式可以训练学习者思维与口语反应的敏捷性。

2) 追加问答。从与学习者最切实相关的问题出发，一个问题接着一个问题地追问，引发交际。例如学习者对 HSK 比较关心，可以这样追问：你为什么要参加 HSK 考试？你准备得怎么样？你认为考题四个部分中哪一部分比较困难？你是怎么克服的？根据你的经验，怎么准备比较有效？……学习者对这些问题一一作答。把这么些问题和回答连在一起，就是一段非常实用的交际会话。

3) 图画问答。图画可以为问答提供内容和背景，从一幅图画可以引申出许多有关联的话题。例如利用交通图问路；利用世界地图介绍自己的国家；利用家乡地图或图册述说自己的家乡；利用照片介绍朋友、家庭成员等。

4) 复习式问答。发问者预先知道答案，提问的目的是检查对方的理解程度和表达的准确度。例如，可就成语"画蛇添足""胸有成竹"是什么意思来进行问答。

5) 查询问答。发问者预先不知道答案，让听话者根据实际情况作出回答。例如，发问者说：最近我的电脑运行缓慢，是什么原因？听话者可就具体情况回答："你电脑的容量可能接近饱和"；或"你的电脑可能被病毒干扰"。这是实际生活中经常发生的交际会话。

（5）表演

表演虽然带有模拟说话的色彩，但能提高说话的技巧。常用的表演方式有：

1) 分角色饰演。根据会话课文的对话或学习者自己编写的对话进行分角色饰演，要求口气和语调符合自己角色的要求。这是掌握表达功能、提高口语水平的好方法。

2) 做节目主持人。节目主持人不仅要组织和发动参与节目的人群进行问答，而且要不时地对人们的发言作出评价，并进行串联。这是训练思维的敏捷和应答的熟练的良好办法。

3) 为影片配音。映演影片中的一段，让学习者熟悉影片的人物和情节，然后请几位同学扮演不同角色，为人物配音。这种方式主要训练说话的语气和情感。

4) 即兴小品表演。教师布置一个主题，如男女青年初次约会，交通警与违章驾驶员谈话等，让学习者扮演其中的角色进行小品表演。故事情节与人物话语都由学习者讨论、编写。这是比较切近生活的一种口语训练。

(6) 讨论

这是比较高级的口语训练。常用的方式有：用文字、照片、地图、图表、连环画作话题展开讨论；就家庭问题或社会热门话题进行争辩等。讨论开始，教师出示教具或规定话题，并提出内容（如与本国情况对比）和语言（如应用某些词语和句式）上的要求；在讨论过程中，教师要适当控制时间，及时归结前面学习者的发言，集中问题的焦点，并作适当的记录（如论点和精彩词句）；讨论结束时，教师可以参与者的身份谈谈自己的看法，同时总结一下讨论的各种观点和运用语言的情况，指出思维上的问题和较大的语句错误。

## 小 结

口语是话语的输出，它由头脑中的意念到口腔发出语音串，中间经历了话语计划、话语构建、话语执行三个阶段。

口语教学的内容和重心应放在话语对子的搭配和叙述性话语的插入上。叙述性话语是说话的核心话题，要讲究话题的提出、话题的扩展、话题的转换和话题的结束。

话语教学，特别是会话教学，要注意语境的作用以及情景的设计与运用。

话语教学不同阶段应有不同的训练侧重点。初级阶段重在单项训练，由语音——词汇——语句——语段，循序渐进。中级阶段进入综合训练，增强成段表达和交际的训练比重。高级阶段，以综合训练为主，加强话题提出、扩展、转换和结束的训练。

# 第八章 听力课型的课堂教学实施

听力课同口语课一样是外语课的重要课型。所谓的听说领先,指的就是把这两门课放在外语学习的首位。因为人们的交际比较多的是口耳交流。说话者的思想意念通过口腔器官发而为声,听话者通过耳朵把听到的话语声音接收到大脑进行加工(即匹配和组合),从而理解其中的意思。如果说话者的话语声音是听话者所生疏的、不熟悉的,那么就会听不懂,或者似懂非懂。反过来,说话者对某些词语和句子听得较多、较熟悉,那么用这些词语和句子说话,也就比较流利,更能表达自己的思想。可见听和说的关系相当紧密。

听力的提高是个渐进的过程,它要经过一系列的训练。从听准声韵调到听准一个个词语,从听熟学过的词语到听准一个句子,从听清句子到听懂一个句群,从能听句群到听懂理解一个篇章,都要花费相当多的时间和精力,所谓耳熟能详,说的就是这个道理,中间没有什么捷径可言。

不过,听力的培养和提高也不完全是机械操练的结果。它是由种种因素综合而成的。首先是语感的作用。语感是在语言学习、语言训练和语言使用过程中建立起来的一种语言习惯的感觉。它包含着语气语调、词语的习惯搭配、句型句式的表达功能,以及关联词语的呼应和作用等等。有了这样的语感,对于听懂别人的话语就有了基础。其次是语言经验的作用。语言经验,是学习者在使用语言过程中积累起来的。这里主要是经验图式,即什么场合、什么情景下可能会说什么样的话,凭此可以断定说话者的说话内容,有助于听话的预期、联想和猜测。所以,对外汉语的听力教学就要在这两方面下些工夫。

听力课程的形式多样,归纳起来主要有回听、视听和默听。回听,是把已经听过的材料反复地听,加深声音印象,以便以后听到类似的语音能较快地反应上来。视听,是有文本或有形象地听,文本提供了文字线索,从字形方面加快声音同意义的联系;形象提供了听力的情景和人物发声的口腔形状,便于听者判断和猜测声音话语。默听,是没有什么外界凭借的听,主要从说话者的词语和句子的组合、关联词语的运用,以及语气语调等因素去判断和理解。比较起来,默听最难,但它是对外汉语听力教学的最终目的。为了让学习者达到这个听力的高度,在相当一段时期有必要多进行回听和视听的训练。

任何一个听话者,他对听话的材料不一定都熟悉,对于听到的词语和句子也不一定完全听懂和理解。但他们能听懂个大概意思,可以跟对方进行交流。这里就有个听话的技巧问题,也就是善于跳跃障碍。虽然有些听不懂的词语给含混过去,但通过上下文的连接和猜测,能弥补这个缺陷。这个本领,也是我们对外汉语听力教学要教会给学习者的。

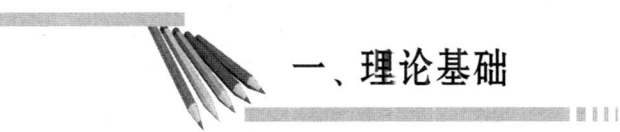

## 一、理论基础

### (一)听力的基本原理

"听"是接收言语信息,是言语信息输入和理解的过程。听话者听到声音后,从声音转换成言语信息,建构意义进行理解,要有一个过程。这个过程为听觉加工、译码加工和思维加工三个连贯的阶段[①]。听觉加工是听觉器官将感觉到的自然声音经过筛选,从自然音中分别出语音然后在语音中进行甄别,确定汉语音节,同时在汉语语音系统的控制下经过辨析,分析出音节的声、韵、调的阶段。紧接着听觉加工的是译码加工阶段,译码加工是激活和调动在大脑记忆库中已经贮存的、语音代码相同的词语模式进行匹配,选出记忆中与外界语音刺激完全一致的词语,再把匹配的词语提取到工作记忆等待组合。匹配不上的新的语音信息则存入记忆库中。思维加工阶段即进行语言信息的组合与理解。组合是按语法规则把词语组合成语言形式,同时修正提取有误的词语。再把言语形式转换成命题,或直接用目的语显示语义,或转译成母语显示语义进行理解。[②]

听力教学中所采用的方法要切实有效,真正取得良好的效果,应该符合听力加工的基本原理,而听力理解中产生的障碍则可以根据听力的基本原理寻找原因。

### (二)听力在交际中的地位

听力在语言学习中,特别是在技能训练方面占有相当的比重,这是跟听力在交际中的重要性分不开的。语言是社会交际的工具。学习一种语言的最终目的是能够运用所学的语言进行交际。听、说是最基本的交际行为,因为在语

---

① 徐子亮,《汉语作为外语教学的认知理论研究》第 227 页,华语教学出版社,2000。
② 同上书,第 232 页。

言学习中培养听的能力是最基本的,也是十分重要的。听是一种理解话语的能力,与说相比,听是一种被动的接收。听不能给信息的输出方以规定和限制。也就是说,听的一方不能规定对方说的内容,内容的难易程度,以及用以表达内容的形式,如所选用的词语、句型或句式等;不能限定说的内容的多寡,时间的长短。而相比听的对方,说的一方就有较大的随意性。他可以自由选择词语,可以回避自己不熟悉的表达方式,可以长话短说等等。相比之下,听就有相当的难度。

听力在对话中(说话交际)可以影响到对话双方交流的开展和继续。要与对方交际,首先必须听懂对方的意思,交流才可能展开和继续。如果听方能力很差,听不懂对方的意思或说的内容,说的一方就难以应答,就影响到交流的继续进行,以至中断或结束谈话。听的能力还可能影响到交际双方谈话的质量。由于听的能力差,会对所听的内容或意思的理解打折扣,严重的还可能产生误解。

听力的这些特点说明了培养听力、提高听力理解的水平在语言学习中的重要性。不仅如此,就语言学习本身而言,课堂学习在语言中占了相当的比重。而课堂中,听课是重要的学习行为。因此,听力的提高对语言学习就有很直接的促进作用,离开了听力技能训练的语言学习,不会是成功的学习。

### (三) 听力理解的基础

要正确理解听到的语言信息,必须具备听力理解的一些基本条件,这些基本条件是学习者的目的语基础、语言经验、生活经验、理解力和记忆力等等。

1. 学习者的目的语基础

学习者的目的语基础包括学习者的目的语词语的积累,所具有的基本语法和句式的知识,也就是说,学习者必须掌握一定的基本词语或常用词语,了解目的语的基本语法,知道句子的基本结构方式和一般句式所表达的语义。例如,肯定句、否定句、疑问句的基本结构形式,肯定和否定形式结合可以表示疑问,"去不去?""好不好?"等等。

2. 学习者的语言经验,生活经验

学习者的语言经验包括两方面,一是指对目的语的熟悉程度,另一是指对目的语的语言形式所蕴含的文化因素的理解。例如听到"有人喜欢宠物,可我见了猫和狗就头疼",在这句话里"头疼"不是指一般意义上的头部疼痛,而是表"讨厌"意思。如果熟悉目的语中"头疼"的其他含义,就能理解说话者"不喜欢宠物"之意。再如汉语中常用反问句表示强调的意思,"你以为他会不来吗?"听到这样的句子,如果对目的语较为熟悉的话,一定不会当作一般疑问句来理解,而会听懂是说话人用反问句来强调"他一定来"。再如"时间不早了,您休息吧,我们明天再谈。"这句话的表层意思是说话人为对方考虑,认为该停止谈话。但是句子隐含了说话人想结束谈话、起身告辞的意思。如果熟悉汉语表达中的文化含义,即中国人在想要告辞时常从为对方考虑的角度来委婉道出自己的意思,就会很快领会说话者的意图。

学习者的生活经验会帮助他正确理解所听到的语言信息。例如"六月去上海,别忘了伞。"这句话中的主题词是:六月、上海、伞。主题词的串联可以借助一定的生活经验以及句意的把握。如果听者有过六月在上海的梅雨季节生活经历,那么他一定能听懂说话人是提醒他"把伞带上",而不会联想到说话人让他"六月去上海买伞"。生活经验作为一种背景因素,有助于听力理解的速度以及正确率的提高。

3. 学习者的理解力和记忆力

一般而言,理解能力强的学习者能够较快地领会所听到的语言信息的含义。由于用听觉感知的语言信息,除了用录音手段将其记录下来可以多次反复以外,它总是一现而过,稍纵即逝,难以停留的。所以对于理解能力稍差一些,需要花一点时间去反复或回想的听者,领会或理解听力内容就会有难度。此外,还由于语音信息以线性形式快速通过,特别是语段的听力,内容较多,时间较长,停顿相对少,需要借助一定的记忆能力。在这种情况下,记忆力的强弱也是正确理解听力内容的一个不可忽视的因素。

## (四)影响听力理解的因素

听力理解正确与否常常受到主观因素的制约。客观上影响听力理解的因素有听力材料、声音条件和任务特征。主观上能左右听力理解的因素为学习者其他感官与听觉的关系,学习者的动机、态度、心理焦虑和反应快捷程度。

1. 听力材料

听力材料,主要包含所听的语言信息的量和内容,所听的语言材料中生词含量高,篇幅长,都会直接影响到理解的正确性。生词多,学习者无法利用语境,特别是上下文来猜测词义,贯通句子。篇幅长,相应的生词数量会有所上升,即使对生词数量作了一定的限制,也会由于记忆量的增加,记忆的时间延长而影响到对内容的理解。语言材料的内容主要与难易有关。难度高的听力材料,词语的非常用义项的出现和多种句式的使用会使听者感到困难以外,对语言材料的背景熟悉度也会影响理解。如果所听的内容恰巧是听者熟悉的或接触过的,例如与他的专业相关,或者是他所喜爱的足球运动等等,那么理解起来会相对容易些,即使在听的过程中有一些障碍,他所熟悉的背景知识也起到一种补充或连贯的作用。相反对背景材料不熟悉的话,就只能凭借听力本身提供的材料来理解了。

2. 听力的声音条件

听力的声音条件指话语的语调、重音、停顿、节奏、说话者的语速,吐音清晰度以及录音材料的音质清晰度。语速慢,停顿多,重音清晰,节奏匀称的语言材料自然易于理解。自然交际的话语和人工制作的录音在音质清晰度、背景音、干扰音方面还有差异。自然交际的话语都有背景音或干扰音,人工制作的录音如课文录音、对话录音等大都没有干扰音,即便有一些背景音,也是经过用心设计的。所以,人工制作的录音往往便于学习者听辨和理解。但是真正的语言交际是在自然场景中进行的。人工制作的听力材料应该随着目的语水平的提高,通过模拟等手段逐步向真实情景、自然的语言交际靠拢,而不是自始至终停留在排除各种影响听力因素的阶段。

3. 任务特征

任务特征是客观上影响听力理解的因素之一。所谓任务特征即对听力的要求,是听懂细节还是关注整体,这是由教学的目的要求决定的。如果要求对所听的语段作整体的理解和概括,那么学习者的注意力必定集中在对整个语段的听辨与理解上,力求对主要大意、中心内容有所把握。反之,要对某一项内容作精细的听辨,例如时间、地点、数量、人物关系等等,那么就要对有关的句子作特别精确的听辨,尽量抓住每一个关键词,搞清各个词或词组之间的关系,贯通句子。因而不同的任务特征可以决定听力理解需要把握的重点。

4. 主观因素

由主观因素影响听力理解的首先是学习者的动机、焦虑感以及反应的快捷程度。学习者进行听力技能训练的动机正确,他在进行语言听辨的时候目的性明确,注意力高度集中,并且能保持一定的时间不易转移或衰退。这些都能由学习者的主观意识加以控制,能促进听力理解。反之,学习者勉强、被动地接受听力技能的训练,则注意力保持的时间短,注意力易于分散,不能全神贯注于所听的语言材料,理解也就会打折扣。学习者的焦虑感则会在一定条件下给听力理解造成困难,尽管国外的研究有报道焦虑感促进语言学习的。[①] 但此处所指的焦虑感是指对语言学习产生负面影响的心理因素。情绪的不稳定和心理压力,尤其表现在测试条件下,学习者的过分紧张会使原来较好的听力产生障碍或出现失误,可以听懂的词生疏了,能够连贯的句子产生了间断。此外学习者个体之间是有差异的,倾向于冲动型认知风格的学习者反应相对快些,而偏向于审慎型认知风格的学习者,则常由于追求精确反应会稍慢。尤其是在做练习或测试中,各人阅读答卷速度的快慢也会影响到听力理解。

5. 学习者的听觉与其他感官的协同作用

学习者的听觉与其他感官的协同作用在听力理解中也起着一定的作用。

---

① 王初民,《应用心理语言学》第109页,湖南教育出版社,1997。

单纯的听力理解与有视觉支持的听力理解是不同的。前者只依靠听觉对语音的感知将语言信息单通道输入大脑，加以理解。后者是在听的同时，借助文字形象对视觉的刺激，使语言信息在经过听觉通道的同时也通过视觉通道传入大脑。多通道的信息输入有利于语言信息在语义中的激活、传递和匹配。在听的同时出现文字，如听和看的练习，边听边做选择题、判断题等，从阅读文字信息，可以对听的内容有所规约。例如，要听"今天下雨，运动会改期了"之前看到判断题 A、今天运动会不开了；B、下雨也开运动会等，就可以事先将信息限制在与"下雨"和"运动会"有关的事件上，而不必要作其他与此毫无关联的猜测。再如听和写的练习，有助于听力在语音辨别上的分明和理解中的准确。如"记下所听到的词语"，"边听边做句子填空""写出所听到的内容大意"等等。阅读答卷的内容可以起到听前提示以及限定所听的信息范围的作用。

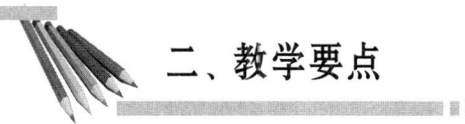

## 二、教学要点

进行听力技能的训练首先应该明确训练的目的和训练内容。这两点清楚了，教学要点也就自然明了了。

### （一）听力技能训练的目的

听力技能训练的目的是促进对听力内容的理解、积累和语感的培养。

1. 内容理解

内容理解的基础是听懂目的语的词语和句子的意思，并在此基础上进一步理解句子的语义、句群和语段所表述的内容。听力内容的理解应该是听力技能训练最基本也是最根本的目的。通过听力技能的单项训练，使交际的基本行为"听"且"听懂"得以实现。

2. 语言知识的积累

语言知识的积累是听力技能训练的另一方面的要求。通过听觉技能的训练将目的语的知识，当然首先是汉语语音的知识，以及以语音为载体的或者说以语音形式通过听觉通道传递的语言信息，输入大脑，记忆并将其贮存，丰富从语音到意义形式的语言知识的积累。

3. 培养语感

培养语感也是技能训练的又一目的。听力理解的正确率和效率通常还有赖于语感。语感是人们主观意识中对一种语言的整体感知。语感能左右语言表达时对词语或句式的选择,语感也有助于语言接收时对意义的理解[①]。如果说听力内容的理解是听力技能训练的基本目的,语言知识的积累是技能训练的进一步的要求,那么语感的培养则是技能训练的高层次的目标。它是在前二者的基础上得以发展的。这种高级目标,它能够有效地提高听辨的能力、提升听辨的水平。语言听辨的最高境界是第二语言的听力同母语或第一语言一样,不用将语音信号逐一捕捉、仔细分辨,就能自然地将语音与语义挂钩,不用听完整个句子,就能领会其意。而语感的建立和培养就是为了向这种境界迈进而采取的措施。

### (二) 听力能力的培养

要达到上述的训练目标,提高听力水平,必须进行几方面的能力培养。这几方面的能力,具体而言,是基本语音听辨能力、注意细节的能力、联想的能力、概括归纳的能力和推理判断的能力。

1. 基本的语音听辨能力

基本的语音听辨能力即汉语声母、韵母、声调的听辨能力;音节(主要是单音节和双音节)的听辨能力;音节重音的听辨和音节连续变调的听辨能力等。语音能力的听辨是听力的基础,因而也是能力训练的重点。

2. 注意细节的能力

注意细节的能力主要表现为对语言中的关键的、具体的信息具有听辨的能力。从听力的形式上区分,即精听。这种精听着重于句子的听辨。因为细节通常包容在句子之中,通过一些词语来表现。注意细节的能力实际上是要训练一些关键词语的听辨能力,从而提高对表达主要信息的词语的听辨能力。

3. 联想的能力

联想的能力是借助于上下文语境或情景对所听的语言信息的一种预测或扩展性的思索。训练联想的能力是着眼于句子的听辨,并在此基础上通过语音的传递、通过句子与句子之间的连接和连贯,把握句子以及各句子之间所传递的带有延续性的信息。而句重音、语调、语气和停顿等句范畴的语音表现形式在此显得尤为重要。

4. 概括归纳的能力

概括归纳的能力主要通过对语段的听辨能力来体现。语段的听辨是在句子听辨的基础上的发展。除了把握基本句子在语音层面上的表现形式之外,还要把握句与句之间形成的主要意思以及整个句段整体的中心意思。

5. 推理判断的能力

推理判断的能力一般而言也是句子和语段层面上的听力能力的表现。推理

---

[①] 朱纯,《外语教学心理学》第88页,上海外语教育出版社,1997。

判断能力不同于概括归纳能力，推理判断能力是更进一步的、具有发展性的能力。它通过语音感知的形式对听到的内容加以理解、概括、归纳，并在此基础上作进一步的思考，进行逻辑推理并作出判断。可以说上述几种能力训练，是为听力的推理判断能力的培养打下一定的基础，创造必要的条件。

上述五种能力的培养是听力教学的目标，也是听力技能训练的具体内容。

## （三）听力技能训练的基本原则

听力技能训练的基本原则为：多听、听练结合、重点突出的阶段强化（训练）和控制课堂节奏和容量。

1. 多听

多听是语言学习中一种极为普遍的方法。就语言四项技能的训练而言，听力技能的训练同样也需要采用这种方法。多听的要点在于"多"，即通过听觉通道输入的语言信息在频率上和信息的刺激量方面都是高的。也因为频繁的刺激，数量上也是多的。频繁的信息输入不断激活大脑语义网络的各个结点，进行信息的匹配和提取，也不断贮存新的词语信息，构建和扩展语义网络①，丰富学习者由听觉形式输入的词汇量和句式结构，为提高听辨能力创造必要的条件。否则，两次听力训练间断较远的话，效果较差，且听辨的能力提高不快。

要贯彻多听，首先要保证一定的课时量，同时在单位时间中要保证学习者听的时间量。时间量没有保证的话，听辨次数下降，信息刺激减少，大脑语义网络中的信息激活传递减弱，则匹配和提取都趋于抑制状态，会引起一部分语言信息的遗忘。而其外在的表现就是听辨能力降低，反应减慢，甚至听不懂。因而多听是语言听辨能力训练的基本教学要素。

2. 听练结合

听练结合是听力教学中提高听辨效率的一项有效措施。听练结合为听觉感知语言信息并通过听觉通道输入语言信息的同时，结合其他形式的感知和利用其他通道将语言信息输入大脑。通常采取的方法有看、说、写的方式配合听觉同时进行。例如边听边看，看文字材料或看形象的画面，如图片、投影、多媒体的画面或影视录像等等。形象或文字与语音的结合可以帮助语音形式与语义的挂联和构建，帮助语义的记忆和巩固。而说和写则可以从另一个角度促进听力的提高。说和写是信息的输出，意义的表达。从信息交流的过程分析，它们正好与听进行的是一个相反的过程。说和写跟听结合，例如边听边说，听后复述，听写或者听后记录，这些练习在与听力训练同时进行的时候，可

---

① ［美］罗伯特·L.索尔索《认知心理学》第 276 页，教育科学出版社，1990。

以提高听者的注意力,集中注意于所听的语音信息,并努力将这些信息与头脑中语义网络中的信息进行匹配,使听的效率得以提高。写、说、复述或记录,这些输出活动需要提取头脑库中贮存的信息,这可以进一步促进对所听信息的记忆、理解,同时也便于利用。总之,可以提高听力训练的有效性。

3. 重点突出的阶段训练

重点突出的阶段训练是对各教学阶段中的听力内容和训练方法的具体要求。体现重点突出原则,要求各教学阶段的训练有其特点和针对性。各个阶段重点突出,体现在内容方面,可以是语音语调的训练,词语的训练,句子的训练,或某个语法点的训练,例如某些数量词、时间词、常用词组、惯用语、反问句、被动句,以及句重音、句群的停顿等等的训练。在形式方面,阶段性重点训练可以有单句的训练,会话的训练,语段听辨的训练等等,可以强调句子的听辨,作联想、判断等训练,也可着重语段的听辨,侧重于概括、归纳或推理等能力的训练。

4. 控制课堂节奏和容量

控制课堂节奏和容量对于听力技能训练来说尤为重要。听力技能训练相对其他的说、读、写的技能训练而言,对注意力的要求比较高,而且由于语音信息的刺激形式使人易产生疲劳感。从心理学的角度分析,人的注意力是有限的,即注意的广度和时间的保持都是有一定限度的。因而特别需要控制课堂教学的节奏和容量。在节奏方面必须有张有弛。在一段时间相对的高度注意力集中之后应该有一定的间歇、松弛的时间。而此时的放松是为了下一个时间段的再次高度注意的集中。没有一定的松弛时间,人的注意力会下降,这是生理上的代偿机制自动发生作用进行补偿。因而听力课必须控制教学节奏,切分教学时段,组织二三个高潮。而教学节奏控制得好,听力训练的效率也就高。例如在听了一段时间以后,变换一下学习形式,或以说代听,以读代听,或者组织一些课堂活动简单的游戏分组准备下一个教学步骤的内容等等。量也要有所控制,量不足,学习者"吃不饱",觉得太简单而没意思;量超负荷则引起听力疲劳,降低效果。①

## 三、操作方法

听力课的整个教学进程可以分为三段,即课前准备、课堂教学、课后总结。

---

① 徐子亮,《汉语作为外语教学的认知理论研究》第 279 页,华语教学出版社,2000。

## （一）课前准备

课前准备主要是材料的选择和听力设备的检查和预置。

1. 材料选择

材料选择指听力文本的选择，一般而言，听力文本要求在内容上具有针对性；重点突出，实用性强，难易适中；有趣味性或吸引力；形式上要求多样化。

（1）有针对性。针对性指听辨训练的目标明确，其一个阶段要训练学习者哪方面的听辨能力，或者学习者在哪个方面有较多的听力障碍，需要通过训练来克服的，听力文本就应该选择有针对性的、重点突出的材料。例如在初级阶段，听力文本应选择简单的对话和简短的话语；中级阶段，听力文本可选择篇幅略长、文字稍难、内容较广的语言材料；高级阶段则可选择报刊新闻和反映社会热点方面的文字较深的语言材料。

（2）实用性强。所谓实用性，即文本材料所提供的内容是学习者现实所需要的。这种需要为两方面，一方面是语言知识内容，另一方面是跟他们的生活内容密切相关的。不同对象有不同的生活，学习者以学校生活为主，职员等以工作及有关交往为重，而职员们的家属则以家庭生活在先，这些内容可以解决他们生活所需，也可提高他们对听力的信心。在考虑实用性同时，还要兼顾难易适度。实用性和难易度是需要协调的两个方面，考虑到文本材料的实用性，文本的词汇量、语法点就都有可能超出学习者现有的汉语水平。因此在选择实用性强的文本材料的同时，要对学习者的汉语水平有比较清楚的了解，使文本材料在满足学习者需求、解决实际需要的前提下，尽可能掌握好难易比例，不至于因文本材料太难而使学习者无法接受，进而对听力产生厌烦甚至抵触情绪，或者认为反正自己听不懂而干脆放弃。

（3）趣味性和吸引力。听力练习是一项难度较高的技能训练项目，而且由听觉通道输入信息的特点决定了学习者注意力保持的重要性。听觉感知的语音信息是一现而过的，只有高度的注意力集中才能有效地捕捉所听的信息，而听力文本的内容如果有趣味性，能引发学习者的兴趣，就能很好地吸引住学习者，使他们尽可能地保持较长的对语音信息的注意力，这将十分有助于听力水平的提高。

2. 听力设备的检查和预置

听力设备的检查和预置指在上听力课之前必须先将听力设备如耳机、录音机等加以检查，如发现机器设备上的问题应及时修理、调试，以免在听力的过程中在不适当的时候出现停机现象。此外用于听力训练的录音磁带或CD等，也需要教师事先预听，音质差、噪音多的应予更换。总之，课前应做好软件和硬件方面的准备。

## （二）课堂教学

听力课的课堂教学一般可以由三个环节组成，即听前预示，听时练习和听后检查。

1. 听前预示

听前预示的内容主要可以有两部分，一部分是听力文本内容的有关背景材料，或是内容简介；另一部分是有关的生词。背景材料可以是详细的介绍也可以是概况，内容简介则以大略的梗概为宜；生词也是有所选择的，出示所有的生词还是其中的一部分，视听力训练预期的目标而定。

（1）预示内容的方式是多样的。可以以形象展示，如图示、投影、照片、图片等，也可以用语言叙述，或者以音乐、现场录音等声音来展示。例如准备让学习者听一段送行的对话，可以先放一段火车站的现场录音，广播、火车鸣笛、嘈杂的人声等等。预示内容的作用在于给学习者以一定的提示，帮助他们明确文本材料大致的方向，可以缩小范围，集中听辨，并帮助语言信息在大脑语义网络中进行匹配和提取，促进听辨的内容理解。

（2）生词预示的方式。生词预示的方式最常见的有板书，也可以用词语卡片，或图表形式。预示可以以词语出现的先后为序，也可以按语义归类，还可以带领学习者朗读，并适当释义。预示生词对听力文本内容起到提示和串联作用，帮助跳跃障碍，连贯语义。以朗读或听录音的有声方式展示生词，还可以在语音方面给学习者一点预设和铺垫，当他们在录音中听到先前听到过的语音，就会有一种呼应，从而易化和加快理解。

2. 听时练习

听时练习是落实语音能力训练和能力培养的具体方法和措施，主要有语音听辨练习、句子听辨练习、语段听辨练习和对话听辨练习。重音、停顿、语气、语调等的听辨练习分别包含在句子、语段和对话的听辨练习之中。

（1）语音听辨练习

主要有声母听辨的练习、韵母听辨的练习、声调听辨的练习、音节（单音节和双声节以及多音节）听辨的练习、音节重音听辨的练习、音节连续变调听辨的练习等等。通过这些练习提高语音听辨能力。

1）声母听辨的练习：

Ⅰ. 听声母，听后模仿朗读；听后选择声母：＿＿＿

Ⅱ. 听后选择声母：＿＿＿ i(zh、j)；＿＿＿ a(b、p)；

Ⅲ. 听后填声母：＿＿＿ ǎo；＿＿＿ uǐ；＿＿＿ ìu；

2）韵母听辨的练习：

Ⅰ. 听韵母，听后模仿朗读

Ⅱ．听后选择韵母：b____(iǎo、ǎo)；n____(ěi、ǎi)；

Ⅲ．听后填韵母：l____；zh____；z____；

3) 声调听辨练习：

Ⅰ．听声韵，听后模仿朗读

Ⅱ．听后选择声调：tái，tèi；li，li，li，li

Ⅲ．听后填声调：wei sheng，guan li，dian hua，hui lai

Ⅳ．指出一组中声调不同的词：睡觉、热闹、寄信、包裹

Ⅴ．指出这组中声调相同的词：上课、马虎、现在、高兴、旅行

Ⅵ．将声调相同的词语归类：

冬天、语言、听说、回答、音乐、天气、美丽、车站……

冬天：

音乐：

Ⅶ．辨别各组词的声调，相同的划√，不同的划×。

流行、联合（    ）

马路、汽车（    ）

4) 轻声练习：

Ⅰ．听后模仿朗读

Ⅱ．标出轻声的音节：老师、商场、老实、桌子、……

5) 半上声的练习：

Ⅰ．听后模仿朗读

Ⅱ．标出半上声的音节：公园、老虎、树木、……

6) 音节听辨练习：

Ⅰ．听音节，模仿朗读（单音节、双音节、多音节）

Ⅱ．选出听到的音节：公司、车站、电话、会客、约会、开会

Ⅲ．写出听到的音节：

7) 音节重音听辨练习：

Ⅰ．听音节、模仿朗读

Ⅱ．听后标出双音节的重音：莲子、帘子

8) 音节连续变调听辨练习：

Ⅰ．听音节、模仿朗读

Ⅱ．一、七、八、不的变调：一天、一年、一碗、一共；不安、不来、不可、不错；

七夕、七年、七秒、七恒；八天、八年、八百、八次；

Ⅲ．两个三声连续的变调：表演、辅导、口语、领导

(2) 句子听辨练习

主要有句子中的语词听辨练习、句子听辨练习，通过这些练习，分别训练

词语听辨能力、语法点听辨能力、惯用语或习惯用法听辨能力,注意细节能力和联想能力。

1) 词语听辨能力:(可以做几种形式的练习,常用的有):

Ⅰ. 听后填空。例如:我们_____上课,你呢?

这种练习是将听觉感知的语音转换成文字形式,来检测听辨正确与否。

Ⅱ. 听后选择正确答案,例如:

小张在研究班里算不上最优秀的,但也不是最差的。

问:小张的学习怎么样?

A. 优等　　　B. 比较差　　　C. 特别差　　　D. 不好也不坏

这种练习题是把如"算不上"这一类有特殊含意的词语放在句子中去听辨和理解。

2) 语法点听辨练习:(经常采用的是):

听后选择正确答案,例如:

男:你结婚的日子还没有定下来吗?

女:定下来了还能不告诉你吗?

问:女的结婚日期定了吗?

A. 定下来了　　　　　　　　B. 已经告诉男的了

C. 女的不想告诉男的结婚日期　　D. 还没定下来

主要听辨某种句式(如"还能……吗"反问句)在句子中的作用及其表达功能。

女:我们要不要买一台电脑?

男:这还用问我,哪次买东西不都是你说了算!

问:从对话中知道买电脑——

A. 男的不想买　　　　B. 女的不喜欢

C. 由女的决定　　　　D. 男的说了算

主要听辨某类词(如"哪次"疑问词泛指)在句子中的作用及其表达功能。

女:昨天买的这件S号的,有一点小,想换一件。

男:这件稍大一点,我看准合适,您试试。

问:男的给女的换了一件什么样的?

A. L号的　　　　　　B. XL号的

C. XXL号的　　　　　D. M号的

主要听辨由惯用词语搭配的词组(如"稍大一点")在句子中的意义

3) 惯用语听辨练习。习惯用法等听辨练习,常用的有选择正确答案或判断正误等,如:

Ⅰ. 听后选择正确答案:

星期天没事,他常去泡图书馆。

问:"泡图书馆"的意思是:

A. 在图书馆呆很长时间　　　　B. 在图书馆喝茶

C. 跑步去图书馆　　　　　　　D. 找图书馆

这种练习的用意是听辨惯用语在句子中的含义。

Ⅱ. 听后判断正误:

你指望他呀?等到猴年马月吧。

不能对他抱有希望。(√)

这类练习要理解了成语(如"猴年马月")的意义,才能在听后对句子的正误作出正确判断。

4) 注意细节的听辨训练:这类训练主要听辨时间、地点、日期、数量、人物关系等。

Ⅰ. 听后选择正确答案:

为期三天的2000年全国群众体育工作会议于11日闭幕。

问:会议是从哪天开始的?

A. 7日　　B. 8日　　C. 9日　　D. 10日

这类练习要求注意日期。

Ⅱ. 听后选择填空:

短短的几天,他就去了_____、_____、_____、_____等几个城市。

A. 西安、成都、上海、广州　　　B. 西安、成都、重庆、上海

C. 西安、成都、上海、苏州　　　D. 西安、重庆、广州、南京

这类练习要求注意地点。

Ⅲ. 听后回答:

张明请小刘转告小李,他明天考试,今晚不去看电影了。

谁不去看电影?

这类练习要求听清人物之间的关系。

5) 联想的听辨训练。可以是对话,也可以是句子。

听后选择正确答案:

女:你们家老二找着了吗?他年龄不小啦!

男:是啊,是该找啦,可总碰不上适合的。

问:他们说"找",是指什么?

A. 房子　　B. 女朋友　　C. 汽车　　D. 工作

这类练习要求将重要词语和句子(如"年龄不小""碰不上")联系起来想象。

(3) 语段听辨的训练

主要进行归纳、概括、推理、判断能力训练。例如语段文本《大熊猫》:

大熊猫是我最喜欢的动物之一。它的体型像熊,四肢、肩膀、耳朵和眼

圈儿是黑色的,其他地方都是白的。它善于爬树,会翻跟头儿,那笨头笨脑的样子别提多可爱了。它最爱吃的食物是竹子,一只熊猫一天能吃掉三四十斤呢!有时,它也抓一些小动物吃。你知道吗?在几百万年前,熊猫完全是吃肉的。后来,随着环境的变化,它的生活习性也变了。现在,它的牙齿已发展成专门用来吃竹子的了,但它的肠胃还有食肉动物的特点。

大熊猫是一种正在走向灭绝的动物。它的繁殖能力很低;主食竹子有时会突然大量死亡,造成食物不足;人类也在不断地捕杀它。现在世界上的熊猫一共还不到一千只了。有人认为,熊猫将在今后的三四十年里在世界上消失。朋友,你说,我们能给它什么帮助吗?

(摘自白雪林编著《中级汉语听和说》,北京语言大学出版社)

根据听力短文可采用多种形式的训练:

Ⅰ. 听短文回答问题,如:
① 大熊猫是什么颜色的?
② 大熊猫从古到今生活习性有什么变化?

这类练习是用回答的方式来检查听力理解能力。

Ⅱ. 根据短文内容判断正误,如:
① 大熊猫笨头笨脑,样子不太可爱。
② 现在大熊猫只有一千多只了。

这类练习的特点是书面的答题与听到的话语之间要快速建起一种联系,并在此基础上进行思索和判断。

Ⅲ. 听后填空,如:
① 大熊猫体形像,善于,会。
② 大熊猫最爱吃的是,一只熊猫一天能吃掉。

这类练习主要是训练记忆和捕捉关键词语的能力。

Ⅳ. 听后选择正确答案,如:
① 大熊猫喜欢吃竹子是因为:
   A. 向来喜欢吃竹子        B. 不会吃动物
   C. 环境变化改变了生活习性   D. 竹子好吃
② 大熊猫走向灭绝的原因,下面哪种说法是本文所没有提到的:
   A. 繁殖能力很低        B. 主食的竹子大量死亡
   C. 人类不断捕杀        D. 大动物不断捕杀

这类练习是上述第二种练习的扩展,书面提供的答题量大于第二种,形式上第二种练习是判断,这种练习主要进行选择。

Ⅴ. 听后口头复述

可有不同要求,如听第一遍要求说出短文大致内容;听第二遍要求进一步说出细节。

　　这类练习主要训练通过听觉接收的语言信息的记忆能力,即将听到的语言信息努力延长并维持一定时间,然后从口头表述中来检验听力理解的容量和质量。

　　Ⅵ. 听后书面复述

　　这类练习的作用基本同听后口头复述相仿,只是检测方式有所变化,以书面形式替代口头形式。

　　(4) 对话听辨训练

　　常用的形式有听对话回答问题、听对话选择正确答案、听对话判断正误、听对话填空等等。例如:

　　　　女:你先等一下,我去商店买点儿吃的。
　　　　男:别买了,里边不让吃东西。
　　　　女:我买明天的早饭。看电影的时候我不吃东西。
　　　　男:电影快开始了。看完再去吧,商店9点才关门呢。
　　　　女:什么呀? 现在学校放假,7点就关门。
　　　　男:是吗? 那你快点儿去吧。

Ⅰ. 听对话回答问题
① 看电影的时候可以吃东西吗?
② 商店平时几点关门?

　　　　　　　　(杯欢、刘颂浩《汉语初级听力教程》上册
　　　　　　　　　北京大学出版社,1999)

Ⅱ. 听对话选择正确答案
① 女的去商店买吃的东西是:
　　A. 为了看电影时吃　　　　B. 为了看电影前吃
　　C. 为了明天吃早饭
② 放假时商店几点关门:
　　A. 7点　　　　　　　　　B. 9点
　　C. 看完电影以后

Ⅲ. 听对话判断正误
① 电影院里边不让吃东西。
② 放假时看完电影还可去商店买东西。

Ⅳ. 听对话填空
ⅰ. _____买了,里边不让吃东西。
ⅱ. _____呀? 现在学校放假,7点关门。

人物对话常有一些特点,者如对话所传达的有关情景,对话中人物的语气、语调,以及对话的简略或省略,从这些特点中常可以听出人物的态度、情绪、身份,以及人物之间的关系。对话听辨的实用性是很强的。因为在日常生活中听到的经常是对话性的话语,所以更要加强这种类型的听辨训练。

3. 听后检查

听后检查是对听辨操练的效果和效率的反馈。听后检查的作用:

(1) 了解学习者的听力技能。了解学习者的听力的具体技能掌握的情况,哪些是掌握得比较好的,哪些是比较欠缺的,哪部分完全没有掌握,困难点在哪里。

(2) 了解学习者的听力理解水平。通过检查了解学习者的听力情况,以后可以进而修订、修正教学计划,加以改进或弥补不足及疏漏之处。

(3) 进行修正。检查后的修正是对不足之处的补充和对存在问题的进一步说明,不仅可修正学习者的错误,并且能起到加强和巩固学习者的记忆的作用。

听后检查的方式:对答案,请学习者复述,也可以用书面作业的形式,将所听的内容记录下来,可以是听力材料中的一段,也可以是全文的大意。

## (三) 课后总结

听力课结束以后要进行教学总结。课后总结的目的一是总结听力教学的经验及成功之处,以利后续课程的顺利进行,二是改进不足之处,提高听力训练的质量和效果。课后总结主要采取阶段性总结的方式,可以是一课课文的总结,也可以是一个单元的总结。教学总结一般涉及以下几方面的内容:

(1) 听力内容的深浅:主要指词汇量和语法点的控制、文化因素含量的多少、题材的熟悉度。

(2) 篇幅的长短:听力文本篇幅的长短应该与学习者的水平相适应。篇幅太短,起不了训练的作用;篇幅太长,超出一般记忆的限度,会引起记忆的泛化,达不到听力训练的目的。

(3) 听力形式的适应性:包括两方面,一是指听力训练所采取的方式如填空、判断、回答问题、复述等是否适宜于听力文本的内容;另一是指这些方式是否适合于学习者的水平。例如对初级学习者而言,他们所掌握的词汇量有限,要求做比较精当的填空,相对来说难度就高于"判断正误"的练习。再如,说理性的内容,一般不适宜于采用复述性的练习;反之,情节性较强的文本,则易于复述。

(4) 效果:效果一般体现在两个方面,一是学习者的反映,包括学习者对听力练习的主观反响和客观成绩;另一是教师对课堂教学的自我评价。从主观方面而言是一种自我感觉;在客观上则反映一堂课上得顺利不顺利。这两方面的综合才能正确评价一个阶段听力教学效果的好坏。

课后总结可以起到承上启下的作用。上一阶段的总结是下一阶段教学的基础。后续听力课的课前准备可以根据或参照前一次课后总结所提供的各种教学信息,例如内容、篇幅、形式等等,来调整、安排和进行。

## 小　结

听力是学习者吸取知识、保证交际成功的重要因素。听力教学要取得较好的效果,必须了解学习者目的语的掌握程度、学习者的语言经验和生活经验、学习者的理解能力和记忆能力,同时,还要深入研究学习者的学习动机、焦虑情感和反应的快捷程度,研究学习者的听觉与其他器官的协同作用,还要讲究和控制听力材料的深浅、声音条件的好坏等等,在这样一些基础上,构思和拟订教学计划与教案,考虑和采取听力教学的方法。

听力教学重在技能的训练,不仅要培养学习者的基本语音的听辨能力、注意细节的能力和联想的能力,还要提高学习者概括归纳的能力和判断推理的能力。为达到这样的目的,教学中应贯彻多听、听练结合、分阶段有重点地训练,以及控制课堂节奏和容量等听力教学原则。

听力教学分为课前准备、课堂教学和课后总结三个阶段。课前准备,要做好听力材料的选择和听力设备的检查与预制;课堂教学包括听前预示、听时练习和听后检查三个环节;课后总结,主要检查听力材料的合适性及其教学效果。

# 第九章　写作课型的课堂教学实施

写作是一种综合表达。学习者从各个渠道吸收的知识,都汇合、融化在写作之中。其中语言知识自然起主要的作用,积字成词,积词成句,积句成段、积段成篇,人们的书面材料全是这样垒砌而成的。但是写作表达的是具体的内容,即它要记述人们的活动和事件,说明事物的性质和特点,议论贯穿于事件和事物中的道理。这就需要许多社会的、历史的、经济的、政治的、科技的、文化的等方面的知识去营养它、丰富它、充实它。而文体知识和范文却又是写作的蓝本。人们之所以能够提笔写作各类各色的文章,许多方面是受它们的影响和启示,始于模仿,终于创作,期间经过无数次的习练和实践,才掌握了写作的技巧,有了写作的能力。

外国学习者学习汉语写作,受母语正迁移的作用,他们很快就能借鉴母语的写作知识和写作经验而进入用汉语习作之门;但也因过分依赖用母语思维和表达,在用汉语习作时往往要经过一个翻译和转译的过程,不仅速度迟缓,而且常因此而造成中介语现象。因而写作教学的种种训练和习作实践,是促进学习者直接用汉语思维和表达的良好途径,也是推动外国学习者减少中介语靠近目的语的有力措施。

写作课已成为对外汉语教学的一门重要课程,它担负着"听说读写"四种语言技能中的"写"的任务。为了能顺利地落实写作的各项要求和任务,写作教学必须讲究教学原则和教学方法,遵循写作本身的规律和教学的规律,去探索一条快捷而有效的训练道路,让外国学习者较快地掌握一把"写"的钥匙,去开启用汉语写作的大门。

## 一、理论基础

写作是一种综合性的训练,它与思维、翻译、谋篇、阅读等都有密切关系。

## （一）写作与口语

写作和口语同属于话语的表达，是语言的输出。它们都是学习者在大脑中形成有关的思想、意识，作为一种内隐刺激，即话语计划，通过传递、扩散到达长时记忆的语义网络，从该结构中选取、调用相关的词语到工作记忆，在那儿进行组合装配，即话语构建，然后输出语言，即话语执行。[①] 这个过程，无论是写作表达还是口语表达，基本上是相同的。不过一则在执行话语时，要求手的肌肉进行动作，发而为字形；一则要求口腔肌肉的运动，发而为语音。所不同的是：

（1）口语有直接的听话对象，有相互交际的环境，其会话的速度要求较高，组织语句的反应要快，不可能字斟句酌，也不可能长时间的思索和停顿；书面写作只有假想的读者，是一种间接的交流，允许有较多的时间对表达的内容和词句进行斟酌和推敲。

（2）口语会话一般来说比较粗糙，不计较重复、啰嗦、语句残缺，只要求达意而已；书面写作则比较精致，讲求信（材料充实）、雅（文字漂亮）、达（行文通畅）。

（3）口语会话的构思比较简单，不必追求语句的起承转合，即使关联失当，前后颠倒，也无伤大雅；书面写作则要有一定的构思和布局，讲究承上启下、过渡呼应。

当然，对于一个思路清晰、语言运用熟练者来说，口语表达也会很生动、精彩，富有感染力。如果把他的话记录下来，稍加修饰，就是很完整的一段话或结构严谨的一篇文章，这可以说是一种口头作文。但对于第二语言的学习者来说，达到这种口头作文的水平尚需有一个训练和熟练的过程。在对外汉语教学中，一般不作如此要求。

## （二）写作与思维

写作是把头脑中的思想、意念通过语言文字形之于书面的心理活动和语言行为，其核心是思维，它决定着写作的内容、条理和层次。思维有形象思维和逻辑思维，写作小说、报告文学、散文、诗歌等文体偏重于形象思维；写作议论文、说明文、应用文等文体则偏重于逻辑思维。写作过程中无论哪种思维都要对客观世界进行观察、分析、比较、综合，最后形成一定的思想或情节，并倾注于语言文字来表述。人类的思维有别于其他动物，就因为除了共有的、与实物直接挂钩的第一信号系统外，还形成、建立了第二信号系统——语词，可以脱

---

[①] 桂诗春，《实验心理语言学纲要》第414—415页，湖南教育出版社，1997。

离实物而进行抽象思维,并在广度和速度上增强思维的能力。如果说人类感知运动的适应局限于直接的空间和时间,那么语言则能超越这个有限的范围[1]。因而语言文字的运用是否熟练,直接会影响个人思维的广度、深度、速度和严密度。外国学习者对自己的母语当然非常熟悉,他们运用母语来思维,自然是驾轻就熟,收放自如;但对于正在学习的目的语,限于语言知识积累的不足,实际运用目的语的语言经验不够丰富,应用目的语的能力比较低下,对目的语所蕴涵的文化因素不太熟悉,因而用目的语思维远逊于母语的思维。表现在外国学习者的写作上常常是内容干瘪,难以展开,或者内容芜杂,语无伦次,甚至错句连篇,不知所云。这都反映了外国学习者运用目的语思维比较生疏或生硬所带来的种种问题。假如他们用母语思维,用母语写作,就不会或很少会有这样的情况发生。

### (三)写作与翻译

学习第二语言的学习者在酝酿或形成某个思想或意念时,习惯上都是依赖母语来运作的。也就是说,一个思想或意念在学习者的头脑中从朦胧到清晰,必须借助于语词和句子形成一个个命题,这在心理学上称为内隐的语言刺激。内隐刺激在头脑内部激活储存在头脑记忆库中的有关的母语词语和母语句式,构建成能够表达思想或意念(即命题)的母语句子。如果该学习者要用目的语来表达和写作,那么他必须有一个转换过程,即由母语语句进一步激发储存于学习者头脑中的目的语结构网络,从目的语结构网络中匹配和提取相应的词语,依照目的语语法规则,重新组合、装配、翻译成目的语语句。从这个意义上说,外国学习者的写作,实际上是不断地把蕴涵思想或意念的母语语句翻译成为目的语语句的过程。只有学习目的语到了相当的熟练程度,才能够直接或半直接地用目的语来思维和写作。

概念是人类思维的重要形式,是抽象逻辑思维的细胞,是人们认识活动的基础[2]。不同语种的人们认识客观世界虽然有许多共同之处,但在形成概念时由于观察世界和事物的标准和角度不完全一样,其反映客观世界的词语概念的内涵和外延自然也会有差异。因此,学习者的母语词语不一定完全跟目的语词语一一对应,或者是一个词语的多个义项中的某一义项上母语和目的语可能相对应,或者从母语中根本找不到相应的目的语语词,常常需用一个词组来勉强达意。即使是对应词语,也不是一对一的绝对关系,一个母语的词语,很可能有多个目的语同义词与之相应;反之,一个目的语词语,也可能有多个母语同义词与之相应。这些语言上的客观因素,给写作和翻译带来一定的麻

---

[1] 刘爱伦,《思维心理学》第 372 页,上海教育出版社,2002。

[2] 同上书,第 99 页。

烦。加之,学习者所积累和建立的两套心理词汇之间能否熟练地激活扩散和选取、替换,母语语法规则与目的语语法规则之间能否正确无误地转换等主观因素,又影响着写作和翻译的速度和精确度。为此,对外汉语写作教学就要注意词语的对译训练和句子的翻译训练。

### (四)写作与谋篇

写作由词成句,由句成段,由段成章,绝不是任意的叠加和堆砌,而是必须根据表述的内容有层次、有条理地铺排叙述,其间要考虑语句之间的因果、假设等逻辑关系,要讲究起承转合的文理章法。这里的先决条件是学习者在落笔之前,对文章要有个整体的设想和计划,这在写作学里称为谋篇布局。

不同的文体在谋篇布局上有不同的特点。小说、散文,重在形象和环境的描述,谋篇主要反映在情节线索和情感线索上。情节线索是人物的矛盾和冲突的轨迹,其间有起始——发展——高潮——结尾等要素,这需要习作者加以合情合理地安排和组织。情感线索是习作者把一个事件或数个事件围绕着自己的情绪基调而展开的一条主线。其间有情绪的变化和发展,以及情绪的落点等因素,也需要习作者缜密地连缀和贯通。论说文和说明文,重在说理和介绍,谋篇主要体现在内在的逻辑性和科学划分上。内在的逻辑性是由论点、论据、论证组成的,需要习作者去提炼观点、搜罗和组织说明论点的材料,然后进行充分的摆事实和讲道理;科学的划分,是按某个标准比如构成成分、性质、特点、成因、效果等去进行罗列性的介绍和说明。应用文重在实际应用,它是由叙述和说明两种因素结合而成的。除了调查报告、总结等内容和篇幅比较长的复杂应用文体外,一般都比较短小,且有一定的格式可以模仿。对外汉语写作教学就要抓住不同文体的特点,对学习者进行各种文体的谋篇布局的训练。

谋篇布局是写作训练的核心。对外汉语写作教学除了讲述一些写作知识和谋篇的技巧,并提供一些范文范例以外,还应充分调动学习者利用母语写作的经验和技巧。在母语和目的语的写作经验和写作技能的交互作用下进行谋篇布局的训练。具体说来,即对所要表达的人物、事件、段落、中心进行一番裁剪:或详或略,或叙或议,或抒或说,或顺或倒,并通过由词成句、由句成段、由段成章,以及不断地把母语的语句翻译成目的语的途径,采取谋篇布局和构建语句双管齐下的方式,最后连缀成文。

### (五)写作与阅读

写作是语言的传播和输出,阅读是语言的接受和输入。没有充分的、广博的语言输入,就没有精确的、得体的语言输出。从这个意义上来说,阅读是写作的基础和前奏。学习者能够写出像样的一段话或完整的一篇文章,很多地方得益于阅读的范例和范文。无论是母语的阅读文章还是目的语的阅读材料，都对学习者的写作练习起着重要的作用。

一篇好的阅读课文，至少有下列几个方面提供给或启示着学习者。

1. 与内容或情节有关的文化背景

阅读课文所涉及的内容或情节都会打上使用该种语言的国家和民族所特有的文化烙印。学习和阅读这类材料，就能理解和积累有关的文化知识和文化背景，而这些文化意识和文化观念既是理解阅读材料的钥匙，也是写作表达的关键，学习者的写作必须符合使用该语言的人群的习惯、观念和思维定势，否则所写的作文匪夷所思，目的语国家的人群可能无法理解，难以接受。

2. 与表达内容相适应的文体和风格

反映生活、社会、科技等活动内容，就需要有记叙、议论、说明、应用等多种文体。学习者的习作也应涉及这几种文体。教学中从理论上讲述或学习记叙文、议论文、说明文以及各式应用文的写作知识和文体特点固然必要，而更为重要的是阅读具体的作品和范文。前者只是一种写作指导，比较抽象，不易捉摸；后者却是样板，可以直接模仿、改写乃至再创造。尤其是写作风格，有严谨的、庄重的、诙谐的、幽默的、简洁的、细腻的、淡雅的、浓郁的、朴实的等等，更是非言语可表达和形容的，必须通过具体的阅读材料去体会、领悟和辨别。写作风格对刚学外语的初级学习者来说是阳春白雪，难以企及，而对于高年级学习者却相当有益，它有利于提高习作的精确度和得体性。

3. 与内容和表达相关的谋篇和章法

谋篇和章法无非是说如何处理写作素材，哪些先写，哪些后写，哪些详写，哪些略写，哪些该议，哪些该抒等等。让这些写作因素有机地、恰到好处地统一在一篇文章之中，这就是章法。这对于写作教学自然非常重要，但也不是空讲一套理论所能奏效的，需通过具体的文章才能让学习者体会其中的精微和奥妙。比如，各种各样的开头，各种不同的结尾，段落连接的过渡和呼应，人物的突现和退隐，观点的出示和展开，问题的揭示和分析，议论的纵横和收放等等，这些方面阅读越多，体会越深，积累越多，学习者习作时就能达到"下笔如有神"的境界了。

4. 与表达有关的语言手段

一个精彩的情景，需要选择精确、生动、具有表现力的词语来表述；一个完整的意思，常需要几个句子的组合；有的意思因感情色彩的强弱而需要一些诸如形容、比喻、排比、设问、反问等修辞手法。而句子合成句群，句群串联成段落，都需要使用一些连接词来衔接或确定其关系。这些绝不是记忆一些单词或背诵几条语法规则所能解决的，必须在具体的课文和语言材料中去揣摩、撷取。好词、好句、好段、好的连接、好的比喻，都对学习者的写作有好处。实际上这可以说是一种应用语言的积累,它能直接提高学习者的写作能力。

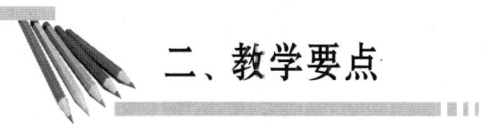
## 二、教学要点

写作教学要取得良好的效果,需抓好下列一些要点。

### (一)明确写作教学的目的任务

通常说学习和掌握一门外语,主要指"四会",即全面掌握"听、说、读、写"四项基本技能。其中"写"的技能的培养主要由写作课程来承担。写作是一种语言的综合表达,它跟听、说、读的关系都很密切。听是通过听觉感受而进行的一种语言输入;读是通过视觉感受而进行的一种语言输入;说是通过口腔肌体运作而进行的一种口头语言输出;写是通过手指肌肉运动而进行的一种文字语言的输出。听、说、读、写各有其不同的通道和机制,但它们都在大脑语言神经中枢的支配和统辖下工作[1]。听、读的输入汇集到语言神经中枢,在那里的加工器里得到理解和贮存;说、写的输出也由语言神经中枢指令和提取有关词语和句式,在加工器里得到装配和组合[2]。由此可见,语言输出是以语言输入为其前提的,头脑里对某种语言如果是一片空白,那就谈不上什么输出了。从这个意义上说,听读是说写的基础和源泉,说写是听读的外显反应。对外汉语教学早先设置综合课程,就是出于这种考虑。以后依据听、说、读、写分类设课,目的是在有关的单项课程中相对集中和强化某种训练,提高训练的效果,并非截然分家。因而,像写作课程,有的院校到高年级才单独设课,有的院校干脆就附在阅读课程之中。这说明读与写的关系相当密切。但不管是附属于其他课程还是单独设课,写作教学终究有其自身的目的任务。那就是:

1. 提高语篇的写作能力

所谓语篇是由词而句、由句而段、由段而篇构成的,写作教学应循此而渐进,注重遣词造句和积句成段的训练。如果说阅读课的词语练习,都是为着消化、巩固新学的词语和句式的话,那么作文教学的词、句训练,都应围绕着篇段进行。即使是在初学和低年级时期,也要求把一个意思说完整、说清楚,重心放在句子之间的关联和衔接上,为过渡到写作句群和语段打下扎实的基础。

不同的文体,其语篇构成,也有不同的特点。记叙文讲究事件的时空顺序

---

[1] 桂诗春,《实验心理语言学纲要》第 73 页,湖南教育出版社,1997。
[2] Kurt pawlik Mark R. Rosenzweig 主编,张厚粲主译,《国际心理学手册》第 225 页,华东师范大学出版社,2001。

的安排,语多陈述和描写;论说文讲究说理的层次和逻辑,语多设问和判断;说明文讲究划分和排列,语多比较和铺排;应用文介乎记叙和说明之间,除陈述和排列外,尚需遵循一套特定的应用格式。写作教学必须根据不同文体的语篇特点,由浅到深、由短到长、由简单到复杂地进行写作训练,将文体知识转化为学习者的写作技巧,熟练地掌握和驾驭各种文体,提高他们的书面表达能力,以适应生活和工作的需要。

2. 提高翻译和用目的语思维的能力

学习者在学习第二语言的过程中,尤其是低年级,不管是听力、阅读、口语,很大程度上都依赖于母语的翻译和转译。在写作方面也同样要把母语思维的意思转译成目的语文字才能进行书面表达。这说明一般的学习者用母语来思维和表达可以同步完成;而用目的语思维和用目的语表达,很难同步完成,即使学习者能部分地运用目的语来思维,也不一定能用目的语顺利地进行表达;也有的学习者词语和句式虽然已经积累到一定的量,但因为不习惯用目的语思维或只能极小部分地运用目的语思维,也无法顺畅地进行表达。在这方面,写作教学,比之听力和口语教学,更能提高学习者的翻译和使用目的语思维的能力。因为首先写作给予学习者的时间比较充分,他们有较多的或足够的时间来思索或进行两种语言的转译,不像听力,其语言刺激稍纵即逝,根本来不及思索;也不像口语会话要求当场对答,不允许有较大的空隙和停顿。其次,写作本身思维和表达的容量大,也有时间让学习者推敲和选择适合的、确切的、乃至生动的词语和句子来表述。这些词语和句子经过写作训练被刺激、调动而活跃起来,有时可熟练到毋须翻译就能"应手而出",甚至能促进听力和口语,使学习者对这类语句能够"应耳而解"或"脱口而出"。如果这种熟练的语句积累得越来越多,那么学习者用目的语思维和用目的语表达的能力也会相应地得以大大地提高。

3. 扩大和充实目的语文化知识

写作是渗透着文化背景知识的一种书面训练活动。母语写作固然蕴涵着母语文化,目的语写作当然也充满着目的语文化。在训练写记叙文、议论文时,必然牵涉目的语文化的价值观念、民俗习性和思维定式等等,就是训练写应用文,也会涉及称呼、地位、关系、口气和语气、敬谦、套语等习惯文化。写作教学要扩大和充实此类目的语的文化背景知识。经过这样指导出来的习作才能合适、得体、有效。这些文化知识不仅有助于阅读理解和听力理解,而且通过多次的习作训练能直接转化为写作技能和技巧的有机组成部分。

## (二)遵循写作教学的基本原则

写作教学能否取得好的效果,跟是否遵循下列一些原则密切相关。

1. 循序渐进与急用先学结合

一般来说,语言输入总是大于输出。课堂教学所输入的词语和句式,并不是100%地被主体所吸收,有的可能遗忘或丢失,有的虽然贮存大脑但却缺少活力,很难激发或调动。这样,学习者输出时就打了折扣,例如有的学员学到中年级而开口说话和提笔写作的能力远远落后于实际的输入水平。因而,写作教学必须根据学习者的语言输入情况,制订教学计划,采取循序渐进的方式,由词句训练进入段篇训练,由简单的应用文习作进而写作记叙文或议论文,由练写较少字数的片段进入较长篇幅的创作等等,切忌盲目地布置脱离学习者语言输入实际的习作任务,否则揠苗助长,收不到什么实际效果。

循序不是呆板的,应视实际需要而灵活变通。例如低年级学习者在习作便条、通知阶段,但生活中他们需要向某单位或某个人员表示感谢,那就不妨跳跃一步,将写感谢信的教学内容提到前面来讲授和训练。又如低、中年级班级举行主题讨论会,要求每位同学拟写发言提纲或发言稿,就可教学这方面的内容。急用先学,打破原来安排的序列,会有较好的效果,也颇受学习者欢迎。但也不能一味强调急用先学而任意打乱原有序列,致使写作教学陷入无计划的混乱状态,那也是不可取的。所以,循序渐进与急用先学两者必须有机地结合。

2. 群体性与个体性结合

如果说学习者的写作是带有个体性的脑力(思维和表达)劳作的话,那么写作作为一种教学就带有群体性的活动了。实际上,听力课、口语课、阅读课都存在着个体性和群体性之间的协调问题,只是写作因为学习者单独思索和书写的时间较长,反映在课堂上,个体性和群体性的问题更为突出。

写作尽管是个体活动,但如果教师只在课堂上出一个题目,任凭学习者自由写作,那就不是写作教学,而纯粹是一种作文练习了。那样,学习者的习作达不到要求,也难望得到迅速的提高。有的学习者在两个小时的作文课上,除了题目外,只有寥寥几字,他们冥思苦索,不知如何落笔,不知写什么才好。有的学习者下笔千言,却离题万里,语句拖沓,内容芜杂。这说明写作教学不能放任自流,应该按照一定的计划和要求,组织好课堂教学,让学习者知道写什么和怎样写,才能有较好的习作效果。

开展群体性的教学活动,要注意以下几点:

(1) 要顾及大多数。一个班级的学习者,写作水平和能力有高有低,参差不一,教师的目光不能只盯着少数几个尖子,也不能只停留在少数几个写作低下的学习者身上,"过"和"不及"都会使大多数学习者产生"太难"或"吃不饱"的感觉,影响写作的积极性。因而,教师的教学始终要顾及大多数学习者的水平。

（2）要明确写作要求。每次作文都应有具体的要求,比如字数的多少和篇幅的长短;规定一些词语和句式供选用;习作方式是模仿、是扩写、是缩写还是创造性试写;文体是记叙、是议论、是说明还是应用文等等。这些要求越明确越具体,学习者的习作就越有头绪和方向。

（3）要组织阅读和讨论。写作教材一般由范文和写作知识组成,这些内容不能像精读课那样精雕细刻地分析、讲解,主要由学习者自己阅读,在教师指导下开展讨论,消化、吸收写作知识,体会、领悟范文的写作构思和方法。在进行写作练习之前,也宜开展群体性讨论,主要是交流写作提纲,打开大家的思路;交流准备写的内容和材料,供大家参考;交流作文的观点和看法,启发大家的思维。这种群体性的教学活动,可保证大多数学习者言之有物,循之有法。

（4）在班级里进行评讲。对于个别性的问题,教师可在批改作文时加以评点;对于普遍存在的问题可在班里集中评论、集体修改;对于写得较好的作文,要肯定成绩,当堂朗读。有时可要求学习者自行修改或交换批改,这同样能提高写作水平。

然而,班级中毕竟有写作水平高和写作水平低两种层次,即使同一水平的也会有个性的差异。因而写作教学除了注意群体性活动,还要注意个体性辅导。辅导宜安排在群体活动之后,对写作水平高的,可提高些篇幅、内容和技巧上的要求;对写作水平低的,则首先倾听他谈自己的写作构思和打算写的内容,然后具体进行指点,肯定其好的方面,指出其不足的地方。对这两种层次的学习者,最好能当面批改,使他们不仅知其然,而且知其所以然,这样,效果比较理想。

3. 习作性与交际性结合

写是一种语言表达的技能训练。写作教学就是通过书写把视觉和听觉所接收的语言知识,转化为文字表达的技能技巧。课堂写作主要是为培养这种技能服务的,它在较大程度上倾向于习作性,尤其是遣词造句的练习、积句成段的练习等篇幅不完整的习作,基本上是学习者的一种自我练习,不带任何交际意义,除了教师而外,一般没有什么"读者"。学习者往往为作文而作文,就像填空、造句一样,被动地、任务式地完成一次作业,缺少写作的兴趣、欲望和动力,久而久之,会感到枯燥乏味,甚至视作文为苦事。

其实,作文教学搞得好,那是非常生动、有趣的事,关键是要调动学习者的写作积极性,变被动为主动,从中体会写作的乐趣。而提高学习者写作兴趣的有效手段是把交际和交流融进习作,使学习者有机会"发表",那么他们就会重视写作,认真写作,乐于写作。"发表"的阵地和场所,可以是同座交换观看,小组轮流阅读,大班讲演和朗读,出壁报,出作文选,推荐到校报刊登或校广播站播出等等。即使是词句或片段训练,也可在班上交流,例如组织学习者看图片、连环画或一组电视镜头,然后要求学习者选用教师提供的词语和句式把画面的意思写成有关联的几个句子或一个段落,并抽选几名在班里诵读自己的句子或片段,教师可适当板书,组织学习者讨论和补充,使句子或段落更加完善。如果能结合实际生活需要进行写作,如便条、感谢信、求职信、意见书、表扬信等,那更能使习作性和交际性圆满地结合起来。这比单纯性的习作训练有意义,有效果。

4. 容错度与规范化结合

学习者习得或学习第二语言必然会产生既不像母语、又不像目的语的中介语现象,可以说学习者学习或习得第二语言的过程是逐步由中介语靠近并过渡到目的语的过程。反映在学习者的习作上,也必然会有中介语现象,这是非常正常的事情。问题是面对学习者的习作,是有误必改,凡错皆纠,还是容忍一些失误乃至偏误?这个容错度有多大?如何控制?设想一下,如果学习者的作文本上满是教师用红笔批阅的圈圈、杠杠和点点,每个句子都有删削或订正之处,很可能会损伤学习者的自尊心和自信心,觉得自己的文字表达一无是处。这不利于调动学习者对写作的兴趣和积极性。但是如果对学习者习作中的错误不问不闻,听之任之,则也无助于提高学习者的写作能力。因而写作教学要处理好容错度和规范化的问题。

所谓容错度是在一定限度上容忍学习者习作中的某些失误或偏误。比如选词不够精确,"杭州的秀丽景色"写为"杭州的壮丽景色","艰巨的任务"写成"困苦的任务";或者搭配不够确切,"注意周围动静"写为"小心周围动静","告别亲人"写为"分别亲人";或者行文不够得体,"我将准时参加"写为"我将准时光临","胃口差"写为"肚子吃不下",等等,属于可改可不改的,姑且容忍迁就;属于大胆使用新词新句而发生一些偏差的,则要肯定和鼓励,并适当进行指点。造成这种失误或偏差,主要是学习者使用目的语时受母语词语和语法的干扰,或者在使用目的语词语和语法时出现了泛化或过度概括化现象[①],把甲词语或甲规则不适当地应用到乙词语或乙规则上去。对此,如果是偶然性或个别性的问题,则打上个记号(画一条红杠)让学习者自行订正,不必细改;如果是带有普遍性的问题,则可在班内集中提出和讲解,以引起学习者注意。

然而,学习第二语言,中介语毕竟不是目的,教师在写作教学中有义务和有责任减少学习者的中介语,让他们的第二语言系统向规范的目的语靠拢。因而,写作教学也要在规范化方面下些工夫。规范化主要指下列几个方面:一是标点规范化,重在分清逗号、句号、分号、顿号等常用点号的用法,扭转学习者一逗到底的不良习惯;二是书写规范化,重在培养学习者书写正确、完整的

---

[①] Kurt pawlik Mark R. Rosenzweig 主编,张厚粲主译,《国际心理学手册》第 222 页,华东师范大学出版社,2001。

汉字习惯,防止缺头少腿或随意增笔画的现象发生;三是词语规范化,强调应用词典或教科书上的词汇,不要把社会上流行的、不规范的词语搬进作文,也不要自己生造、滥用词语;四是句子规范化,避免句子成分残缺、词序杂乱、句意模糊等弊病。

总之,容错度是为了鼓励学习者大胆而不怕出错地应用词语和句子,调动他们写作的积极性;规范化是为了使学习者的第二语言系统顺利地由中介语向正确的目的语过渡。两者处理得好就有相辅相成的功效。

## (一) 教学重点

### 1. 遣词造句

写作课与阅读课、口语课的造句练习不同,后者所造句子的内容可以自由发挥,只要能应用规定的语句即行;而写作课的遣词造句主要训练表达某个既定的意思,即命题是确定了的,词语基本上也是规定了的,然后让习作者应用指定的词语加上适当的与之相搭配的词语创造一个句子。遣词造句是写作的基础,也是一种基本功。一个复杂的意思(大命题)就是有许多个小的意思(小命题)组合而成[①]。习作者能够熟练地遣词造句,就有能力连句成段,以至成篇。当然,遣词造句能力的培养也不是全靠写作课独自承担,阅读课、口语课的造句练习对此也有很大的促进和功效,但不能因此而放松和降低写作课遣词造句的要求,而是应该提高一定的难度。

写作课的遣词造句主要是选词造句,定词造句和自由造句三种。

### 2. 思维和句式

人们的思维主要依赖于语言,如果说遣词涉及思维的概念的话,那么句子在很大程度上跟判断有关。头脑中酝酿的命题往往是一个判断。这内隐的命题表现为外显的句子,可以是个判断句,也可以根据表达功能的需要,化为叙述句、描写句、祈使句、感叹句、疑问句、测度句等等。例如,学习者头脑里形成一个命题"中国的点心——吃——好",可以根据需要,表达为不同功能的句子:

中国的点心是好吃的。(判断)
中国的点心好吃。(描写)
请尝尝中国的点心。(请求)
中国的点心真好吃啊!(感叹)
中国的点心好吃吗?(疑问)
中国的点心好吃吧!(测度)

---

[①] 桂诗春,《实验心理语言学纲要》第136页,湖南教育出版社,1997。

由此可见，思维、情感和句式在头脑里分属于不同的神经系统，而反映为书面（或口头）的语言时，却是三位一体，密不可分的。而且因为学习者习惯于用母语来思维和表达，他们用目的语来习作中间还有个翻译的环节。因而，目的语句式的训练，实际上也是一种使用目的语的思维训练。

写作教学句式训练，主要有句式单纯训练、句式变换训练和句子关联训练。

3. 句群、语段的连贯和衔接

写作要有层次和段落，才能使文章脉络分明。这层次就是由句群构成，这段落就是由几个句群组成，而整篇文章又是由几个段落合成。句群内部的一个个句子不是孤立的，它们之间有着种种关系，表达着某个思想或观点。段落内部的一组组句群，也不是各自为政的，它们相互配合，传达出更加完整的思想和意见。整篇文章的若干个段落也不是游离的，它们紧密地组织在一起，揭示和反映出全篇文章的中心思想或主题。因此，写作必须顾及句与句、句群与句群，乃至段与段之间的连贯和衔接，也就是人们常说的"起承转合"，使文章的各个部分有机地组合在一起，表达习作者的思想感情。这是写作教学的重心所在，必须多下工夫。

（1）句群的连贯和衔接。一个句群一般是段落中的一个层次，写作除了要斟酌句群内部之间的关系以外，还要考虑句群与句群之间的关系和联系。这种联系或者是时间相继，或者是事理相因，或者是空间相移。

时间相继，主要指下一个句群所陈述的内容是上一个句群的继续和发展，其间有时间上的先后关系。它们的关联，可以用时间词来连接，例如，用"上午……中午……晚上……""昨天……次日……第三天……""过了一会儿……又等了半个小时……"，等先后连接发生于不同时间的事情；也可以用虚词和其他词语连接，例如，用"……接着……""……于是……""……以后……""……终于……"等来系联先后发生的事情。

事理相因，主要指两个或三个句群所说的事情或理由之间有并列、因果、转折、推断等关系。其关联可以用序列性数词，例如，用"首先……其次……再其次……最后……"或者"……这是第一点……这是第二点……这是第三点"等来分层分条列说；也可以用连词、副词或其他词组，例如，用"……然而……""……因而（此）……""……由此可见……""……这样……"等来系联前后相沿或相袭的事情或理由。

空间相移，主要指几个句群分别从不同的角度或不同的侧面来反映所视或所闻的内容。由于方位和视角本身就具有罗列性和转移性，因而写作中不一定要用关联性的词语。学习者可以利用这个特点不断地变换方向，移动视线，以表述其听到或看到的事物。这就是人们常说的"移步换景"。例如，用

"仰视""俯瞰""远眺""近看"等词语来陈述因视线移动所看到的不同景物;用"前面""后面""右边""左边""上头""下头"等词语来系联所听到的不同方位的声响或所看到的不同方向的事物。

　　句群是一个段落的重要组成部分,写作教学要重视这方面的训练。如果学习者对句子的组合和句群的衔接比较熟悉的话,那可以说这个学习者已具有了相当的写作水平。

　　(2)语段的连贯和衔接。文章是由语段构成的,一个语段常常表述一个比较完整的思想或一个较短的情节,从这个意义来说,它有相对的独立性。但是语段之间必须有内在的联系,它们是围绕着整篇文章的中心思想或主题展开的,如果各自为政,互不相关,那就不成其为文章了。一个学习者开始习作,多数采用"三段论"式,即开头段、中心段、结尾段。即使较为复杂的文章,说到底也不过是把中心段再拉长、分为若干段落而已。既然段落之间是互有关联、互相配合的,那就产生了关联和过渡的问题。除了形式上的关联,例如,在另分一个段落前,用时间词作交代,或用关联词语"但是""然而""于是""这样"等表示跟上一段落的关系外;主要是内容上的关联,即用一句话来"承上启下",例如,"其实""事情并不完全这样",或"这个人是否一贯如此的呢?"等等。有时,为了行文清楚,干脆另辟一个小段,作为上下两个段落之间的过渡段。不过可用来过渡的话语变化多端,没有一个定规。写作教学要引导学习者多阅读范文,体会段落之间的"起承转合"。同时也要强调学习者多多习作,把自己的阅读体会应用、渗透到习作实践中去,成为自己的写作经验。

　　开头段,是一篇文章的"脸","头"开得好不好,直接影响后面的写作。常见有的学习者写了几句开头的话就望着本子发呆,这除了内容上的问题之外,在很大程度上没开好"头",引不起后面的文思。当然也有的学习者开头一段写得很长,不着边际的话说了一大通,可谓"下笔千言,离题万里"。这些都是不可取的。应该强调"开门见山",紧紧扣住主题,这样就有话可说,有事可叙,有情可抒了。

　　结尾段是一篇文章的最后收束,结尾结得好,可以突现文章的中心和作者的见解,有"画龙点睛"的作用。有的学习者忽略文章结尾,在中心段就停笔打住,给人一种有头无尾、戛然而止的感觉;有的虽然写了结尾,但没有把上面写的几方面内容,或几个头绪,或几条线索,汇总收拢在一起,显得头重脚轻,或者过于偏侧,给人一种失去平衡的感觉。写作教学要看重结尾段的作用,多让学习者阅读范文的结尾,作为自己习作的借鉴。

　　4. 各种文体的习作

　　外国学习者学习汉语由于其学习的动机和目的的不同而在"听说读写"四方面有所偏侧,这是事实。但也有相当一部分人希望能用中文写作各种文体。

写作教学应尽可能满足这部分学习者的要求,除了讲述必要的文体知识(包括记叙文、论说文、说明文和应用文等)外,还要着重比较写作手法的不同。

比如同样是记录事件,在叙述文中可以充分地展开,情节的一波三折和微小的细节,都可加以描写和渲染;而在论说文中则不能对事件和情节须发毕现地加以描绘和铺陈,只能概括地述说事件的始末,以及其中的主要情由。又如同样是议论,在叙述文中主要依靠事件或情节本身的发展逻辑来体现生活或社会的道理,议论只是叙述的补充和评点,不能长篇大论地评议或述说一番道理;而在议论文中自然要大加发挥论说的力量,或正说,或反说,或赞同,或批驳,整篇文章运用较多的判断和推理,以证实观点或得出结论。再如文章的中心意思或主题的揭示,在叙述文中主要靠人物的活动或事件和情节的展示来突现,习作者可适当加以点评或提示;而在论说文中要直接摆出写作者的观点,并举出例证加以逻辑上的推理和论证来证实观点的正确与否,或者列举大量的事实,最后归纳并得出结论。这是写作这两大文体必须洞悉和掌握的技巧,写作教学可以在这方面加大力度,以便让学习者比较快速而有效地进入写作之门。

说明文介乎叙述和论说之间,但叙述力求概括和科学,很少渲染和描绘;说理只讲其原因和效果,很少开展论证。应用文合叙述、论说、说明三种写作手法为一体,视应用文的实际需要和效用而有所偏侧。比如,通知、便条、公函、书信之类偏重在记叙和说明;合同、契约则偏重于说明;总结、报告则偏重于论说。写作教学要逐步引导学习者在习作实践中熟悉和把握各种文体的特点,灵活运用各种文体的写作技巧。

5. 写作的借鉴与监控

外国学习者能较为有效地用目的语写作,得益于两个方面:一个是借鉴,一个是监控。所谓借鉴,是参考和运用母语的写作知识,模仿和搬用目的语范文的写作方法。所谓监控,是动用母语和目的语中有关的语言知识和写作知识作为习作的规范,自觉地修改、纠正、润饰自己的作文。写作教学如果能培养学习者具有借鉴与监控的能力,那么,写作水平将会得到较快、较大的提高。

(1) 写作的借鉴。借鉴是提高和加快写作进程的一种手段,其最终目的还是要化为学习者的写作方法与技巧,因而借鉴可有移用、模仿和活用三个台阶,循此一步一步地掌握和提高目的语的写作能力。

1) 移用。移用是学习写作最初级的方法,它主要是照搬有关范文的语句和格式。这比较多地运用在应用文的写作,如请假条、通知、请柬、借条等,学习者只要在学习的范例上加以改头换面,即根据自己的需要改换时间、地点、事由等要素就行。在其他的记叙文、论说文习作中,学习者根据表达的需要,可以把课文中的精彩语句,原封不动或略作更动地照搬进自己的习作。几次移用下来,就成学习者所积累的写作方法和写作经验了。

2)模仿。模仿比移用提高一步,它不是照搬范文的语句和格式,而是参照和学习范文的写法,比如模仿范文的开头和结尾,模仿范文的起承转合,模仿范文的过渡和照应,模仿范文对事物的叙述和描写,模仿范文的说理和说明的方法,等等。这样的模仿最能把写作知识转化为学习者的写作能力。

3)活用。活用是综合学过的写作方法与技巧进行创造性作文。学习者既借鉴母语的又借鉴目的语的写作方法与技巧,但并不是移用与模仿,而是凭靠已有的和现学的写作知识以及平日积累起来的写作经验进行创造和创新。这时的学习者已经步入用目的语写作的较高境界。

(2)写作的监控。写作的监控,除了语言表达上要选准词语、造对句子、明确句子之间和句群之间的关系外,还要重视文体方面谋篇布局的监控。这主要有文体监控、构思监控、剪裁监控、衔接过渡监控和篇幅监控等。

1)文体监控,是指学习者严格按照文体特点来写作,避免把说理文写成记叙文,把记叙文写成说明文等;

2)构思监控,是指学习者善于按照生活图式(包括事件图式、情节图式等)或逻辑思维(包括概念、判断、推理等)来构思和安排文章的结构,避免在习作中产生不合情理或道理含混的状况;

3)剪裁监控,是指学习者为了突出文章的中心意思或主题,对材料进行删削或充实,力求做到详略有据,前后有序,避免内容的重复和杂乱;

4)衔接过渡监控,是指学习者善于按照文章的内容进行语句的关联和段落的过渡呼应,避免出现段落之间错节脱榫、前后矛盾错杂的情况;

5)篇幅监控,是指学习者根据作文的篇幅长短来决定文章的规模和内容的取舍,避免内容和形式上的失调。

学习者的语言方面的监控能力是由各门课(诸如阅读、听力、口语、写作等课程)共同来培养的,而学习者的谋篇布局方面的监控能力则主要从写作课获得。

## 三、操作方法

写作知识属于陈述性知识,它为学习者的写作提供了一些必要的基本条件,但从写作理论到具体写作实践必须有一个训练和熟练的过程,才能把所学的知识化为能力。经验告诉我们,写过1000字的人,写500字短文就能得心应手;写过5000字的人,就能驾轻就熟地写1000字的短文。这都是训练的结果。

由于写作水平是以学习程度的高低作为其前提和基础的,不同年级或者说不同阶段应有不同的写作要求和写作训练。超逾学习者水平作不适当的强行训练是不足取的。根据来华留学生学习汉语的实际情况,可大致分为初中级阶段、中级阶段、中高级阶段、高级阶段四种层次。不同层次的写作要求和写作训练一般可作如下安排:

初中级阶段书写汉字、词语练习、造句、简单记叙文和应用文;

中级阶段句群训练、一般记叙文、常用应用文;

中高级阶段语篇训练、复杂记叙文、说明文、论说文、应用文;

高级阶段议论文、专业论文、应用公文。

下面分别介绍各阶段的训练细目和训练方法。

## (一) 初中级阶段

这个阶段的汉语学习属于打基础时期,学习者的词汇量和句式的积累有限,在应用汉语方面还较多地受母语的干扰,关联句子的能力也不强。但由于成年人的思维已经成熟,又有母语的写作知识和写作方法供借鉴,因而也能写作一些简单的短文。这个阶段的写作重点当以书写汉字、词语训练和造句为主,适当学写一些简单的记叙文和应用文。

1. 书写汉字

对于无汉字背景的西方学习者来说,书写汉字尤为重要。作文主要是一种书面表达形式,所谓的口头作文只是一种训练思路和表达的辅助方法而已。不会写汉字,也就谈不上写作文了。写作教学中的汉字书写练习,宜于以词带字,在熟悉词语过程中去熟悉字。这样,需要使用该词语时,就能直接书写。有这样一些训练方式供教学采用:

(1) 同素词带字。书写带着同一词素的词语,例如"生活""生日""出生"等。

(2) 同义词带字。书写带有同一词素的同义词,例如"热心""热情""亲热"等。

(3) 反义词带字。书写一组由相反词素组成的词语,例如"冷静""热闹";"冷冰冰""热腾腾"等。

(4) 形近字比较。书写由形近字组成的词语,例如"自己""已经";"明天""朋友";"辛苦""幸福"等。

(5) 声旁字比较。书写由同声旁字跟其他字合成的词语,例如,填形旁青况,青神,青楚,青客等。

以上说的几种汉字书写,可以抄写,可以听写,也可以填写。

2. 词语训练

写作教学的词语训练,不宜像阅读课那样用词语随意造句,应该放在一定的语境中来练习。也就是说要设置多种情境或规定多个内容让学习者应用规定的词语造出能表达该情境或该内容的句子。不仅能应用在跟范文例句相同的情境之下作水平迁移,且能应用于跟范文例句不同的情境之下作纵向迁移①。如果能达到这个目的,这些词语就成为了学习者的心理词汇,且极易激活和提取,使用起来得心应手。词语训练有如下一些方式可供教学采用:

(1) 情节性训练。教师规定一个故事或一种情景,并提供若干与之有关的词语,要求学习者选用其中的词语表述规定的内容。例如:

1) 祝贺生日:快乐、礼物、祝贺、唱歌、激动、热烈、高兴
2) 看病:发烧、疼、感冒、体温、药、打针、舒服、休息、检查
3) 问路乘车:劳驾、向、拐、左、右、一直、上车、下车、换车、到站
4) 旅游:游览、名胜古迹、优美、秀丽、风景、园林、湖、桥、多么
5) 买衣服:大小、尺寸、样子、新式、大方、漂亮、价钱、贵、便宜、颜色

(2) 主题性训练。教师规定一个主题,并提供若干与之有关的词语,要求学习者选用其中的词语表述规定的内容。例如:

1) 天气:晴朗、阳光、阴天、多云、下雨、广播、预报、冷、热、气温
2) 家庭:职业、口、教师、护士、工作、上学、忙、聪明、认真、负责、成绩
3) 日程:参观、访问、游览、逛街、市容、休息、看电视、听音乐
4) 学校:校园、教学楼、图书馆、操场、美丽、座、片、高大、锻炼

(3) 专题性训练。教师规定一个专题,并提供若干与之有关的词语,要求学习者选用其中的词语,就专门性题目发表自己的看法。例如:

1) "工作"专题:老板、公司、经理、雇员、部门、福利待遇、工资报酬、经济、景气、业务、满意、繁荣、发展
2) "电影介绍"专题:演员、主角、摄影、音乐、镜头、画面、真实、自然、优美、动听、反映
3) "老人"专题:退休、娱乐、活动、尊重、敬爱、关心、健康、晚年
4) "妇女"专题:女强人、家务、照顾、胜任、平等、地位
5) "教育"专题:义务、学龄、年制、升学、考试、选择、质量、发展

规定内容的词语训练,是写作的雏形,它除了使用教师所提供的显性词语,还要学习者加上与之有关的隐性词语,即从心理词汇中寻找可与显性词语相组合的词语,选择并提取出来装配成句。因此,提供的几个词语常常可带动一批新老词语。当然,在遣词造句过程中可能会出现一些失误或偏误,它们或者受母语负迁移的干扰,或者受目的语教材的生词或词典的词条在词性或词义方面的局限。对此,既要适当地指出其失当之处,诸如词性、搭配、色彩等等

---

① 邵瑞珍,《学与教的心理学》第67页,华东师范大学出版社,1992。

问题,又要鼓励学习者大胆应用新词新语。

### 3. 句子训练

句子是作文的基本单位。学习者头脑中的意思(认知心理学叫命题),要在语言中枢神经的加工器里运用有关词语构建句子,如果是用母语构建的,则要译为目的语句子,然后指令手指肌肉运动、执行,发而为书面文字。学习者学习第二语言写作,从潜在的意思到显性的文字表达这个过程中,翻译这个环节是至为重要的。翻译确切,中介语现象出现较少;翻译欠妥,中介语现象就增多。而要减少学习者的中介语,就要加强用目的语造作句子的训练。外国学习者学习汉语,能完全用汉语思维和表达要走过一个漫长的历程。作文教学很重的一个任务是要帮助学习者逐步摆脱对母语的依赖,缩小转译和对译的量,进而直接用汉语思维和写作。这个任务一大半要在句子训练中完成。学习者在课堂中所学习和接收的语法知识,是陈述性知识,它只解决"是什么"的问题,还不能算是一种造句能力,必须在训练过程中把它们化为系列性的推导公式,学习者才能依据这些系列公式一步步推导并造出符合语法规则的句子。这时,陈述性知识已转化为程序性知识,它已经解决了"怎么做"的问题[①]。写作教学的句子训练须重视这种转化,因为熟练的程序性知识可达到自动化的程度。自动化造作句子的数量越大,质量越高,中介语现象自然就减弱,依赖母语思维的比例也相应会减小,学习者用汉语写作的水平也因此而得到了提高。

写作教学的句子训练,不是简单的造句练习,它是思维和表达的训练。因此,教师必须规定造句的内容,供主体按要求去思维,去选择词语,去装配句子。这一步做得好,学习者的写作就有了基础。

句子训练主要有单一句式训练、句式变换训练和句子关联训练。

(1) 单一句式训练

这是造作多个同种句式的句子来表达某种情景或事件的训练。一种情景或事件可用不同的句式来描述,但也有些情景和事件适宜用某种句式来表述。写作教学可利用此种特点进行单种句式的集中训练。例如:

1)"把"字句的训练。"把"字句表示对某人、某事物施加某种动作并强调使某人、某事物产生某种结果或影响[②]。此种句式在搬家、运送、布置、清扫、整理、赠送、教练、改变等处置意义较强的情境中应用较多。教师可展示一段"把"字句相对集中的短文,例如:

---

[①] 桂诗春,《实验心理语言学纲要》第195页,湖南教育出版社,1997。
[②] 李德津、程美珍,《外国人实用汉语语法》第494页,华语教学出版社,1988。

### 体操课

上体操课时,教练把人群分列成三队。又把录音机放在草地上,把伴奏音乐放送一遍,让大家熟悉一下。然后教练把整套动作示范了一遍,并把动作的要领给大家解释了一下。大家把教练的话默默地记在心中,就按着音乐节拍操练起来。教练巡视着把每个人的不太正确的姿势一一纠正过来。一节课下来,我们已把这套动作基本学会了。下课时,教练把动作图谱送给每个人,并要求大家把对体操课的意见告诉她。最后还把几个人留在操场进行个别辅导。

这篇短文包含了"把"字句的多种用法,以此启发学习者根据规定的情境来造作"把"字句。

2)"是……的"句的训练。"是……的"句通常表示已完成动作发生的时间、地点或方式。[①] 此种句式在介绍人的家庭(或学习、工作、生活等)情况,介绍物的用途(或产量、质量、使用、保修等)情况,介绍地方的名胜(或古迹、建筑、园林等)情况等强调意味较为浓重的情景中应用较多。教师可展示一段"是……的"句相对集中的短文,例如:

### 水上乐园

我说的那个水上乐园是建在西郊的。它是前年修建的,是国家旅游部门投的资。那是供休息的人们特别是青年和儿童玩乐的。里面的设备是一流的,设计也是很新颖的。每逢周末,来玩乐的人是很多的。有的是乘出租车来的,有的是骑自行车来的。一到暑假,这里的热闹情况是难以形容的。可是到了冬天,是很少再会有人来的。这个乐园整天是冷冷清清的,这可是谁也没想到的。

这则短文包含了"是……的"句的多种用法,可以此启发学习者根据规定的情境或内容来造作"是……的"句。

3)"被"字句的训练。"被"字句表示某人、某事物受到某动作的影响而产生某种结果。[②] 此种句式应用范围较广,其所叙述的行为大多表示不愿发生或受到损害。教师可展示一段"被"字句相对集中的短文,例如:

### 开夜车

晚上,我被电视吸引住,忘了做作业。电视结束才想起作业还没做。刚要翻开作业本,却被隔壁同学拉去打牌。因为心里着急功课,老是出错

---

[①] 李德津、程美珍,《外国人实用汉语语法》第483页,华语教学出版社,1988。
[②] 同上书,第505页。

牌而被大家笑话。我心里一慌,一只杯子被我撞翻了。桌上的台布也被茶水弄脏了。幸好手没被开水烫伤,一直到午夜二点,我才回到房间开夜车做功课。可是头脑被搞得昏昏的,那么简单的作业也竟被难住了。我写了撕,撕了写,一本作业簿被撕去了好几页。作业终于完成了,我一头躺倒在床上就睡熟了。但是躺下不久就被闹钟吵醒了。

这则短文包含了"被"字句的多种用法,可以此启发学习者根据规定的情境或事件来造作"被"字句。

(2) 句式变换的训练

从一种句式变换成另一种句式的训练,对于学习者写作时选择句型表达情感和意思,以及话题和动作主体的转换有着重要的意义。跟语法教学不同的是,写作课的句式变换训练,不只是为了熟练掌握句式,而是为了培养学习者依据语境来选择或变换句式的能力。

句式选择和变换训练可采用下列一些方式。

1) 选择恰当的句式,修改短文。例如:

写毛笔字

中国的毛笔字,书法艺术,美。我,写毛笔字,兴趣。我报名书法班。一位女教师,书法老师。人漂亮,字漂亮。她让我们准备,文房四宝,纸墨笔砚。第一课教磨墨,拿笔。拿钢笔不同,手指酸。第二课教描红,用毛笔涂黑印在纸上的红字。看,容易;写,难。笔,不听话。一个月后,教字帖,摹写。描红难,这更难。写曲了横笔,写斜了竖笔,字难看,信心没有。老师鼓励,我们好好练。困难不要吓倒。慢慢进步。一个学期的学练,字好看。老师贴在墙上展览我们的书法作品。同学们夸奖,我的字漂亮,字帖一样。我高兴极了。

2) 根据命题意思和功能要求,选择恰当的句式来表达。(可补充一些词语或语句)例如:

① 忘了带笔,向同学借。(请求)

② 他不友好,你也不友好。(反问)

③ 他上课,没有来。(发问)

④ 夏天北方热,南方可更热。(比较)

⑤ 他不爱运动,比赛第一名。(惊奇)

⑥ 他不懂孩子们都知道的东西。(强调)

⑦ 王强没有看电影,大家都去看电影。(排除)

⑧ 你是错误的,不能这样做。(委婉)

⑨ 他没有做,按要求。(责备)

⑩ 帮助,他,别人。(赞扬)

3) 根据语境,按照括号内的要求改换句式。例如:

① 我在去年九月一日来中国。我公司派我来学习。我在华东师范大学学习汉语。我每天早上去学校,晚上回公司。不坐汽车,骑自行车到学校。(改换成"是……的"句式)

② 星期天我布置了一下自己的办公室。办公桌在中间放着。办公用品都放在桌子上。墙上挂一幅画,窗台上放一盆花。办公室被布置得像新的一样。(改换成"把"字句式)

③ 公园里人很多,有的跑步,有的打太极拳,也有的拿着扇子跳舞。(改换成"有……的"句式)

④ 这次足球赛红队打败了我们白队。红队接连踢进我们队大门三个球。红队还踢伤我们的一个队员。裁判因我犯规而把我罚下场。(改换成"被"字句式)

⑤ 我下班。我回家。我做饭。我吃饭。我烧咖啡,我喝咖啡。我打开电视。我看电视。我打电话。我跟朋友聊天。到十二点我关灯。我睡觉。(改换成连动句式)

4) 读下面短文,在需要转换动作主体或话题的地方变换一下句式,使意思更明白。例如:

海蒂

海蒂是个只有八岁的小姑娘。她母亲死后,送她到爷爷家的是姨妈。(把"姨妈"改换成动作主体)这是个老人,脾气很坏。(把"爷爷"该成主体,紧缩成一句)都跟邻居不来往。(把"邻居"改换成主体)小海蒂很乖,爷爷很孤独,被感动了。(因果关系,紧缩成一句)很喜欢小海蒂,也改好了脾气。(补主体)有一天,爷爷不在家的时候,接走了海蒂又是这个姨妈。(把"姨妈"改换成主体)她送她(指代不明)到一个富人家陪伴不能站立行走的小姐克拉拉。她很喜欢她,(指代不明)她也爱她(指代不清)鼓励勇敢地站起来走路。可是女教师不乐意,小姐一直坐轮椅,她就可一直住在她家当教师。(因果关系)圣诞来临,主人回来,看到站立行走的女儿,小海蒂有功劳(主体还是"主人"),非常感谢,希望她留在他家。但是小海蒂一心要回到爷爷身边。平安夜,爷爷走到这个城市找海蒂,海蒂也好像看到爷爷,几次都擦肩而过(缺主体),被警察关起来(缺主体)。那个女教师被主人辞退后起了坏心,被她带走海蒂卖给人贩子。(主体还是女教师)正巧遇到从警察所里逃出来的爷爷。两人一起逃,警察又抓了回来。(主体应是爷爷和海蒂)最后主人知道了,真相大白。爷爷和海蒂邀请克拉拉和她父亲去山上做客。

(3) 句子关联训练

这是把存在着种种关系的两个(或两个以上)句子作形式上(用关联词语)或内容上(不用关联词语)的关联训练。句子互不关联,好比一盘散沙,垒砌不成一篇文章。因而关联句子,是一种把几个句子整合起来表达一个完整意思的基本功,对写作能力的培养有着重要的意义。句子关联训练,可采用下列一些方式:

1) 根据语境填写关联词语,例如:

① 他身体好,是(因为)他喜欢体育锻炼,(不管)春夏秋冬,(还是)刮风下雨,他都坚持跑步。

② 他(虽然)工作很疲劳,(但)他仍然坚持完成任务,就(因为)他这样努力,(所以)常常受到经理表扬。

③ 请你注意听天气预报,(如果)明天下雨的话,(那就)取消旅行的计划,(宁可)推迟几天,也要等个晴朗的日子,那才有意思。

2) 按表述句子之间的关系的要求,更换关联词(可变动个别词语),例如:

① 如果经济发展了,人民的生活水平就会提高。(改成条件句)

② 如果天气不好,那么飞机就不能按时到达。(改成因果句)

③ 那本新词典不是哥哥买的,而是姐姐买的。(改成假设句)

3) 根据语境,在可以用关联词的地方加上关联词,例如:

今天天气很好,我们按原计划去杭州游玩。西湖(不仅)水美,(而且)山也美。男同学(因为)身体强壮,都去爬山;女同学(因为)喜欢悠闲,都去乘船逛西湖。(由于)西湖景色,一年四季都很漂亮,(因而)(即使)寒冷的冬天,也会有许多人来度假。(就是)炎热的夏天,人们也会冒着酷暑来玩儿。(如果)我们能够生活在西湖边上,那该多好啊!

4) 将下列句子,根据内容的总分、列举、时间、结果等关系,排列组合成为一段话,例如:

(1) 我家里养了两只宠物。

(2) 另一只是猫,我们叫她咪咪。

(3) 一只是狗,我们叫它罗罗。

(4) 罗罗喜欢跟我到外面溜溜。

(5) 罗罗常在咪咪左右保护她。

(6) 罗罗蹲在地上东张西望。

(7) 咪咪喜欢在家周围走走。

(8) 咪咪常把好吃的东西留给罗罗吃。

(9) 咪咪坐在我腿上梳理身上的毛。

(10) 两只小家伙那么听话。

(11) 它们也各自回到自己的窝。

(12) 逗着它们玩玩。

(13) 我进房间睡觉。

(14) 增添不少生活乐趣。

(15) 晚上我看电视的时候。

这些句子可以这样连接：

我家里养了两只宠物：一只是狗,我们叫它罗罗;另一只是猫,我们叫她咪咪。(总分)罗罗喜欢跟我到外面溜溜,咪咪喜欢在家周围走走。(列举)罗罗常在咪咪左右保护她,咪咪常把好吃的东西留给罗罗吃。(列举)晚上,我看电视的时候(时间),罗罗蹲在地上东张西望,咪咪坐在我腿上梳理身上的毛。(列举)我进房间睡觉,它们也各自回到自己的窝。(时间)两只小家伙那么听话,逗着它们玩玩,增添不少生活乐趣。(结果)

句子练习,除了纠正学习者习作中出现的病句外,一般不宜采用改错句的方式,以免错句的多次出现而干扰正确语句的建立。

4. 写作简单的记叙文和应用文

初中级阶段限于积累的词语和句式不多,写作能力不强,宜从简单的片段写起,逐步加大容量,加长篇幅。在教师指导下,写一些小作文,是比较适当和有效的。一般可采用这样一些方法：

(1) 听后写作。教师讲小故事(寓言、成语故事或生活中的趣事)或笑话,学习者听后写作。例如,教师讲：

一个有钱的老板,很怕热。一到夏天,就躺在睡椅上,什么事也不想干,还要仆人给他打扇。一天,老板睡午觉醒来,身上感到有阵阵凉风吹来,舒服地说："好风啊！我的汗水怎么不见了？跑哪儿去了？"在一旁打扇的仆人接口说："老板,你的汗水都跑到了我的身上。"

一位学习者听后这样写：

一个老板,很怕热。到夏天,一直躺在椅子上不做事,还叫仆人打扇。一天,中午睡觉醒来,觉得有凉风,很舒服,就说："好风！我的汗水到哪儿去了？"仆人回答："老板,你的汗水都跑到了我的身上。"

(2) 看后写作。出示连环画或一组电视镜头,写作小故事。例如,一位学习者看了"望子成龙"四幅连环性的漫画,写了这样一篇小作文：

现在的爸爸、妈妈都望子成龙,让自己的孩子学习很多功课,周末也不让孩子休息。你看图上这位妈妈,上午九点就送孩子去补习数学,做加减乘除。上午11点,又送孩子去学钢琴,记1、2、3、4。下午2点,又送孩子去学英语,读A、B、C、D。一天下来,孩子太疲劳了,生病了。晚上8点,爸爸、妈妈送孩子进医院看病。这对孩子很不好!

（3）规定范围写作。指导学习者写作生活中的一个场面。例如

① 讨价还价（贸易市场）
② 排队买票（电影院门口）
③ 失而复得（下出租汽车）
④ 交通拥挤（乘公交车）

（4）学习者自由写作。每周一篇小作文。

（5）模仿。模仿请假条、便条、启示、海报的格式,写作应用文。

（6）辟布告栏。在教室一角辟一布告栏,让学习者根据需要,写作启事（如遗失、招领等）和海报（如举办舞会、组织一日游等）,粘贴在布告栏里。

（7）填写表格。印发表格,如申请表、登记表、包裹单等,让学习者填写。

## （二）中级阶段

这个阶段学习者已有一定的汉语基础。词汇量增加到三千左右,基本语法和句式都已学完。直接运用目的语思维的范围逐步扩大,对母语的依赖性正在减弱。这个阶段有条件进行句群训练,为进入语篇训练打基础。由于母语写作知识的借鉴和目的语范文的写作方法的启示,学习者写作记叙文可达到600字的篇幅,脱却初学阶段的幼稚状态。应用文的写作也进入较为复杂一些的形式和内容的练习,如一般书信,感谢信,表扬信等。

1. 句群训练

表达一个完整的意思,需有几个句子合起来完成,这就形成了句群。句群内部的句子之间有着种种关系,需用形式关联（用关联词语）或内容关联（不用关联词语）来系联;句群与句群,即段落内部的层次与层次之间,也需有一定的关联,才能使文义连贯和衔接起来。学习者如能驾驭句群的造作和关联,其写作能力和写作水平当有一个质的飞跃。句群训练可以采用下列一些方式。

（1）在多重复句中加关联词,使句意更为清楚。例如:

中国习惯上过农历的新年。以后随着西方文化的传入,人们逐渐把公历的元旦称为新年。虽然元旦也放假,（但）（因为）大家不习惯,（所以）阳历新年并不热闹。（既然）新年的名称被公历的元旦夺走,（那么）（如果）再把农历的新年称为新年的话,那听起来可能发生误会,（因而）人们

就把农历的新年改称为春节。(尽管)名称改了,(可是)(由于)人们的心中依然把春节当成新年,(因而)(只有)春节,人们才热热闹闹地庆贺。

多重复句的关系比较复杂,常常会出现两个关联词语叠用的情况,这是训练的重点。

(2) 把若干个散句组成几个句群,并适当加上关联词,表达一个完整的意思。例如:

① 楚国的爱国诗人屈原投江自尽。
② 他的国家被秦灭亡。
③ 彻底打破了他救国救民的伟大理想。
④ 端午节就是纪念他。
⑤ 逐渐形成节日。
⑥ 人们在节日里划龙船。
⑦ 据说是打捞屈原的尸体。
⑧ 人们在节日里包粽子。
⑨ 投到江里给鱼吃。
⑩ 据说是避免鱼类伤害屈原的尸体。
⑪ 屈原已死了两千多年。
⑫ 已经更换了二十余个朝代。
⑬ 他的精神依然活在人们心中。

学习者们可把这些散句串联为以下几个句群:

> 楚国的爱国诗人屈原投江自尽,(是因为)他的国家被秦灭亡,彻底打破了他救国救民的伟大理想。端午节就是(为了)纪念他(而)逐渐形成节日。人们(之所以)在节日里划龙船,据说是(因为)(为了)打捞屈原的尸体;人们(之所以)在节日里包粽子,据说是(因为)(为了)投到江里给鱼吃,避免鱼类伤害屈原的尸体。(尽管)屈原已死了两千多年,(而且)已经更换了二十余个朝代,(但是)他的精神依然活在人们心中。

这种方式可以训练思维的连贯性和表达的流畅性。

(3) 按时间的关联线索组合句群。事件是有时间顺序的,根据时间线索来组合句群,表述事件,是写作记叙文体的基本方法之一。其连接成分有"原先,事先,很久,以前,不久前,过了不多久,随之,随后,接下来,曾几何时,顷刻之间,片刻"等[1]。例如,有一位学习者的写作是这样组合句群的:

---

[1] 罗青松,《对外汉语写作教学研究》第116页,中国社会科学出版社,2002。

我<u>原先</u>以为汉语很好学,可是上课以后,发现汉语的声调读起来很困难,汉字的笔画写起来也很困难。<u>这时候</u>,教师鼓励我们要有信心,多读多写肯定会有进步。<u>过了不久</u>,我读四声已没有什么问题了。<u>再过不久</u>,我会认会写了不少汉字。<u>接下来</u>,我们开始练习写作。<u>先</u>只能写一、二百字的一段话,<u>随后</u>可写三、四百字的短文了。<u>一年下来</u>,我们已能说、能读、能写了。

这种方式应用范围很广,诸如一次比赛,等车,周末旅行,聚会,祝贺生日,做客等等话题都可应用。

(4) 按空间的关联线索组合句群。事物不仅有时间性,而且还有空间性。根据眼睛的视线或耳朵的听觉来描写事物或声响,只要交代清楚"左、右、前、后、上、下、东、南、西、北"等方位和方向,不用什么别的连接成分,也能把句群关联起来。例如有一位学习者在描写风景时,用的就是空间关联线索:

　　从虎跑向南,已隐隐看见六和塔,矮矮的、胖胖的,像个矮胖子。而当我一步步走近六和塔时,这个矮胖子却似乎一尺尺地往上长高。站在塔下,它已成了一个巨人,我得昂起头才能看到它的顶。我开始登上塔的楼梯,到第三层,我歇了一会儿。从窗口平视出去,能看到开阔的钱塘江和雄伟的钱塘大桥。江上缓缓地驶过白白的轮船,桥上飞快地开过绿色的列车。从那儿不时地传来"呜"的声音,短短的,轻轻的,不知是轮船的还是火车的汽笛鸣叫。我继续向高处跨登,终于到了塔的最高层。极目远望,西湖竟像个美丽而顽皮的姑娘的大眼睛,在阳光下一眨一闪。我向下俯视,塔下的人群像红、白蚂蚁,在慢慢蠕动。那桥上的车,江上的船,此刻都变成了火柴盒子。而我,也只有在这时候,觉得自己也很高大。

这种方式适宜于说明处所,描写环境和景物。比如,我的家乡、南京路步行街、黄浦江外滩、天安门广场、颐和园、杭州西湖、动物园等等话题都可应用。

(5) 按事理发展线索组合句群。事情都有自己的发展过程顺序,其间的事理有因果关系、并列关系、转折关系、先后关系、推断关系等。按照事物本身的发展线索来造作和处理句子,就能关联成意思完整、脉络清楚的句群。例如,有位学习者看了一则电视短片,用第一人称写了这样一篇作文:

我的同学小胖

　　小胖是我的同班同学,也是我的邻居。他又懒又馋。从我们认识起,我没见到他在家里做过什么事,只看他一刻不停地吃零食,而且喜爱甜食,什么饼干呀,巧克力呀,冰淇淋呀,芝麻花生糖呀,只要是甜的东西,就往嘴里塞。结果身子越来越胖,人也越来越懒。连上学校这一点点路也不肯挪步,非要爸爸用车送不可。在学校,他最怕体育课,连做一下操也做得满头汗,更不用说跑步、打球了。而且他怕热,除非是冬天,春夏秋三季扇子不离手。我们看见他拖着笨重的身子,活像个大气球在慢慢吞吞地滚动,都替他难受。他自己也感到很痛苦,很想改变一下自己的现实状况。

　　小胖看电视里有减肥的夏令营,就报名去参加。一个月后,我见到他步履轻快地回来了。我顿时傻了,"一日不见,如隔三秋",真神奇呀!我问他是怎么减的肥呀。他说,夏令营的生活很严格:首先是劳动,每天要干两小时的活儿;其次是锻炼、出操、跑步或打球、游泳,每天必须坚持两小时;第三是规定饭量,不准吃零食。这样,一个月下来,体重就减轻了好多。我说,那你怎么受得了?他回答说,开始觉得挺苦的。由于老师的鼓励和鞭笞,我们终于都咬着牙熬过来了。老师临别送给我们四个字"持之以恒",要求我们继续努力,锻炼、劳动和饭食定量,不要中断。这样,减肥效果才能巩固,不会反弹。

　　从此,小胖像换了个人似的,不再馋,也不再懒了。

　　这篇习作没用多少关联词,全靠事实发展过程的线索从中起着作用。这种方式适宜于叙述或说明事件的进展或发展过程,诸如学习电脑、一件交通事故、吸烟与健康、环境污染的危害、气候与生活方式、风俗习惯等话题都可应用。

　　2. 一般记叙文写作

　　如果说学习者初中级阶段的写作比较简单、幼稚,那么到中级阶段就有条件写作篇幅略长(大约600字左右)内容略微充实的记叙文了。这个阶段记叙文的写作应该是大小作文结合。大作文是成篇的训练,常常两周才写一篇,小作文是片段的训练,可以频繁一些。下面分别细说:

　　(1) 片段的训练。这可以说是记叙文的要素训练,比如一个景物,一个细节,一个场面,人的外貌,人的动作等等的描写或记述。虽然这些还不是成品,只能说是零件,但对于写作成篇的记叙文,特别是记事、写人,大有好处。

　　1) 一个景物的片段写作训练。例如,一位学习者写了这么个片段:

盆景

　　我买了一个盆景,虽然不大,却精致得很。盆景的主体是几块石子垒成的小山,上面栽着一棵小树。小树下面有一个平台,台的左侧有一个红色小亭子,一位妇女在里面休息;台的右侧站着一个渔翁,伸着鱼竿在垂钓。石山下有一条弯曲的小河,两岸铺着绿坪。河中有两只鸭子像在戏水。啊,它简直是一幅中国山水画,多么生动,多么有趣!

　　其他如一座假山、一座古塔、我的房间、校园一角、步行街、大排档等都可作为景物进行此种练习。

　　2) 一个细节的片段写作训练。例如,一位学习者写了这么个片段:

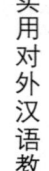

#### 第一次见面

我第一次见到她,她还只是个年轻小姑娘。见了我这个陌生人,腼腆得很。红着脸,低着头,两眼看着自己的双脚,两只手捏着、卷着上衣的边沿。嘴微微地开合一下,算是跟我打了个招呼。我问她念中学了?什么学校?她抿着嘴唇哼出了像蚊子叫那么轻微的声音,我根本听不清楚。

其他如起跑的一刹那、考试前一分钟、爷爷的老习惯、对新教师的第一印象、说话的口头禅等都可作为细节进行此种训练。

3) 一个场面的片段写作训练。例如,一位学习者写了这么个片段:

#### 参加中国人的婚礼

吃过中国朋友的喜酒,我跟大家来到新房。中国人有"闹新房"的习惯,我很想看看。大家先要新郎、新娘介绍恋爱经过。新郎说:"我们是同学,在学习中有了感情。"有人说他是"避重就轻",要新娘补充。新娘说:"就这么简单!"大家说他们态度不好,要罚。于是,有人拿一根绳子,挂一个苹果,要新郎、新娘面对面同时咬一口。当新郎、新娘凑近苹果咬时,线突然向上一抽,新郎、新娘脸和脸碰在一起,像亲吻一样,大家哈哈大笑。有人说要抽喜烟,必须新娘亲自用火柴给人点烟。当新娘擦亮火柴点烟时,此人嘴里哈气吹灭了火柴,新娘只得再擦火柴。这样,擦了吹,吹了擦,做了好几次,大家才放过新娘。新房里一直很热闹,闹到十二点,大家才告辞。新郎、新娘送大家出来时还再三说:"谢谢!"

其他如表彰会、开学典礼、剪彩仪式、运动会入场式等都可作为场面进行此种训练。

4) 人物外貌的片段写作训练。例如,有一位学习者这样写:

#### 画像

画展上有一幅画吸引了我。那上面画着一位农村老大娘,四方脸,高颧骨,额头布满皱纹,一看就知道是餐风饮露的劳动妇女。两眼用力睁着,凝视远方,似乎向往着什么美好的事情。鼻梁微平,瘪嘴两角微微向上翘起,透露出一副坚毅而耐劳的样子。这幅画儿画出了中国劳动妇女的精神面貌,令人难忘。

其他如一个女强人,一位驾驶员,一个营业员,一位经理等人物外貌都可进行此种描绘训练。

5) 人物动作的片段写作训练。例如,有一位学习者这样写:

#### 篮球队员

篮球场上数他最活跃,常常出其不意地疾奔过来抢球。球被抢到手,他一面观察着双方球员的位置和攻守情势,一面左回右旋地拍着球等待机会。只要球一抛给同伴,他就如箭一般地飞奔插入对方阵地,扭身一跳接住来球,随后又一个转身,两步一跃,球就给扣进了篮网。等对方球员回过神来,他已经退到自己的位置,准备着来下一个攻势。

其他如踢足球,打乒乓,做饺子,画画儿,弹钢琴等人物动作都可进行此种描绘训练。

(2)成篇训练。中级阶段的记叙文,主要是记事和写人。记事要求写出事件的始末和过程,记人要求写出人物的几起活动(即几件事)。

1)成篇记事训练。按照时间顺序、空间顺序或事理发展顺序来记述事情是写作记叙文的最基本的工夫。一篇完整的记叙文总是有头有尾,有进程的,这也是写作记叙文的最起码要求。写作教材和阅读教材中的范文都具有这个特点,可引导学习者体会和模仿。成篇的记事训练可以分别按时间顺序来记事(参见上述句群训练);可以按空间顺序来记事(参见上述句群训练);也可以按照事理发展顺序来记事(参见上述句群训练)。除此之外,还可以进行为一篇语言材料加头或加尾的训练。例如教师出示一则记事材料,请学习者加头或加尾:

同学们为迎接这次中外学习者的联欢晚会,认真开展讨论:出什么样的节目。考虑我们班好动的特点,准备编个舞蹈节目,题目叫"友谊",主题是:架起中外学习者友谊之桥。一半同学跳舞,一半同学伴唱。我们花了很多时间设计动作和队形,排练了好多次,终于像个节目的样子了。在晚会上,我们的节目博得中外学习者的一片掌声,都说我们的舞蹈很有意思,很有水平。

有三位同学是这样为这则记事"加头"的:

① 学校通知将在元旦晚上举行中外学习者联欢晚会,要求大家组织好节目。

② 一年一度的中外学习者元旦联欢晚会即将来临,大家热切地盼望着,准备着。

③ "海内存知己,天涯若比邻",中外学习者元旦晚会即将来到了。

有三位同学是这样为这则记事"加尾"的:

① 我们的舞蹈表达出了中外学习者的愿望和心声。

② 我们的节目把这次联欢晚会推向一个高潮。

③ 这次联欢晚会因为我们的节目而显得更有意义了。

2)成篇写人训练。记事以写事件为主,从事件带出人;写人也要记事,但以人物为中心。这两种记叙文各有自己的重心。写人除了要写人物的外貌（参见上述片段写作训练）和人物的动作（参见上述片段写作训练）外，主要要写人物的有关事情。可以是一人一事，可以是一人二、三事，也可以是几个一人一事的组合。

• 一人一事的成篇写人训练。一人一事是写人的基本手法，它一般需交代清楚时间、地点、人物、事由、经过、结果等六个要素。当然这六个要素在记叙中并不是平均使用力量的，有的要素，如时间、地点只需花一两句话就可带过；有的要素，如人物、经过等是需要精心构思和描述的。例如，有一位学习者是这样写人的：

我的室友

我的同室板井美枝子跟我一样也是日本留学生（交代人物关系）。她大大的眼睛圆圆的脸，开口说话总带微笑，给人一种和蔼可亲的感觉。

入冬以后的一天（交代时间），下了一场大雪，路不好走，很多同学在骑自行车去教室的路上滑倒了（交代地点和事由）。板井美枝子穿上厚厚的棉袄，戴上帽子，围上口罩，急急地下楼而去。不一会儿，就看到她出现在雪地里，拿着一把铲子，正一铲一铲地把道路上的积雪往两旁堆。随着她不停地挥舞铲子，身后显露出了没有积雪的道路，且正慢慢地向前伸展。但是她的动作渐渐地慢下来了，铲子也好像沉重起来，看得出，她每一铲都要付出好多好多力气。我马上奔下楼去准备接替她。只见她脸色惨白，黄豆般的汗珠从脸上滚落到雪地，还是不肯休息。（交代经过）她的行动感动了大家，许多留学生拿着木板、硬纸板、脸盆、乒乓板等等跟她一起铲雪。经过一个小时的努力，终于扫清了从宿舍到教室那条道路上的积雪。大家又可以轻松地骑着自行车来往了。（交代结果）

从此，我更加敬佩我的室友。

这种一人一事的写人方法，可写的题材很多。诸如清扫工阿姨、传达室师傅、公交车上的售票员、导游小姐等等，都可作此种训练。

• 一人二、三事的成篇写人训练。一人二、三事的写人方式较之于一人一事要复杂一些，它主要是从几件事或几方面来刻画和描述一个人的思想作风或精神面貌。这二、三事是在不同时间、不同状况或不同条件之下发生的，把它们放在一篇文章里需要用一些词语加以串联，或者从时间顺序，或者从事例类别，将它们有机地编织在一起，以突出文章的主题。例如，有一位学习者是这样写的：

我的爷爷

爷爷离开我们十多年了，可爷爷的一些事情还历历在目，使我难以忘怀。

爷爷是个退休教师,常常有他以前的学习者来看望他,书房里不时传出爷爷那爽朗的笑声。

爷爷喜欢读书。他的书架上堆满了各种图书和杂志,每天上午和下午,总有四个小时,他都待在书房里看书写字。他戴上老花镜,十分专心地在书上画线做记号,还往笔记本上记录。有一次,我不小心撞翻了书桌上的茶杯,茶水浸湿了摊在书桌上的书本。爷爷"嗳唷"一声,长脸拉得更长了。我心想,这下糟糕,肯定要挨爷爷骂了。只见爷爷一手抢起书本,一手拿过一块毛巾,一页一页地吸干书本上的水。然后招呼我把书放到阳台上去晒。我胆怯地望着爷爷。爷爷却朝我一笑,轻轻地拍一下我的头,说声"小鬼!"

爷爷很注意锻炼身体。他每天清晨六点起床,就到马路上跑步。全身穿着运动衣,活像个运动员,一年三百六十五天,从不间断,即使遇到下雨天,也在房间里原地跑步,拿着一块手表,计算着时间。有时候,我也跟着爷爷出去跑跑,可是跑了十分钟就两腿酸软,停了下来。而看爷爷还是稳健地向前跑着,跑着。

爷爷喜爱劳动。除了扫地、整理房间、东擦西抹外,还在屋后的小园子里种上一些蔬菜和葱蒜。爷爷经常去锄锄草,松松土,浇浇水。有时候还戴着老花镜清除蔬菜上的牙虫呢!我很喜欢跟爷爷一起在园子里干活。

爷爷是个多么热爱生活、又多么慈祥的老人!

这种一人二、三事的写作方法,容量较大,更适宜于写人。像我的老师,我的妈妈,我的朋友,我最敬佩的人等等题材都可应用此种方法来训练。

• 几个一人一事的组合训练。几个一人一事的组合,这种写作方法较之于一人二、三事的写法更加复杂了。这主要是抓住有代表性的人物和事件从多方面、多角度地反映和突现一个集体的精神面貌或思想作风。写作的关键是要围绕文章的主题或中心把多个一人一事有机地串联、组合在一起。例如,有位学习者这样写道:

我们的班级

提起二年级一班,谁都会翘起大拇指称赞:这个班好!

我们班同学虽然来自不同的国家,但都是年青姑娘和小伙子,充满着青春的活力。

班长是个美国小伙子,高高的个子,长长的腿。他很会动脑筋,出点子。这个星期举办舞会,下个星期组织旅行。冬天,发动大家参加冬季长跑;夏天,动员大家下游泳池比赛。活动一个接着一个,大家都觉得生活很充实,很有趣味。

歌声不断是我们班的一大特点。上课的间隙,到教室的路上,都会听到我们班同学引吭高歌。可以说,哪里有二年级一班,哪里就有歌声。最为突出的是韩国姑娘朴英美,她善歌善舞,每次晚会,她都自告奋勇一展歌喉,或一展舞姿。她经常教班里的姑娘和小伙一起跳舞,一起唱歌。她组织和编排的节目还在全市外国学习者表演赛中获得一等奖哩!

团结互助已成为我们的班风,这里我先介绍一位同学,她叫福田美子,是个日本姑娘。班里数她年龄最小,可汉语学习却是名列前茅的。她既活泼又好学,舞蹈、唱歌、游泳、打网球,什么都参加。最难得的是她非常愿意帮助人。不仅学习上毫无保留地将自己的心得体会告诉大家,而且生活上也很慷慨大方,她常把家里寄来的东西分给大家吃。一位乌克兰姑娘的家里发生变故,断了经济来源,她把自己所有的钱都摸给了她。大家都很喜欢她,亲热地叫她"小妹妹"。

还有加拿大小伙子奥列克,多才多艺。吉他、手风琴、小号、黑管都拿得起来。他是班里唱歌、跳舞的主要乐手。不仅为班里的节目伴奏,还给别的班级的节目作曲和配音。他走到哪里,就会有许多同学围住他。

这就是我们的班,朝气蓬勃,青春焕发。

这种由几个一人一事组合起来的写作方法,应用面比较广泛,诸如我们的小组、介绍一个球队、老年人的幸福生活、最受欢迎的几个明星等等都可运用此种写人方法来训练。

3. 常用应用文习作

中级阶段的学习者汉语水平,已有足够的条件进行成篇习作,因而应用文的训练也可以进入篇幅较长、结构相对完整的书信习作,例如一般家书、感谢信、表扬信等。写作方法上的要求也可相应提高一步,除了有条理地叙事以外,还可加上描写和抒情的成分。

(1) 一般书信训练(参见罗青松,2000)

1) 给亲人、朋友的信,介绍自己的学习生活、旅游见闻。

2) 写信安慰遇到困难和烦恼的人。

3) 写信问候生病的亲友。

4) 写信祝贺学习、事业取得成功。

(2) 感谢信

1) 感谢老师一年来的教学和培养。

2) 感谢清洁工阿姨为大家创造了干净的学习环境。

3) 感谢出租车司机拾金不昧的好风格。

4) 感谢导游小姐的细致安排和热情讲解。

(3) 表扬信

1) 表扬列车员的服务态度。

2) 表扬汽车售票员的热情指路。

3) 表扬食堂师傅的饭菜做得好。

## (三) 中高级阶段

这个阶段是写作的黄金时期。词汇量已达到 5000 多,词语储备比较丰富,句式的选择和变换也比较熟练,且能驾驭句子与句子、句群与句群之间的连接和关联,如果能在语篇上进一步加以训练,那么写作记叙文、说明文和说理文都能得到相应的提高。

1. 语篇训练

语篇包含了语段和成篇。这里涉及写作的内容和方式。从内容而言,关系到剪裁问题,即对所写内容的取舍和详略裁剪;从形式而言,关系到谋篇问题,这里有语段的关联,顺叙、倒叙和插叙的安排,文章脉络的起承转合,抒情、议论和记叙手法的交错使用等等。学习汉语的外国人,能突破语篇这一关,就具有了相当的汉语写作水平。

(1) 剪裁训练

学习者习作,尤其是命题作文,如果觉得没什么可写,教师必须引导和启发;如果觉得可写的内容很多,就应该教会他们如何取舍,哪些要详写,哪些可略写。这就是剪裁训练。下列一些方法可供选用:

1) 提供材料讨论。围绕题目师生共同提供可写的材料或例子,并讨论取舍和详略安排,然后写作。

例如:题目"杭州两日游"

| 讨论可写的内容 | 剪裁和处理 |
| --- | --- |
| ① 集合,出发,交通工具,住宿,日程 | 略写 |
| ② 游湖,西湖美景,湖心亭和三潭印月的景致 | 详写 |
| ③ 小孤山盘桓,山秀、木秀、亭秀 | 详写 |
| ④ 岳坟的雄伟 | 略写 |
| ⑤ 苏堤、白堤的景色 | 略写 |
| ⑥ 灵隐寺,香客众多,香火缭绕,和尚念经 | 略写 |
| ⑦ 花冈,掷面包屑喂鱼群 | 略写 |
| ⑧ 六和塔俯视西湖全景 | 略写 |
| ⑨ 龙井喝茶,购买茶叶 | 详写 |

对可写内容作了一番讨论和处理,学习者的习作就能避免轻重不分、主次不明的弊病,而能突出重点,井井有条。有一位学习者的习作是这样写的:

#### 杭州两日游

上个周末,学校组织我们留学生去杭州旅游。

星期六清晨六点,我们出发,乘三个小时火车就来到了杭州。

我们首先来到杭州西湖,看到湖光水色,远山隐隐,游船点点,"哇!"大家不由得齐声喝起彩来。

同学们迫不及待地登上游船,在碧波荡漾的湖面上极目四望。老师指点着周围的景物告诉我们,这是苏堤,那是白堤,这是湖心亭,那是三潭印月。在课文里,我们读过苏东坡、白居易的事情,现在看到他们的遗迹,倍感亲切。湖心亭有仿古的茶室,服务员穿着古装,让我们体会了一番古人的味道。三潭印月很幽静,我们穿游在竹林小径,欣赏着满池的荷花。微风轻吹,荷枝摇动,送来阵阵花香,真令人心旷神怡。

我们到小孤山上岸,在那里休息盘桓。小孤山像苏州的园林,但没有人为的痕迹,而是天然成趣。山上道路弯曲,石块玲珑,亭子秀丽,奇花异木,穿植其间,给人一种难以言语的舒适感。不是老师催促,同学都想待在那儿不走了。

一路上我们走过苏堤、白堤。在岳坟瞻仰了古代英雄岳飞;在灵隐寺参拜了"帽儿破,鞋儿破"的济公菩萨;在花冈观看金黄色和水墨色的鱼群。每个景点都有自己的特色,用"美不胜收"来形容,一点也不过分。

第二天上午,我们来到龙井。龙井茶叶,世界闻名。我们在那里品尝了用龙井泉水沏泡的香茗。啊,喝到嘴里,那真是满口含香。同学们翘起大拇指说道"名不虚传",这个刚学到的词语用在这儿,再恰当不过了。大家纷纷到小卖部购买茶叶,准备带回国去送给亲朋好友。

两天的旅游,一晃而过。大家依依不舍地踏上回归的路途,心里都想着:下次一定再来!

这篇习作,有详有略,不枝不蔓,正是精心剪裁的结果。

2) 更换主题讨论。根据一篇学过的课文材料,更换一个主题,讨论材料的取舍和详略安排。

3) 不同主题讨论。观看短篇电视,出两个不同的主题,讨论并比较由于主题不同而有不同的材料取舍和详略安排。

(2) 谋篇训练

谋篇是对一篇文章总的结构的谋划和构思,是由大到小的部署和安排,即从整体和全局出发来考虑和处理文章的各个部分。谋篇既定,就可撰写。撰写是具体地草拟句子和段落,是由小到大的镶接和贯连,即从局部拼合而为整篇文章。这两者相辅相成,密不可分。离开了谋篇,那些语段只是各自独立、分散的片段;而轻视语段,谋篇就只剩下条条和框框、没有血肉的空架子。因此,从大到小的谋篇要考虑的是:顺叙、倒叙和插叙的安排,记述、抒情和议论的结合,文章内部脉络的起承转合;从小到大的撰写要考虑的是句子之间和语段之间的关联。实际上,文章脉络的起承转合,大一半是靠着语段的关联来实现的。

下面的一些训练方式可供教学采用。

1)顺序和倒叙。把顺叙的文章用倒叙形式来写,或者把倒叙的文章用顺叙形式来写。顺序记事是写作记叙文的基本手法,但有时为了强调表达效果,可以先写后发生的事,然后再补叙以前发生的事,这就是倒叙。有时也可以在顺叙记事中插进异时异地的事作为补充,这就是插叙。例如,教师要求学习者把成语故事《画蛇添足》用倒叙形式进行创造性改写。有位学习者这样写道:

在一壶酒的旁边,有几个人在比赛画图,谁先画好,谁就赢得这壶酒。可是那个先画好的人并没得到这壶酒。那究竟是什么原因呢?

原来,这几位朋友在一起喝酒,可就只有一壶酒,给谁喝好呢?其中一人提议:每人画一条蛇,大家比一比,谁画得快、画得好,谁就喝这壶酒。大家都同意这个办法。可是没有纸、笔,怎么画?有人说,那就以树枝当笔,以泥地代纸,如何?大家认为这个主意倒不坏。于是就找了几根树枝,每个人又把自己面前的泥地用手刮平。有人叫口令:"一,二,三!"大家拿起树枝在泥地上涂画起来,只听见"沙、沙、沙"的声音,每个人都很认真地挪动着树枝,有时还用手代替橡皮擦抹。

一个高个子,身长手也快,一会儿就画好了一条蛇。蛇头呈三角形,吐着细细的蛇舌;蛇身弯弯扭扭,似乎正在逶迤蠕动。他看了看身旁几位好友,还正低着头舞动着树枝画着呢。他得意地想,这壶酒肯定归我喝的了。于是一只手拿起壶,一只手却又在地上乱涂起来。他突发奇想,如果让蛇长上四条腿,不是更有趣吗?就又开始给他所画的蛇身上添上足。

此时,另一个人也画好了蛇,抬头一看,高个子正在兴致勃勃地画蛇足,就劈手夺过酒壶。高个子急了,连声喊道:"是我先画好,酒是我的。"这位朋友说:"你画的根本不是蛇,蛇哪来的足呀!这酒应该归我。"

大家凑过头来一看,确实如此,高个子画蛇添足已经不像蛇了,因此都认为高个子没资格喝这壶酒。

以后,人们就把做了多余的、不该做的事,叫作画蛇添足。

写作教学可以利用阅读课文的语料进行这种训练。

2)议论和抒情。提供一则记事片段,或规定学习者所熟悉的题材,要求学习者就事议论或就事抒情。记事虽然也会着上作者的主观色彩,但一般以客观叙述为主,要表达对所述事件的思绪和情感,常常另加抒情的文字;而对所述事情有所评议或指点的话,则更要运用议论手段,加以发挥。例如,学习者旅游杭州回来,教师就以"参观岳坟"为题,要求学习者在记述中加进抒情和议论的成分。有位学习者这样写道：

> 这次去杭州旅游，印象最深的莫过于岳坟了。
>
> 岳坟是中国宋朝有名的爱国将领岳飞的坟墓所在地。门宇高大、气势磅礴，一走进去就有肃然起敬的感觉。
>
> 大殿正中是岳飞的塑像，威严英武，气宇轩昂。两旁墙壁上画着岳飞从小到大的事迹的图画。特别是岳母在岳飞背上刺"精忠报国"四个大字这幅画，令人钦佩不已，深感这位养育一代英雄的母亲是何等伟大。
>
> 走过大殿就来到岳飞的圆馒头形大坟。此时，人群中都纷纷讲述着岳飞的故事，导游们也在介绍岳飞的生平，满耳都是"岳飞"这个响亮的名字，对于"如雷贯耳"这个词语的意思，我的领会更深了一层。我在梦幻中好像看到岳飞率领岳家军直捣黄龙府的那种"还我河山"的英勇气概，又好像看到岳飞被十几道金牌召回而以"莫须有"罪名杀害的悲痛场面。啊，如果岳武穆不被杀害而能实现他夺回中原的理想，那宋朝的历史，乃至以后的历史也许都要改写。可惜呀，一代伟人，壮志未酬。
>
> 与岳坟形成鲜明对比的是那四座黑铁塑像，他们是陷害岳飞的大奸臣秦桧等狗男女。人们走过那里，就会对着跪在地上的塑像吐上一口唾沫，以发泄心头之恨。这就是奸佞者落个"遗臭万年"的下场。
>
> 岳坟里的一副对联"青山有幸埋忠骨，白铁无辜铸佞臣"，是给岳飞和秦桧的最好鉴定，给人们树立了忠、奸的正反面形象。为国家和人民做好事的英雄，人民永远想着他，纪念着他，所谓"永垂不朽"就是这个意思。而那些专干坏事见不得人的家伙，人民永远唾弃他，仇视他，甚至累及他的子孙后代。人民的心里有一把尺子，谁个优，谁个劣，一清二楚。那些自封为英雄、功臣的人，是经不起这把尺子衡量的，忠者自忠，奸者自奸，一点也不会错的。这也许是参观岳坟的人络绎不绝的原因吧！人们来到这儿就是为了从中受到教育，受到启示。
>
> 离开岳坟，思绪万千，久久不能平静。

其他如长城的历史、长江三峡游记、参观博物馆，看世界杯足球赛等等，都可作此种训练。

3) 起承转合。文章脉络的起承转合大一半依靠语段的连接来实现的，因而，语段的连接不是随意的，而是循着文章脉络的起承转合而进行镶接和贯连的。它们之间有着一些不是很严格的相应或对应的关系，掌握这种关系（见下表），将有助于缀连语段而自然成篇。

依据下列的文章脉络与语段的关联表，可以进行单项训练，如开头、结尾、段落的过渡与呼应等练习，也可以结合成篇的写作进行综合练习。

2. 记叙文写作

中高级阶段的记叙文写作,无论是写一人一事或一人二、三事,还是几个一人一事的组合,都要求记叙、抒情和议论相结合,使记叙有一定的深度。(参阅上述谋篇训练)中高级的记叙文写作可采用下列一些方式。

(1) 记述二、三事,运用夹叙夹议的方式烘托出文章的中心或主题。比较高级的记叙文常常撷取具有代表性的事例来突出中心。这些事例发生在不同时间、不同地点和不同条件的不同人物身上,要将它们凑合在一起,全靠文字的串联工夫,即用议论把二、三事件有机地连接起来,用议论发表作者的看法,用议论扣住文章的题旨。中高级的学习者有这个条件进行这方面的训练。下列训练方式可供参考。

1) 记述发生在工厂、农村、城镇或其他场所中的事件,说明群众最关切的问题。

2) 记述发生在卫生、教育、文艺部门中的事件,说明精神文明的建设。

3) 选择和记述市场、交通、建筑方面的事件,说明城市新貌和巨大变化。

(2) 运用寓情于景的方式来写作游记。比较高级的游记,总是渗透着作者的情感和看法,或者感叹大自然的威力,或者赞美劳动者的智慧和技巧,或者勾起自己的某种思绪。寓情于景,情景交融,是写作一篇上好游记的先决条件。中高级学习者应往这个方向努力。下列训练方式可供参考。

1) 记桂林山水的离奇和特异,感叹大自然给予人们的赏赐。

2) 记万里长城的雄伟和壮丽,赞美古代中国劳动人民的智慧和毅力。

3) 记泰山的高峻和挺拔,抒发登泰山的雄心和豪情。

**文章脉络与语段的关联**

| 文章脉络 | 句群或语段的语义关系 | 连接的语词例和语句例 |
| --- | --- | --- |
| 起 | 问句起 | 为什么,什么样,怎样,哪儿 |
|  | 时间起 | 在……(时间),发生在……(时间),这是……发生的(时间) |
|  | 场所起 | 在……(场所),发生在……(场所),这是……发生的(场所) |
|  | 人物起 | 有……,……是……,……来了…… |
|  | 事件起 | 有……,发生了……,有……出现了 |
|  | 观点起 | ……是……,我认为……,我看是…… |
|  | 话题起 | 这是……问题,有……特点,……问题是…… |
| 承 | 顺着说 | 原先,以前,也就是说,具体来说,换句话说 |
|  | 进一步说 | 而且,更何况,进一步说 |
|  | 正面说 | 其实,实际上,老实说,确切地说 |
|  | 并列说 | 首先,其次,最后,一则,再则 |
|  | 加合说 | 无独有偶,再说,此外,还有,更有甚者,另外 |
|  | 补充说 | 补充一句,顺便说一下,顺带提一下,附带说几句 |

|   |   | （续表） |
|---|---|---|
| 转 | 退一步说 | 诚然,固然,自然,当然,退一步说 |
|   | 反面说 | 如果不是这样,否则,从相反角度看,谁知,哪料到 |
|   | 逆着说 | 但是,不过,然而,要不 |
|   | 对比说 | 同样,相比之下,对比之下,相形之下,与之相反,反之 |
| 合 | 归纳 | 综上所述,一言以蔽之,一句话,总的看来 |
|   | 总结 | 总之,总而言之 |
|   | 推论 | 由此可见,显然,毫无疑问,可以肯定,这意味着,这说明 |
|   | 结果 | 终于,果然,不出所料,果不其然,果真,难怪,原来如此 |

\* 参阅罗青松《对外汉语写作教学研究》第116页中的表格,有所变动

（3）运用记叙、抒情、议论相结合的方式,概述一部电影或一部小说。人们限于时间和条件,不一定能看到某部电影或某部小说,但又很想知道它们的内容和特色,极希望看到有关的介绍和概述。因而中高级学习者练习这方面的写作是很有现实意义的。下列训练方式可供参考。

1）在记述小说或电影的故事梗概中带有自己的评说。

2）在概括介绍小说或电影的故事中带有自己的倾向和情感。

3）为一部小说写一则故事提要,或者为一部电影写一份说明书。

3．说明文写作

中高级的说明文写作应由单纯性的介绍事物进入陈述与描写相结合或者陈述与议论相结合的阶段。说明文的特点以介绍事物或解释事物为主,因而要求写作者对事物要仔细观察和深入了解,才能说清楚事物的本质。说明文要吸引读者,仅仅对事物作客观的陈述和说明是不够的,必须在陈述的基础上融入描写和评议的成分。事物的形成和发展都有一个过程,这就需要写作者运用陈述与描写相结合的手法来彰示这个过程；事物的进展自有其长短、优劣之处,这就需要写作者运用陈述与议论相结合的手法加以评点。这样写出的说明文,才具有说服力和吸引力。中高级的说明文写作可采用下列一些方式。

（1）以介绍事物或解释事物的方式写作说明文。每一种事物都有其现象、特点、本质、结构和作用,介绍或解释某种事物不一定那么面面俱到,可着重说明其中的几项。下列的训练题目可供参考。

1）介绍一本书（如小说、诗歌、散文等）,说明其内容、篇幅和写作特色。

2）介绍一种物品（如手机、数码照相机、脑白金、花雕酒等）,说明其结构、功能和作用。

3）解释一种现象（如自然现象、社会现象等）,说明其成因、特点和作用。

（2）以陈述与描写结合的方式写作说明文。事物的形成和发展有一个过程,办理或处理某类事情也有一个过程,要把它阐述清楚,需要用陈述与描写相结合的方式来说明。下列的训练题目可供参考。

  1）介绍一种本国风俗（如传统节日、婚姻仪式、家庭组成等），描述其成因、特点和细节。

  2）介绍某种运动或游戏的规则（如太极拳、网球、高尔夫球等），描述其操作、记分、输赢等具体规定。

  3）介绍某种手续（如申请签证、租房、办理证件等），描述一系列的先后操作程序。

  （3）以陈述与议论结合的方式写作说明文。事物有好有坏，有优有劣，有长处有短处，说明一件事物力求公允、客观，这就要在陈述过程中适当穿插评议和论说，使人们了解事物的真实面貌。下列训练题目可供参考。

  1）说明城市的交通情况，评议交通的发展及存在问题。

  2）说明本国的教育制度，评议教育的成就及存在的弊端。

  3）说明中国（或本国）的医疗体制，评议其优越性及不合理的地方。

  4．论说文写作

  论说文有评论和议论，比起记叙文和说明文来，写作要求高一些，是中高级写作教学的一大重点。论说文主要是就某个问题或某种观点，发表自己的看法，但不是简单地空论一番，而是要列举事实来说明某个问题或某种观点。这里所谓的问题或观点，就是论点；所谓的事实，就是论据；所谓的说明，就是论证。论说文中的记事，必须是概括性的，不能像记叙文那样加以描绘和渲染。论说文的论证方法有二：一是演绎法，即先假设观点，后列举事实加以推论求证；二是归纳法，即在列举大量事实的前提下，加以推论归纳，得出结论。掌握这两种论证方法，写作论说文就可水到渠成。中高年级的论说文写作训练，可采用下列一些方式。

  （1）用一个事实证明一个道理。这是最简单的论说文。由于只举出一个事实，因此一般只用演绎的论证方法从正面来说理。下列的训练题目可供参考。

  1）生命来自运动。可举一个因锻炼而增强体质的事例说明这个观点。

  2）时间就是金钱。可举一个因提高时间效率而公司得到大发展的事例说明这个观点。

  3）病从口入。可举一个因不讲卫生而导致疾病的事例说明这个观点。

  （2）用几个事例证明一个道理。可以用演绎方法从正反两方面来说明问题；也可以用归纳推理的方法得出这么个结论。下列的训练题目可供参考。

  1）失败是成功之母。可举出几个屡经失败而最终成功的事例得出这个结论。

  2）自古英雄出少年。可举出从古到今的一些少年英雄的事例得出这个结论。

3）不以成败论英雄。可举出几个成功的英雄和失败的英雄的事例,从正反两方面说明评论英雄的标准。

4）兼听则明,偏听则暗。可举出公司或单位决策者采取不同的领导方式而取得不同效果的实例,从正反两方面说明领导应有的素质和作风。

(3) 评论写作。评论包括书评、读后感、观后感。它不同于一般的概述,因为概述是以叙述故事梗概为主的;也不同于议论文,因为议论文重在证实某一个观点。评论可以罗列几个观点,每个观点都引用所评对象(如小说、电影、剧本、音乐、舞蹈)的内容和事例来证实和说明。这些观点有肯定的、赞扬的,也有否定的、批评的。这些观点综合起来就成为一篇看问题比较全面的评论。下列的训练题目可供参考。

1）阅读一部作品,写一篇书评。可侧重在内容、人物、情节、语言等一、二个方面或几个方面来评论。

2）阅读一个剧本,写一篇读后感。可侧重在故事情节、人物性格、动作和对话等一个方面或几个方面来评论。

3）看一场电影(或演出、或球赛),写一篇观后感。可侧重在演员(或球员)的表演、效果等方面进行评论。

5. 应用文写作

中高级的应用文写作主要是慰问信、推荐信和总结、报告等。慰问信是在记述中就某人某事表示安慰和问候;推荐信要对被推荐人的学历、经历、能力、特长进行评价,才能有推荐效果。总结是对学习、工作或活动等事项进行回顾,得出经验,吸取教训。报告的范围较广,有要求上级部门同意的申请报告,有希望上级部门批示意见的请示报告,有向上级部门汇报的工作报告,等等。下列的训练题目可供参考。

1）老师生病,代表全班同学写一封慰问信。

2）就某同学结业、求职,试写封给某公司的推荐信。

3）写一封申请报告或请示报告,要求添置几台电脑。

4）就一年来的学习,写一篇学习总结。

## (四) 高级阶段

这个阶段是写作的成熟期。学习者词汇量的储备已相当丰富,用目的语思维与表达的能力趋于成熟,对语篇的驾驭能力也比较强,写作记叙文、说明文和一般的论说文都能得心应手。语言比较通顺,说理比较清楚,说明和描述也比较准确。因此,这个阶段有条件进行更加高级的议论文、专业论文和应用文的写作训练。

1. 议论文写作

高级阶段的议论文写作,无论在内容上还是在论证方法上都要求在中高级阶段写作论说文的基础上提高一步。内容上要有深广度,可针对社会、政治、经济、文化、生活上的热门话题进行议论;论证方法上也要求多样,不仅能列举事实说理,且能引经据典说理,乃至驳斥谬论。语言上也要求运用多种修辞手法,如设问、反问、排比、设喻等。高级阶段的议论文写作可采用下列一些方式。

（1）列举事实说理。摆事实讲道理是论说文的最基本写法。一般论说文都是列举几个事实说明和证实一个道理,这是中高级阶段的训练内容。高级阶段的论说文写作应该写得复杂一些,可以在一个中心论点下面设置几个小论点,等到每个小论点都用事实说明和证实以后,那么中心论点自然而然也得到了证实。例如：

```
                         小论点
                   ┌ 恐怖主义危害人民正常生活,不得人心
                   │  ——举九一一事件的反响
中心论点          │ 恐怖主义危害世界和平,必遭谴责
恐怖主义注定要灭亡 ┤  ——举人体炸弹、生化武器,激起组成反恐联盟
                   │ 恐怖主义逆历史潮流而动,必然失败
                   └  ——举历史上一些狂人的可耻下场
```

下列的写作训练题目可供参考。

1）就"毒品的危害"写一篇由小论点说明中心论点的论说文。

2）以"世界怎样走出经济低谷"为题,写一篇论说文。

3）就"经济发展与社会文明"问题发表评论。

（2）引用说理。引用经典著作的话语,或者引用富有哲理和生活经验的俗语、谚语来说明道理也是写作论说文常用的论证方法之一。不过这不是列举事实的直接说理,而是一种间接说理。因为无论是经典言论还是谚语、俗语,都是经过无数次的实践总结出来的,是某种事实的浓缩和概括。引用这些话语等于引用了好多具有代表性的事实,使所说的道理更具说服力。当然,仅仅运用引用说理的方法来写作论说文是不够的,一般都跟列举事实配合起来使用,两者相得益彰,论证才有力量。下列的写作训练题目可供参考。

1）写一篇"反腐倡廉是治国之本"的议论文,中间可引用"苍蝇不叮无缝的鸡蛋""篱笆扎得紧,野狗钻不进"等俗语。

2）写一篇"不断学习、吸收新知识才能跟得上潮流"的议论文,中间可引用"学到老,学不了""学到用时方嫌少""流水不腐,户枢不蠹"等俗语、谚语。

3）写一篇"谁是世界的主宰"的议论文,中间可引用毛泽东的经典话语"人民,只有人民,才是创造世界历史的动力"。

（3）驳论。驳斥谬论是论说文的一种。它常跟立论结合在一起,"不破不

立",谬论驳倒了,正论自然也就立了起来。驳论有两种方法:一种是直接驳斥法,即列举正面事实说明和证实对方论点之谬误。例如,列举清廉自洁的干部事例,说明"常在河边走,哪有不湿鞋"的言论是错误的。另一种是归谬法,即顺着对方的论点往荒谬的方向引申开去,使对方的论点站不住脚,收到不攻自破的效果。例如,有些干部说"是建筑材料本身有问题",以此来推卸搞豆腐渣工程的责任。驳论就可沿着这些人的思路引申:既然是材料本身问题,那么用同样材料建起的许多工程应该全是豆腐渣了,为什么只有你这一处是豆腐渣呢?一句话就把这种言论驳得体无完肤。

下列的写作训练题目可供参考。

1)列举事实驳斥"汉字是落后文字"的言论。

2)用归谬法驳斥"盗版书、盗版碟片无害"论。

2. 专业论文写作

专业论文是跟某项专业内容有关的论述文章。专业论文虽然跟论说文一样也要摆事实讲道理,但它更注重观点的提炼和规律的抽绎。也就是说,写作专业论文要从大量的事实材料中抽绎和归纳出规律性的东西,它们或许是在事物的对比(如质量、特性、效用等方面的对比)中发现,或许是在事物的类同或类似(比如原因、效果、作用、特点等方面的类同或类似)中发现。因而,专业论文的写作教学,首先要引导学习者对研究的对象和材料作分析和归纳,总结出规律性或经验性的东西,然后指导学习者选择具有代表性的、能证实观点的事例和材料进行阐述和解说。

专业论文的写作训练可分下列几类。

(1)比较性论文。将同类而不同种的事物进行比较和分析,归纳并总结出其中的异同,由此而写成论文。一般应用在语言比较、文化比较、教育比较等学术领域。下列的写作训练题目可供参考。

1)就"英语和汉语的被动句比较"写一篇论文。

2)就"学习母语和学习汉语的异同"写一篇论文。

(2)原创性论文。根据实际或实验得出结论,或者从收集的材料中提炼观点,发现规律,具有独到的新意和见解,由此而写成论文。一般应用在科技、教育、经济、语言等学术领域。下列的写作训练题目可供参考。

1)就"加入WTO对中国教育的影响"写一篇论文。

2)就"中国的外企对国企的影响"写一篇论文。

(3)综述性论文。将有关某个论题的学术论文搜集起来进行综合论述,说明在哪些问题、哪些方面有多少论文涉及,有哪些相同和不同的观点和意见,中间也可穿插和发表个人的一些看法。这种论文具有资料性价值。下列写作训练题目可供参考。

1）收集"外国学习者如何学汉字"的论文资料,写一篇综述性论文。
2）收集"留学生学习汉语的动机和目的"的论文材料,写一篇综述性论文。

3. 应用公文写作

高级阶段的应用文写作可偏重于公文类,比如调查报告、契约、合同、商务信函等等,为就业和开展业务创造条件。

(1) 调查报告写作。调查报告跟总结相似,都要提炼观点,抽绎规律。但总结偏重于反映个人或本单位的实践活动和实践经验;调查报告偏向于反映社会的或者某个群体的实际情况。写作调查报告先要设计问卷调查或调查提纲,调查内容包括历史、现状、原因、措施等等。调查结束要统计和分析调查得到的数据和材料,去芜取精,去伪存真,从中理出头绪,归纳出规律性的东西,也可以提出自己的想法和意见,最后写成报告。调查报告对政治、经济、学术等活动有较大的参考价值和现实意义,应该让具有高级汉语水平的外国学习者学习和掌握。下列写作训练题目可供参考:

1）对"中国成人教育的状况"进行调查,写成报告。
2）对"中国(或本国)老年人的生活状况"进行调查,写成报告。
3）对"中国独生子女的教育问题"进行调查,写成报告。
4）对"中国或(或本国)大学毕业生的就业状况"进行调查,写成报告。

(2) 契约和合同写作。契约和合同都是具有法律效力的文件,文字表达要求准确、精练。契约较多地应用于生活方面,如租房契约等;合同较多地应用在商务方面,如贸易合同等。契约和合同要写明事由、双方所负的责任和期限、违约的处理办法等。措词常用甲方如何如何,乙方怎样怎样等等。下列写作训练题目可供参考。

1）两个同学一组,一人为房主,一人为租房者。先互相商讨租房事宜,比如期限、设备提供、租金、损坏处理,房主的权利和义务,租房者应负的责任等等,然后写一份租房契约。
2）两个同学一组,一人为业务员,一人为客户,互相商讨开展贸易事宜,比如产品、质量、规格、价格、发货期、公司的权益、合同生效的日期、赔偿处理等等,写一份合同。

(3) 商务信函写作。商务信函一般有询价函、报价函、还价函、意向函、订货函、发货函等等,内容并不复杂,但比较实用。文字要求简明扼要,准确明白。可采用下列方式训练此类写作:

两人一组,一方为公司业务员,一方为顾客,采用信件问答方式,从询价—报价,还价—同意,订货—发货等过程,写作系列性的商务信函。

 ## 四、写作教学的步骤

写作教学课程有两种形式:一种是单独设课;一种是附于阅读课程之中。后者往往在一篇阅读课文结束之后进行一些词语和句子,或者句群方面的练习;完整的作文练习一般安排在课外。单独设课的写作教学,一般的教学环节和教学步骤是:

### (一)阅读范文

阅读范文,说明该种文体的特点和具体要求。可由教师边提示边讲解,也可引导学习者阅读范文,开展讨论,随后教师总结。

### (二)布置作文

1. 命题和自由命题

教师命题宜宽泛,让学习者有所选择,写其熟悉的东西;学习者自由命题最好有个范围,纳入教师的写作教学计划。

2. 提出要求

布置作文须明确提出要求,包括文体、字数、词汇、句式,以及采取的写作方法等。

3. 启发思路

(1)模仿和吸取。教师可联系学过的课文,提示哪些可以模仿,哪些可以吸取。

(2)内容、立意和写作方法。教师引导学习者构思和讨论:哪些东西可以入文?怎样统辖内容?文章的立意是什么?适宜用什么写作方法?

4. 拟写作提纲

可以写粗纲,如全文分几段,每段的主要意思是什么;也可以写细纲,如全文分几段,每段分几层,每层写什么内容,举什么事例等。

5. 写作

可以在课堂规定时间进行写作;也可以在课外不规定时间进行写作。

### (三)批改

批改可采用多种方式:

1. 当堂批改

以一、二篇比较有代表性的习作为主,教师边批改边评点。

2. 课后批改

教师直接在学习者的习作上进行批改:

(1) 语句和用词的删改。批改要贯彻多就少改的原则,尽可能保留学生习作的原貌,调动其习作的积极性,避免"满篇红",损伤其习作兴趣。

(2) 眉批。主要指出文中比较突出的问题,如用词不当,句子脱节,句意不明,语句严重错漏等;写得好的地方也可点出。

(3) 全文总批。主要评价作文的优缺点,可从结构、层次、段落安排、遣词造句、写作方法等方面给予整体上的评价。

3. 集体批改

以一篇习作为主,集体讨论,用集体的智慧修改。

4. 互相批改

调动学习者的积极性,互相批改,加深修改的印象,避免错误的重犯。

(四) 评讲

(1) 评讲优缺点。总结写作中的优点,指出缺点,使学习者学有方向。

(2) 朗读作文。教师可选择好的作文,由教师或学习者在全班朗读,并说明写得好的地方和原因。

(3) 发表。组织学习者出墙报,展览作文。

## 小　结

外国人学习汉语写作是一种综合性的训练,在训练中要求学习者摆脱依赖母语思维的习惯,减少翻译这个中间环节,借鉴和吸取范文中的有益成分,善于谋篇布局,熟练运用汉语的词汇和句式。

写作教学要明确教学目的任务,那就是提高语篇的写作能力,提高翻译能力和用目的语思维的能力。写作教学要遵循一些基本原则:循序渐进与急用先学结合,群体性与个体性结合,习作性与交际性结合,容错度与规范化结合。写作教学的重点应是遣词造句,思维以及句式的运用,句群、语段、连贯和衔接,各种文体的习作,写作的借鉴与监控等。

写作教学的操作方法,针对不同阶段而有不同的训练内容和训练方式。每个阶段都必须根据学习者的汉语水平而采取相应的写作训练。这种训练有三条线索贯穿于各个阶段。一条是语言训练线索,从书写汉字、词语练习、句式练习、句群训练到语篇训练;一条是主要文体训练线索,从简单的记叙文、一般的记叙文到复杂的记叙文,从简单的说明文到复杂的说明文,从简单的说理文、论说文到议论文和专业论文;一条是应用文训练线索,从简单的便条、通知、启示到一般书信,再到应用公文如调查报告、合同、商务信函等。从纵的方面来看,这三条线索自成系统;从横的方面来看,他们相互配合构成几个训练的平台。对外汉语教师要熟悉这纵横交错的关系,方能自如地开展写作教学。

# 第十章 测 试

测试是对教育进行评估的一种手段,是教学活动的组成部分。语言测试是语言教学的环节之一,是语言教学的重要组成部分。教师根据教学大纲的规定,将既定的目标和要求贯彻到每门课程,分配到每个阶段、每个单元、每篇课文直至每个课时,同时制定出相应的教学计划,进行教学设计并加以实施。这些周密的设计和方案在实施过程中以及实施之后,要了解学习者的学习情况跟原定的目的任务和具体要求是否一致,是否存在差距,是否需要修正和加强,则必须进行测试。通过测试可以及时改进教学,减少盲目性,使教学更具有针对性和适应性,从而取得理想的效果,这是从教的方面而言。从学的角度来看,学习者希望能经常从教师那里得到自己对知识掌握程度和应用能力的反馈,以测定自己的学习成绩,了解自己掌握的目的语的水平。所以测试是教和学的共同需要,是教学的重要环节。

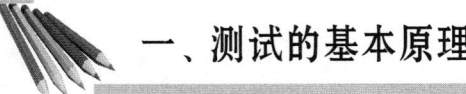

## 一、测试的基本原理

### (一) 测试的性质

测试,心理学家定义为是测量一个行为样本的系统程序。具体运用到语言教学,测试就是通过观察学习者在应用语言中的少数有代表性的行为,来对他们全部的或某一阶段的语言学习活动中的某些特点作出推论和数量化分析的一种科学手段。测试所测量的是人的行为,是个体对测试题目所作出的反应。一个测试的时间或篇幅是有限的,不可能包含所要测定的行为的全部内容,一般来说,测试是从全部的内容中抽取某些具有代表性的题目作为一个样本,对学习者的学习行为进行检测和判定,并以数量化的形式来评估教学的成绩和效果[①]。

### （二）测试的目的

语言测试（测验或考试）是一种测量性的教学反馈方式。测量是根据一定的法则用数字对事物加以确定。所谓的"一定的法则"，是指测量时所采用的规则或方法；"事物"是指人的能力、智力、兴趣、情感等属性或特征，测量就是要确定其中的差异；"数字"表示数量，用以确定事物或事物属性的量[②]。在语言教学中，就是根据教学内容和任务编制测试，看学习者在测试上的得分，从而确定和评价学习者掌握语言的真实水平和能力。测试和评价是密切相关、不可分割的。测试是手段，评价是目的。测试所得到的分数还不能直接说明什么问题，必须对之作出分析、判断，测试才具有价值。

## 二、测试与教学的关系

测试是教学反馈的一种手段，是对教学所输入的语言知识和教学所训练的语言技能的一种回传反应。这种回传因教与学两方面的相互作用、相互影响的不同程度而有不同的反应。测试的结果一般都是外显反应，具体表现为分数成绩，错误与正确的比率等等。但我们测试的目的并不止于此，而是要透过分数和比率，去评估教学质量，检验教学效果，研究其中的原因，探索学习者在内化语言知识的过程中的问题和不足，寻找改进教学的方法。

### （一）测试可对教学质量作出评估

教师的教学质量主要反映在教学任务的完成、学习者语言知识的水平和学习者的言语能力这三个方面，而通过测试判出学习者的得分是一种比较能衡量教学成绩的反馈形式。一般来说，同样的测试题目，在同等程度而不同班级里表现出来的成绩应该大致相同，相差无几；如果两个班级的成绩相距甚远，则说明教师的教学上存在一定的问题。据此可评估、比较出两个班级的教学质量。同样，在同一个班级里也可依据学习者的成绩作出评估，如果大多数学习者的成绩较差，教师应负主要责任；如果只有少数学习者成绩差，则应从这些学习者身上找原因。当然，对教学质量的评估除了测试一种手段以外，还借助于其他如调查、访谈等反馈形式。教学反馈越全面，则对教学质量的评估

---

① 邵瑞珍，《学与教的心理学》第 327 页，华东师范大学出版社，1987。
② 同上书，第 326 页。

也越客观、准确。然而,不论何种反馈形式,测试总是主要的评估手段。

## (二) 测试可检验教学效果

教师为了了解并检验自己的教学效果是否良好,需要从学习者那里得到教学的知识内容接受或遗忘的反馈。一般来说,教师的教学设计和教学方法都力求符合学习者的认知规律和认知过程,但有时不可避免地会有一些主观成分诸如内容过量或过少、速度过快或过慢、练习太繁复或太简易、讲解详略不当、强化程度不够等等参与其中,影响、妨碍学习者对语言知识的接收、贮存和应用。如果教师经常能从测试中分析自己的教学成绩和存在问题,就能不断改进教学,使教学发挥最大作用,取得最佳效果。同时,也可从中了解到自己的教学对象的学习情况和他们的情绪和态度,激励和维护他们的学习动力[①]。

## (三) 测试有利于分析学习者语言错误的性质及其成因

测试既有利于总结教学成果,也有利于分析教学缺陷。测试的目的是为了把缺陷减弱到最低点,把成果扩大到最高点。要达到这样的目的,必须对学习者在测试中所表现出来的错误用语和错误用法作一个全面而深入的分析,确定其性质,探索其成因,采取有效的对策,以提高教学的质量。

学习者使用目的语表达所出现的偏误,不能一概以"不正确使用"论之。其中有的确实是没有真正掌握而反映出来的偏误,属于错误;有的是已经掌握了的,由于一时不及思索或疏忽而反映出来的偏误,属于失误。错误,是学习者自己不能发现和纠正的,必须依赖教师的点拨和指正;失误,是学习者自己能够发现和纠正的,教师只要适当地提醒或强调一下即可[②]。这是两类不同性质的偏误,应该认真区别和正确对待,才能把教师的力量和学习者的注意资源用在最需要的地方。

造成学习者表达错误的原因也很复杂,有学过而仍不理解的,有学了就遗忘的,有知识存进脑库而提取不出的,有知识过分相近或相像而提取错的,有规律性出错的,有偶然性出错的,有时该用对时而用错的等等。细究上述的每一条原因,内中还有很多细节。例如对"学过而仍不理解"这一条,我们还应考虑:为什么学过了却还不理解?是大多数学习者都不理解,还是少数几个不理解?不理解是新的知识超出了学习者的知识水平,使他们无法消化或同化,还是他们上课不集中注意力,没在大脑皮层中留下痕迹?是不是教师的讲解不够清晰,学习者无法接收、编码和贮存?等等,需要教师对测试的结果认真思

---

[①] 邵瑞珍,《学与教的心理学》第 327 页,华东师范大学出版社,1987。
[②] 徐子亮,《汉语作为外语教学的认知理论研究》,华语教学出版社,2000。

考,作出正确的判断,才能有的放矢,对症下药。

可见,测试不仅有助于教师去努力提高教学质量,也有助于教师总结经验,摸索出学习者的认知规律。①

## 三、测试的一般分类及作用

第二语言测试可以从测试的目的、测试的方法、试题的题型、评卷标准以及成绩判定的标准等不同的角度进行分类。

### (一) 从测试目的分类

第二语言测试的目的可以有许多,如检测被试者的一般外语能力,了解被试者学习外语的一般能力或评估某一阶段的语言教学质量和效果等等。从测试目的角度分类,一般有潜能测试、水平测试、成绩测试、诊断性测试、结业测试及分班测试等几种。

1. 潜能测试(aptitude test)

潜能测试也称为学能测试(aptitude test)或预测测试(prognostic test)。它主要是了解受试者学习第二语言的潜在能力。语言潜能主要表现在三个方面,即语音能力、语法能力和推理能力。语音能力指对语音的识别和记忆的能力;语法能力指识别语言中句法结构的能力;推理能力指学习者分析和确定语言材料的意义及语法形式之间的关系,进行理解、归纳等能力②。潜能测试重视定量分析,比较注意受试者的听说潜能,是了解受试者语言学习素质的一种预示性测试。

2. 水平测试(proficiency test)

水平测试也称为能力测试,它不以某一门课程、教材为依据,也不根据受试者的学历为标准。它通过一系列特定的语言项目的测试来判定受试者的第二语言能力。水平测试通常是一种大规模的标准化测试,许多公共考试,如美国的 TOEFL、英国的剑桥英语考试、日本的英语水平考试和日语水平考试、中国的英语水平考试(EPT)和汉语水平考试(HSK)、商务汉语考试(BCT)等均属此类。

---

① 徐子亮,《汉语作为外语教学的认知理论研究》,华语教学出版社,2000。
② 束定芳、庄智象,《现代外语教学——理论、实践与方法》第 178 页,上海外语教育出版社,1996。

3. 成绩测试(achievement test)

成绩测试又称课程测试,它用以检查受试者在学习的某一阶段或最终阶段掌握所学课程的情况。成绩测试与所学课程有直接关系,它一般以教学大纲和教材为依据,教什么、学什么即考什么。一般学校的学期考试、学年考试和毕业考试等等,都是成绩测试。

4. 诊断性测试(diagnostic test)

诊断性测试又称为分析测试,这种测试的目的在于了解受试者在学习某一或若干个具体内容时所存在的问题和困难,以便在教学中及时加以改进。这种测试不受教学进度的限制,命题、评分都可以有一定的灵活性,且随时可以进行,以尽早发现和解决教学中和学习者学习中的问题。学校中的小考试小测验大都属于这一类。正由于这是一种非正式性的测试,因而一般不作为衡量学习者水平的主要依据。

5. 结业测试(exit test)

结业测试比较注重形式。测试内容可以是成绩考试,也可以是水平考试。它的目的可以是所获成绩作为升入高一级语言课程的依据,也可以是用以确定能否获得某类证书。

6. 分班测试(placement test)

分班测试的目的,顾名思义,是为了将受试者尽可能适当地按其语言能力编入相应的班级而进行的测试。分班测试的准确性将直接关系到教学内容的实施,教学进度的把握以及教材的选择等教学的各个方面和各个环节。

## (二) 从测试的方法分类

从第二语言测试方法的角度,可以将测试分为直接测试与间接测试两大类。

1. 直接测试(direct testing)

直接测试是直接考察被试者的某一项语言能力。例如通过问答、看图说话、口头作文等形式的口试来考察被试者的口头表达能力;通过作文了解被试者的书面表达能力等等。

直接测试的目的性明确,测试的内容针对性强,能直接对测试的结果加以评估,对教学的效果、反馈比较客观。

2. 间接测试(indirect testing)

间接测试是通过测试掌握某一项技能所必须要有的某种能力来测定被试者语言能力。例如通过判别错误项来考察学习者的写作能力。通过选择正确项来判定被试者的语音能力。通过选择项来判定被试者的理解能力,等等。

## （三）从试题的题型分类

从试题的题型角度分类，测试可分为分立式测试和综合性测试两大类。

1. 分立式测试（discrete-point testing）

分立式测试是对被试者所掌握的语言知识和语言技能进行分项测试。例如每一个试题或几个试题只测试某一个特定的短语结构或语法结构。结构主义语言学理论认为语言是由各种要素组成的，有语言知识的要素，如语音、词汇、语法，也有语言技能的要素，如听、说、读、写。掌握一种语言则必须掌握知识的要素和技能的要素。分立式测试就是基于这一理论基础，对语言各要素分别进行测试，以考察被试者各个单项的能力，也可以以此来确定受试者的总体语言能力。分立式试题的优点在于测试项目具有很强的可控性和针对性，受试者很难进行转移或回避。缺点是各个项目的测试结果的总和不一定反映其整体语言水平和语言能力。试题中一般的填空、完成句子等属于分立式试题。

2. 综合性测试（integrative testing）

综合性测试是对受试者的整体语言能力（包括语言知识和语言技能）进行综合性的测试。综合性测试基于这样一个理论认识，即人们在语言交际中所运用的不仅仅是一种知识或技能，而通常是要运用各种知识，调动多种技能，才能完成交际任务。综合性测试不同于分立式测试，它是全面综合地考察被试者运用语言的能力，听写、听力理解写作等等都属于综合性测试。

## （四）按评卷标准分类

按评卷的客观化程度，测试可分为主观性测试和客观性测试。

1. 主观性测试（subjective testing）

主观性测试指测试结果的评判或者说阅卷标准在很大程度上取决于阅卷者的主观判断。作文、口试、翻译等等属于主观性测试。主观性测试能比较全面地考察受试者的综合语言能力。但很容易会因为阅卷者个人的认识及喜好而左右测试的结果。

2. 客观性测试（objective testing）

客观性测试的阅卷标准一般事先统一，答案固定，不因阅卷人的主观意愿而改变。多项选择、判断正误大都属于客观性测试。客观性测试的试题覆盖面大，阅卷方便，且测试结果客观、可靠。不足之处是命题有一定难度，且较难考察被试者的语言表达能力和综合能力。

## （五）从成绩判别的标准角度分类

从考试成绩判别的标准角度，测试可以分为标准参考型测试和常模参考型测试。

1. 标准参考型测试(criterion-referenced testing)

标准参考型测试是以某种特定的语言能力标准作为判断标准的测试,例如测试受试者是否达到教学大纲所规定的标准的测试。标准参考型测试用以评定受试者完成学习任务的情况,这是一种受试者个体与应达到的标准之间的关系。或者说是一种纵向的关系,与其他受试者无关,因为这种测试不作横向比较。一般的成绩测试即属此类测试。

2. 常模参考型测试(norm-referenced testing)

常模参考型测试是将受试者的测试成绩与参加同一测试的其他受试者的成绩相比较,从而确定其语言能力以及在集体中的位置的一种测试。"常模"即参加同一测试的受试者的平均水平。常模参考型测试主要在于表现受试者在语言知识和语言能力方面的差异。水平测试和潜能测试属于此类测试。①

## 四、对外汉语教学的主要测试项目

作为第二语言教学的对外汉语教学同样需要通过测试这一科学手段来反馈教学情况,评价教学的成绩和效果。对外汉语教学的测试从不同的角度分类可以有多种类型,目前经常采用的测试有:入学分班测试、阶段性测试、期终测试等。这些大都是教学单位或任课教师自行编制的测试,是教学过程测试。另外,国家还设有标准化水平测试,即中国汉语水平考试(HSK)。

### (一) 教学过程测试

教学过程测试主要有教学开始之前的入学分班测试、教学过程中的阶段性测试(单元测试、期中测试等)以及某一个教学阶段结束前的期终考试。

1. 入学分班测试

入学分班测试是为新学习者入学和分班而编制的测试。来华学习汉语的新学习者,起点不一样,有的从未接触过汉语(零起点),有的学过几周、几个月、半年、一年不等,要把他们分别安排在适当的班级,必须进行一定的测试,这种测试除了作为分班、插班的依据外,还可从中了解到新学习者已经具有的汉语知识和应用能力,便于教师制定教学计划、选择教材和进行辅导、补缺。这种测试的内容以类似于教学结束时所实施的测试,以上一学期对老学习者

---

① 束定芳、庄智象,《现代外语教学——理论、实践与方法》第178—182页,上海外语教育出版社,1996。

进行期终测试的试题为基础,酌情增减,从而便于插班;也可根据教学大纲的要求,分教学阶段设计试题。测试的方式可以口试、笔试双管齐下,力求能全面检测、反映新学习者的情况。这一步测试工作做得好,安置学习者进班大都能适得其所,可以减少日后学习过程中因程度参差而带来的诸多麻烦。

2. 阶段性测试

阶段性测试,也叫单元测试,是在教学进行了一个阶段或一个单元后实施的测试。一个阶段或一个单元的教学,已有相对完整的一组语言项目输入给学习者,也有相当数量的词语积累在学习者的记忆之中,学习者对这些词语和语言项目是否已经正确掌握并能熟练应用,可以通过测试手段得到反馈,以检查这个单元的教学目的和任务的落实情况。这种测试要根据教学目的来编制。一般来说,课程中的重要部分均应测试,题型宜用平时经常练习的形式,除了再认题、再现题,还要有一定数量的创造性题目,让学习者自由发挥。单元测试的目的是:了解学习者学习词语和语言项目的情况,帮助学习者梳理一个单元所学的汉语知识及所训练的语言技能,发现教学中存在的问题;确定尚须辅导的内容;部分地调整教学计划;改进教学方法等。因此,单元测试对后续教学有较大的影响和作用,必须十分重视和认真对待。

3. 期终考试

期终考试是带有总结性的测试,教师必须依据整个学期的教学目标和任务来编制。其题型和拟题原则大致上跟单元测试相仿,但覆盖面应遍及一个学期所学的主要内容和重点。题目要有代表性,符合抽样法则(即能体现同类的语言要求)。语言知识和语言能力的检测并重,并要顾及词语和语言项目的再认、再现和创造性应用。期终测试的目的是:了解和测定学习者是否达到教育目标,为制定新的教学目标提供依据;分析和评估教学的效果(包括真实度、准确度、羡余度和遗忘度);评定学习者的学习成绩等。期终考试的成绩比较重要,是衡量学习者学习好差的主要依据。但期终考试毕竟受时间和篇幅的限制,在测试内容上必然会有所选择和舍弃,不可能面面俱到。这样评出的成绩多少带有教师的某些主观成分和主观色彩,因而还必须参照学习者的单元测试成绩和作业成绩(即平时成绩),最后得出一个客观的、合理的、公允的成绩(即平均成绩)。[①]

## (二)汉语水平考试

中国汉语水平考试(HSK)是为测试第一语言非汉语者的汉语水平而设立的国家级标准化考试,是为第一语言非汉语者设计的第二语言考试。中国汉

---

① 徐子亮,《汉语作为外语教学的认知理论研究》第 299—300 页,华语教学出版社,2000。

语水平考试是目前世界上最具权威性、影响最大的汉语水平考试。

1984年,受教育部委托,初中等汉语水平考试[HSK(初中等)]开始研制。1985年第一套试卷问世并在来华外国留学生中进行了测试。1986年汉语水平考试正式列入了国家教育委员会1986年度文科博士专项基金项目。1986年6月26日首次汉语水平考试在北京语言学院举行。1988年9月《汉语水平考试等级标准和等级大纲》通过专家鉴定。1989年10月根据国家教育委员会领导批示,汉语水平考试[HSK(初中等)]在中国北京、上海、天津、南京、广州、大连、武汉等地举行。1990年2月,汉语水平考试正式通过专家鉴定。专家鉴定认为"汉语水平考试的研究成果填补了我国汉语测试的一项空白,是我国对外汉语教学领域中的一项重大突破,对我国语文考试标准化,具有借鉴作用。"1990年4月,国家对外汉语教学领导小组办公室在北京语言学院、北京大学、复旦大学、南开大学、大连外国语学院设立了考点。同年,6月25日,第一次正式的汉语水平考试在北京、天津、上海、大连四地同时举行,参加考试的外国考生共391名。1991年6月、10月、12月分别在新加坡、澳大利亚、日本进行了汉语水平考试的试测,获得成功。1992年国务委员兼国家教育委员会主任李铁映签署《中华人民共和国国家教育委员会令》第21号:"现发布《中国汉语水平考试(HSK)办法》,自发布之日起施行。"至此,汉语水平考试被正式确定为国家级考试。

1989年高等汉语水平考试[HSK(高等)]开始研制。1993年7月通过专家鉴定,并于同年12月在新加坡正式举行了考试。

1995年基础汉语水平考试[HSK(基础)]开始研制。1997年11月正式通过专家鉴定。1998年1月和5月分别在中国北京、天津、大连、广州和法国巴黎、波尔多举行。

中国汉语水平考试分为基础汉语水平考试[HSK(基础)]、初中等汉语水平考试[HSK(初中等)]和高等汉语水平考试[HSK(高等)]。这三种考试构成了中国汉语水平考试的等级体制,三者在等级水平上相互衔接。HSK(基础)分1、2、3级;HSK(初中等)分1、2、3、4、5、6、7、8级,其中1—5级为初等,6—8级为中等;HSK(高等)分为9、10、11级,合计三等11级。

基础汉语水平考试[HSK(基础)]是为汉语初学者设计的一种标准化考试。凡接受过100—800学时现代汉语正规教育的汉语初学者,掌握400—3000汉语常用词(甲、乙级常用词)和与之相应的语法项目(甲、乙级语法项目)的汉语学习者,均适于参加基础考试。基础汉语水平考试[HSK(初中等)]适用于具有初等和中等汉语水平的汉语学习者。凡接受过400—2000学时现代汉语正规教育的汉语学习者,掌握2000—5000汉语常用词(甲、乙、丙级常用词)和与之相应的语法项目(甲、乙、丙级语法项目)的汉语学习者,均可参加初中等考试。

高等汉语水平考试[HSK（高等）]适用于具有高等汉语水平的汉语学习者。凡接受过3000学时和3000学时以上的现代汉语正规教育的汉语学习者，掌握5000—8000汉语常用词（甲、乙、丙、丁级常用词）和与之相应的语法项目（甲、乙、丙、丁级语法项目）的汉语学习者，均可参加高等考试。

三个等级的汉语水平考试由中国教育部国家汉语水平考试委员会负责组织实施，每年定期在中国国内和海外举办。凡考试成绩达到规定标准者，可获得相应等级的《汉语水平证书》。

2010年由国家汉办和中国教育部考试中心，吸取原有HSK的优点，借鉴近年来国际语言测试研究最新成果，以《国际汉语能力标准》为依据，推出了一项国际汉语能力标准化考试。新的HSK，重点考查汉语非第一语言的考生在生活、学习和工作中运用汉语进行交际的能力，分笔试和口试两类，可以分别报考。笔试包括HSK（一级）、HSK（二级）、HSK（三级）、HSK（四级）、HSK（五级）、HSK（六级）；口试包括HSK口试（初级）、HSK口试（中级）、HSK口试（高级），采用录音形式进行。HSK（一级、二级）笔试分听力和阅读两部分：听力题型有听短语、听句子、听对话，以及听提问，要求考生判断图片的对错、选择对应图片，或者选出文字答案；阅读题型有图片、问答、填空等，要求考生选择对应图片、选出文字答案，或者选词填空等。HSK（三级、四级、五级、六级）分听力、阅读和书写三部分：听力题型有听话语、听两句对话、听多句对话，或者听若干段话等，要求考生判断对错或选出答案；阅读题型提供若干句子或若干小段（或篇）文字，要求考生找出对应关系、选词填空、组词成句、理顺句子、选出文字答案等；书写题型有组词成句、看图造句、选词写作、看图作文、缩写等。口试题型，有：复说、复述、朗读、简答、详答、看图说话等。新的HSK大致框定了每一级别适用于哪种汉语程度的考生，供报考时参照和选定。考试成绩合格，发给相应级别的成绩报告，以作为院校招生、分班和机构录用、晋升的参考依据。考试日期，一年多次，基本上每月都安排一次。

## （三）商务汉语考试（BCT）

商务汉语考试是为测试第一语言非汉语者从事商务活动的汉语水平而设立的国家级标准化考试。英文名称为Business Chinese Test，简称BCT。商务汉语考试考查应试者在与商务有关的广泛的职业场合、日常生活、社会交往中用汉语交际的能力。实用性、交际性是考试的主要特色。它是一种汉语水平考试，不是商务专业知识考试。

商务汉语考试的对象，凡是第一语言非汉语，从只能用汉语进行最基本的交流者到能用汉语进行熟练的交流者都适合参加商务汉语考试。BCT考试对应试者的年龄、学历或学习汉语的时间没有任何限制。商务汉语考试面向全球,服务于需要评估有关人员的商务汉语水平的各类机构及个人。其主要用途是为用人单位在人员招聘、选拔、安置、晋级等决策过程中评价相关人员的商务汉语水平提供参考依据;帮助有关教学、培训机构在招生、入学分班等过程中认定学生的商务汉语水平;为那些求职、应聘、或希望提升职位的人士提供商务汉语水平的证明;帮助汉语学习者了解、发展自己的商务汉语水平。

商务汉语考试由BCT(听·读)和BCT(说·写)两种相对独立的考试组成。考生可参加其中的一种,也可同时参加两种考试。BCT考试目前有纸笔考试(Paper-based Test)和机考(Computer-based Test)两种考试形式供你选择。BCT机考现只在新加坡举办。考试分为五个等级,根据考生听读的总分或说写的总分达到某一级标准,即可获得相应级别的证书(但不设1级证书)。

2006年10月,商务汉语水平考试在新加坡海外首考。2007年4月,在全国20所院校开考。以后每年定期在中国国内和海外举办,凡考试成绩达到规定标准者,可获得相应的《商务汉语考试证书》。

中国国家汉语国际推广领导小组办公室全权领导商务汉语考试,并颁发《商务汉语考试证书》。

商务汉语水平考试(BCT)与汉语水平考试(HSK)同样属于标准化水平考试,有许多做法和原则是一致的。主要区别在于命题的内容上,BCT的考题侧重在商务内容以及与商务活动有关的日常生活和社会交往方面。命题形式上,除了文字题外,还拟制有图画、图片、图表、示意图(如柱形图、饼图、坐标图、线图等)、统计表、实物(如广告牌、公交站牌、邮寄附言、包装盒上说明词、网站页面等)、来往信函等实用性比较强的题目。

## 五、对外汉语教学测试的特点及步骤

作为第二语言教学全过程中的重要一环,对外汉语教学的测试,既有一般学科意义上的普遍性和共同点,如对教学情况的测定和反馈,也有其汉语作为第二语言教学的学科特殊性,以及与这种特殊性相适应的一系列基本步骤。

### (一) 特点

对外汉语的测试,除了测量学习者语言知识获得的情况以外,还必须测定语言能力所达到的水平。汉语作为第二语言教学的目的是培养学习者的语言能力和语言交际能力。对外汉语教学是语言知识的学习和语言技能的训练的结合与统一。测试要对教学情况作客观的科学的反馈,也必须从语言知识和语言技能两方面进行测量,要以测量测试对象的语言交际能力为出发点。具体而言,对外汉语教学的测试既要测量学习者的语言知识习得和积累的程度,也要重视语言技能获得和运用的水平。而这些反馈一般是通过测试的具体实施,通过测试方式、试题内容及形式等等得到的。也就是说,我们决定测试的范围、内容和形式,选用测试方式时,都必须将知识和技能的测量,将语言能力和语言交际能力的测量加以综合考虑。

## (二) 基本步骤

对外汉语教学测试作为第二语言测试,其基本步骤为确定测试的目的要求→确定测试范围和内容→试卷设计→测试的实施→评分与估计。

1. 确定测试的目的要求

第二语言教学的根本目的是培养学习者运用所学目的语进行交际的能力。作为第二语言教学的对外汉语教学的测试,则应当与这一教学目的相一致。对外汉语教学测试目的主要在于测量学习者的语言能力和语言交际能力。而作为每一次具体的测试,则首先必须明确本次测试的目的要求。本次测试是了解学习者的水平,从而决定分班,还是了解学习者对所学知识掌握的程度,以调整教学方法或进度;是诊断学习者学习中出现的问题和错误,寻找原因,以便对症下药,有针对性地解决问题还是总结教学,给学习者一个分数以肯定和明确其学习情况,等等。在对外汉语教学测试中运用得最广泛,使用频率最高的是成绩测试。以中级汉语阅读课的成绩测试为例,其目的是考察学习者的学习成绩,也是检查学习者通过一定课时的课堂学习,对教材所提供的词汇、语法及课文内容的掌握情况。要求通过测试来检查学习者是否达到中级阶段的结业水平、是否达到升入高一级别进行汉语学习的水平;检查和评估现阶段教学效果和教学质量,为改进课堂教学提供依据。

2. 确定测试范围和内容

就广义而言,对外汉语教学的测试范围和内容,包含语言知识和语言技能两大部分。对外汉语教学的基本内容:语音、词汇、语法、汉字等语言要素,听说读写语言技能和在言语交际技能中涉及的语言规则、话语规则、交际策略以及语言文化因素、基本国情和文化背景知识等等,是语言测试的具体内容。语言交际是对话语的理解和表达。理解能力具体表现为听和读的能力。表达能力具体表现为说和写的能力,听、说、读、写是对外汉语教学测试的基本项目。

对不同目的要求的测试而言,各类测试在范围、内容以及项目方面可以有其侧重点。水平测试要全面测量受试者的语言能力和语言交际能力,要检测受试者的整体语言运用能力,因此要全面,综合地测量语言知识、语言技能、语言交际技能以及相关的文化知识等各项内容。成绩测试和诊断测试要配合教学大纲和教学计划的实施,按教学内容确定测试范围。成绩测试的项目和内容要跟教学阶段的教学内容相一致。同时,又要以教学过程的整体观念来看待教学阶段。在进行阶段测试时,各个阶段的测试内容要包含一定比例的以前各阶段的相关教学内容。诊断测试的内容则要根据学习内容以及改进教学的需要来决定。

确定测试范围和内容的方法,国外有教师采用列表对照法,即教师在决定测试目的后,列出教学目标,找出教学的主要内容,然后将教学目标与课程内容列表进行对照,圈定教学重点,以此作为确定测试范围和内容的依据[①]。再以中级汉语阅读课的成绩测试为例,确定测试的范围和内容可以在教学目标和教学内容的规约下,从以下几方面进行考虑。①确定重点测试的词语;②确定重点测试的语法项目;③确定课文内容的测试范围;④确定理解能力(泛读)的测试范围;⑤确定表达能力(写作)的测试内容。

3. 试卷设计

确定了测试的目的要求和范围、内容以后,可以着手进行试卷设计。设计试卷要考虑试题的类型及作用、试题的数量、试题各部分之间的比例以及试题的语料等问题。

试题的类型即通常所说的题型。第二语言测试的题型有多种,从其所起的作用的角度,可以归纳为:①通过辨认和匹配所学的语言知识,测试学习者记忆和积累所获得的目的语知识的量;②通过收听或阅读目的语资料,测试学习者分析、概括和理解目的语的水平;③通过根据表达需要正确提取所学目的语项目,以及在模仿的基础上灵活变化目的语句子等,测试学习者应用目的语的能力。题型从内容上又可分为单项试题和综合性试题两大类。在一份试卷的设计中,总体上要顾及题型的种类,以及种类的量,也就是题型尽可能要有多种。题型单一,则难以测出受试者的真实水平。例如,选择题、是非题这一类题型难以测量受试者的综合表达能力,特别是汉字书写能力。而回答问题、作文等试题又易受阅卷者主观意识影响,评分标准较难统一。

试题的数量跟测试的内容有直接的关系,也受题型和考试时间的影响。一般来说,客观性试题所需答题时间短,如选择题;而主观性试题所需答题时间相对就长些,如造句、回答问题等等。因此在试卷设计时,确定试题的量要顾及题型及考试时间诸因素。

试卷中试题各部分的比例也是设计试卷时必须充分考虑的。试题各部分所占的比例一般根据本次测试的目的和内容而定。不言而喻,是本次测试重

---

① 吴京汨,《对外汉语教学课程测试的准备工作》,《世界汉语教学》1994年第2期。

点内容的,在试卷中所占的比例当然就大些。此外,考记忆、理解、还是考能力,这三项哪个作为本次测试的重点,在比例上也要作适当的考虑。

试题的语料在试卷设计中也是不容忽视的。试题的语料要注意的主要是难易度、实用性和趣味性。设计试题时,要注意所用的词语句子,应该是受试者已经掌握的,不宜出现新的词语或未学过的语法现象。所谓实用性,是指语料有助于检测受试者的交际能力,要尽量少用或不用日常交际中极少接触到的语料。而趣味性则是语料在一定程度上可以帮助受试者将应试状态保持在良好的水准上,以利其能力和水平的发挥。

4. 测试的实施

测试的实施主要是对受试者的具体测试以及考试前后及考试过程中考场的管理。对受试者的具体测试有笔试、口试之分,笔试是让受试者按试卷中拟定的试题进行答题;口试则让受试者按试卷中的题目口头回答或当场回答主考的问题。

考场管理为考试前应检查考场设施,提供统一的,无外界干扰的考试环境。要检查各项仪器设备,特别是听力测试和口试,要检查耳机的清晰度、录音设备是否完好。笔试则要检查试卷的印制质量,保证试卷字迹清晰可辨,没有缺页、漏印等问题。考试中要注意考场纪律,不暗示考生,准确掌握考试时间,对有特别要求的测试,要严格控制各环节的考试时间,不能让考生提前做或后续补做。考试结束时要统一收卷,不能让个别受试者拖延交卷时间。对考试过程中可能会出现的特殊情况在考前应尽可能有所预测或估计,以便采取应对措施,稳定考场秩序。对临时突发事件,也应采取应急措施,妥善处理。

5. 评分与评估

评分与评估是测试的最后一个环节,通过评分可以了解学习者的学习情况,检验教学效果。通过评估可以检查教学质量,总结经验,寻找不足,以改进教学。阅卷评分应尽可能客观,消除评分者的主观因素的影响。对主观题的评阅要尽量细化量化评分标准,或采取流水评分、集体评分等方法,使主观性试题的评分客观化。对口试这类测试形式,可将口试录音打分和当堂记录打分结合起来,以淡化当堂记录打分中评分者的主观印象分。对大规模的测试,在测试之前应对阅卷者进行培训,并统一评分标准,尽可能做到评分的客观、公允。

## 六、命题的要点及方法

第二语言教学,从教的角度而言,命题是测试的关键,要使测试真正实现其在语言教学中的作用,据此能衡量出受试者的真实水平、反映出教学的效果,就要明确命题的要点,选择命题的类型,掌握命题的具体方法。

## (一) 命题的要点

一般而言,拟定试题要求有效、可信、具有一定的难度和区分度。

### 1. 效度

效度即有效性,指测试的有效程度,也就是测试的内容和方法是否达到了测试的目的。

要保证效度,关键是测试的项目和内容要与测试目的相一致。这种一致性具体表现在这几个方面:首先,该测的当测,不该测的尽量不涉及。其次,该测量的部分要注意是否有缺漏或出现偏题、怪题。第三,要注意试题所包含的内容代表性、准确度和覆盖面如何。例如测量阅读理解的能力,就要保证一定的卷面长度。卷面太短,则阅读速度就测量不出。再如,成绩测试要以教学主要内容为主,如果试题内容超过了一定的教学范围,那么试题本身的代表性和准确度就打了折扣,自然也无法实现测试的目的。

影响效度的主要因素有:①目的不明确,测试什么不清楚。例如听力理解,用篇幅过长的文本,则难以确定受试者的听力理解水平和记忆力二者之间哪一个起的作用。②命题本身的问题。试题不明确,试题本身的语言表达不清楚或试题要求不明了;试题过多或过少,过难或太容易,不能真实、全面地反映受试者的水平;试题之间相互暗示或在编排顺序方面可能暗示某些试题的答案。③考试的组织管理方面的不足和欠缺。如环境、设备差,考场组织纪律无序,监考人员的行为如收发试卷未按规定执行,甚至提示、暗示等等。

### 2. 信度

信度即可靠性,指测试结果的可靠程度和稳定性。语言测试是测量语言的工具,工具本身必须可靠。同一试卷测量同一受试者,在其语言知识和能力水平没有变化的情况下,如果几次测量结果都不同,则说明测量工具有问题。测试的成绩越接近受试者的真实水平,则测试的信度也就越大。例如,一个外国学习者在几次学业测试中,得到的分数基本上是相近的,则可说明,这样的测验稳定可靠,能排除偶然性,其信度较高。如果在几次学业测试中,该学习者的分数突然很高或者很低,除一些偶然因素外,则显示这样的测验信度很低,不能衡量出学习者的真实成绩。信度和效度有其内在的关系:效度高的测验,信度也必然是高的;而信度高的测验却不一定有效。例如,几次测验都集中在最后两篇课文的二十几个生词和几项语法规则上,学习者能够正确地完成测验,信度自然很高;但这样的测试,并不能代表其他课文的词语和语法项目学习者也都已掌握,因此其效度是不高的①。

构成卷面信度的因素主要有四:其一,卷面构成。卷面构成要达到的基本要求是测试项目合理安排,测试内容有一定的代表性和覆盖面。其二,试题的数量。难易相当的同类题型的题数越多则信度越高。题量少,偶然性大,则信度低。其三,评分标准和办法。评分标准客观,评分办法科学则信度高。对于主观性试题的评分要尽量客观化。其四,受试者水平。受试者水平多样性,或水平悬殊,则差异容易测量,测试的可靠性就高。

验证和提高卷面信度的主要办法是进行测试对比。经过多次试测对比和筛选可以保证卷面的信度。此外跟踪调查测试对象的学习情况。如果受试者在学习中反映出来的语言水平跟得分情况基本相符,则说明卷面的信度符合要求。

3. 难度

难度是指项目的难易程度。所谓的"难"和"易"是相对的,没有一个绝对的标准。有时教师认为难的语言项目,学习者却觉得容易;教师认为容易的语言项目,学习者却觉得难。因此,语言测试中的难度当以学习者能否答对为标准,答对的人数多,说明测试项目难度低;答对的人数少,说明测试项目难度高。那么,在出题时,还不知道学习者回答的情况,怎么去把握这个难度呢?这主要靠教师的教学经验和平时对学习者的了解,以及语言项目本身的复杂程度来断定。一般来说,难易题目的比例:1/2 是中等程度的题目,1/4 是难题,这样,对好、中、差各种学习者都能顾及到,并能做出区分。

4. 区分度

区分度是指测试区分受试者的水平差异的性能。如果受试者的知识和能力的水平有很大的差异,而测试结果却很相近,则说明该测试的区分性差。区分程度要有一个参照标准,按照这个标准看受试者对测验项目的反应,做出程度上的区分。例如,入学分班测验,如果各种程度的学习者同用一张试卷,其参照标准就是各年级应达到的汉语水平和应用能力,看测试项目能否把不同年级或不同水平的学习者区分开来。中国汉语水平考试(HSK),是国家标准化的汉语水平和汉语能力的测定,它把汉语水平定为基础 1—3 级,初级 1—5 级,中级 6—8,高级 9—11 级。其中基础用一份试卷,初、中级用一份试卷,高级用一份试卷来评定,试卷测验项目的区分度要求很高。

### (二) 命题的类型及方法

命题首先要根据测试目的,确定测试范围,并在此基础上设计题型,然后根据试题的类型进行拟制。

---

① 徐子亮,《汉语作为外语教学的认知理论研究》第 301 页,华语教学出版社,2000。

1. 题型

对外汉语教学测试的试题从评卷的客观性角度,一般分为客观性试题,非完全客观性试题与主观性试题。

(1) 客观性试题。对外汉语教学与测试常用的客观性试题有:选择题(选择正确项、选择错误项,选择合适位置、选择合适词语搭配等)、是非题、完形填空(给选项)、规定句式转换、给汉字注音、给词语注音、听写等等。

(2) 非完全客观性试题。常用的有:填空(用所给词语填空,选择词语填空、自主填空等)、完形填空(不给选项)、改错(将错句改正确)、排列词序、连句成段、写出反义词等等。

(3) 主观性试题。常用的有:回答问题、完成句子、造句、写大意、看图写话、作文等等。

对外汉语教学测试根据不同的语言技能训练的课型,还可以有不同的题型,这里主要介绍听力测试和口语测试的题型。

1) 听力测试题

常用的听力测试题有:听写声母、听写韵母、听写音节、听后选择正确答案、听后填空、听后填表、听后回答问题、听后口头复述、听后写大意等等。

2) 口语测试题

常用的口语测试题型有:朗读、回答问题、看图说话、看图回答问题、根据所给情景对话、指定题目自由表达等等。

2. 命题方法

命题要求有效、可信、注意试题的难度和区分度等。此外各类试题的拟制,还有其具体的方法,以下择要而述。

(1) 选择题

1) 选择题以选择单项答案为主,不宜采取选择多项答案的形式。一个问题如有多个答案,可能是从不同角度来回答,也可能是一个完整的答案分成了几个部分。多个答案容易在客观上分散考生的注意,混乱考生的思路。

2) 选择题单项答案的被选项至少要有3个,一般为四个。这些被选项相互之间应是并列的或排他的,而不能是包含的。

3) 选择题的被选项之间除了一个答案之外,其他几个应起到一定的干扰作用。不能将明显与试题无关的拿来凑数。

4) 选择题个体之间的答案要合理分布,不能暗示正确答案,例如都是B选项正确。也不能固定,形成规律,例如正确答案为A,B,A,B。

(2) 是非题

是非题表现在题干本身有正确和偏误两种情况,要求受试者就题干本身的意思判别正误。因此,是非题的题干表述应该是肯定的,不能似是而非,或有歧义,造成从不同的角度理解都正确的情况,以至于难以判别。

(3) 填空题及完形填空

1) 填空题所留的空应是填关键的词语或内容,同时与上下文要有紧密的联系。

2) 完形填空也称为综合填空,完形填空题所给的语料,语境要明确。所给的语言材料的开头和结尾要相对完整,一般不宜留空,以便于考生把握整体。

3) 完形填空题内的留空要平衡,不要将若干个空集中在一起,或连续几个整句而不留空。

4) 完形填空题内上下文之间的关系要整体考虑,留空要注意避免前后句之间的暗示。

(4) 听力测试

1) 听力各部分试题之间的停顿时间可以根据测试要求、语料的长短、答题的要求而有所不同。但同一部分内各试题之间的停顿时间应该一致。

2) 听力测试的语料中新词或新语法点的出现比例要加以较为严格的控制,既要允许考生跳跃障碍,也不能妨碍其对语料的理解。

(5) 口试

1) 试题应能测试受试者发音的正确程度;

2) 试题能测试受试者词汇量的大小,掌握语法、句法的正确性;

3) 试题能测试受试者表达是否得体,流利程度如何;

4) 测试题设计的应是受试者熟悉的,有话可说的内容;

5) 测试题难易程度要一致,给考生准备的时间也应该相同,避免有人准备时间长,有人准备时间短。试题应尽量不重复,以免考生相互交流。

口试在测试中,受试者直接面对主考人。因此,主考态度要客观,考试过程中不打断受试者,不提示、不暗示、不表态,保证受试者不受干扰和影响,独立完成考试。

(6) 写作题

写作题可以有多种形式:缩写、扩写、续写,看图写文、命题作文等等。

1) 写作题要求须明确,一般应当规定时间、字数。

2) 写作题的内容应当是受试者有话可写的。

## 小 结

测试是教学反馈的一种手段。它可评估教学质量,检验教学效果,有利于分析学习者语言错误及其成因,对于改进教学,意义甚大。

第二语言测试的分类,依据不同的标准可有不同的划分。对外汉语常见的测试项目,属于教学过程测试的,有入学分班测试、阶段性测试、期终考试;属于标准化测试的,有汉语水平考试。

对外汉语教学测试的特点是将语言知识和语言能力结合起来进行综合测量。测试的基本步骤是:确定测试的目的要求,确定测试范围和内容,试卷设计,测试的实施,评分与估计。

命题要讲求效度、信度、难度和区分度。试题有客观性试题、非完全客观性试题、主观性试题,可根据测试目的和范围来安排各类题型的比例,并设计和拟制测试题目。

# 教案附录

教案的撰写宜视不同课型而有所变化,其详略也可由教师根据自己的执教习惯和经验而定,但教学目的要求、教学重点难点、教学课时分配、教学环节和步骤等元素(或称项目)是所有教案都必须具备的。下面提供几则教案,供参考。

**教案一**

## 《广告栏上贴着一个通知》——综合课

### 一、教学对象与内容

1. 教学对象

学习汉语一个学期,词汇量在 700 左右的留学生。

2. 教学内容

博雅汉语·初级起步篇Ⅱ①第三十六课 课文《广告栏上贴着一个通知》。

3. 课时分配

本课需在六课时内完成,每课时 45 分钟,共计 4.5 小时。本教案以两课时为一个单位。亦可视课时情况而适当调整。

### 二、教学目标和要求

1. 生词学习目标和要求

(1) 能够掌握并运用重要生词

包括:广告、贴、通知、围、发生、过去、活动、读、交流、将、马上、拿、运动、举办、篮球

(2) 能够理解并记忆其他生词

包括:(广告)栏、学院、组织、郊区、参观、学生证、办公室、办、手续、鼓励、积极、体育、地点、部

---

① 李晓琪主编,徐晶凝、任雪梅编著,北京大学出版社,2005 年 2 月第 1 版。

2. 语法学习目标和要求

(1) 能够掌握并运用重要语法

包括:"处所词＋V＋着＋NM＋N";简单趋向补语;"为了……"

(2) 能够理解其他语法点

3. 课文学习目标和要求

(1) 能理解课文主要内容

(2) 能了解汉语通知的基本格式与常用词语

### 三、教学重点和难点

1. 重点

(1) 教学目标中所列的重要生词

(2) 教学目标中所列的重要语法

2. 难点

简单趋向补语的记忆和掌握

### 四、教学方法

1. 导入

图片导入法、提问法

2. 词汇教学

直观法、定义法、关联法、翻译法、比较法、举列法等

3. 语法教学

图示表格法、演绎法、归类法等

### 五、教学环节和步骤

第一阶段:两课时

1. 导入新课(10分钟)

图片导入,向学生出示一份汉语通知;

提问并要求学生找出汉语通知的格式特点和基本内容。格式特点有:标题;内容;单位;月日。基本内容有:时间;地点;事由;对象;要求;联系电话等。

2. 生词串讲(60分钟)

| 词表序号 | 生词 | 讲解方法 | 举例(＊为相关词汇) |
| --- | --- | --- | --- |
| 1 | 广告 | 直观法(广告图片)、翻译法 | 电视广告、报纸广告(媒介)<br>汽车广告、饮料广告(内容) |

(续表)

| | | | |
|---|---|---|---|
| 2 | 栏<br>广告栏 | 直观法(广告栏)、关联法 | 学校门口有一个广告栏。<br>＊公告栏 |
| 3&4 | 贴 | 直观法(动作) | 贴照片、贴地图 |
| | 通知 | 直观法(图片)、翻译法 | 旅游的通知、比赛的通知<br>贴通知 |
| 5 | 围 | 直观法(动作)、定义法 | 中国人喜欢围在一起吃饭。 |
| 6 | 发生 | 定义法、翻译法 | 最近发生什么新鲜事了？<br>昨天，我家附近发生了交通事故。 |
| 7 | 过去 | 定义法、翻译法 | 前面发生了什么事？我们过去看看。 |
| 8 | 活动 | 定义法、翻译法 | 每年的春节都有很多庆祝活动。 |
| 9 | 读 | 直观法(动作) | 请跟我读。<br>请帮我读一下这个。 |
| 10 | 交流 | 定义法、翻译法 | 文化交流、语言交流<br>我不懂汉语，不能跟中国人交流 |
| 11 | 学院 | 翻译法 | 每个大学都有很多不同的学院。 |
| 12 | 将 | 翻译法 | 1月将有期末考试，所有学生都要参加。<br>＊就要、将要 |
| 13 | 组织 | 定义法、翻译法 | 组织活动<br>学校组织我们去旅游。 |
| 14 | 郊区 | 直观法(地图)<br>关联法 | ＊市区、城区、市中心 |
| 15 | 参观 | 定义法、翻译法、比较法 | 周末我想去参观上海博物馆。<br>＊比较：参加 |
| 16 | 学生证 | 直观法(实物) | (请大家给我看学生证。) |
| 17&18 | 办公室 | 翻译法 | 教师办公室、101办公室 |
| | 办 | 翻译法 | 办事情 |
| 19 | 手续 | 翻译法 | 办手续、入学手续 |
| 20 | 马上 | 定义法、翻译法 | ——什么时候走？——马上走。<br>电影马上要开始了。 |
| 21 | 拿 | 动作法 | 拿杯子喝水(动作)、从包里拿书(动作) |

3. 生词巩固练习(20分钟)

(1) 由教师领读，全体同学将生词表上的词语朗读两遍。

(2) 给学生5—7分钟自行复习生词。

(3) 生词游戏

教师将本阶段所学的20个生词做成生词卡片,逐一出示,要求学生认读并说出词语的意义(可用母语的对应词,或动作手势,或将词放入句子显示意义)。第一遍全体同学一起做,第二遍可按顺序做或抽检,第三遍全体一起复习生词,同时复习前面举例中出现的常用词组。

(4) 重点生词练习

做词语选择、词语填空、造句等练习。

(本阶段结束前可视需要布置课后作业)

第二阶段:两课时

(可以先复习一下上次课所教的内容或检查作业情况,然后进入新课学习)

4. 课文对话部分与语法串讲(65分钟)

(1) 教师朗读课文对话前半部分,全体同学看课文。朗读结束后,回答问题:

宿舍门口发生了什么事?

通知里写了什么?(由一位同学主要回答,其他同学补充。)

(2) 教师对课文进行逐句分析,注意:

1) 复杂谓语句(兼语和连动)的复习——如过去看看;你帮我读一下吧;请带学生证到学院办公室报名;学院要带我们去郊区参观,等。

2) 扣住通知的时间、地点、事由、对象及要求来讲述,让学生体会通知的格式和基本内容。

并讲解语法点一:存在句

"处所词+V+着(+NM)+N"句(书本第42页)

Ⅰ. 教师对该存在句的结构特点进行讲解,其中NM为数量词,可以有也可以没有。处所一般由名词加方位词构成。

Ⅱ. 利用书本上提供的三个例句,教师对存在句进行举例分析。从横向看,得出存在句语序的线性结构;从纵向看,得出充当存在句句子成分的词类。

| 例:处所 | 动词+着 | 数量 | 名词 |
|---|---|---|---|
| 广告栏上 | 贴着 | 一个 | 通知。 |
| 黑板上 | 写着 | 几个 | 字。 |
| 教室门口 | 站着 | 两个 | 人。 |

Ⅲ. 请学生完成书本第44页第四题相关语法练习。

(3) 请全体学生一起朗读课文前半部分。

(4) 教师朗读课文对话前半部分,全体同学看课文。朗读结束后,回答或讨论问题:

如果想参加活动,在哪儿报名?什么时间报名?

谁要去报名?报名要办什么手续吗?

(5)讲解语法点:简单趋向补语(书本第42页)

Ⅰ.教师用演绎法,先利用表格列举常见的简单趋向补语,再举例。

|   | 上 | 下 | 进 | 出 | 过 | 回 | 起 |
|---|---|---|---|---|---|---|---|
| 来 | 上来 | 下来 | 进来 | 出来 | 过来 | 回来 | 起来 |
| 去 | 上去 | 下去 | 进去 | 出去 | 过去 | 回去 | — |

例:咱们过去看看。(说话人在近处这边)

时间不早了,我该回去了。(说话人在家外面)

我在房间等你,你快回来吧。(说话人在家里面)

Ⅱ.教师讲解简单趋向补语带宾语时的变式"V+O+来/去"

例:她在河那边等我们,咱们过桥去吧。(说话人在桥这边)

你来晚了,他们已经回学校去了。(说话人在学校外面)

他唱着歌上楼来了。(说话人在楼上)

小结:适当解释说话人的立足点和使用趋向补语"来"、"去"的关系。如说话人在楼下时,说"我上楼去"、"他下楼来";说话人在楼上时说"我下楼去","他上楼来"等等。

Ⅲ.请学生完成书本第45页第七题相关语法练习。

(6)请学生分角色朗读课文全文。

5.巩固与练习(25分钟)

请学生完成书本第43页第一题汉字组词练习,和第八题阅读理解练习。对所学词语、语法和课文内容进行综合复习。完成后教师进行评述和讲解。

(本阶段结束前可视需要布置课后作业)


第三阶段:两课时

(可以先复习一下上次课所教的内容或检查作业情况,然后进入新课学习)

6.生词串讲(15分钟)

| 22 | 为了 | 翻译法 | 为了学习汉语,他每个周末去中文学校。 |
|---|---|---|---|
| 23 | 鼓励 | 翻译法 | 老师鼓励学生好好学习。 |
| 24&25 | 积极 | 翻译法 | 有的同学上课很积极。有的同学不积极,总是看手机。 |
|  | 体育 | 翻译法 | 体育老师、体育课 |
| 26 | 运动 | 翻译法 | 运动会 |

(续表)

| 27 | 举办 | 翻译法、定义法 | 举办活动<br>今年9月学校将举办运动会。 |
|---|---|---|---|
| 28 | 篮球 | 直观法(图片)、关联法 | *足球、网球、羽毛球等 |
| 29 | 地点 | 翻译法 | 活动地点、见面地点 |
| 30 | 部 | 翻译法 | 体育部、文化部 |

7．巩固与练习(25分钟)

(1) 由教师领读，全体同学将生词表上的词语朗读两遍。

(2) 给学生3分钟自行复习生词。

(3) 生词游戏

教师将本阶段所学的七个生词做成生词卡片，逐一出示，要求学生认读并说出词语的意义(可以用动作或母语对应词解释)。同时复习前面举例中出现的常用词组。

(4) 教师将第一阶段所学的生词再次展示，帮助学生复习。并做本课重点生词的综合练习。

(5) 请学生完成书本第43页第二题相关语法练习。

8．课文通知部分与语法讲解(35分钟)

(1) 教师朗读课文通知部分，全体同学看课文。朗读结束后，回答和讨论问题：

学校将在下个月举办什么？

报名地点在哪里？报名电话是多少？

(2) 教师讲解语法点三："为了……"句(书本第43页)

Ⅰ．教师出示例句(书本第43页)，并要求学生归纳其基本句式。

例：<u>为了</u>学习汉语，我到中国来了。

<u>为了</u>提高口语水平，他常和中国朋友聊天儿。

他<u>为了</u>能考上研究生，每天努力学习。

Ⅱ．教师给出基本句式：

为了……(目的)，……(努力做的事情)

引导学生注意：1．"为了"后面的句子一般是动词性词组；2．主语可以放在"为了"之前(如例句3)，也可以放在后一分句之前(如例句1、2)。

Ⅲ．请学生完成书本第44页第三题相关语法练习。

(3) 教师讲解通知其余部分，并请全体学生一起朗读通知内容。

9．巩固和练习(10 分钟)

(1) 请学生完成书本第 44 页第五题问答练习。

(2) 阅读符合学生语言水平的汉语通知，归纳汉语通知的基本格式与常用词语。

(3) 对所学词语、语法和课文内容进行综合复习。教师进行即时点评讲解。

10．总结所学知识点、布置作业(5 分钟)

教师引导复习本课的重要语法点及通知的格式。

布置本课作业，第 44 页第六题写作练习。

附：课文正文

## 第三十六课　广告栏上贴着一个通知

玛丽：宿舍楼门口围着一些人，发生了什么事？

中村：走，过去看看。

玛丽：啊，广告栏上贴着一个通知。

中村：好像是一个活动的通知。

玛丽：中村，有的字我不认识，你帮我读一下吧。

中村："九月二十日，国际交流学院将组织留学生去郊区参观，准备参加活动的同学，请带学生证到学院办公室报名。"学院要带我们去郊区参观。

玛丽：太好了，什么时候报名？

中村：下午两点到五点半。

玛丽：在哪儿报名？

中村：学院办公室。

玛丽：要办什么手续？

中村：带学生证就行了。

玛丽：我马上就去拿。你回宿舍去吗？

中村：不，我还有点儿事，你先上去吧。

> 通　知
> 
> 　　为了鼓励大家积极参加体育运动,学校将在下个月举办春季"优胜杯"大学生篮球比赛,希望有兴趣的留学生朋友积极参加。
> 报名地点:36楼204室学生会体育部办公室。
> 电话:77654932。

课文选自李晓琪主编,徐晶凝、任雪梅编著的《博雅汉语·初级起步篇Ⅱ》北京大学出版社,2005年2月第1版,2011年11月第13次印刷。(普通高等教育"十一五"国家级规划教材、北大版对外汉语教材·基础教程系列)

**教案二**

## 《我们要一只烤鸭吧》——口语课

**一、教学对象:**

本课的教学对象为已经掌握300——400个汉语词语的初级水平外国留学生。

**二、使用教材:**

课文选自杨寄洲、贾永芬编著《汉语初级口语教程》(上册)第八课《我们要一只烤鸭吧》,北京大学出版社,2009年3月第二次印刷。

教学目标和要求

(一)语言要素

1. 语音:训练新词新句发音,尤其是整句话的语调和重音;

2. 词汇:掌握和运用下列生词,"干杯、聚、庆贺、点菜、齐、用茶、饮料、行了、咸、尝、无所谓、随便";理解下列词语,"烤鸭、服务员、铁板、辣子鸡丁、糖醋鱼、红烧、排骨、香菇、砂锅、豆腐、西蓝花、青菜、果汁、烧茄子、冰镇、橙汁"。

3. 学习下列重点句型:

(1)为我们班得第一,干杯!

(2)来一个铁板牛肉,一个辣子鸡丁,一个糖醋鱼,再来个红烧排骨。

(3)您尝尝,这个怎么样?

(4)你喜欢吃什么咱们就吃什么。

(5)A:你想喝点什么?

　　B:我无所谓,喝什么都行。

（二）语言技能

1. 表达功能：

（1）询问，要求掌握"你想吃点儿什么？"、"要不要烤鸭？"、"您尝尝，这个怎么样？"等询问方式；

（2）表达意愿，要求掌握"我要一杯果汁"、"行了吧，太多了吃不了"、"我无所谓，喝什么都行。"等表达意愿的方法。

2. 点菜方式：掌握"来一个……，再来一个……"，"我要……"等点菜方式。

### 四、教学重点和难点

（一）重点

1. 教学目标中所列的重点词汇和句型

2. 表达功能：询问和表达意愿

3. 掌握基本的点菜方式

（二）难点

1. 句型：你喜欢吃什么咱们就吃什么；喝什么都行。

2. 正确表达自己意愿。

### 五、课时分配

本课需要四个课时完成，每课时 45 分钟。

### 六、教学方法

直观法、演示法、举例法、模拟真实环境设计练习等等。

### 七、教学环节和步骤

第一课时：

1. 复习（10 分钟）

复习上次课重点词语和语言点，可利用联想记忆提问、情景设置提问和趣味猜词等方法进行复习。

2. 导入新课（10 分钟）

利用 PPT 呈现若干美食、聚餐等图片，导入饭店吃饭这一话题，进行互动，让学生们介绍喜欢的中国菜、菜名、味道和为什么喜欢等等，为本课做热身。

3. 讲解新课（20 分钟）

讲解课文一的生词 1－23 个，分掌握和理解两类。在讲解词语的同时注重发音并结合操练。

（1）讲解重点掌握的生词：干杯、聚、庆贺、点菜、齐、用茶、行了、咸、尝。

干杯（直观法）

  例：大家一起干杯！

    为你（我们班）干杯

聚（定义法，图片展示聚会）

  例：聚会、聚在一起吃饭；

    周末有空聚一聚吧！

提问：你聚会的时候做什么？

   你和朋友多长时间聚会一次？

庆贺（定义法，翻译法）

  例：庆贺爷爷八十岁生日。

    庆贺我们班第一名！

扩展："庆贺"的近义词"祝贺"，"祝你生日快乐"的"祝"，"庆祝"。

点菜（直观法—动作，一个人拿着菜单）

  例：服务员，点菜！

    喜欢吃什么就点什么。

    多点几个凉菜吧。

    你已经点了什么菜了？

注意："点菜"是离合词，不可以说"点菜两个"，"点菜烤鸭"，一点要说"点两个菜"，"点一只烤鸭"。

齐（定义法，翻译法）

  例：同学都到齐了。

    人到齐了就走。

    大家都来齐了吗？

用茶（定义法，翻译法）

  例：用餐愉快！

    请慢用（饭前，服务员或主人对客人说的客气话，含尊敬义）

行了（关联法、翻译法）

  例：行了，明天再说吧。

    点这么多菜行了，不够再要。

    行了行了，我明天给你打电话。

注意：意思和"好了"，"够了"相近，具体使用依语境而行。

咸（定义法、翻译法）

例：盐是咸的。

　　　这个菜太咸了。

　　　这个汤不太咸。

扩展："咸"的反义词是"淡"，如"这个菜有点淡，加点盐吧"。

提问：你喜欢咸的面包还是甜的面包？

　　　你喜欢咸的点心吗？

尝（定义法、翻译法）

　　　例：请尝一尝。

　　　　　尝一下这个菜吧。

　　　　　我做了中国菜，你来尝尝吧！

扩展："尝"和"试"："尝"的宾语只可以是食物，即"尝一下西瓜/这个菜/蛋糕/鸡汤"；而"试"的宾语多为物品和事情，如"试衣服"，"试着爬山"，"我想试一下"；"尝试"可以一起使用。

用"尝"造句。

（2）理解下列词语的词义（直观法，PPT图片展示）

烤鸭、服务员、铁板、辣子鸡丁、糖醋鱼、红烧、排骨、香菇、砂锅、豆腐、西蓝花、青菜、饮料、果汁。

4．小结（5分钟）

（1）巩固本课生词

（2）布置作业


第二课时：

1．复习旧课（8分钟）

生词游戏：让一个同学背向黑板站立，老师在黑板上写一个上节课所学的生词，大家提示和描述这个生词，该同学来猜。同学轮流上台来猜词。

2．朗读课文（7分钟）

（1）让学生尝试分角色朗读课文

（2）领读课文，强调重音和语调。

3．学习课文（会话一）（25分钟）

（1）提问：（以提问形式引导思考，消化理解正文内容）

　　　例如：他们为什么聚餐？

　　　　　　他们点了什么菜？

　　　　　　喝的什么饮料？

　　　　　　为什么有一个菜要换掉？

(2)讲解,重点在难句释疑;穿插练习巩固。

① 为我们班得第一,干杯!

语言点"为……"("为"作介词,表示目的,后面常跟动词性词组)

  例:为庆祝这次聚会,大家作了很多准备。

    为庆贺儿子的生日,妈妈买了一只大烤鸭。

比较:为你高兴("为"作介词,表示行为的对象)

   真为你担心

   为他难过

② 我们的人还没到齐呢。

语言点"动词+齐",表示"都,全"的意思。

  例:来齐了吗?

    同学们都到齐了!

③ 请用茶。

语言点"用"在此有"吃、喝"的意思,含尊敬义。

  例:请慢用。

    请用餐。

    用餐愉快!

注意:在餐厅吃饭,服务员经常对客人说"请慢用","用餐愉快"。

练习:设计情景,让学生选择上述例句正确运用。

④ 来一个……,再来一个……

点菜常用语,"来"代替"要"、"点"等动作意义。

练习:利用PPT展示食物图片来引导学生用该句型说出句子。如,"来一个土豆丝,再来一个糖醋鱼"等等。依次展示图片,让同学轮流说出该句型。

⑤ 你尝尝,这个怎么样?

语言点:"尝",该句为表达"试着吃吃(或喝喝)"的意愿。

  例:尝尝,尝一尝,尝一下。

(3)练习:(详见课本P117)第三题替换词语练习第一至第四小题,操练以上重点句型。

分角色扮演:让学生分角色扮演在饭店吃饭点菜(两至三人一组,一人为服务员,其他为客人,练习会话,注意操练询问和表达意愿,注意运用本课语言点。)

4. 小结和布置作业(5分钟)


第三课时:

1. 复习(5分钟)

(1)复习上次课的重点词语;

(2) 造句或给情景说出符合该情景的句子。

2. 讲解生词(会话二)(10分钟)

无所谓

设置语境展示(有"随便"、"怎样都可以"的意思)

  例：—"你要白色的还是绿色的？"  —"无所谓，都行"

    —"你要什么饮料？"     —"无所谓，有什么喝什么"

    —"明天去还是后天去买衣服？" —"无所谓，你觉得呢？"

随便

设置语境展示(有"不受拘束"、"随你安排"的意思)

  例：—"你想吃点什么？"    —"随便。"

    —"你想去杭州吗？"    —"我随便，你想去吗？"

    —"这些水果可以吃吗？"  —"可以可以，随便吃。"

    —"这些都是我的CD，你随便听！" —"好的，谢谢你。"

冰镇(直观法)

  例：夏天我很喜欢吃冰镇西瓜。

    楼下商店的冰镇矿泉水两元一瓶。

    学校门口的冰镇果汁非常好喝。

烧茄子、橙汁(直观法，PPT图片展示)

3. 学习课文(25分钟)

(1) 朗读课文，强调重音和语调，对学生处理不好的语句单独领读，让学生模仿。

(2) 提问，学生回答(通过提问和回答，理解课文内容)。

  他们几个人去吃饭的呢？

  他们点了什么菜？

  吴丹点了什么饮料呢？谢民呢？

(3) 讲解会话二，重点在于介绍几个句型

① 吃什么都行。

语言点：V+什么都行

  例：听什么(音乐)都行。

    我喝什么都行，你呢？

    看什么(电影/书)都行。

练习：给出语境，让学生说出句子，如：

  —"这儿有很多书，你想看哪本？"—"(我看什么都行)"

  —"我有一些CD，你要哪张？"—_____

—"这儿有很多颜色,你拿哪个?"—_____

② 你喜欢吃什么咱们就吃什么。

语言点:"V+什么(怎么/哪儿等疑问代词)……V+什么"

例:想买什么就买什么。

喜欢玩什么就玩什么。

你想去哪儿就去哪儿。

你想怎么做就怎么做。

③ 够了,不够再说。

例:够了够了,不要了。

我们有六个人,这些水果不够。

给你两个苹果,不够我再给你。

4. 小结和布置作业(5分钟)

作业:完成课后练习

第四课时:(综合操练课)

1. 复习和回顾本课重点生词和句型。(10分钟)

(1) 复习生词可利用PPT、生词卡片、或者游戏猜词的方式。

(2) 复习重点句型,可通过设置情境的方式引导学生说出,

例如,"你去饭店吃饭,你跟服务员怎么说?"(服务员,点菜!)

"你想好了吃哪些菜,怎么告诉服务员?"(来一个……,再来一个……)

等等。

2. 选择性地讲练课后习题。(10分钟)

3. 角色扮演:(20分钟)

将学生分成两至三人一组进行角色扮演,发给每个人小卡片。客人扮演者拿到的卡片是自己喜欢的或者不喜欢的菜,服务员扮演者拿到的卡片是饭店有无此菜或者推荐菜品等等,例用信息差来组织角色扮演。

示例:两至三人一组,其中一人为服务员。服务员扮演者手持的卡片上有信息:"本店推荐菜(如红烧排骨,烤肉等等)、特色菜(辣子鸡丁,麻婆豆腐等等)、今日特供菜(炒青菜,糖醋鱼等等)以及今日无供应的菜品和饮料(砂锅、可乐等等)等";客人扮演者手持的卡片上有信息:"自己想吃的菜、饮料等等,还有不能吃或不习惯吃的菜等等",客人的情况也可以根据学生的具体情况而定。利用信息差来组织学生角色扮演。

4. 小结并布置作业(5分钟):

(1) 复习本课词语和熟读课文

(2) 口语表达:去(或回忆)一家中国饭店吃饭,然后在课堂上复述所去的

餐厅,怎么点菜,点了哪些菜,味道怎么样;最后向朋友推荐或不推荐哪些菜,并说明原因。

**附:课文**

课文选自杨寄洲、贾永芬编著《汉语初级口语教程》(上册)第八课《我们要一只烤鸭吧》,北京大学出版社,2009年3月第二次印刷。

### 第八课 《我们要一只烤鸭吧》

课文一:会话

(一)为我们班得第一,干杯!

(同学们高兴地聚在一起,庆贺汉语节目表演得了第一名)

服务员:先生,现在点菜吗?

爱德华:稍等一会儿,我们的人还没到齐呢。

服务员:那请先用茶。

李英爱:谢谢!

爱德华:小姐,点菜! 来一个铁板牛肉,一个辣子鸡丁,一个糖醋鱼,再来个红烧排骨……要不要烤鸭?

李英爱:当然要了。再来一个砂锅豆腐,一个西蓝花,一个香菇菜心。女同学爱吃青菜。

服务员:要什么饮料?

爱德华:来两瓶啤酒。

李英爱:我要一杯果汁。罗兰呢?

罗兰:我也要果汁。

爱德华:行了吧,太多了吃不了,不够再要。(对服务员)请快点儿上。

服务员:好的。请稍等。

(服务员上菜后)

李英爱:哎呀,这个菜怎么这么咸? 喂,小姐,这个菜太咸了,请给我换一下。

服务员:啊,对不起,我给您们换一下。

(服务员换了菜后)

服务员:您尝尝,这个怎么样?

李英爱:好点儿了。

爱德华:来,我们干杯! 为我们班得第一,干杯!

全体:干杯!

### (二) 我无所谓

服务员:请问,几位?

谢民:两位。

服务员:你们要点儿什么?

谢民:(问吴丹)你想吃点儿什么?

吴丹:随便。吃什么都行,你点吧。

谢民:你来点吧。你喜欢吃什么咱们就吃什么。

吴丹:我要个烧茄子。你也点一个。

谢民:来个红烧排骨,再来个铁板牛肉,两碗米饭。你想喝点什么?

吴丹:我无所谓,喝什么都行。

谢民:那就来一瓶啤酒吧,要冰镇的,再来一杯橙汁。

吴丹:够了。不够再说。

谢民:请快点儿上。

服务员:好的,请稍等。

生词:(详见课本 p.112—114)

| | | | | |
|---|---|---|---|---|
| 1. 烤鸭 | 2. 干杯 | 3. 聚 | 4. 庆贺 | 5. 服务员 |
| 6. 点菜 | 7. 齐 | 8. 用茶 | 9. 铁板 | 10. 辣子鸡丁 |
| 11. 糖醋鱼 | 12. 红烧 | 13. 排骨 | 14. 香菇 | 15. 砂锅 |
| 16. 豆腐 | 17. 西蓝花 | 18. 青菜 | 19. 饮料 | 20. 果汁 |
| 21. 行了 | 22. 咸 | 23. 尝 | 24. 无所谓 | 25. 随便 |
| 26. 烧茄子 | 27. 冰镇 | 28. 橙汁 | | |

### 教案三

## 《天气预报》——听力课

### 一、教学对象:

本课的教学对象为学习完北京大学出版社的《汉语初级听力教程》的外国留学生,或者学习过其他听力教材,其听力理解水平相当于学习过上述教材的外国留学生。本课的教学对象应该掌握1000个左右的词语。

二、所用教材：

《汉语中级听力教程》（刘元满、王玉主编，北京大学出版社，2004年第二版），教材分上、下两册，各15篇课文。本课为上册第二课。

三、教学目的、要求

本课的教学内容为天气预报的听力，通过学习本课，要求学生达到以下目标：

认读28个生词，并识记其中15个重点生词；

掌握与天气有关的词语和结构，理解天气预报相关的语段；

能够运用相应词汇和结构，根据图片进行简单的天气预报表达。

四、教学的重点和难点

本课的教学重点是天气预报常用的汉语词汇和结构，包括地区、时间、天气情况、气温等相关内容。

本课的教学难点是天气预报的成段听力，其中包含与天气相关的其他常用汉语表达。

五、教学方法

在教授本课时，教师主要运用讲—练、问答、对话、选择、听写等教学方法。本课最好在有多媒体设备的语音实验室上课，教学媒体用于播放课文录音、展示图片及练习题。

六、教学过程

本课分三课时进行，每课时45分钟。

第1课时

（一）复习旧课

复习第一课《到校园参观一下》：展示北京大学校园地图，播放第一课的课文，请学生依次标出课文中提到的地方。

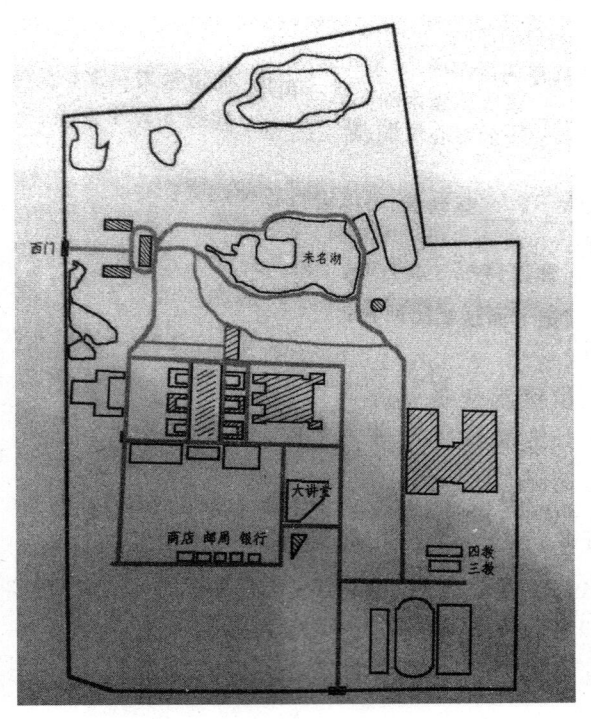

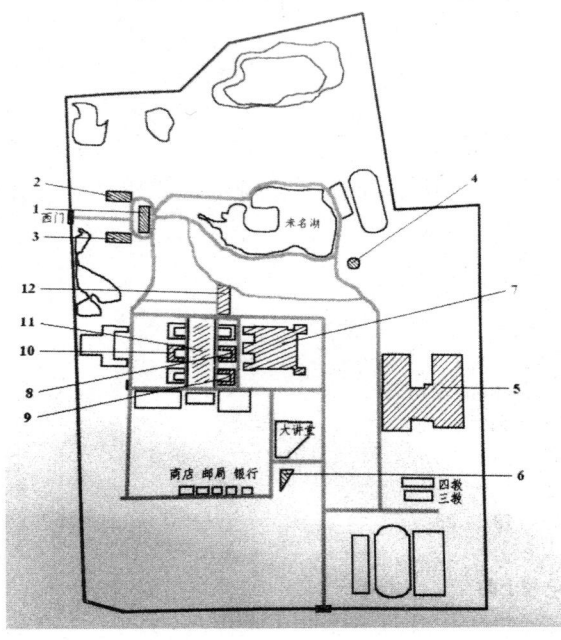

（答案）

（二）导入新课

"如果我们明天要到其他城市去旅游，比如哈尔滨，我们要穿什么衣服、要不要带伞？"——"为了做好准备，我们需要听天气预报。"

展示"晴""多云"等天气状态的标准图片（中国天气网上可下载）。"这些图片你们都认识吗？它们是什么意思？"——"现在我们就来学习一下，这些图片用汉语怎么说。学完今天的课文，大家就能够听懂电视里的天气预报了。"

（三）生词

（1）请学生朗读生词表,教师正音,全体跟读,进行简单释义,并在相应的词语后面进行以下的扩展。

1. 天气:气候
2. 播送:通知、新闻、寻人启事
3. 发布:消息、新闻、公告
4. 良:(等级)优、良、中、差
5. 城区:市区、郊区
6. 下降:上升、回升
7. 降水概率:百分比的表达
8. 收看:收看电视(节目)、收听广播(节目)
9. 南下:北上

（2）展示晴、多云、阴、小雨、中雨、大雨、阵雨、雷阵雨、雨夹雪、小雪、中雪、大雪、雾的标准图片,请学生全体跟读,并进行指读练习,教师指学生读,学生指学生读。

第 2 课时

（一）复习生词

播放"攻克生词"录音,请学生完成该部分的 15 道单选练习,核对时复习该部分练习涉及的 15 个重点生词。

（二）听第一段课文《北京市天气预报》

1. 听一遍完整的正常语速朗读的课文录音,回答下列问题:

这是哪个时间段的天气预报?

你听到了哪些关于天气的词?

2. 分段精听,并完成书上每段对应的选择练习。

3. 听写。听句子,填上正确的词语。

西北部地区阴转多云,12 到 21 度。

东北部地区小雨转阴,13 到 22 度。

东南部地区多云转晴,12 到 22 度。

西南部地区阴转晴,13 到 23 度。

第 3 课时

（一）听第二段课文《全国天气预报》

1. 听一遍完整的正常语速朗读的课文录音,完成第一部分单选练习:

2. 分段精听,逐句分解,在表格给出的位置上填上听到的天气。(表在练习第二部分)

| 地区 | 天气 |
|---|---|
| 东北大部分、西北地区中部、新疆北部 | |
| 西南地区中部、湖北西部 | |
| 黄海、东海北部 | |
| 江南地区东部、广州南部 | |

答案:

| 地区 | 天气 |
|---|---|
| 东北大部分、西北地区中部、新疆北部 | 小到中雪或雨夹雪 |
| 西南地区中部、湖北西部 | 小雨 |
| 黄海、东海北部 | 五到六级偏北风 |
| 江南地区东部、广州南部 | 小到中雨 |

(二)听第三段课文《城市天气预报》

1. 听一遍完整的正常语速朗读的课文录音,请同学们猜猜这可能是几月份的天气。

2. 分段精听,在表格上相应的城市名称后写上天气和气温。

| 地区 | 天气 | 气温 |
|------|------|------|
| 哈尔滨 | | |
| 沈阳 | | |
| 天津 | | |
| 西安 | | |
| 拉萨 | | |
| 成都 | | |
| 上海 | | |
| 广州 | | |
| 香港 | | |
| 台北 | | |

答案：

| 地区 | 天气 | 气温 |
|------|------|------|
| 哈尔滨 | 中雪 | 零下11到零下1度 |
| 沈阳 | 雾转小雪 | 零下5到3度 |
| 天津 | 阴 | 零下1到6度 |
| 西安 | 雨夹雪转多云 | 2到10度 |
| 拉萨 | 晴转阴 | 1到13度 |
| 成都 | 中雨转小雨 | 10到15度 |
| 上海 | 阴转多云 | 9到18度 |
| 广州 | 多云转晴 | 14到23度 |
| 香港 | 多云 | 15到22度 |
| 台北 | 阵雨 | 13到19度 |

（三）分组讨论：中国东南西北各个地区的气候有什么特点？你们在中国哪些城市生活过？你们喜欢哪里的气候？

（四）小结和综合练习：给学生看当天发布的，中国主要城市的三天天气预报（图标加数字形式），请同学尝试进行成段的天气预报表达。

（五）布置作业：完成书上课文后的补充练习

附：课文

第二课　天气预报

（课文选自刘元满、王玉主编《汉语中级听力教程》，北京大学出版社，2004年第二版，上册）

**攻克生词**

1. 他们南下打工，要在我们这里停车。
    问：他们最有可能从什么方向来？
    A 南边　　　　　　　　B 北边

2. 运动会预计到8月25号结束。
    问：运动会结束了吗？
    A 结束了　　　　　　　B 没有

3. 下面向您播送俞丽拿演奏的小提琴曲。
    问：这是哪儿的节目？
    A 电视上的　　　　　　B 收音机里的

4. 观众朋友们大家好，欢迎您准时收看我们的节目。
    问：这可能是哪儿的节目？
    A 电视上　　　　　　　B 晚会上

5. 今天天气预报说是阵雨，所以不带伞也不要紧。
    问：他为什么不带伞？
    A 雨下的时间不长　　　B 雨下得不大

6. 今年来报名的人数接近300人。
    问：报名的人有多少？
    A 超过300人　　　　　B 不到300人

7. 为了考博士，他明显瘦了。
    问：他现在怎么样？
    A 瘦了一点　　　　　　B 瘦了很多

8. 以前她每次考试都是及格，这次考试得了个良。
    问：这次考得怎么样？
    A 比以前好　　　　　　B 比以前差

9. 这幅地图挂得偏上了一点。
    问：应该怎么挂？
    A 再往上一点　　　　　B 再往下一点

10. 他爷爷今天去医院检查身体，医生说他很正常。
    问：他爷爷身体怎么样？

　　　　A 没问题　　　　　　　B 有一点问题
11. 不知道什么原因,他的成绩最近下降了。
　　问:他现在的成绩怎么样?
　　　　A 比原来好　　　　　　B 比原来差
12. 据天气预报说,北京这几天一直在下雨。
　　问:说话人怎么知道北京在下雨?
　　　　A 看电视　　　　　　　B 听朋友说
13. 随着两个人关系的发展,他们在一起的时间也越来越长了。
　　问:这句话的意思是什么?
　　　　A 因为关系发展了,所以在一起的时间长了
　　　　B 因为在一起的时间长,所以关系发展了
14. 公司发布了这部电影的一些情况。
　　问:我们现在可以看到这部电影吗?
　　　　A 可以　　　　　　　　B 不可以
15. 明天白天,多云转阴,19 到 25 度,降水概率 10%。
　　问:明天会下雨吗?
　　　　A 可能下雨　　　　　　B 可能不下雨

**课文一　北京市天气预报**

　　下面播送北京市气象台今晚 7 点发布的天气预报:

　　从昨天中午 12 点到今天中午 12 点,我市的空气质量为三级轻度污染。预计今晚 8 点到明晚 8 点,我市空气质量为良。

　　受西北冷空气影响,今天白天我市部分地区出现了阵雨和雷阵雨,气温比前两天明显偏低,下午两点,城区的气温为 21.2 度,比昨天下降了两度左右。随着秋风轻轻地吹来,人们已经渐渐感觉到秋天的凉意了。

　　明天将是一个晴天,预计本周后期,气温比今天将有一定的回升,接近正常的气温。

　　今天夜间,阴,部分地区小雨转多云,偏北风三四级,最低气温 12 摄氏度。降水概率 80%。

　　明天白天,多云转晴,东北风二到三级,最高气温 23 摄氏度。降水概率 30%。西北部地区阴转多云,12 到 21 度;东北部地区小雨转阴,13 到 22 度;东南部地区多云转晴,12 到 22 度;西南部地区阴转晴,13 到 23 度。

　　(一)回答下列问题:

　　1. 这是哪个时间段的天气预报?

　　2. 你听到了哪些关于天气的词?

(二)选择正确答案:

1. 从昨天到明天空气质量有什么变化?
   A 变好　　　　　　　B 变得差一点
   C 变得非常不好　　　D 没变化

2. 今天下午空气质量怎么样?
   A 三级　　　　　　　B 轻度污染
   C 良　　　　　　　　D 没有说

3. 今天刮什么风?
   A 东南风　　　　　　B 西北风
   C 偏北风　　　　　　D 东北风

4. 关于今天天气,哪个说法正确?
   A 全市都在下雨　　　B 全天都在下雨
   C 比前几天热　　　　D 已经是秋天了

5. 昨天气温大概是多少度?
   A 19度　　　　　　　B 20度
   C 21度　　　　　　　D 23度

6. 关于以后的天气,下面哪个说法正确?
   A 明天接着下雨　　　　　B 本周后期会很热
   C 本周后期会越来越冷　　D 本周后期会比今天暖和

7. 今天夜里天气怎么样?
   A 全市都下雨　　　　　　B 整夜都下雨
   C 大部分地区是阴天　　　D 风会比明天小

(三)跟读句子并填上正确的词语:

1. 西北部地区阴转_____,_____到21度。
2. 东北部地区_____转_____,13到22度。
3. 东南部地区_____转晴,_____到22度。
4. 西南部地区阴转_____,_____到_____度。

## 课文二　全国天气预报

晚上好,观众朋友,欢迎收看天气预报节目。

今天是星期一。

上一周,中国的北方迎来了今年的第一场雪,而南方继续以晴到多云天气为主。从这个星期开始,随着冷空气南下,北方大部分地区的气温将有一些回升,而南方部分地区气温则会下降,希望大家出门时注意保暖。从今天晚上到明天,东北大部、西北地区中部以及新疆北部有小到中雪或雨夹雪。西南地区中部、湖北西部有小雨,其中四川中部还将会有中到大雨。黄海和东海北部海面有五到六级偏北风。明天晚上到后天,东北北部、西北西部仍有小雪或雨夹雪。江南地区东部、广东南部将会有小到中雨。

(一)选择正确答案

1. 这可能是哪儿的天气预报?
   A 收音机里的　　　　　B 电视上的
   C 报纸上的　　　　　　D 互联网上的

2. 这最可能是几月份的天气预报?
   A 1月　　　　　　　　B 3月
   C 7月　　　　　　　　D 11月

3. 关于南方的天气,下面哪个说法正确?
   A 最近两周天气差不多　B 每天都是晴或者多云天气
   C 不那么冷　　　　　　D 要下第一场雪

(二)在给出的位置填上听到的天气

| 地区 | 天气 |
| --- | --- |
| 东北大部分、西北地区中部、新疆北部 |  |
| 西南地区中部、湖北西部 |  |
| 黄海、东海北部 |  |
| 江南地区东部、广州南部 |  |

### 课文三　城市天气预报

下面请您收到城市天气预报:

北　京:多云转阴　　　　零下2到8度

哈尔滨:中雪　　　　　　零下11到零下1度

沈　阳:雾转小雪　　　　零下5到3度

天　津:阴　　　　　　　零下1到6度

西　安:雨夹雪转多云　　2到10度

拉　萨:晴转阴　　　　　1到13度

成　都:中雨转小雨　　　10到15度

上　海:阴转多云　　　　9到18度

广　州:多云转晴　　　　　14 到 23 度
香　港:多云　　　　　　　15 到 22 度
台　北:阵雨　　　　　　　13 到 19 度
海　口:晴　　　　　　　　19 到 31 度

请在表格相应的城市名称后写上天气和气温:

| 城市 | 天气 | 气温 |
| --- | --- | --- |
| 哈尔滨 | | |
| 沈阳 | | |
| 天津 | | |
| 西安 | | |
| 拉萨 | | |
| 成都 | | |
| 上海 | | |
| 广州 | | |
| 香港 | | |
| 台北 | | |